荟萃民间习语·彰显大众文化·规范遣词用字·消解书写尴尬

# 会说不会写的词语

[张遵融　张菁　/编著]

天津教育出版社

图书在版编目（CIP）数据

会说不会写的词语 / 张遵融，张菁编著. — 天津：天津教育出版社，2012.4
ISBN 978-7-5309-6722-5

Ⅰ．①会… Ⅱ．①张… ②张… Ⅲ．①汉语—口语 Ⅳ．①H193.2

中国版本图书馆 CIP 数据核字（2012）第 056963 号

## 会说不会写的词语

| | |
|---|---|
| 出 版 人 | 胡振泰 |
| 作　　者 | 张遵融　张　菁 |
| 选题策划 | 沈　舰 |
| 责任编辑 | 沈　舰 |
| 装帧设计 | 张丽丽 |
| 出版发行 | 天津教育出版社<br>天津市和平区西康路 35 号 邮政编码 300051<br>http://www.tjeph.com.cn |
| 印　　刷 | 唐山天意印刷有限责任公司 |
| 版　　次 | 2012 年 4 月第 1 版 |
| 印　　次 | 2012 年 4 月第 1 次印刷 |
| 规　　格 | 32 开（880×1230 毫米） |
| 字　　数 | 228 千字 |
| 印　　张 | 8.5 |
| 书　　号 | ISBN 978-7-5309-6722-5 |
| 定　　价 | 20.00 元 |

# 自序

学生有时会问老师，一些平时人们口头总说的词语中的字怎么写，由于这些词在词典中查不到，老师也犯难；编辑处理稿件、特别是电视编辑在制作字幕时，也经常遇到人们口语中一些字不知怎么写的情况；作家创作时，人们日常交际中有些词语一旦形成书面语，也有"天天闻君不识君，口称其名提笔无"的尴尬，谓予不信，请看：

他一进屋就到处xué·mo吃的。‖马桶堵了，用chuāi子chuāichuāi。‖椅子的横chèng子shé了。‖西瓜让苍蝇zōng了，别吃了。‖刚拖干净地板又让孩子bà·cha脏了。‖这孩子太zhě·lie了。‖别净干些半chàn子活儿。‖这一fá子感冒的特别多。‖醋长bú儿了。‖碗给cèi了。‖这个人太tǎir啦。‖棉被xù好了，只差yīn（或háng）几趟线了。‖苹果一点儿zhǎi儿也没有。‖chuā空来一趟。‖这菜hōu咸。‖别跟他们瞎ré·re。‖这些天孩子总kēi儿kēi儿，děi吃止咳药。‖（下象棋）把老盖儿kuǎi出来。‖挨一顿cī儿（或kēi）。‖柿子没lǎn好，发sè。‖高yào儿皮鞋。‖烟早戒了，但早晚也nǒu上一根儿。‖你横zuō吧，早晚出事儿……

其中拼音的字恐怕您也未必会写吧。有时信手写个同音字，殊不知却是毫无理据的别字。如上述的例句中xué·mo应为"踅摸"，不是"学摸"。踅（xué）：中途折回；来回走。摸：用手探取；获取。踅摸：寻找；索要。

凡此种种，笔者平时注意搜集整理，为求一字，披查群书，遍询诸儒，日积月累，凡近四千。《天津中学生》杂志总编周效铭、前总编李连义两位同仁得知后，特辟专栏，慨出版面，至今已连载27期，不意颇受师生欢迎，并波及校外。笔者在朋友们撺掇、鼓励下，怀着"数年磨一剑，出鞘试锋芒"的心态,归纳整理,编缀成集,呈献读者。

本书编撰过程中,承蒙临清万方印务有限责任公司董事长宋锡章、经理朱家坤和《天津中学生》杂志编辑杨漾、马英,以及天津教育杂志社编辑王文静、孙莉、李心心、洪静和天津海泰数码科技有限公司张岱诸君的鼎力支持。假此出版之际,谨枚谢悃。

张遵融　张菁<br>
于2011年10月

# 凡例

本书所收词语均是北方地区人们口语中常说不常写、会说未必会写的。尽管有的本为方言,但随着打工潮的涌动和各种艺术表现形式的传播,已渐进普通话语用场。如"者烈""捫捫"本为地道的天津方言,相声《不正之风》台词"万能胶管新娘子叫者烈……",通过前面台词的铺垫和后面台词的铺陈,听众(不止天津人)完全能理解"者烈"其意;相声《钓鱼》:(高英培)"咱们一块捫捫捫捫(ré ré)。"(范振玉)"什么叫捫捫捫捫?"(高英培)"就是掺和掺和……"。再如"忽悠",作"欺骗蒙哄;煽动;用吹嘘方式兜售"等义时,本是东北地区方言,随着赵本山、范伟合演的小品在"春晚"几次亮相,"忽悠"一词在普通话中原词义外的不同语境频频现身。

一、词型

本书所收词语可分以下几种类型

1. 词语中有冷僻字。如:

薅(hāo)下一绺头发。‖螺丝勚(yì)扣了。‖囔囔(nāng nāng)鼻儿‖用剪子把鱼肚劐(huō)开。‖这木棒不够顸(hān)。‖黑布禁黵(zhǎn)‖擤(xǐng)鼻子‖用筷子搛(jiān)菜‖蒜薹(tái)‖半蔵(chàn)子‖欻(chuā)的一声球投入篮内。‖别让鸡鹐(qiān)着‖小婴儿在地上跶跶(zhà zhà)等等。

2. 词语中都是常见字。只是其中某字的某一释义鲜为人知,因不晓其义,故不知其字。如:

衣服剌了个口子,先签上几针吧。(签:粗粗地缝缀)‖用旧大衣给孩子毁两条裤子。(毁:改旧为新)‖裙子长了点儿,缅个边缝上。(缅:折叠)‖他一骗腿上了自行车骑走了。(骗:侧身抬起一条腿骑上)‖把西瓜放在冷水中拔拔。(拔:把东西浸泡在凉水中使变凉)‖横幅上的字用大头针儿扦上点儿。(扦:用针状物固定)‖就着有亮儿抓紧干。(就:介词。表示行为动作凭借的条件,相当于"趁")

3. 词语中有的字是用其古义。如:

摔了个屁股蹲儿。(蹲:古义同"坐"。《庄子·外物》:"蹲乎会稽,投竿东海。"成玄英疏:"蹲,踞也。踞,坐也。"如"蹲立",即兽类后肢屈曲,臀部着地而前肢直立的姿势。屁股蹲:身体失去平衡但未倒下而是屁股着地的姿势。写"墩"是别字,无理据。)

让孩子自己擣手绢。(擣dǎo亦读chóu:捶击;舂捣。古人用木杵在石板上捶打浸水的脏衣物,使干净。借指捶洗;泛指洗[衣物]。"长安一片月,万户擣衣声。"[唐·李白《子夜吴歌四首》])

4. 词语中有的字属多音字,而该字在此词语中的读音鲜为人知。如:

麻将这局他和(hú)了‖从高处跳下,不小心把腿蹲(cún)了。‖孩子搁(gé)不住你这么打。‖刀不快了,得(děi)钢(gàng)一钢(gàng)啦。‖新打好的家具泥(nì)完缝儿再上油漆。‖没系(jì)扣子,裂(liě)着怀。‖轴上膏(gào)点油。

5. 有些词语"忌写不忌说",坊间口语中频现,书面语中却往往犹抱琵琶半遮面。如:

肏(cào)、合(rì)、屄(bī)、屌(diǎo)等,其实,这些字都是典型的会意字,在老舍、茅盾等大家的作品中,它们都堂而皇之地现身过。而有些作品却用代字号"×"或"○""□"代之,有的却用同音、近音字代替。

上述5种类型词语中的用字均有理据。因本书编辑宗旨在于其实用性,只求"知其然",不讲"所以然",故书中每条词语后只列出释义、语例,不说明用字的理据。

6. 有些词语是少数民族词语的音译,特别是清朝时满语渐入北方地区人们的口语中。音译字在汉语中找不到其相应语境中的释义。如,姥姥:叹词,对别人的言行表示否定、蔑视、不服、不信或强烈不满;胳肢:动词,在别人身上(如腋下)抓挠、掐捏,使发痒、发笑。正因为是译音,所以往往无固定词形,属约定俗成。同理,有些是外来语的音译,也属此列。

7. 有些词语源于典故或通过借代手法生发新义。如:

这孩子太耆烈了。(其典故详见本书中"耆烈"条所附的说明)‖吓得他都蠼鸡了。(其借代义详见本书"蠼鸡"的释义。)‖(大人吓唬婴儿)再哭大麻猴可来啦!(其典故详见本书中"大麻猴"条所附的说明。)

## 二、字形

有的词语在不同的辞书上其字形各异。本书选用理据性强或与北方地区人们口语读音相吻合的作为主词条,其他的字形归入"也作"类。如"格涩"(gé sè)为主词条,而"格色""各(gè)色"归入"也作"类。

## 三、释义

1. 本书中所收词语的释义仅列出其作为口语用时的各个义项。

2. 同一词语在不同的辞书中其口语义项的数量、内容不尽相同。本书根据该词语在现代语用场口语领域所传达的语言信息加以归纳综合。如"忽悠"就列举出8个义项。

## 四、读音

1. 《普通话异读词审音表》附注中提到"文白二读"问题,凡有文白二读的,该表中均以"文"和"语"作注。并举例,"杉"(一)shān(文):紫~、红~、水~;(二)shā(语):~篙、~木。口语中像这样读"白"了的字很多,这也是口语中有些单音词会说不会写的原因之一,本书凡遇文白二读的字均加注说明。如:

尽jǐ("尽"的变读):先尽老人上车。‖轮xún("轮"的变读):我比他大一轮。‖簸bú("簸"的变读):包饺子擀皮儿簸面太多,捏不上。‖昂náng("昂"的变读):年轻轻的,应有昂气。‖烟nǒu("烟"的变读):平时不吸烟,早晚儿也烟上一根儿。‖论lìn("论"的变读):苹果论堆儿买。‖埠fǔ("埠"的变读):往外埠寄平信贴1元2角邮票。

2. 《普通话异读词审音表》也提到单音词读音变调问题,并举例为"胡里八涂""毛毛腾腾",其中"涂、腾"在字、词典中分别统读为"tú、téng",而在这两个熟语中却分别俗读作"tū、tēng"。这种在口语中司空"听"惯的读音很多,以至于习非胜是。如"尽(jǐn)快""质(zhì)量""教室(shì)""下载(zài)",在日常口语中均读作"jǐn快""zhí量""教shǐ""下

zǎi"。本书凡遇到读音变调的单音词均在统读音后注明"俗读×"。如：

发fā(俗读fá)：海参用水发发。‖揉róu(俗读rōu)：桌子腿儿有点揉了。‖画拉huà·la(俗读huá·la)：好歹画拉一篇儿交差。‖泚cǐ(俗读cī)：衣服还有点潮，用风泚啦泚啦就干了。‖二尾(yǐ)子：(俗读二yī子)‖箍gū(作量词俗读gǔ)：烧了两箍香。

3. 有些单音词保留古音读法。如：足，古另读jù，俗读作jū。喝足(hē jū)，即"喝得足矣"；食，做"拿东西给人吃"解时，古读sì。如达食(dá·si)，即不为充饥而将多余或剩余的饭菜吃掉：剩下的这点儿饭菜你达食了吧。（达：古汉语中做副词，相当于"都""皆"。）

# 目 录

## A

腌臢(ā·za) …………… (001)
阿嚏(á tì) …………… (001)
唉呦(ái yōu) ………… (001)
哎哟(ái yōu) ………… (001)
挨肩儿(āi jiānr) ……… (001)
挨边儿(āi//biānr) …… (001)
挨个儿(āi//gèr) ……… (001)
挨呲儿(ái//cīr) ……… (001)
挨剋(ái//kèi) ………… (001)
挨(ái) ………………… (001)
矮半截(ǎi bàn jié) …… (001)
爱答不理(ài dā bù lǐ) … (001)
爱现(ài xiàn) ………… (001)
安生(ān·sheng) ……… (001)
揞(ǎn) ………………… (001)
昂气(áng qì) ………… (002)
凹眍眼(āo kōu yǎn) … (002)
熬(āo) ………………… (002)
熬心(āo xīn) ………… (002)
熬(áo) ………………… (002)
熬头儿(áo tóur) ……… (002)
熬年头儿(áo nián tóur) (002)
熬鳔(áo biào) ………… (002)
熬鹰(áo yīng) ………… (002)

拗(ǎo) ………………… (002)
拗断(ǎo duàn) ……… (002)
拗嘴(ào zuǐ) ………… (002)
懊糟(ào zao) ………… (002)
鏊子(ào·zi) …………… (002)
懊不登的(ào bù dēng de) (002)
傲拉巴登(ào·la bā dēng) (002)

## B

扒拉(bā·la) …………… (003)
扒头儿(bā·tour) ……… (003)
扒查(bā·cha) ………… (003)
巴(bā) ………………… (003)
巴头儿(bā//tóur) …… (003)
巴嗤(bā·chi) ………… (003)
巴锅(bā guō) ………… (003)
巴睖(bā·leng) ………… (003)
巴结(bā·jie) …………… (003)
巴巴结结(bā·ba jiē jiē) (003)
巴巴头(bā bā tóu) …… (003)
吧唧(bā·ji) …………… (003)
吧嗒(bā·da) ………… (004)
疤瘌(bā·la) …………… (004)
疤瘌眼儿(bā·la yǎnr) … (004)
疤瘌流星(bā·la liú xing) (004)
拔(bá) ………………… (004)

拔招儿(bā//zhāor) …… (004)
拔步(bá//bù) …………… (004)
拔创(bá//chuàng) ……… (004)
拔份(bá fèn) …………… (004)
拔裂(bá liè) …………… (004)
拔缝(bá fèng) …………… (004)
拔毒(bá dú) …………… (004)
跋蹅(bá·cha) …………… (004)
屄屄(bǎ·ba) …………… (004)
把(bǎ) …………………… (004)
把角儿(bǎ jiǎor) ……… (004)
把撑(bǎ duǐ) …………… (004)
把手掣回去(bǎ shǒu chè huí qù)
  …………………………… (004)
靶(bà) …………………… (004)
刮划(bāi·hua) ………… (005)
掰(bāi) ………………… (005)
掰差(bāi·ci) …………… (005)
掰大闸(bāi dà zhá) …… (005)
掰开揉碎(bāi kāi róu suì) (005)
白不呲咧(bái·bu cī liē) (005)
白不拉儿(bái bù lā·ji) … (005)
白唬(bái·hu) …………… (005)
白话(bái·hua) ………… (005)
白净(bái·jing) ………… (005)
白槎儿(bái chár) ……… (005)
白茬儿(bái chár) ……… (005)
白吃饱儿(bái chī bǎor) … (005)
白撞雨(bái zhuàng yǔ) … (005)
白饶(bái ráo) ………… (005)
白搭(bái dā) …………… (005)

白落(bái lào) …………… (005)
白眉赤眼(bái méi chì yǎn)(005)
白斩鸡(bái zhǎn jī) …… (005)
摆划(bǎi·hua) ………… (005)
摆古(bǎi gǔ) …………… (005)
摆咕(bǎi·gu) …………… (005)
摆搭(bǎi·da) …………… (005)
摆格(bǎi·ge) …………… (006)
摆饰(bǎi·shi) ………… (006)
摆设(bǎi shè) ………… (006)
摆子(bǎi·zi) …………… (006)
摆治(bai·zhi) ………… (006)
摆剖丝(bǎi pōu sī) …… (006)
摆谱儿(bǎi//pǔr) ……… (006)
摆噱头(bǎi xué·tou) …… (006)
百吗儿不是(bǎi màr bú shì)
  …………………………… (006)
败火(bài//huǒ) ………… (006)
韝(bài) ………………… (006)
扳(bān) ………………… (006)
扳不倒儿(bān bù dǎor) … (006)
扳庄(bān zhuāng) ……… (006)
扳位(bān wèi) ………… (006)
扳本儿(bān//běnr) …… (006)
般配(bān pèi) ………… (006)
板(bǎn) ………………… (006)
板寸(bǎn cùn) ………… (006)
板生(bǎn·sheng) ……… (006)
拌蒜(bàn//suàn) ……… (006)
绊手绊脚(bàn shǒu bàn jiǎo)
  …………………………… (006)
半拉(bàn lǎ) …………… (007)

| | |
|---|---|
| 半拉磕叽(bàn·la kē jī) ··· (007) | 爆擦妆(bào cā zhuāng) (008) |
| 半截(bàn jié) ············ (007) | 暴筋(bào jīn) ············ (008) |
| 半截腰儿(bàn jié yāor) (007) | 暴土扬场(bào tǔ yáng cháng) |
| 半搌子(bàn chǎn·zi) ··· (007) | ····························· (008) |
| 半半啰啰(bàn·ban luō luō) | 剥皮儿(bào//pír) ········ (008) |
| ····························· (007) | 背拉(bēi·la) ············ (008) |
| 扮寇(bàn kòu) ··········· (007) | 被卧(bèi·wo) ············ (008) |
| 梆(bāng) ················· (007) | 背溜儿(bèi liūr) ········ (008) |
| 梆硬(bāng yìng) ········· (007) | 背静(bèi·jing) ··········· (008) |
| 啷啷(bāng·lang) ········· (007) | 背气(bèi//qì) ············ (008) |
| 膀爷(bǎng yé) ··········· (007) | 背兴(bèi·xing) ··········· (008) |
| 棒(bàng) ················· (007) | 背风(bèi//fēng) ········· (008) |
| 棒槌(bàng·chui) ········· (007) | 背集(bèi jí) ············· (008) |
| 傍(bàng) ················· (007) | 背篼(bèi dōu) ··········· (008) |
| 包管(bāo guǎn) ········· (007) | 背旮旯儿(bèi gā lár) ····· (009) |
| 褒贬(bāo·bian) ·········· (007) | 背影儿(bèi yǐngr) ········ (009) |
| 包圆儿(bāo yuánr) ······ (007) | 被(bèi) ··················· (009) |
| 褒贬是买主儿(bāo·bian shì mǎi | 备不住(bèi bú zhù) ······· (009) |
| zhǔr) ····················· (007) | 备份(bèi fèn) ············ (009) |
| 煲电话粥(bāo diàn huà zhōu) | 倍儿(bèir) ················ (009) |
| ····························· (008) | 鐾(bèi) ··················· (009) |
| 剥(bāo) ··················· (008) | 焙(bèi) ··················· (009) |
| 剥皮(bāo//pí) ············ (008) | 锛(bēn) ··················· (009) |
| 炮(bāo) ··················· (008) | 锛铰裹(bēn jiǎo guǒ) ··· (009) |
| 龅牙(bāo yá) ············ (008) | 奔儿头(bēnr tóu) ········· (009) |
| 保揩(bǎo kèn) ··········· (008) | 笨笨磕磕(bèn·ben kē kē) (009) |
| 保管(bǎo guǎn) ·········· (008) | 啐儿(bènr) ··············· (009) |
| 抱(bào) ··················· (008) | 奔奔坷坷(bèn·ben kē kē) (009) |
| 爆土(bào·tu) ············ (008) | 奔驰(bèn·chi) ············ (009) |
| 爆腾(bào·teng) ·········· (008) | 奔头儿(bèn tóur) ········ (009) |
| 爆爆头(bào bào tóu) ··· (008) | 崩(bēng) ················· (009) |
| 爆棚(bào péng) ·········· (008) | 崩伤(bēng shāng) ······ (009) |

003

会说不会写的词语

绷(bēng) ……………… (009)
绷子(bēng·zi) ………… (010)
绷杠(bēng gàng) ……… (010)
甭(béng) ……………… (010)
绷(běng) ……………… (010)
绷脸(běng//liǎn) ……… (010)
绷劲儿(běng//jìnr) …… (010)
绷(bèng) ……………… (010)
绷瓷儿(bèng cír) ……… (010)
迸(bèng) ……………… (010)
迸伤(bèng shāng) …… (010)
迸脆(bèng cuì) ………… (010)
镚儿(bèngr) …………… (010)
蹦嚓嚓(bèng cā cā) … (010)
蹦豆儿(bèng dòur) …… (010)
鼻儿(bír) ……………… (010)
鼻丁(bí·ding) ………… (010)
鼻牛儿(bí niúr) ……… (010)
鼻鼻齉齉(bí bí náng náng)
……………………… (010)
鼻嘎儿(bí gār) ………… (010)
笔管条直(bǐ guǎn tiáo zhí)
……………………… (010)
必得(bì děi) …………… (010)
滗(bì) ………………… (010)
哔叽(bì jī) …………… (010)
箅子(bì·zi) …………… (011)
筚子(bì·zi) …………… (011)
避讳(bì·hui) …………… (011)
辟鼠(bì shǔ) …………… (011)
鞭把势(biān bǎ·shi) …… (011)
编派(biān·pai) ………… (011)

编算(biān suàn) ……… (011)
编笆造模(biān bā zào mó)
……………………… (011)
煸(biān) ……………… (011)
扁(biǎn) ……………… (011)
贬(biǎn) ……………… (011)
彪(biāo) ……………… (011)
飙车(biāo chē) ……… (011)
瞟(biāo) ……………… (011)
表蒙子(biǎo méng·zi) … (011)
摽(biào) ……………… (011)
摽劲(biào//jìn) ………… (011)
鳔胶(biào jiāo) ……… (011)
憋(biē) ………………… (011)
憋屈(biē qu) …………… (011)
别价(bié·jie) …………… (011)
别人偷驴他拔橛儿(bié rén tōu lǘ tā bá juér) ……… (012)
别嘴(bié zuǐ) …………… (012)
瘪子(biě·zi) …………… (012)
兵尿尿一个，将尿尿一窝 (bīng sóng sóng yí gè, jiàng sóng sóng yì wō) …… (012)
冰砣子(bīng tuó·zi) …… (012)
病秧子(bìng yāng·zi) … (012)
病殃殃(bìng yāng yāng) (012)
病病歪歪(bìng bìng wāi wāi)
……………………… (012)
拨儿(bōr) ……………… (012)
拨拉(bō·la) …………… (012)
波棱盖儿(bō·leng gàir) (012)
波霸(bō bà) …………… (012)

饽饽(bō bō) ……………… (012)
剥离(bō lí) ……………… (012)
脖颈儿(bó gěngr) …… (012)
脖溜儿(bó liūr) ……… (012)
脖拐(bó guǎi) ………… (012)
驳(bó) …………………… (012)
驳嘴(bó zuǐ) …………… (012)
驳面子(bó//miàn·zi)…… (012)
簸面(bó miàn) ………… (012)
簸(bǒ) …………………… (012)
簸箩(bǒ·luo) …………… (013)
簸箕(bò·ji) ……………… (013)
醭(bú) …………………… (013)
不赖(bú lài) …………… (013)
不离儿(bù·lír) ………… (013)
不咋的(bù zǎ dì) ……… (013)
不惜外(bù xī wài) …… (013)
不济(bú jì) ……………… (013)
不落忍(bú lào rěn) …… (013)
不是个儿(bù shí gè r) … (013)
不识闲儿(bù shí xián r) … (013)
不待见(bú dài jiàn) …… (013)
不乐意(bú lè yì) ……… (013)
不进鳞(bú jìn lín) …… (013)
不大离儿(bú dà lír) …… (013)
不入调(bú rù diào) …… (013)
不着调(bù zháo diào) … (013)
不随溜儿(bù suí liùr)… (013)
不觉闷(bù jiáo mèn)…… (013)
不着四六(bù zháo sì liù) … (013)
不紧不离儿(bù jǐn bù lír) … (013)
不傻不茶(bù shǎ bù nié) … (013)

不郎鼓(bù láng gǔ) …… (013)
不顺序(bú shùn·xu) …… (013)
不值当的(bù zhí dàng de) (013)
不丁点儿(bù dīng diǎnr) (014)
布丁(bù·ding) ………… (014)
步撵儿(bù niǎnr) ……… (014)
铺子(bù·zi) ……………… (014)

## C

擦西(cā xī) …………… (015)
擦黑儿(cā hēir) ……… (015)
擦亮儿(cā liàngr) …… (015)
擦丝儿(cā sīr) ………… (015)
嚓拉(cā·la) …………… (015)
礤床儿(cǎ chuángr) …… (015)
猜谜儿(cāi//mèir) …… (015)
菜(cài) ………………… (015)
菜码儿(cài mǎr) ……… (015)
屋头(càn·tou) ………… (015)
藏猫猫(cáng māo māo) … (015)
藏闷儿(cáng mēnr) …… (015)
藏蒙个儿(cáng mēng gèr)(015)
操持(cāo·chi) ………… (015)
操扯(cāo·che) ………… (015)
槽子糕(cáo·zi gāo) …… (015)
鲹(cáo) ………………… (016)
草甸子(cǎo diàn·zi) … (016)
草荐子(cǎo jiàn·zi) … (016)
草库伦(cǎo kù lún) …… (016)
草苫子(cǎo shān·zi)…… (016)
操蛋(cào dàn) ………… (016)

### 会说不会写的词语

| | | | |
|---|---|---|---|
| 糙(cào) | (016) | 敞(chǎng) | (017) |
| 瓿(cèi) | (016) | 敞开儿(chǎng kāir) | (018) |
| 噌(cēng) | (016) | 抄着手儿(chāo zhe shǒur) | (018) |
| 蹭(cèng) | (016) | 焯(chāo) | (018) |
| 馇(chā) | (016) | 潮(cháo) | (018) |
| 馇黏粥(chā//nián zhōu) | (016) | 扯(chě) | (018) |
| 插销儿(chā xiāor) | (016) | 扯扯(chě·che) | (018) |
| 叉腰(chā yāo) | (016) | 扯淡(chě dàn) | (018) |
| 叉着手(chā zhe shǒu) | (016) | 扯磨(chě·mo) | (018) |
| 叉烧(chā shāo) | (016) | 扯闲篇儿(chě xián piānr) | (018) |
| 碴心(chá xīn) | (016) | 扯皮(chě pí) | (018) |
| 叉(chá) | (016) | 扯平(chě píng) | (018) |
| 茬口(chá·kou) | (016) | 扯臊(chě//sào) | (018) |
| 茬子(chá·zi) | (016) | 掣板(chè bǎn) | (018) |
| 碴(chá) | (016) | 撤(chè) | (018) |
| 碴口儿(chá·kour) | (017) | 撤火(chè//huǒ) | (018) |
| 叉(chǎ) | (017) | 抻(chēn) | (018) |
| 躇(chǎ) | (017) | 抻练(chēn liàn) | (018) |
| 差不离儿(chà bù lír) | (017) | 嗔着(chēn·zhe) | (018) |
| 差壶(chà hú) | (017) | 嗔怪(chēn guài) | (018) |
| 岔糊(chà·hu) | (017) | 沉(chén) | (018) |
| 岔(chà) | (017) | 沉沉气儿(chén chén qìr) | (019) |
| 岔气儿(chà qìr) | (017) | 趁手儿(chèn shǒur) | (019) |
| 岔眼(chà yǎn) | (017) | 趁落儿(chèn làor) | (019) |
| 岔子(chà·zi) | (017) | 趁空儿(chèn kòngr) | (019) |
| 拆兑(chāi duì) | (017) | 称(chèn) | (019) |
| 柴(chái) | (017) | 铛(chēng) | (019) |
| 掺和(chān·he) | (017) | 撑(chēng) | (019) |
| 掺言(chān yán) | (017) | 撑死(chēng sǐ) | (019) |
| 缠身(chán shēn) | (017) | 撑事(chēng shì) | (019) |
| 缠夹(chán·jia) | (017) | 承尘(chéng chén) | (019) |
| 常性(cháng xìng) | (017) | 成天际(chéng tiān·ji) | (019) |

| | |
|---|---|
| 成心(chéng xīn) ……… (019) | 处(chǔ) ………………… (021) |
| 成年溜辈(chéng nián liū bèi) | 杵(chǔ) ………………… (021) |
| ……………………… (019) | 处窝子(chǔ wō·zi) …… (021) |
| 成年价(chéng nián·jia) (019) | 憷头(chù tóu) ………… (021) |
| 澄亮(chéng liàng) …… (019) | 憷场(chù chǎng) ……… (021) |
| 程子(chéng·zi) ……… (019) | 触霉头(chù méi tóu) … (021) |
| 秤毫(chèng háo) ……… (019) | 欻(chuā) ……………… (021) |
| 掌子(chèng·zi) ……… (019) | 欻拉(chuā lā) ………… (021) |
| 吃挂落儿(chī guà làor) (019) | 欻空儿(chuā kòngr) … (021) |
| 眵目糊(chī mù hū) …… (019) | 欻子儿(chuā zǐr) …… (021) |
| 嗤啦(chī·la) …………… (019) | 欻嘎啦哈(chuān gā lā hā)(021) |
| 哧溜(chī·liu) ………… (019) | 擓(chuāi) ……………… (021) |
| 痴子(chī·zi) ………… (020) | 擓子(chuāi·zi) ……… (021) |
| 痴目瞪眼(chī·mu dèng yǎn) | 揣(chuāi) ……………… (021) |
| ……………………… (020) | 揣摸(chuāi mō) ……… (022) |
| 冲(chòng) …………… (020) | 揣手儿(chuāi//shǒur) (022) |
| 冲子(chòng·zi) ……… (020) | 揣巴(chuāi·ba) ……… (022) |
| 冲盹儿(chòng//dǔnr) … (020) | 膗(chuái) ……………… (022) |
| 铳(chòng) …………… (020) | 揣摩(chuǎi·mo) ……… (022) |
| 抽搭(chōu·da) ……… (020) | 踹(chuài) ……………… (022) |
| 抽抽儿(chōu·chour) … (020) | 穿夜(chuān yè) ……… (022) |
| 抽冷子(chóu lěng·zi)… (020) | 穿崩(chuān bēng) …… (022) |
| 搊(chōu) ……………… (020) | 穿帮(chuān bāng) …… (022) |
| 稠心眼儿(chōu xīn yǎnr) (020) | 串花(chuān huā) …… (022) |
| 搊(chóu) ……………… (020) | 串换(chuān·huan) …… (022) |
| 丑八怪(chǒu bā guài) … (020) | 串秧儿(chuàn yāngr) … (022) |
| 瞅冷子(chǒu lěng·zi) … (020) | 串皮(chuàn pí) ……… (022) |
| 臭娄(chòu lóu) ……… (020) | 串烟(chuàn yān) …… (022) |
| 臭棋篓子(chòu qí lǒu·zi) (020) | 串味儿(chuàn wèir) … (022) |
| 出息(chū·xi) ………… (020) | 噇(chuáng) …………… (022) |
| 出溜(chū·liu) ………… (020) | 撞大运(chuáng dà yùn) (022) |
| 出虚恭(chū xū gōng) … (021) | 戳(chuō) ……………… (022) |

007

## 会说不会写的词语

戳儿(chuōr) …………… (022)
戳咕(chuō·gu) ………… (022)
戳弄(chuō·nong) ……… (022)
戳壁脚(chuō bì jiǎo) …… (023)
戳脊梁骨(chuō jǐ·liang gǔ)
 …………………………… (023)
戳腿(chuō tuǐ) ………… (023)
炊帚(chuī·zhou) ……… (023)
吹呼(chuī·hu) ………… (023)
呲打(cī·da) …………… (023)
跐溜(cī·liu) …………… (023)
瓷实(cí·shi) …………… (023)
瓷头(cí tóu) …………… (023)
雌没答样(cí méi dā yàng) (023)
磁气(cí qì) …………… (023)
辞灶(cí zào) …………… (023)
泚(cǐ) …………………… (023)
跐(cǐ) …………………… (023)
跐鼻子上脸(cǐ bí zi shàng liǎn)
 …………………………… (023)
刺挠(cì·nao) …………… (023)
粗拉(cū·la) …………… (023)
凑手儿(còu shǒur) …… (023)
凑合(còu·he) ………… (023)
凑钱(còu qián) ………… (023)
凑前儿(còu qiánr) …… (023)
氽(cuān) ……………… (023)
氽儿(cuānr) …………… (023)
撺儿(cuānr) …………… (024)
撺掇(cuān·duo) ……… (024)
蹿稀(cuān xī) ………… (024)
蹿血(cuān xiě) ………… (024)

蹿个儿(cuān gèr) …… (024)
蹿檐子(cuān yán·zi) … (024)
蹿腾(cuān·teng) ……… (024)
锎子(cuān·zi) ………… (024)
攒(cuán) ……………… (024)
攒机(cuán jī) ………… (024)
攒泥子(cuán nì·zi) …… (024)
翠瓜(cuì guā) ………… (024)
啐(cuì) ………………… (024)
皴(cūn) ………………… (024)
存项(cún·xiang) ……… (024)
蹲(cún) ………………… (024)
脆生(cuì·sheng) ……… (024)
脆绷(cuì·beng) ………… (024)
撮(cuō) ………………… (024)
撮一顿(cuō yí dùn) …… (024)
搓(cuō) ………………… (024)
搓条(cuō tiáo) ………… (024)
搓弄(cuō·nong) ……… (024)
搓板儿(cuō bǎnr) …… (024)
搓麻将(cuō má jiàng) … (024)
矬(cuó) ………………… (025)
矬子(cuó·zi) …………… (025)
矬半截(cuó bàn jié) …… (025)

### D

咑(dā) ………………… (026)
搭(dā) ………………… (026)
搭头儿(dā·tour) ……… (026)
搭拉话(dā·la huà) …… (026)
搭错筋(dā cuò jin) …… (026)

| | | | |
|---|---|---|---|
| 搭伙(dā huǒ) | (026) | 打榧子(dǎ//fěi·zi) | (028) |
| 搭手(dā//shǒu) | (026) | 打驳拦儿(dǎ bó·lanr) | (028) |
| 答咯(dā·ge) | (026) | 打发(dǎ·fa) | (028) |
| 答斯(dā·si) | (026) | 打躬作揖(dǎ gōng zuò yī) | (028) |
| 奔拉(dā·la) | (026) | 打马虎眼(dǎ mǎ hu yǎn) | (028) |
| 搭茬儿(dā//chár) | (026) | 打屄屄溺(dǎ bǎ bǎ nì) | (028) |
| 搭落(dā·la) | (026) | 打叠(dǎ·die) | (028) |
| 搭理(dā·li) | (026) | 打溺(dǎ nì) | (028) |
| 褡裢(dā·lian) | (026) | 打瓜(dǎ guā) | (028) |
| 搭咕(dā·gu) | (026) | 打八刀(dǎ bā dāo) | (028) |
| 沓(dá) | (027) | 打八叉(dǎ bā chā) | (028) |
| 打(dá) | (027) | 打绺儿(dǎ liǔr) | (028) |
| 答兑(dá·dui) | (027) | 打钩儿(dǎ gōur) | (028) |
| 达食(dá·si) | (027) | 打斜儿(dǎ//xiér) | (028) |
| 达达(dá·da) | (027) | 打鸣儿(dǎ míngr) | (028) |
| 达令(dá lìng) | (027) | 打明儿(dǎ míngr) | (028) |
| 打(dǎ) | (027) | 打头儿(dǎ tóur) | (028) |
| 打镲(dǎ//chǎ) | (027) | 打印子(dǎ yìn·zi) | (028) |
| 打蔫儿(dǎ//niānr) | (027) | 打嘟噜(dǎ dū·lu) | (029) |
| 打岔(dǎ//chà) | (027) | 打坠咕碌儿(dǎ zhuì gū·lur) | (029) |
| 打趸儿(dǎ dǔnr) | (027) | | |
| 打顿儿(dǎ//dùnr) | (027) | 打奔儿(dǎ//bēnr) | (029) |
| 打盹儿(dǎ//dǔnr) | (027) | 打尖(dǎ jiān) | (029) |
| 打不住(dǎ bu zhù) | (027) | 打牮(dā jiǎn) | (029) |
| 打闷包(dǎ mèn bāo) | (027) | 打嗝儿(dǎ//gér) | (029) |
| 打嘚嘚(dǎ dē dē) | (027) | 打总儿(dǎ zǒngr) | (029) |
| 打喳喳(dǎ zhā zhā) | (027) | 打愣(dá lèng) | (029) |
| 打点滴(dǎ diǎn dī) | (027) | 打烊(dǎ yàng) | (029) |
| 打碳(dǎ wò) | (027) | 打牙祭(dǎ yá jì) | (029) |
| 打兑(dǎ duì) | (028) | 打咕(dǎ·gu) | (029) |
| 打挺儿(dǎ tǐngr) | (028) | 打点(dǎ·dian) | (029) |
| 打狠儿(dǎ//hěnr) | (028) | 打幡儿(dǎ fānr) | (029) |

009

### 会说不会写的词语

打尜(dǎ gár) ………… (029)
打哈哧(dǎ hā chī) …… (029)
打照面儿(dǎ//zhào miànr)
………………………… (029)
打连连(dǎ lián·lian) …… (029)
打恋恋(dǎ liàn·lian) …… (029)
大氅(dà chǎng) ……… (029)
大鳄(dà è) …………… (029)
大兴(dà·xing) ………… (029)
大牌(dà pái) ………… (029)
大发(dà·fa) …………… (030)
大尽(dà·jin) ………… (030)
大爵儿(dà juér) ……… (030)
大卸八块(dà xiè bā kuài) (030)
大腕儿(dà wànr) ……… (030)
大麻猴(dà má hóu) …… (030)
大大(dà·da) ………… (030)
大拇哥(dà mǔ gē) …… (030)
大伯子(dà bāi·zi) …… (030)
大把进分(dà bǎ jìn fēn) (030)
大大咧咧(dà dà liē liē) (030)
大拿(dà ná) ………… (030)
大砟(dà zhǎ) ………… (030)
大概其(dà gài qí) …… (030)
汏头(dà tóu) ………… (030)
逮×说×(dǎi × shuō ×) … (030)
逮(dǎi) ………………… (030)
大夫(dài·fu) ………… (030)
待见(dài·jian) ………… (031)
担待(dān·dai) ………… (031)
担带(dān dài) ………… (031)
单摆浮搁(dān bǎi fú gē) (031)
丹凤眼(dān fèng yǎn) … (031)
担纲(dān gāng) ……… (031)
惮(dán) ……………… (031)
掸(dǎn) ……………… (031)
担(dàn) ……………… (031)
淡不济(dàn bú·ji) …… (031)
但分(dàn·fen) ………… (031)
当子(dāng·zi) ………… (031)
当间儿(dāng jiānr) …… (031)
当央(dāng·yang) …… (031)
当啷(dāng·lang) ……… (031)
当腰(dāng yāo) ……… (031)
当街(dāng jiē) ………… (031)
当院儿(dāng yuànr) …… (031)
当紧(dāng jǐn) ………… (031)
当着不着(dāng zhuó bù zhuó)
………………………… (031)
挡饩(dǎng//qiàng) …… (031)
挡(dǎng) ……………… (032)
当不住(dàng bú zhù) … (032)
当当(dàng//dàng) …… (032)
档(dàng) ……………… (032)
凼子(dàng·zi) ………… (032)
刀(dāo) ……………… (032)
叨念(dāo·nian) ……… (032)
叨唠(dāo·lao) ………… (032)
叨登(dāo·deng) ……… (032)
叨咕(dāo·gu) ………… (032)
叨扯(dáo·che) ………… (032)
捯(dáo) ……………… (032)
捯饬(dáo·chi) ………… (032)
捯老账(dáo//lǎo zhàng) (032)

| | |
|---|---|
| 捯根儿(dáo//gēnr) …… (032) | 得愣(dé·leng) ……… (034) |
| 捯气儿(dáo//qìr) …… (032) | 得理不让人(dé lǐ bú ràng rén) |
| 捯磨(dáo·mo) ……… (032) | ……………………… (034) |
| 捯腾(dáo·teng) …… (032) | 德比战(dé bǐ zhàn) … (034) |
| 捣鼓(dǎo·gu) ……… (032) | 德性(dé·xing) ……… (034) |
| 捣腾(dǎo·teng) …… (032) | 德合勒(dé·he lè) … (034) |
| 捣撇子(dǎo piě·zi) … (033) | 得(děi) ……………… (034) |
| 捣倒(dǎo dǎo) …… (033) | 得劲儿(děi jìnr) …… (034) |
| 倒(dǎo) …………… (033) | 得亏(děi kuī) ……… (034) |
| 倒个儿(dǎo//gèr) … (033) | 扽(dèn) …………… (034) |
| 倒动(dǎo·dong) …… (033) | 蹬(dēng) ………… (034) |
| 倒替(dǎo tì) ……… (033) | 蹬达(dēng·da) …… (034) |
| 倒灶(dǎo//zào) …… (033) | 蹬技(dēng jì) ……… (034) |
| 倒仓(dǎo//cāng) … (033) | 登登的(dēng dēng dì) … (034) |
| 倒血霉(dǎo//xiě méi) … (033) | 噔楞噔楞(dēng lēng dēng lēng) |
| 倒烟(dào yān) …… (033) | ……………………… (034) |
| 倒贴(dào tiē) …… (033) | 戥(děng) ………… (035) |
| 倒找(dào zhǎo) …… (033) | 戥子(děng·zi) …… (035) |
| 倒搓(dào cuō) …… (033) | 戥头(děng·tou) …… (035) |
| 倒过儿(dào//guòr) … (033) | 等歇(děng·xie) …… (035) |
| 到个儿(dào//gèr) … (033) | 蹬掰(dèng·wai) … (035) |
| 到了儿(dào liǎor) … (033) | 澄(dèng) ………… (035) |
| 盗汗(dào hàn) …… (033) | 磴(dèng) ………… (035) |
| 嘚啵(dē·bo) ……… (033) | 的溜骨碌(dī·liu gū lū) … (035) |
| 嘚嘚(dē dē) ……… (033) | 的历都庐(dī·li dū lū) … (035) |
| 嘚儿(dēr) ………… (033) | 提溜(dī·liu) ……… (035) |
| 得(dé) …………… (033) | 提溜当啷(dī·liu dāng lāng) |
| 得济(dé//jì) ……… (033) | ……………………… (035) |
| 得空儿(dé//kòngr) … (033) | 滴零搭拉(dī·ling dā lā) (035) |
| 得行(dé xíng) …… (034) | 提溜秃卢(dī·liu tū lū) … (035) |
| 得慌(dé·huang) …… (034) | 滴滴金儿(dī dī jīnr) … (035) |
| 得瑟(dé·se) ……… (034) | 滴里搭拉(dī·li dā lā) … (035) |

011

### 会说不会写的词语

滴里耷拉(dī·li dā·la) … (035)
嘀里嘟噜(dī·li dū lū)…… (035)
滴里嘟噜(dī·li dū lū)…… (035)
嘀咕(dí·gu) ………… (035)
嘀嘀咕咕(dí dí gū gū) … (035)
底儿掉(dǐr diào) ……… (035)
地梨儿(dì lír) ………… (035)
地窨子(dì yìn·zi) ……… (035)
地出溜儿(dì chū liūr) … (036)
地界儿(dì·jier) ………… (036)
嗲(diǎ) ………………… (036)
掂对(diān·dui) ………… (036)
掂掇(diān·duo) ………… (036)
掂弄(diān·nong) ……… (036)
掂配(diān·pei) ………… (036)
颠达(diān·da) ………… (036)
颠儿(diānr) …………… (036)
点涕(diǎn tì) …………… (036)
刐(diǎn) ……………… (036)
跕脚儿(diǎn jiǎor) …… (036)
垫补(diàn·bu) ………… (036)
垫背(diàn bèi) ………… (036)
屌(diǎo) ……………… (036)
调角儿(diào jiǎor) …… (036)
调侃儿(diào//kǎnr) …… (036)
掉歪(diào wāi) ………… (036)
掉个儿(diào gèr) ……… (036)
掉过儿(diào//guòr) …… (036)
掉腰子(diào//yāo·zi) … (036)
掉着花样儿(diào·zhe huā yàngr)
……………………… (036)
吊角儿(diào jiǎor) …… (036)
吊线儿(diào xiànr) …… (036)
吊钱儿(diào qiánr) …… (037)
吊儿郎当(diào er láng dāng)
……………………… (037)
吊面儿(diào miànr) …… (037)
吊膀子(diào bǎng·zi) … (037)
吊嗓子(diào sǎng·zi) … (037)
吊毛(diào máo) ……… (037)
跌份(diē fèn) ………… (037)
靪(dīng) ……………… (037)
丁克族(dīng kè zú) …… (037)
叮(dīng) ……………… (037)
钉(dīng) ……………… (037)
叮当五六(dīng dāng wǔ liù)
……………………… (037)
顶戗(dǐng qiàng) ……… (037)
顶不济(dǐng·bu jì) …… (037)
鼎间(dǐng jiān) ………… (037)
腚(dìng) ……………… (037)
定规(dìng·gui) ………… (037)
咚咚锵(dōng dōng qiāng) (037)
东摘西借(dōng zhāi xī jiè) (037)
懂局(dǒng jú) ………… (037)
动换(dòng·huan) …… (037)
兜头(dōu tóu) ………… (037)
兜底(dōu dǐ) ………… (037)
兜齿儿(dōu chǐr) ……… (038)
抖搂(dǒu·lou) ………… (038)
抖骚(dǒu·sao) ………… (038)
抖手儿(dǒu shǒur) …… (038)
逗闷子(dòu//mèn·zi) … (038)
逗拢(dòu·long) ……… (038)

| | |
|---|---|
| 逗弄(dòu·nong) …… (038) | 蹲裆(dūn dāng) …… (039) |
| 逗哏(dòu gén) …… (038) | 蹲锋(dūn fēng) …… (039) |
| 斗拢(dòu lǒng) …… (038) | 礅(dūn) …… (039) |
| 斗颏儿(dòu kēr) …… (038) | 砘子(dūn·zi) …… (040) |
| 嘟(dū) …… (038) | 趸货(dǔn//huò) …… (040) |
| 嘟噜(dū·lu) …… (038) | 趸打(dǔn//dǎ) …… (040) |
| 嘟囔(dū·nang) …… (038) | 顿(dùn) …… (040) |
| 嘟嘟(dū·du) …… (038) | 炖(dùn) …… (040) |
| 嘟芦(dú·lu) …… (038) | 炖酒(药)(dùn//jiǔ) …… (040) |
| 独(dú) …… (038) | 多喒(duō zan) …… (040) |
| 笃定(dǔ dìng) …… (038) | 多前儿(duó qiánr) …… (040) |
| 堵搡(dǔ·sang) …… (038) | 哆里哆嗦(duō·li duō suō) (040) |
| 肚囊子(dù náng·zi) …… (038) | 剟(duō) …… (040) |
| 堆乎(duī·hu) …… (038) | 掇弄(duō nòng) …… (040) |
| 撑(duǐ) …… (038) | 垛子(duǒ·zi) …… (040) |
| 撑咕(duǐ·gu) …… (039) | 驮子(duò·zi) …… (040) |
| 对卤(duì lǔ) …… (039) | 跥跶(duò·da) …… (040) |
| 对对付付(duì duì fū fū) (039) | 跥脚(duò//jiǎo) …… (040) |
| 对茬儿(duì//chár) …… (039) | 剁(duò) …… (040) |
| 对槛儿(duì//kǎnr) …… (039) | 垛(duò) …… (040) |
| 对辙儿(duì zhér) …… (039) | |
| 对襟儿(duì jīnr) …… (039) | E |
| 对付(duì·fu) …… (039) | |
| 对过儿(duì guòr) …… (039) | 讹(é) …… (041) |
| 对路(duì lù) …… (039) | 鹅涟(é·lian) …… (041) |
| 撴(dūn) …… (039) | 鹅包(é bāo) …… (041) |
| 蹾(dūn) …… (039) | 恶补(è bǔ) …… (041) |
| 蹲(dūn) …… (039) | 恶恶实实(è è shí shí) … (041) |
| 蹲实(dūn·shi) …… (039) | 嗯哪(ēn·na) …… (041) |
| 蹲班(dūn//bān) …… (039) | 摁(èn) …… (041) |
| 蹲膘(dūn//biāor) …… (039) | 摁扣儿(èn kòur) …… (041) |
| 蹲苗(dūn miáo) …… (039) | 摁窝儿(èn wōr) …… (041) |

**会说不会写的词语**

摁钉(èn dīng) …… (041)
耳性(ěr·xing) …… (041)
耳刮子(ěr guā·zi) …… (041)
耳朵底子(ěr·dao dǐ·zi) (041)
耳秽(ěr·hui) …… (041)
耳会(ěr·hui) …… (041)
耳乎(èr·hu) …… (041)
二乎(èr·hu) …… (041)
二虎(èr·hu) …… (041)
二把刀(èr bǎ dāo) …… (042)
二尾子(èr yǐ·zi) …… (042)
二五眼(èr wu yǎn) …… (042)
二踢脚(èr tī jiǎo) …… (042)
二茬(èr chá) …… (042)
二茬罪(èr chá zuì) …… (042)
二似(èr·si) …… (042)
二不愣(èr·bu lèng) …… (042)
二不愣子(èr·bu lèng·zi) (042)
二郎腿(èr láng tuǐ) …… (042)

**F**

发(fā) …… (043)
发疟子(fā yào·zi) …… (043)
发嗲(fā//diǎ) …… (043)
发涩(fā sè) …… (043)
发条(fā tiáo) …… (043)
发绀(fā gàn) …… (043)
发憷(fā chù) …… (043)
发券(fā xuàn) …… (043)
发苶(fā nié) …… (043)
发痧(fā shā) …… (043)
发送(fā·song) …… (043)
发贱(fā//jiàn) …… (043)
发皱(fā zhòu) …… (043)
发绉(fā zhòu) …… (043)
乏煤(fá méi) …… (043)
垡儿(fár) …… (044)
垡子(fá·zi) …… (044)
发小儿(fà xiǎor) …… (044)
翻儿(fānr) …… (044)
翻茬(fān chá) …… (044)
幡儿(fānr) …… (044)
翻斥(fān·chi) …… (044)
翻嗤(fān·chi) …… (044)
翻古(fān gū) …… (044)
翻咕(fān·gu) …… (044)
翻皮(fān pí) …… (044)
烦气(fán·qi) …… (044)
反油(fǎn yóu) …… (044)
反饸(fǎn hé) …… (044)
畈(fàn) …… (044)
畈眼子(fàn yǎn·zi) …… (044)
范儿(fànr) …… (044)
犯浑(fàn//hún) …… (044)
犯不上(fàn·bu shàng) … (044)
犯风(fàn fēng) …… (044)
犯尿(fàn sóng) …… (044)
犯贫(fàn pín) …… (044)
犯嘀咕(fàn dí·gu) …… (044)
犯剋(fàn kè) …… (044)
犯矫情(fàn jiáo·qing) … (044)
犯性(fàn xìng) …… (045)
犯相(fàn xiàng) …… (045)

| | |
|---|---|
| 犯轴(fàn zhóu) ………… (045) | 浮皮蹭痒(fú pí cèng yǎng) |
| 犯事儿(fàn shìr) ……… (045) | ………………………… (046) |
| 饭口(fàn kǒu) ………… (045) | 浮囊(fú·nang) ………… (046) |
| 饭辙(fàn zhé) ………… (045) | 浮沿儿(fú yànr) ……… (046) |
| 泛味儿(fàn wèir) ……… (045) | 浮皮儿(fú pír) ………… (046) |
| 泛酸(fàn//suān) ……… (045) | 浮头儿(fú tóur) ……… (046) |
| 泛水(fàn shuǐ) ………… (045) | 福底儿(fú dǐr) ………… (046) |
| 饭(fàn) ………………… (045) | 伏地(fú dì) …………… (046) |
| 妨(fáng) ……………… (045) | 富态(fù·tai) …………… (046) |
| 妨剋(fáng kè) ………… (045) | 洑(fù) ………………… (046) |
| 房纤(fáng qiàn) ……… (045) | 妇道人(fù·dao rén) …… (046) |
| 放鹞子(fàng yào·zi)…… (045) | 符实儿(fù shír) ……… (046) |
| 分溜儿(fēn liùr) ……… (045) | |
| 粉扑儿(fěn pūr) ……… (045) | **G** |
| 愤秋(fèn·qiu) ………… (045) | |
| 疯疯扯扯(fēng fēng chě chě) | 呷呷笑(gā gā xiào) …… (047) |
| ………………………… (045) | 夹肢窝(gā·zhi wō) …… (047) |
| 风风势势(fēng fēng shī shī) | 旮旮旯旯(gā·ga lá lá) … (047) |
| ………………………… (045) | 嘎巴(gā·ba) …………… (047) |
| 缝穷(féng qióng) ……… (045) | 嘎七马八(gá qī mǎ bā) … (047) |
| 肥腌腌(féi dā dā) …… (045) | 嘎嘣脆(gā·beng cuì) … (047) |
| 肥吐噜(féi·tu lū) …… (046) | 嘎杂子(gǎ zá·zi) ……… (047) |
| 肥实(féi·shi) ………… (046) | 嘎悠(gà·you) ………… (047) |
| 费劲巴拉(fèi jìn bā·la) … (046) | 尬秋(gà·qiu) ………… (047) |
| 废物鸡(fèi wù jī) ……… (046) | 籴籴儿(gá·gar) ……… (047) |
| 废物蛋(fèi wù dàn) …… (046) | 轧(gá) ………………… (047) |
| 废物点心(fèi wù diǎn·xin) (046) | 轧拉(gá·la) …………… (047) |
| 跗面(fū miàn) ………… (046) | 玍子(gǎ·zi) …………… (047) |
| 唪哧(fū chī) ………… (046) | 玍杂子(gǎ zá·zi) ……… (047) |
| 肤皮(fū·pi) …………… (046) | 玍古(gǎ·gu) ………… (047) |
| 凫水(fú shuǐ) ………… (046) | 轧姘头(gá pīn·tou) …… (048) |
| 符实(fú·shi) ………… (046) | 尕(gǎ) ………………… (048) |

015

**会说不会写的词语**

| 词语 | 页码 |
|---|---|
| 该(gāi) | (048) |
| 该着(gāi zháo) | (048) |
| 改(gǎi) | (048) |
| 改角儿(gǎi juér) | (048) |
| 改性(gǎi·xing) | (048) |
| 盖火(gài·huo) | (048) |
| 盖帽儿(gài//màor) | (048) |
| 盖帘儿(gài liánr) | (048) |
| 干(gān) | (048) |
| 干巴儿(gān bār) | (048) |
| 干哕(gān·yue) | (048) |
| 干煸(gān biān) | (048) |
| 干巴利落(gān·ba lì luò) | (048) |
| 干净利索(gān·jing lì suō) | (048) |
| 干净利落(gān·jing lì luò) | (048) |
| 干巴(gān·ba) | (048) |
| 干吧呲咧(gān·ba cī lie) | (048) |
| 干落(gān lào) | (048) |
| 泔水(gān shuǐ) | (048) |
| 敢情(gǎn·qing) | (048) |
| 敢是(gǎn shì) | (049) |
| 敢自(gǎn zì) | (049) |
| 赶明儿个(gǎn míngr·ge) | (049) |
| 赶脚(gǎn jiǎo) | (049) |
| 赶巧(gǎn qiǎo) | (049) |
| 赶趟(gǎn//tàng) | (049) |
| 赶罗(gǎn·luo) | (049) |
| 擀(gǎn) | (049) |
| 擀毡(gǎn zhān) | (049) |
| 干架(gàn//jià) | (049) |
| 钢镚儿(gāng bèngr) | (049) |
| 钢种(gāng zhǒng) | (049) |
| 刚口儿(gāng kǒur) | (049) |
| 刚头儿(gāng tóur) | (049) |
| 岗尖儿(gàng jiānr) | (049) |
| 岗子(gǎng·zi) | (049) |
| 杠头(gàng tóu) | (049) |
| 戆头(gàng tóu) | (049) |
| 岗口儿甜(gàng kǒur tián) | (049) |
| 钢(gàng) | (049) |
| 高靿(gāo yào) | (049) |
| 高挑儿(gāo tiǎor) | (049) |
| 搞呲(gǎo·ci) | (049) |
| 搞掂(gǎo diān) | (050) |
| 告诵(gào·song) | (050) |
| 膏(gào) | (050) |
| 袼褙(gē·bei) | (050) |
| 疙瘩襻儿(gē dā pànr) | (050) |
| 圪节(gē·jie) | (050) |
| 圪蹴(gē·jiu) | (050) |
| 肐揪(gē jiū) | (050) |
| 胳臂(gē·bei) | (050) |
| 胳臂肘(gē bèi zhǒu) | (050) |
| 饹馇(gē·zha) | (050) |
| 咯咯(gē gē) | (050) |
| 咯噔(gē dēng) | (050) |
| 咯腾(gē teng) | (050) |
| 咯嗒(gē·da) | (050) |
| 咯嘣(gē beng) | (050) |
| 咯楞(gē·leng) | (050) |
| 搁(gē) | (050) |
| 搁不住(gé·bu zhù) | (050) |
| 嗝儿屁着凉(gér pì zháo liáng) | (051) |

| | | | |
|---|---|---|---|
| 胳肢(gé·zhi) | (051) | 勾缝(gōu fèng) | (052) |
| 膈肢窝(gé·zhi wō) | (051) | 勾火儿(gōu//huǒr) | (052) |
| 槅门(gé mén) | (051) | 勾镰腿(gōu lián tuǐ) | (052) |
| 格路(gé lù) | (051) | 勾芡(gōu//qiàn) | (052) |
| 格涩(gé sè) | (051) | 钩贴边(gōu tiē biān) | (052) |
| 格局(gé·ju) | (051) | 狗气杀(gǒu qì·sha) | (052) |
| 舺椇(gé jù) | (051) | 狗尿苔(gǒu niào tái) | (052) |
| 各(gě) | (051) | 狗跑儿(gǒu páor) | (052) |
| 各个儿(gè gěr) | (051) | 狗食(gǒu shí) | (052) |
| 各扭儿(gè niǔr) | (051) | 苟利子(gǒu lì·zi) | (052) |
| 硌(gè) | (051) | 够(gòu) | (053) |
| 硌窝儿(gè wōr) | (051) | 够缴裹儿(gòu jiǎo·guor) | (053) |
| 膈应(gè·ying) | (051) | 够呛(gòu//qiàng) | (053) |
| 个扭儿(gè niǔr) | (051) | 够份(gòu fèn) | (053) |
| 个拉镚子(gè·la bèng·zi) | (051) | 箍(gū) | (053) |
| 个把(gè·ba) | (051) | 箍筋(gū jīn) | (053) |
| 个个(gè·ge) | (051) | 箍桶(gū tǒng) | (053) |
| 个儿(gèr) | (051) | 箍节儿(gū·jier) | (053) |
| 跟(gēn) | (051) | 估摸(gū·mo) | (053) |
| 跟劲(gēn jìn) | (051) | 咕嘟(gū·du) | (053) |
| 跟前儿(gēn qiánr) | (051) | 咕咚(gū·dong) | (053) |
| 跟脚儿(gēn jiǎor) | (051) | 咕噜(gū lū) | (053) |
| 跟手儿(gēn shǒur) | (052) | 咕哝(gū·nong) | (053) |
| 哏(gén) | (052) | 咕唧(gū·ji) | (053) |
| 艮(gěn) | (052) | 咕咕(gū gū) | (053) |
| 艮拉巴叽(gěn·la bā jī) | (052) | 呱呱(gū gū) | (053) |
| 缏索(gēng suǒ) | (052) | 呱呱啼(gū gū tí) | (053) |
| 哽吃(gěng·chi) | (052) | 孤拐(gū·guai) | (053) |
| 公议儿(gōng yìr) | (052) | 孤拐脸(gū·guai liǎn) | (053) |
| 公母俩(gōng·mu liǎ) | (052) | 骨朵儿(gū·duor) | (053) |
| 恭桶(gōng tǒng) | (052) | 骨录(gū·lu) | (053) |
| 拱火(gǒng//huǒ) | (052) | 軲辘(gú·lu) | (053) |

017

**会说不会写的词语**

骨碌(gú·lu) …………… (054)
古古丢(gǔ·gu diǔ) …… (054)
鼓肚儿(gǔ dùr) ………… (054)
鼓鼓囊囊(gǔ gǔ nāng nāng)
　　……………………… (054)
鼓弄(gǔ·nong) ………… (054)
鼓秋(gǔ·qiu) …………… (054)
鼓捣(gǔ·dao) …………… (054)
鼓耳囊腮(gǔ ěr náng sai) (054)
股(gǔ) …………………… (054)
骨感(gǔ gǎn) …………… (054)
榾柮(gǔ duò) …………… (054)
蓇子(gǔ·zi) ……………… (054)
故事儿(gù·shir) ………… (054)
估衣(gù·yi) ……………… (054)
顾涌(gù·yong) ………… (054)
咶喇(guā·la) …………… (054)
呱嗒(guā·da) …………… (054)
呱嗒板儿(guā·da bǎnr) · (054)
呱唧(guā·ji) …………… (054)
刮痧(guā shā) ………… (054)
剐(guǎ) ………………… (054)
寡白(guǎ bái) ………… (055)
寡净(guǎ·jing) ………… (055)
寡瘦(guǎ shòu) ……… (055)
挂落儿(guà làor) ……… (055)
挂搭(guà·da) …………… (055)
挂火(guà huǒ) ………… (055)
挂劲儿(guà//jìnr) ……… (055)
掴(guāi) ………………… (055)
掴打(guāi·da) ………… (055)
拐脖儿(guǎi bór) ……… (055)
拐孤(guǎi·gu) ………… (055)
拐达(guǎi·da) ………… (055)
拐拉(guǎi·la) …………… (055)
怪(guài) ………………… (055)
怪不的(guài·bu·de) …… (055)
怪不得(guài bù dé) …… (055)
怪道(guài·dao) ………… (055)
官(guān) ………………… (055)
官能(guān néng) ……… (055)
观场(guān chǎng) …… (055)
棺材瓤子(guān cái ráng·zi)
　　……………………… (055)
关(guān) ………………… (055)
关防(guān fáng) ……… (055)
管(guǎn) ………………… (056)
管自(guǎn zì) ………… (056)
管保(guǎn bǎo) ……… (056)
管情(guǎn·qing) ……… (056)
管顾(guǎn gù) ………… (056)
掼(guàn) ………………… (056)
灌口(guàn kǒu) ……… (056)
光趟(guāng·tang) …… (056)
光腚(guāng dìng) …… (056)
光腚光(guāng dìng guāng)
　　……………………… (056)
光屁溜儿(guāng pì·liur) · (056)
咣当(guāng dāng) …… (056)
广(guǎng) ……………… (056)
桄(guàng) ……………… (056)
逛悠(guàng·you) ……… (056)
归里包堆(guī·li bāo duī) (056)
归齐(guī qí) …………… (056)

归终(guī zhōng) ……… (056)
归总(guī zǒng) ……… (056)
归置(guī·zhi) ……… (056)
鬼睐眼(guǎi shǎn yǎn) ⋯ (057)
鬼道(guǐ·dao) ……… (057)
鬼魔三道(guǐ·mo sān dào)
 ……… (057)
诡道(guǐ·dao) ……… (057)
绲边儿(gǔn//biānr) …… (057)
滚(gǔn) ……… (057)
锅(guō) ……… (057)
锅帘儿(guō·lianr) …… (057)
聒噪(guō zao) ……… (057)
裹(guǒ) ……… (057)
裹乱(guǒ//luàn) ……… (057)
馃子(guǒ·zi) ……… (057)
过(guò) ……… (057)
过儿(guòr) ……… (057)
过傲(guò zài) ……… (057)
过节儿(guò jiér) ……… (057)
过淋(guò lìn) ……… (057)
过气(guò qì) ……… (057)
过处(guò·chu) ……… (057)
过招儿(guò zhāor) …… (057)

## H

哈喇(hā·la) ……… (058)
哈喇子(há lá·zi) ……… (058)
哈哧(hā·chi) ……… (058)
哈失(hā·shi) ……… (058)
哈气(hā//qì) ……… (058)
哈腰(hā yāo) ……… (058)
哈哈(hā hā) ……… (058)
哈哈镜(hā·ha jìng) …… (058)
哈巴(hā·ba) ……… (058)
哈撒(hā·sa) ……… (058)
蛤蟆(há·ma) ……… (058)
蛤蟆夯(há·ma hāng) ⋯ (058)
蛤蟆镜(há·ma jìng) …… (058)
哈悠(hà·you) ……… (058)
嗐声叹气(hāi shēng tàn qì)
 ……… (058)
嗐声跺脚(hāi shēng duò jiǎo)
 ……… (058)
嗨哟(hāi·you) ……… (059)
嗨子戏(hāi·zi xì) ……… (059)
海选(hǎi xuǎn) ……… (059)
害(hài) ……… (059)
害口(hài kǒu) ……… (059)
害孩子(hài hái·zi) …… (059)
憨子(hān·zi) ……… (059)
顸(hān) ……… (059)
顸实(hān·shi) ……… (059)
寒碜(hán·chen) ……… (059)
含糊(hán·hu) ……… (059)
汗褟儿(hàn tār) ……… (059)
汗裌(hànjiá) ……… (059)
汗腥味儿(hàn xīng wèir) (059)
行(háng) ……… (059)
行乎(háng·hu) ……… (059)
行子(háng·zi) ……… (059)
行…行…(háng…háng…) (059)
杭(háng) ……… (059)

**会说不会写的词语**

| | |
|---|---|
| 绗(háng) …………… (059) | 黑不唧(hēi·bu jī) …… (061) |
| 绗线(háng xiàn) ……… (059) | 黑黢黢(hēi qū qū) …… (061) |
| 薅(hāo) ……………… (059) | 黑魆魆(hēi xū xū) …… (061) |
| 好歹儿(hǎo dǎir) …… (059) | 很芭乐(hěn·ba lè) …… (061) |
| 好歹(hǎo dǎi) ……… (059) | 嗬(hán) ……………… (061) |
| 好模样儿的(hǎo·mu yàngr·de) | 狠儿(hěnr) ………… (061) |
| ……………………… (060) | 狠劲儿(hěn jìnr) …… (061) |
| 好生(hǎo·sheng) …… (060) | 哼唧(hēng·ji) ……… (061) |
| 号房子(hào fáng·zi) … (060) | 哼哈儿(hēng hār) …… (061) |
| 号志灯(hào zhì dēng) … (060) | 哼哧(hēng·chi) …… (061) |
| 号脉(hào mài) ……… (060) | 横作(héng zuō) …… (061) |
| 好(hào) ……………… (060) | 横许(héng xǔ) …… (061) |
| 好事儿(hào shìr) …… (060) | 横直(héng zhí) …… (061) |
| 耗(hào) ……………… (060) | 横是(héng shì) …… (061) |
| 合该(hé gāi) ……… (060) | 横(hèng) …………… (061) |
| 合式(hé shì) ……… (060) | 横劲儿(hèng jìnr) …… (061) |
| 合页(hé yè) ……… (060) | 啈(hèng) …………… (061) |
| 喝足(hē jū) ……… (060) | 红模子(hóng mú·zi) … (061) |
| 呵手(hē//shǒu) …… (060) | 红苕气(hóng sháo qì) … (061) |
| 合(hé) ……………… (060) | 红不棱登(hóng·bu lēng dēng) |
| 合着(hé·zhe) ……… (060) | ……………………… (061) |
| 河沿儿(héyánr) ……… (060) | 哄弄(hǒng·nong) …… (062) |
| 饸饹(hé lē) ………… (060) | 齁(hōu) …………… (062) |
| 黑不溜秋(hēi·bu liū qiū) (060) | 齁喽儿(hōu·lour) …… (062) |
| 黑脖溜粗(hēi·bo liū cū) (061) | 猴(hóu) …………… (062) |
| 黑灯瞎火(hēi dēng xiā huǒ) | 猴儿急(hóur jí) …… (062) |
| ……………………… (061) | 猴儿精(hóur jīng) …… (062) |
| 黑咕隆咚(hēi·gu lōng dōng) | 猴儿了巴叽(hóur le bā jī) (062) |
| ……………………… (061) | 猴精百怪(hóu jīng bǎi guài) |
| 黑漆寥光(hēi qī liáo guāng) | ……………………… (062) |
| ……………………… (061) | 瘊子(hóu·zi) ……… (062) |
| 黑价白日(hēi·jia bái rì) (061) | 后摆(hòu bǎi) ……… (062) |

后尾儿(hòu yǐr) ……… (062)
后首(hòu shǒu) ……… (062)
后戳儿(hòu chuōr) …… (062)
后捎(hòu shào) ……… (062)
厚实(hòu·shi) ………… (062)
候(hòu) ………………… (062)
忛(hū) …………………… (062)
糊(hū) …………………… (062)
忽悠(hū yōu) …………… (062)
忽忽悠悠(hū hū yōu yōu) (063)
摁(hū) …………………… (063)
摁拉(hū·la) …………… (063)
摁拉摁拉毛儿,吓不着(hū·la hū·la máo, xià bù zháo) … (063)
呼嗒(hū·da) …………… (063)
呼噜(hū·lu) …………… (063)
呼扇(hū·shan) ………… (063)
呼哧(hū·chi) …………… (063)
呼哧带喘(hū·chi dài chuǎn) …………………… (063)
烀(hū) …………………… (063)
滹浴(hū//yù) …………… (063)
忽拉(hū·la) …………… (063)
忽剌巴儿(hū là bār) …… (063)
胡臭儿(hú chòur) ……… (063)
胡擂(hú lēi) …………… (063)
胡抡(hú lūn) …………… (063)
胡扯八溜(hú chě bā liū) (063)
胡拉乱扯(hú lā luàn chě) (063)
胡吣(hú qìn) …………… (063)
囫囵(hú·lun) …………… (063)
囫囵个儿(hú·lun gèr) … (063)
胡噜(hú·lu) …………… (063)
胡诌(hú zhōu) ………… (064)
胡咧咧(hú lie lie) ……… (064)
糊吃闷睡(hú chī mèn shuì) …………………… (064)
胡吃海塞(hú chī hǎi sāi) (064)
胡里八涂(hú·li bā·tu) … (064)
胡撸忙乱(hú·lu máng luàn) …………………… (064)
胡诌白咧(hú zhōu bái liě) (064)
胡搅蛮缠(hú jiǎo mán chán) …………………… (064)
胡闹八光(hú nào bā guāng) …………………… (064)
胡子拉碴(hú·zi lā chā) (064)
胡子茬儿(hú·zi chár) … (064)
湖绉(hú zhòu) ………… (064)
核儿(húr) ……………… (064)
和了(hú·le) …………… (064)
糊糊(hú·hu) …………… (064)
煳(hú) …………………… (064)
壶卢儿(hú lúr) ………… (064)
虎势(hǔ·shi) …………… (064)
唬事儿(hǔ shìr) ………… (064)
护犊子(hù dú·zi) ……… (064)
糊弄局儿(hù·nong júr) … (064)
糊弄(hù·nong) ………… (064)
戽斗(hù dǒu) …………… (064)
瓠子(hù·zi) …………… (064)
芔(huā) ………………… (065)
花插着(huā·cha zhe) … (065)
花费(huā fèi) …………… (065)

## 会说不会写的词语

花活(huā huó) ……… (065)
花骨朵儿(huā gū duōr) (065)
花货(huā huò) ……… (065)
花不棱登(huā·bu léng dēng)
……………………… (065)
花搭着(huā·da zhe) … (065)
花霾脖子(huā·mai bó·zi) (065)
花花搭搭(huā·hua dā dā)
……………………… (065)
花哨(huā·shao) ……… (065)
花销(huā·xiao) ……… (065)
花项(huā·xiang) ……… (065)
花里胡哨(huā·li hú shào) (065)
划拉(huá·la) ………… (065)
滑不唧唧(huá·bu jī jī) … (065)
滑擦擦(huá cā cā) …… (065)
滑刺溜(huá cī liū) …… (065)
滑精(huá jīng) ………… (065)
画拉(huà·la) ………… (065)
化浑儿(huà//húnr) …… (065)
话篓子(huà lǒu·zi) …… (066)
话茬儿(huà chár) …… (066)
话痨(huà láo) ………… (066)
欢实(huān·shi) ……… (066)
荒荒(huāng·huang) … (066)
荒信儿(huāng xìnr) …… (066)
慌(·huang) …………… (066)
慌脚鸡(huáng jiǎo jī) … (066)
慌神儿(huāng//shénr) … (066)
黄(huáng) …………… (066)
黄梨(huáng lí) ………… (066)
黄皮寡瘦(huáng pí guǎ shòu)
……………………… (066)
皝白(huǎng bái) ……… (066)
恍惚(huǎng·hu) ……… (066)
恍忽儿的(huǎng·hur de) (066)
晃悠(huàng·you) …… (066)
灰不溜丢(huī·bu liū diū) (066)
灰不喇唧(huī·bu lā jī) … (066)
回头(huí tóu) ………… (066)
回茬儿(huí chár) …… (066)
回笼觉(huí lóng jiào) … (067)
回楦儿(huí xuànr) …… (067)
回弯儿(huí//wānr) …… (067)
茴香(huí·xiang) ……… (067)
毁(huǐ) ………………… (067)
悔棋(huǐ qí) …………… (067)
会子(huì·zi) …………… (067)
浑球儿(hún qiúr) …… (067)
混儿混儿(hùnr·hunr) … (067)
混帐行子(hùn zhàng háng·zi)
……………………… (067)
溷气(hùn·qi) ………… (067)
豁(huō) ………………… (067)
豁嘴(huō zuǐ) ………… (067)
豁边(huō biān) ……… (067)
豁出去(huō chū qù) … (067)
劐(huō) ………………… (067)
耠地(huō dì) ………… (067)
锪(huō) ………………… (067)
和(huó) ………………… (067)
活泛(huó·fan) ………… (067)
活分(huó·fen) ………… (067)
活该(huó gāi) ………… (067)

火柿子(huǒ shì·zi) …… (068)
火烧(huǒ·shao) …………… (068)
火筷子(huǒ kuài·zi) …… (068)
货(huò) ……………………… (068)
嚄(huò) ……………………… (068)
和(huò) ……………………… (068)
和弄(huò·nong) …………… (068)
豁亮(huò liàng) …………… (068)
祸祸(huò· huo) …………… (068)
祸泛(huò· fan) …………… (068)
祸害(huò·hai) ……………… (068)

J

唧唧缩缩(jī jī suō suō) … (069)
唧溜(jī·liu) ………………… (069)
犄角旮旯儿(jī jiǎo gā lár) (069)
鸡巴(jī·ba) ………………… (069)
鸡胗肝儿(jī zhēn gānr) … (069)
鸡膞(jī zhuān) …………… (069)
鸡零狗碎(jī líng gǒu suì) (069)
鸡子儿(jī zǐr) ……………… (069)
激(jī) ………………………… (069)
激灵(jī·ling) ……………… (069)
激事鬼儿(jī shì guǐr) …… (069)
激激歪歪(jī jī wāi wāi) … (069)
犄角儿(jī jiaor) …………… (069)
犄角(jī·jiao) ……………… (069)
唧一身水(jī yì shēn shuǐ) (069)
叽里咕噜(jī·li gū lū) …… (069)
叽里骨碌(jī·li gū lū) …… (070)
叽里呱啦(jī·li guā lā) … (070)

叽咕(jī·gu) ………………… (070)
叽愣(jī·leng) ……………… (070)
叽叽嘎嘎(jī jī gā gā) …… (070)
积底儿(jī dǐr) …………… (070)
积食(jī shí) ……………… (070)
蒺藜狗子(jí·li gǒu·zi) … (070)
饥荒(jī·huang) …………… (070)
饥饥渴渴(jí jí kě kě) …… (070)
急茬儿(jí chár) …………… (070)
急皮怪脸(jí pí guài liǎn) (070)
急赤白脸(jí chi bái liǎn) (070)
急头赖脸(jí tóu lài liǎn) (070)
几儿(jǐr) …………………… (070)
几儿个(jǐr·ge) …………… (070)
虮子(jǐ·zi) ………………… (070)
挤对(jǐ·dui) ……………… (070)
挤勒(jǐ·le) ………………… (070)
挤咕(jǐ·gu) ……………… (070)
挤咕眼儿(jǐ·gu yǎnr) …… (070)
极头麻花(jí tóu má huā) (070)
挤累(jǐ·lei) ……………… (070)
挤挤插插(jǐ·ji chā chā) (070)
己个儿(jì gèr) …………… (071)
记(jì) ……………………… (071)
系(jì) ……………………… (071)
济(jì) ……………………… (071)
济事(jì shì) ……………… (071)
季子(jì·zi) ………………… (071)
剂子(jì·zi) ………………… (071)
家伙什儿(jiā·huo shir) … (071)
家(·jia) …………………… (071)
家长里短儿(jiā cháng lǐ duǎnr)

023

## 会说不会写的词语

| 词语 | 页码 |
|---|---|
| ……………………………… | (071) |
| 家雀儿(jiā qiǎor) ……… | (071) |
| 嚓(jiā) ………………………… | (071) |
| 嘉年华(jiā nián huá) …… | (071) |
| 夹生(jiā shēng) ………… | (071) |
| 夹肝(jiā gān) …………… | (071) |
| 夹剪儿(jiā jiǎnr) ………… | (071) |
| 夹缠(jiā chán) ………… | (071) |
| 夹个儿(jiā gèr) ………… | (071) |
| 夹当儿(jiā dāngr) ……… | (071) |
| 假模假式(jiǎ·mo jiǎ shì) | (071) |
| 假门假氏(jiǎ mén jiǎ shì) | (071) |
| 假眉三道(jiǎ méi sān dào) | |
| ……………………………… | (071) |
| 假撇清(jiǎ piē qīng) …… | (072) |
| 胛子(jiǎ·zi) ……………… | (072) |
| 架把(jià·ba) ……………… | (072) |
| 架不住(jià bú zhù) ……… | (072) |
| 架弄(jià·nong) ………… | (072) |
| 架势(jià·shi) …………… | (072) |
| 架秧子(jià yāng·zi) …… | (072) |
| 架架哄哄(jià jià hōng hōng) | |
| ……………………………… | (072) |
| 驾(jià) …………………… | (072) |
| 尖(jiān) ………………… | (072) |
| 间量(jiān·liang) ………… | (072) |
| 奸(jiān) ………………… | (072) |
| 搛(jiān) ………………… | (072) |
| 剪直(jiǎn zhí) …………… | (072) |
| 简断截说(jiǎn duàn jié shuō) | |
| ……………………………… | (072) |
| 简直(jiǎn zhí) …………… | (072) |
| 捡毛褴(jiǎn máo lán)…… | (072) |
| 捡洋落儿(jiǎn yáng làor) | (072) |
| 拣口儿(jiǎn // kǒur) …… | (072) |
| 见(jiàn) ………………… | (072) |
| 见年(jiàn nián) ………… | (073) |
| 见天见(jiàn tiān jiàn)…… | (073) |
| 见真章儿(jiàn zhēn zhāngr) | |
| ……………………………… | (073) |
| 踺子(jiàn·zi) …………… | (073) |
| 贱货(jiàn huò) ………… | (073) |
| 贱骨肉儿(jiàn gǔ ròur) … | (073) |
| 贱了吧唧(jiàn·le bā·ji) | (073) |
| 将将巴巴(jiāng·jiang bā bā) | |
| ……………………………… | (073) |
| 将就(jiāng·jiu) ………… | (073) |
| 膙子(jiǎng·zi) ………… | (073) |
| 耩(jiǎng) ……………… | (073) |
| 糨(jiàng) ……………… | (073) |
| 糨子(jiàng·zi) ………… | (073) |
| 犟(jiàng) ……………… | (073) |
| 犟嘴(jiàng zuǐ) ………… | (073) |
| 弶网(jiàng wǎng) ……… | (073) |
| 强死赖活(jiàng sǐ lài huó) | (073) |
| 浇头儿(jiāo tóur) ……… | (073) |
| 胶泥(jiāo ní) …………… | (073) |
| 矫情(jiáo·qing) ………… | (073) |
| 嚼用(jiáo·yong) ………… | (073) |
| 嚼蛆(jiáo qū) …………… | (073) |
| 脚丫子(jiǎo yā·zi) …… | (073) |
| 脚孤拐(jiǎo gū guǎi)…… | (074) |
| 脚码子(jiǎo mǎ·zi) …… | (074) |
| 搅(jiǎo) ………………… | (074) |

搅理儿(jiǎo//lǐr) ········· (074)
搅哄(jiǎo·hong) ········· (074)
搅和(jiǎo·he) ············ (074)
觉闷(jiào//mèn) ········· (074)
铰(jiǎo) ·················· (074)
叫(jiào) ·················· (074)
叫字号(jiào zì·hao) ····· (074)
叫名(jiào míng) ·········· (074)
叫唤(jiào·huan) ·········· (074)
结巴颏子(jiē·ba kē·zi) ··· (074)
结子儿(jiē zir) ············ (074)
结结巴巴(jiē jiē bā bā) ··· (074)
接长不短(jiē cháng bù duǎn)
······················· (074)
接济(jiē·ji) ··············· (074)
接茬儿(jiē//chár) ········ (074)
接下茬儿(jiē//xià chár) ··· (074)
疖子(jiē·zi) ·············· (074)
节子(jiē·zi) ·············· (074)
街坊(jiē·fang) ··········· (074)
结记(jié jì) ··············· (074)
𥪜(jié) ·················· (075)
截近(jié jìn) ············· (075)
截火(jié huǒ) ············ (075)
截子(jié·zi) ············· (075)
截了(jié·le) ············· (075)
节口(jié·kou) ············ (075)
节骨眼儿(jié gǔ yǎnr) ··· (075)
解构(jiě gòu) ············ (075)
解手儿(jiě//shǒur) ······· (075)
褯子(jiè·zi) ············· (075)
价(·jie) ················· (075)

筋道(jīn·dao) ············ (075)
筋头马脑儿(jīn tóu mǎ nǎor)
······················· (075)
禁(jīn) ·················· (075)
禁䴕(jīn zhǎn) ··········· (075)
紧关节要(jǐn guān jié yào)
······················· (075)
紧巴(jǐn bǎ) ············· (075)
紧自(jǐn zì) ············· (075)
紧紧巴巴(jǐn jǐn bā bā) ··· (076)
紧紧绷绷(jǐn jǐn bēng bēng)
······················· (076)
紧称(jǐn·chen) ·········· (076)
紧(jǐn) ·················· (076)
紧着(jǐn·zhe) ············ (076)
𦈡(jǐn) ·················· (076)
尽(jǐn) ·················· (076)
尽自(jǐn·zi) ············· (076)
尽早(jǐn zǎo) ············ (076)
尽让(jìn ràng) ··········· (076)
进(jìn) ·················· (076)
进项(jìn·xiang) ·········· (076)
劲(jìn) ·················· (076)
劲儿劲儿的(jìnr jìnr·de) ··· (076)
妗子(jìn·zi) ············· (077)
惊悚片(jīng sǒng piān) ··· (077)
经用(jīng yòng) ·········· (077)
惊风扯火(jīng fēng chě huǒ)
······················· (077)
精(jīng) ················· (077)
精灵(jīng·ling) ·········· (077)
精光精(jīng guāng jìng) ··· (077)

## 会说不会写的词语

净(jìng) …………………… (077)
净是(jìng shì) ……………… (077)
净意儿(jìng yìr) …………… (077)
净心(jìng xīn) ……………… (077)
劲爆(jìng bào) ……………… (077)
阄儿(jiūr) …………………… (077)
揪(jiū) ……………………… (077)
揪扯(jiū chě) ……………… (077)
揪心(jiū xīn) ……………… (077)
揪痧(jiū shā) ……………… (077)
揪揪(jiū·jiu) ……………… (077)
鬏鬏(jiū jiū) ……………… (077)
究细儿(jiū xìr) …………… (077)
酒糟鼻子(jiǔ zāo bí·zi) … (077)
酒嗉子(jiǔ sù·zi) ………… (077)
酒提(jiǔ tí) ………………… (078)
酒干(jiǔ gān) ……………… (078)
旧前(jiù qián) ……………… (078)
就(jiù) ……………………… (078)
就手儿(jiù shǒur) ………… (078)
就伴儿(jiù//bànr) ………… (078)
就根儿(jiù gēnr) …………… (078)
就合(jiù·he) ……………… (078)
就地(jiù dì) ………………… (078)
就劲儿(jiù jìnr) …………… (078)
锔(jū) ……………………… (078)
拘着(jū·zhe) ……………… (078)
局气(jú·qi) ………………… (078)
焗(jú) ……………………… (078)
圈(juān) …………………… (078)
卷包儿会(juǎn bāor huì) (078)
卷(juǎn) …………………… (078)
桊儿(juànr) ………………… (078)
噘(juē) ……………………… (078)
撅(juē) ……………………… (078)
撅巴(juē·ba) ……………… (078)
撅搭(juē·da) ……………… (079)
撅折(juē shé) ……………… (079)
爵儿(juér) ………………… (079)
角儿(juér) ………………… (079)
绝户(jué·hu) ……………… (079)
橛子(jué·zi) ……………… (079)
镢头(jué·tou) ……………… (079)
唪(jué) ……………………… (079)
均背(jūn bēi) ……………… (079)
皲裂(jūn liè) ……………… (079)

### K

揩嗤(kā·chi) ……………… (080)
喀巴(kā·ba) ………………… (080)
喀嚓(kā cha) ……………… (080)
喀嗤(kā·chi) ……………… (080)
喀杂(kā·za) ………………… (080)
卡(kǎ) ……………………… (080)
卡座(kǎ zuò) ……………… (080)
咯(kǎ) ……………………… (080)
开瓢儿(kāi//piáor) ……… (080)
开气儿(kāi qìr) …………… (080)
开杈(kāi//chà) …………… (080)
开洼(kāi wā) ……………… (080)
开拔(kāi bá) ……………… (080)
开路(kāi lù) ……………… (080)
开间(kāi jiān) …………… (080)

| | | | |
|---|---|---|---|
| 开苞(kāi bāo) | (080) | 搕(kē) | (082) |
| 开绽(kāi zhàn) | (081) | 瞌眬(kē·chong) | (082) |
| 开涮(kāi//shuàn) | (081) | 揢(ké) | (082) |
| 开怀儿(kāi//huáir) | (081) | 可身(kě shēn) | (082) |
| 开销(kāi xiāo) | (081) | 可地(kě dì) | (082) |
| 开板儿(kāi bǎnr) | (081) | 可脚儿(kě jiǎor) | (082) |
| 揩油(kǎi yóu) | (081) | 可劲(kě jìn) | (082) |
| 看(kān) | (081) | 可着(kě·zhe) | (082) |
| 龛影(kān yǐng) | (081) | 可丁可卯(kě dīng kě mǎo) | (082) |
| 坎肩(kǎn jiān) | (081) | 可惜了的(kě xī liǎor·de) | (082) |
| 坎儿上(kǎnr shàng) | (081) | 剋(kēi) | (082) |
| 闶阆(kāng liáng) | (081) | 啃(kěn) | (083) |
| 糠(kāng) | (081) | 掯(kèn) | (083) |
| 扛(káng) | (081) | 掯儿(kènr) | (083) |
| 炕琴(kàng qín) | (081) | 掯勒(kèn lēi) | (083) |
| 尻子(kāo·zi) | (081) | 裉(kèn) | (083) |
| 考寄(kǎo jì) | (081) | 啃(kēng) | (083) |
| 拷边儿(kǎo biānr) | (081) | 啃儿啃儿(kēngr kēngr) | (083) |
| 熇(kǎo) | (081) | 吭声(kēng shēng) | (083) |
| 栲栳(kǎo lǎo) | (081) | 吭哧(kēng·chi) | (083) |
| 铐子(kào·zi) | (081) | 吭哧憋肚(kēng·chi biē dù) | (083) |
| 靠实(kào·shi) | (081) | 坑蒙拐骗(kēng mēng guǎi piàn) | |
| 靠盘儿(kào pánr) | (082) | | (083) |
| 犒(kào) | (082) | 铿锵玫瑰(kēng qiāng méi guì) | |
| 窠棚(kē péng) | (082) | | (083) |
| 坷垃(kē·la) | (082) | 控(kòng) | (083) |
| 砢碜(kē·chen) | (082) | 抠(kōu) | (083) |
| 磕巴(kē·ba) | (082) | 抠哧(kōu·chi) | (083) |
| 磕牙(kē//yá) | (082) | 抠门儿(kōu ménr) | (084) |
| 磕碰(kē pèng) | (082) | 抠搜(kōu·sou) | (084) |
| 磕磕巴巴(kē kē bā bā) | (082) | 抠手儿(kōu shǒur) | (084) |
| 磕磕绊绊(kē kē bàn bàn) | (082) | 眍(kōu) | (084) |

## 会说不会写的词语

蔻(kòu) ……………………(084)
扣篮(kòu lán) ………………(084)
哭丧着脸(kū·sang·zhe//liǎn)
  ………………………………(084)
窟弄(kū·nong) ………………(084)
喀嗤(kū·chi) …………………(084)
刳嗤(kū·chi) …………………(084)
酷(kù) ………………………(084)
酷毙(kù bì) …………………(084)
苦(kǔ) ………………………(084)
苦不唧儿(kǔ·bu jir) …………(084)
苦剌吧唧(kǔ·la bā·ji) ………(084)
苦筋拔力(kǔ jīn bá lì) ………(084)
苦腻(kǔ nì) …………………(084)
咵嚓(kuā·cha) ………………(084)
夸克(kuā kè) ………………(084)
侉(kuǎ) ………………………(084)
侉子(kuǎ·zi) …………………(084)
垮杆儿(kuǎ gǎnr) ……………(085)
挎斗儿(kuà dǒur) ……………(085)
㧟(kuǎi) ………………………(085)
㧟哧(kuǎi·chi) ………………(085)
蒯(kuǎi) ………………………(085)
快客(kuài kè) ………………(085)
快克(kuài kè) ………………(085)
快性(kuài·xing) ……………(085)
块儿头(kuàir tóu) …………(085)
宽绰(kuān·chao) ……………(085)
匡(kuāng) ……………………(085)
旷(kuàng) ……………………(085)
旷荡(kuàng·dang) …………(085)
框外(kuàng wài) ……………(085)

魁实(kuí·shi) ………………(085)
襀(kuì) ………………………(085)

## L

拉(lā) …………………………(086)
拉扯(lā·che) …………………(086)
拉插(lā·cha) …………………(086)
拉搭(lā·da) …………………(086)
拉巴(lā·ba) …………………(086)
拉碴(lā·cha) …………………(086)
拉秧(lā yāng) ………………(086)
拉勾(lā·gou) …………………(086)
拉晚儿(lā wǎnr) ……………(086)
拉它(lā·ta) …………………(086)
拉偏手儿(lā piān shǒur) ……(086)
拉蜜(lā mì) …………………(086)
拉倒(lā//dǎo) ………………(087)
拉叉(lā·cha) …………………(087)
拉歌(lā gē) …………………(087)
拉胯(lā kuà) …………………(087)
拉纤儿(lā qiànr) ……………(087)
拉窟窿(lā//kū·long) ………(087)
拉亏空(lā//kuī·kong) ……(087)
拉里拉塌(lā·li lā tā) ………(087)
啦呱(lā·gua) …………………(087)
邋遢(lā·ta) …………………(087)
拉拉(lá·la) …………………(087)
拉(lá) …………………………(087)
砬子地(lá·zi dì) ……………(087)
拉忽(lǎ·hu) …………………(087)
拉拉忽忽(lǎ·la hū hū) ……(087)

| | |
|---|---|
| 辣不唧儿(là·bu jir) ……(087) | 老鸹(lǎo·gua) ……(089) |
| 崃(·lai) ……(087) | 老实巴交(lǎo·shi bā jiāo)(089) |
| 落(là) ……(087) | 老克拉(lǎo kè lā) ……(089) |
| 喇喇蛄(là là gǔ) ……(087) | 老鼻子(lǎo bí·zī) ……(089) |
| 瘌瘌头(là là tóu) ……(087) | 老梆子(lǎo bāng·zi) ……(089) |
| 来(·lai) ……(087) | 老八板儿(lǎo bā bǎnr)(089) |
| 来着(lái·zhe) ……(088) | 老驾(lǎo jià) ……(089) |
| 来事儿(lái shìr) ……(088) | 老娘儿们(lǎo niángr·men)(089) |
| 来派过节(lái·pai guò·jie)(088) | 老挑(lǎo·tiao) ……(089) |
| 赖(lài) ……(088) | 老醯儿(lǎo xīr) ……(089) |
| 赖歹(lài·dai) ……(088) | 荖(lǎo) ……(089) |
| 赖皮狗(lài pí gǒu) ……(088) | 姥姥(lǎo·lao) ……(089) |
| 癞瓜(lài guā) ……(088) | 唠嗑(lào//kē) ……(089) |
| 赉子(lài·zi) ……(088) | 落(lào) ……(089) |
| 癞皮狗(lài pí gǒu) ……(088) | 落架(lào//jià) ……(090) |
| 漤(lǎn) ……(088) | 落头儿(lào·tour) ……(090) |
| 罱(lǎn) ……(088) | 落汗(lào hàn) ……(090) |
| 罱泥船(lǎn ní chuán) …(088) | 落枕(lào//zhěn) ……(090) |
| 烂尾楼(làn wěi lóu) ……(088) | 落忍(lào rěn) ……(090) |
| 啷当(lāng dāng) ……(088) | 落坡(lào pěi) ……(090) |
| 躴軇(láng·kang) ……(088) | 落包涵(lào//bāo·han)(090) |
| 郎猫(láng māo) ……(088) | 落色(lào sǎi) ……(090) |
| 哴(làng) ……(088) | 乐不得儿(lè·bu dér) ……(090) |
| 浪(làng) ……(088) | 肋脦(lē·te) ……(090) |
| 浪荡子儿(làng dàng zir)(089) | 嘞嘞(lē·le) ……(090) |
| 劳驾(láo//jià) ……(089) | 勒(lēi) ……(090) |
| 劳什子(láo shí·zi) ……(089) | 勒掯(lēi·ken) ……(090) |
| 牢绑(láo·bang) ……(089) | 嘞(·lei) ……(090) |
| 老赶(lǎo gǎn) ……(089) | 肋(lèi) ……(090) |
| 老论儿(lǎo lùnr) ……(089) | 肋叉子(lèi chǎ·zi) ……(090) |
| 老叼(lǎo diāo) ……(089) | 塄坎(léng kǎn) ……(090) |
| 老雕(lǎo diāo) ……(089) | 愣子(léng·zi) ……(090) |

## 会说不会写的词语

愣场(léng chǎng) ……… (090)
冷布(lěng bù) ………… (090)
冷丁(lěng dīng) ……… (090)
愣愣(lèng·leng) ……… (090)
愣愣瞌瞌(lèng lèng kē kē)
　…………………… (091)
愣眼巴睁(lèng yǎn bā zhēng)
　…………………… (091)
愣(lèng) ……………… (091)
愣头儿青(lèng tóur qīng) (091)
愣是(lèng shì) ………… (091)
愣神儿(lèng //shénr) … (091)
哩溜歪斜(lī liu wāi xié) (091)
哩哩啦啦(lī lī lā lā) …… (091)
哩哩啰啰(lī lī luō luō)… (091)
俚嬉(lí·xi) …………… (091)
鹂鸡(lí·ji) …………… (091)
离股儿(lí gǔr) ………… (091)
离谱儿(lí //pǔr) ……… (091)
里外里(lǐ wài lǐ) ……… (091)
里脊(lǐ·ji) ……………… (091)
里间儿(lǐ jiānr) ……… (091)
理路(lǐ lù) …………… (091)
理碴儿(lǐ //chár) ……… (091)
沥沥拉拉(lì lì lā lā) …… (091)
立睖(lì·leng) ………… (092)
立马儿(lì mǎr) ………… (092)
利嗖(lì·sou) ………… (092)
利洒(lì·sa) …………… (092)
利利拉拉(lì lì lā lā) …… (092)
利尿(lì niào) ………… (092)
漓漓拉拉(lì lì lā lā) …… (092)

力道(lì·dao) …………… (092)
力巴(lì·ba) …………… (092)
栗暴(lì bào) …………… (092)
连襟(lián·jin) ………… (092)
连鬓胡子(lián·bin hú·zi) (092)
连蒙带唬(lián mēng dài hǔ)
　…………………… (092)
怜薄(lián·bo) ………… (092)
莲篷(lián·peng) ……… (092)
敛(liǎn) ……………… (092)
敛巴(liǎn·ba) ………… (092)
凉渗(liáng·shen) ……… (092)
凉刺呱唧(liáng·la guā jī) (092)
两腿紧捯(liǎng tuǐ jǐn dǎo)(092)
两掺儿(liàng chānr) …… (092)
凉(liàng) ……………… (092)
谅(liàng) ……………… (093)
亮子(liàng·zi) ………… (093)
量贩店(liàng fàn diàn) … (093)
蹽(liāo) ……………… (093)
蹽腿(liāo tuǐ) ………… (093)
撩(liāo) ……………… (093)
撩分儿(liáo //fēnr) …… (093)
缭(liáo) ……………… (093)
潦倒梆子(liáo·dao bāng·zi)
　…………………… (093)
燎泡(liáo pào) ………… (093)
燎(liǎo) ……………… (093)
蓼花(liǎo·hua) ………… (093)
尥(liào) ……………… (093)
尥蹶子(liào juě·zi) …… (093)
料(liào) ……………… (093)

料估(liào·gu) …… (093)
料面(liào miàn) …… (093)
撂(liào) …… (093)
撂地(liào dì) …… (093)
撂挑子(liào tiāo·zi) …… (093)
撂下脸(liào xià liǎn) …… (093)
钌铞儿(liào diàor) …… (093)
咧咧(liē·lie) …… (094)
裂(liě) …… (094)
裂巴(liě·ba) …… (094)
裂锅(liě·guo) …… (094)
裂瓜(liě·gua) …… (094)
咧(liě) …… (094)
咧扯(liě·che) …… (094)
林林拉拉(lín lín lā lā) …… (094)
临了儿(lín liǎor) …… (094)
拎(līn) …… (094)
拎得清(līn·de qīng) …… (094)
拎清(līn qīng) …… (094)
赁(lìn) …… (094)
淋(lìn) …… (094)
淋子(lìn·zi) …… (094)
淋血(lìn xuě) …… (094)
论(lìn) …… (094)
凌(líng) …… (094)
灵清(líng qīng) …… (094)
零七八碎儿(líng qī bā suìr)
…… (094)
溜(liū) …… (094)
溜桌(liū//zhuō) …… (095)
溜肩膀(liū jiān bǎng) …… (095)
溜光罄净(liū guāng xīn jìng)
…… (095)
溜干二净(liū gān èr jìng) …… (095)
溜肩躲事(liū jiān duǒ shì) …… (095)
溜溜儿(liū·liur) …… (095)
溜湫(liū·qiu) …… (095)
溜瞅(liū chǒu) …… (095)
溜嘴(liū zuǐ) …… (095)
熘(liū) …… (095)
瞛(liū) …… (095)
蹓(liū) …… (095)
绺子(liǔ·zi) …… (095)
柳下道儿(liǔ xià dàor) … (095)
溜(liù) …… (095)
溜活(liù·huo) …… (095)
六够(liù gòu) …… (095)
六指儿(liù zhǐr) …… (095)
镏子(liù·zi) …… (095)
馏(liù) …… (095)
龙(lóng) …… (095)
笼火(lóng//huǒ) …… (096)
笼着手(lóng·zhe shǒu) …… (096)
砻(lóng) …… (096)
砻坊(lóng fáng) …… (096)
拢(lǒng) …… (096)
拢子(lǒng·zi) …… (096)
拢共(lǒng gòng) …… (096)
笼统(lǒng tǒng) …… (096)
搂(lōu) …… (096)
搂着(lōu·zhe) …… (096)
搂头(lōu tóu) …… (096)
搂子(lōu·zi) …… (096)
瞜(lōu) …… (096)

031

会说不会写的词语

䁖兮䁖兮(lōu xī lōu xī) … (096)
娄(lóu) …………………… (096)
娄子(lóu·zi) ……………… (096)
露怯(lòu qiè) …………… (096)
露脸(lòu liǎn) …………… (096)
露兜(lòu dōu) …………… (096)
撸(lū) ……………………… (096)
撸扣(lū kòu) ……………… (096)
撸子(lū·zi) ………………… (096)
噜苏(lū·su) ……………… (096)
卤(lǔ) ……………………… (096)
驴肝肺(lǘ gān fèi) ……… (097)
履(lǚ) ……………………… (097)
捋(lǚ) ……………………… (097)
缕缕行行(lǚ lǚ háng háng)
………………………… (097)
缕续(lǚ xù) ……………… (097)
掠(lüè) …………………… (097)
抡(lūn) …………………… (097)
轮(lún) …………………… (097)
轮拨儿(lún//bōr) ………… (097)
论儿(lùnr) ………………… (097)
圞(luán) …………………… (097)
乱哄(luàn·hong) ………… (097)
乱乎(luàn·hu) …………… (097)
乱腾(luàn·teng) ………… (097)
乱营(luàn//yíng) ………… (097)
乱葬岗子(luàn zàng gǎng·zi)
………………………… (097)
捋(luō) …………………… (097)
捋管儿(luō guǎnr) ……… (097)
捋虎须(luō hǔ xū) ……… (097)

罗罗缸(luó·luo gāng) … (097)
罗锅(luó guō) …………… (098)
罗圈揖(luó quān yī) …… (098)
罗圈腿儿(luó quān tuǐr) (098)
罗合(luó·he) ……………… (098)
瘰疬(luǒ·li) ……………… (098)
络腮胡子(luò sāi hú·zi) (098)
摞(luò) …………………… (098)

M

孖仔(mā zǎi) …………… (099)
抹(mā) …………………… (099)
抹搭(mā·da) …………… (099)
摩挲(mā·sa) …………… (099)
抹脸(mā//liǎn) ………… (099)
妈拉巴子(mā lā bā·zi) … (099)
妈妈论儿(mā·ma lùnr) … (099)
麻麻(mā mā) …………… (099)
麻麻亮(má·ma liàng) … (099)
麻利(mā·li) ……………… (099)
麻利脆(má·li cuì) ……… (099)
麻应(má·ying) ………… (099)
麻酥酥(má sū sū) …… (099)
麻爪儿(má//zhuǎr) …… (099)
麻花(má·hua) …………… (099)
马竿儿(mǎ gānr) ……… (100)
马扎儿(mǎ zhár) ……… (100)
马齿苋(mǎ chǐ xiàn) …… (100)
马趴(mǎ pā) …………… (100)
马子盖(mǎ·zi gài) …… (100)
马赛克(mǎ sài kè) …… (100)

| | |
|---|---|
| 马路牙子(mǎ lù yá·zi) … (100) | 满处(mán chù) ………… (101) |
| 杩槎(mǎ chá) ………… (100) | 满市街(mǎn shì·jie) … (101) |
| 玛钢(mǎ gāng) ……… (100) | 墁(màn) …………… (101) |
| 码(mǎ) ……………… (100) | 镘儿(mànr) ………… (101) |
| 码字(mǎ zì) ………… (100) | 漫(màn) …………… (101) |
| 码垛(mǎ duò) ……… (100) | 漫漶(màn huàn) ……… (101) |
| 埋堆(mái duī) ……… (100) | 慢蹭蹭(màn cèng cèng) (102) |
| 埋汰(mái·tai) ……… (100) | 慢条斯理儿(màn tiáo sī lǐr) |
| 迈(mài) …………… (100) | …………… (102) |
| 卖相(mài·xiang) …… (100) | 忙音(máng yīn) ……… (102) |
| 卖山音(mài shān yīn) … (100) | 忙叨(máng·dao) …… (102) |
| 麦余子(mài yú·zi) …… (100) | 忙活(máng·huo) …… (102) |
| 麦码子(mài mǎ·zi) … (101) | 忙活(máng huó) …… (102) |
| 麦穰子(mài ráng·zi) … (101) | 猫儿腻(māor nì) …… (102) |
| 麦莛(mài tíng) …… (101) | 猫盖屎(māo gài shǐ) … (102) |
| 颟顸(mān·han) …… (101) | 毛(máo) …………… (102) |
| 蛮(mán) …………… (101) | 毛包儿(máo bāor) …… (102) |
| 蛮劲(mán jìn) ……… (101) | 毛咕(máo·gu) ……… (102) |
| 蛮缠(mán chán) …… (101) | 毛毛咕咕(máo máo gū gū) |
| 蛮攀五经(mán pān wǔ jīng) | …………… (102) |
| …………… (101) | 毛毛躁躁(máo máo zāo zāo) |
| 蛮子(mán·zi) ……… (101) | …………… (102) |
| 埋怨(mán yuàn) …… (101) | 毛毛糙糙(máo máo cāo cāo) |
| 鞔(mán) …………… (101) | …………… (102) |
| 颟里颟顸(mán·li mán·han) | 眊眊稍稍(máo máo shāo shāo) |
| …………… (101) | …………… (102) |
| 满(mǎn) …………… (101) | 毛儿八七(máor bā qī) … (102) |
| 满满当当(mǎn mǎn dāng dāng) | 毛腰(máo//yāo) ……… (102) |
| …………… (101) | 铆劲儿(mǎo//jìnr) …… (102) |
| 满满流流(mǎn mǎn liū liū) (101) | 冒(mào) …………… (102) |
| 满天打油飞(mǎn tiān dǎ yóu fēi) | 冒儿咕咚(màor gū dōng) (102) |
| …………… (101) | 冒钱(mào qián) …… (102) |

**会说不会写的词语**

冒绷(mào bēng) ……… (102)
冒炮(mào pào) ……… (102)
帽翅儿(mào chìr) …… (103)
哞儿(mēnr) …………… (103)
没抓没挠(méi zhuā méi náo)
……………………… (103)
没影儿(méi yǐngr) …… (103)
没着没落儿(méi zháo méi làor)
……………………… (103)
没吃过猪肉,还没见过猪跑吗(méi chī guò zhū ròu,hái méi jiàn guò zhū pǎo ma) ……… (103)
没辙(méi//zhé) ……… (103)
没根(méi gēn) ………… (103)
没平仄(méi píng zè) … (103)
没偏没向(méi piān méi xiàng)
……………………… (103)
没心拉肠(méi xīn lā cháng)
……………………… (103)
没晌没夜(méi shǎng méi yè )
……………………… (103)
没时闲儿(méi shí xiánr ) (103)
没戏唱(méi xì chàng) … (103)
没言声儿(méi yán shēngr) (103)
没佯(méi yáng) ……… (103)
没样儿(méi yàngr) …… (103)
没正形儿(méi zhèng xíngr)
……………………… (103)
没治(méi zhì) ………… (103)
没咒儿念(méi zhòur niàn) (103)
没坐性(méi zuò·xing ) … (103)
没耳性(méi ěr·xing) …… (104)

脢子(méi·zi) …………… (104)
糜子(méi·zi) …………… (104)
美不滋儿(měi·bu zīr)…… (104)
谜儿(mèir) …………… (104)
眛(mèi) ………………… (104)
闷唧咄(mēn·gu chū)…… (104)
闷头儿(mēn tóur) ……… (104)
闷罐儿(mēn guànr) …… (104)
闷得儿密(mēn dēr mì) … (104)
闷帘儿(mēn liánr) …… (104)
门儿清(ménr qīng) …… (104)
门插关儿(mén chā guānr)(104)
门儿门儿哭(ménr ménr kū)
……………………… (104)
蒙(mēng) ……………… (104)
蒙头转向(mēng tóu zhuǎn xiàng)
……………………… (104)
蒙事儿(mēng shìr) …… (104)
蒙松雨(mēng·song yǔ) (104)
梦梦胧胧(méng méng chòng chòng) …………… (104)
猛孤丁(měng·gu dīng) (104)
猛料(měng liào) ……… (105)
猛子(měng·zi) ………… (105)
懵里懵懂(měng·li měng dǒng)
……………………… (105)
眯(mī) ………………… (105)
眯瞪(mī·deng) ………… (105)
眯膎(mī·xi) …………… (105)
眯糊(mí·hu) …………… (105)
咪表(mī biǎo) ………… (105)
迷瞪(mí·deng) ………… (105)

| | |
|---|---|
| 迷魂(mí·hun) …… (105) | 磨蹭(mó·ceng) …… (106) |
| 眯眼(mí yǎn) …… (105) | 摩登(mó dēng) …… (106) |
| 迷瞪(mí·chi) …… (105) | 摩摩挲挲(mó mó suō suō)(106) |
| 迷戏(mí xī) …… (105) | 磨人(mó rén) …… (106) |
| 迷迷怔怔(mí mí zhēng zhēng) | 蘑菇(mó·gu) …… (106) |
| …… (105) | 魔怔(mó·zheng) …… (106) |
| 芈(mǐ) …… (105) | 抹脖子(mǒ//bó·zi) ··· (106) |
| 密(mì) …… (105) | 抹零儿(mǒ língr) …… (106) |
| 密实(mì·shi) …… (105) | 磨烦(mò·fan) …… (106) |
| 缅(miǎn) …… (105) | 磨磨(mò·mo) …… (106) |
| 缅裆裤(miǎn dāng kù) … (105) | 磨叨(mò·dao) …… (107) |
| 面(miàn) …… (105) | 磨叽(mò·ji) …… (107) |
| 面糊(miàn·hu) …… (105) | 磨化不开(mò· hua bù kāi) |
| 面嫩(miàn nèn) …… (105) | …… (107) |
| 绵(mián) …… (105) | 抹不开(mò bù kāi) …… (107) |
| 棉花穰子(mián huā ráng·zi) | 没(mò) …… (107) |
| …… (105) | 默(mò) …… (107) |
| 描着模儿(miáo·zhe múr) (105) | 模样儿(mú yàngr) …… (107) |
| 描补(miáo·bu) …… (105) | 吪(mú) …… (107) |
| 藐(miǎo) …… (106) | 吪啥(mú shá) …… (107) |
| 咩(miē) …… (106) | 母夜叉(mǔ yè chā) …… (107) |
| 灭(miè) …… (106) | 苜蓿(mù xū) …… (107) |
| 灭了儿(miè liǎor) …… (106) | 木樨肉(mù xī ròu) …… (107) |
| 抿(mǐn) …… (106) | |
| 抿子(mǐn·zi) …… (106) | N |
| 明出大卖(míng chū dà mài) | |
| …… (106) | 拿(ná) …… (108) |
| 明铺暗盖(míng pū àn gài)(106) | 拿总儿(ná //zǒngr) …… (108) |
| 摸儿(mōr) …… (106) | 拿糖(ná·tang) …… (108) |
| 魔魔道道(mó mó·dao dao) | 拿大(ná//dà) …… (108) |
| …… (106) | 拿大顶(ná//dà dǐng) ··· (108) |
| 磨(mó) …… (106) | 拿伏(ná·fu) …… (108) |

035

**会说不会写的词语**

拿捏(ná·nie) ……………… (108)
拿周(ná zhōu) …………… (108)
拿乔(ná//qiáo) …………… (108)
拿龙(ná//lóng) …………… (108)
拿降(ná·xiang) …………… (109)
拿班弄势(ná bān nòng shì)
………………………… (109)
哪块儿(nǎ·kuàir) ………… (109)
𱐇(nǎ) ……………………… (109)
𱐇型(nǎ xíng) …………… (109)
纳(nà) ……………………… (109)
纳罕(nà·han) ……………… (109)
纳闷儿(nà mènr) ………… (109)
纳摸(nà·mo) ……………… (109)
那晚儿(nà wǎnr) ………… (109)
那程子(nà chéng·zi) …… (109)
耐心烦儿(nài xīn fánr) (109)
褦襶(nài dài) ……………… (109)
囊揣(nāng chuài) ………… (109)
囔囔(nāng·nang) ………… (109)
馕(náng) …………………… (109)
馕(nǎng) …………………… (109)
攮(nǎng) …………………… (109)
攮子(nǎng·zi) …………… (109)
齉(nàng) …………………… (109)
孬种(nāo zhǒng) ………… (109)
挠丫子(náo yā·zi) ……… (109)
挠扯(náo·che) …………… (109)
呶(náo) …………………… (109)
恼(nǎo) …………………… (109)
闹唤(nào·huan) ………… (109)
闹着了(nào zháo le) …… (110)

闹天儿(nào tiānr) ……… (110)
闹心(nào xīn) …………… (110)
闹腾(nào·teng) ………… (110)
闹大发了(nào dà fā le) (110)
闹了归齐(nào·le guī qí) (110)
哪(něi) …………………… (110)
恁(nèn) …………………… (110)
能耐梗(néng·nai gěng) (110)
能能(néng néng) ………… (110)
能个儿(néng gèr) ……… (110)
泥(nì) ……………………… (110)
泥子(nì·zi) ……………… (110)
腻(nì) ……………………… (110)
腻虫(nì chóng) ………… (110)
腻缝(nì fèng) …………… (110)
腻糊(nì·hu) ……………… (110)
腻味(nì·wei) …………… (110)
拈香(niān xiāng) ……… (111)
蔫不出溜(niān·bu chū liū) (111)
蔫不拉唧(niān·bu lā jī) (111)
蔫主意(niān zhǔ yi) …… (111)
蔫不悄儿(niān·bu qiǎor) (111)
蔫巴(niān·ba) …………… (111)
蔫拱(niān gǒng) ………… (111)
蔫甘(niān·gan) ………… (111)
蔫儿坏(niānr huài) …… (111)
蔫坏损(niān huài sǔn) … (111)
蔫呼呼(niān hū hū) …… (111)
蔫蔫乎乎(niān niān hū hū)(111)
蔫头耷脑(niān tóu dā nǎo)
………………………… (111)
鲇出溜(nián chū liū) …… (111)

年载儿(nián zǎir) ……… (111)
黏竿儿(nián gánr) …… (111)
黏涎(nián·xian) ……… (111)
黏涎子(nián xián·zi)…… (111)
黏缠(nián·chan) ……… (111)
黏糊(nián·hu) ………… (112)
黏黏糊糊(nián nián hū hū)
  ……………………… (112)
黏皮带骨(nián pí dài gǔ) (112)
撵(niǎn) ……………… (112)
捻捻转儿(niǎn·nian zhuànr)
  ……………………… (112)
捻(niǎn) ……………… (112)
拈(niǎn) ……………… (112)
蹍(niǎn) ……………… (112)
念央儿(niàn yāngr) …… (112)
念声儿(niàn shēngr)…… (112)
念叨(niàn·dao) ……… (112)
念损(niàn sǔn) ……… (112)
念山音(niàn shān yīn) … (112)
念想儿(niàn·xiangr) …… (112)
娘希匹(niáng xī pǐ) …… (112)
娘儿们(niángr·men) …… (112)
酿(niàng) ……………… (113)
尿儿(niàor) …………… (113)
尿尿(niào suī) ………… (113)
捏咕(niē·gu) ………… (113)
捏腔拿调(niē qiāng ná diào)
  ……………………… (113)
捏词儿(niē//cír) ……… (113)
捏总儿(niē zǒngr) …… (113)
苶(nié) ………………… (113)

孽种(niè zhǒng) ……… (113)
孽障(niè zhàng) ……… (113)
拧葱(nǐng//cōng) …… (113)
拧咕(nǐng·gu) ………… (113)
拧股儿(nǐng gǔr) …… (113)
拧(nìng) ……………… (113)
拧种(nìng zhǒng) …… (113)
拧劲儿(nìng jìnr) …… (113)
牛屄(niú bī) ………… (113)
牛拉搭(niú lā·da) …… (113)
扭持(niǔ·chi) ………… (113)
扭搭(niǔ·da) ………… (113)
拗(niù) ………………… (113)
弄性(nòng xìng) ……… (114)
女要俏,一身儿孝;男若帅,一身儿
皂(nǚ yào qiào, yì shēnr xiào;
nán ruò shuài, yì shēnr zào)
  ……………………… (114)
挪(nuó) ……………… (114)
挪蹭(nuó·ceng) ……… (114)
挪窝儿(nuó//wōr) …… (114)
挪骚窝儿(nuó sāo wōr) (114)

## O

嗕(ǒ) …………………… (115)
噢(ōu) ………………… (115)
怄(ǒu) ………………… (115)
怄逗(ǒu dòu) ………… (115)
怄(òu) ………………… (115)
沤(òu) ………………… (115)
沤子(òu·zi) …………… (115)

## 会说不会写的词语

### P

派司(pā·si) …………… (116)
扒(pā) ………………… (116)
扒耳朵(pā ěr·duo) …… (116)
趴窝(pā wō) ………… (116)
扒分(pā fēn) ………… (116)
啪嚓(pā·cha) ………… (116)
啪塌(pá·ta) …………… (116)
扒拉(pá·la) …………… (116)
扒灰(pá//huī) ………… (116)
扒罗(pá·luo) ………… (116)
筢子(pá·zi) …………… (116)
耙子(pá·zi) …………… (116)
怕莫(pà mò) ………… (116)
拍档(pāi dàng) ……… (117)
拍花(pāi huā) ………… (117)
拍拖(pāi tuō) ………… (117)
排揎(pái·xuan) ……… (117)
排挡(pái dǎng) ……… (117)
排档(pái dàng) ……… (117)
排叉儿(pái chàr) …… (117)
排杈儿(pái chàr) …… (117)
牌头(pái·tou) ………… (117)
排子车(pǎi·zi chē) …… (117)
派儿(pàir) ……………… (117)
派不是(pài//bú·shi) … (117)
派对(pài duì) ………… (117)
盘(pán) ………………… (117)
盘缴(pán jiǎo) ……… (117)
盘川(pán·chuan) …… (117)
盘头(pán tóu) ………… (117)
盘拢(pán lǒng) ……… (117)
襻(pàn) ………………… (117)
鋬(pàn) ………………… (117)
拚命吃河豚(pàn mìng chī hé tún)
………………………… (117)
膀(pāng) ……………… (117)
滂田(pāng tián) ……… (117)
耪(pǎng) ……………… (117)
嗙(pǎng) ……………… (117)
脬(pāo) ………………… (118)
抛海(pāo·hai) ………… (118)
刨(páo) ………………… (118)
刨分儿(páo//fēnr) …… (118)
跑槽(páo cáo) ………… (118)
跑驰(pǎo·chi) ………… (118)
跑跶(pǎo·da) ………… (118)
跑解马(pǎo xiě mǎ) … (118)
跑合儿(pǎo hér) ……… (118)
跑跑颠儿颠儿(pǎo pǎo diānr diānr) ……………………… (118)
跑馊腿(pǎo sōu tuǐ) … (118)
泡囊(pào·nang) ……… (118)
泡蘑菇(pào mó·gu) … (118)
泡头钉(pào tóu dīng) … (118)
炮仗(pào·zhang) …… (118)
陪送(péi·song) ……… (118)
赔不是(péi//bú·shi) … (118)
赔本儿赚吆喝(péi běn zhuàn yāo·he) ………………… (118)
配搭儿(pèi·dar) ……… (118)
喷儿(pēnr) …………… (118)

喷(pèn) …………………… (118)
喷香(pèn xiāng) ………… (118)
澎(pēng) ………………… (118)
塴尘(péng chén) ………… (119)
捧胜(pěng shèng) ………… (119)
碰瓷儿(pèng cír) ………… (119)
碰劲儿(pèng jìnr) ………… (119)
批儿(pīr) ………………… (119)
噼里啪啦(pī·li pā lā) …… (119)
噼里嘭唧(pī·li pēng jī) … (119)
坯子(pī·zi) ……………… (119)
披(pī) …………………… (119)
劈(pī) …………………… (119)
劈栗扑簏(pī lì pū·lu) …… (119)
刿(pí) …………………… (119)
皮嗑儿(pí kēr) …………… (119)
皮拉(pí·la) ……………… (119)
皮实(pí·shi) ……………… (119)
脾性(pí xìng) …………… (119)
脬脝(pí chī) ……………… (119)
劈叉(pǐ chà) ……………… (119)
劈账(pǐ zhàng) ………… (119)
擗(pǐ) …………………… (119)
擗半儿分(pǐ bànr fēn) … (119)
屁颠儿屁颠儿(pì diānr pì diānr)
 ………………………… (120)
屁股蹲儿(pì·gu dūnr) … (120)
屁股沉(pì·gu chén) …… (120)
屁屁(pì pì) ……………… (120)
谝(piǎn) ………………… (120)
骗腿(piàn tuǐ) …………… (120)
片(piàn) ………………… (120)
片儿汤话(piànr tāng huà) (120)
飘高儿(piāo gāor) ……… (120)
漂账(piāo//zhàng) ……… (120)
瓢羹(piáo gēng) ………… (120)
嫖赌嚼谣(piáo dǔ jiáo yáo)
 ………………………… (120)
漂(piào) ………………… (120)
撇(piē) …………………… (120)
撇清(piē qīng) ………… (120)
撇(piě) …………………… (120)
撇耻(piě·chi) …………… (120)
撇清(piě qīng) ………… (120)
撇子(piě·zi) ……………… (120)
贫(pín) …………………… (120)
贫相(pín xiàng) ………… (120)
贫气(pín·qi) ……………… (121)
贫嘴刮舌(pín zuǐ guā shé)(121)
乒乓五六(pīng pāng wǔ liù)
 ………………………… (121)
平疲(píng pí) …………… (121)
平趟(píng tāng) ………… (121)
泼实(pō·shi) ……………… (121)
泼洒(pō·sa) ……………… (121)
泼烦(pō fǎn) …………… (121)
钹草(pō cǎo) …………… (121)
笸箩(pǒ·luo) …………… (121)
破里罗嗦(pò·li luō suō) … (121)
破衣拉撒(pò yī lā sā) … (121)
破谜儿(pò//mèir) ……… (121)
破闷儿(pò//mènr) ……… (121)
破死拉活(pò·si lā huó) … (121)
扑拉(pū·la) ……………… (121)

039

扑腾(pū·teng) …… (121)
扑满(pū mǎn) …… (121)
扑撒(pū·sa) …… (121)
潽(pū) …… (121)
铺腾(pū·teng) …… (121)
铺尺(pū·chi) …… (121)
铺摆(pū·bai) …… (121)
铺盖(pū·gai) …… (122)
蒲包(pú·bao) …… (122)
谱儿(pǔr) …… (122)

## Q

戚(qī) …… (123)
戚鼻子(qī bí·zi) …… (123)
企扈(qī·hu) …… (123)
沏(qī) …… (123)
七老八十(qī lǎo bā shí) (123)
七嚓咔嚓(qī·ca kā cā) … (123)
喊哩喀喳(qī·li kā chā) … (123)
缉(qī) …… (123)
皵(qī) …… (123)
皵晾(qī·liang) …… (123)
齐眉穗儿(qī·mei suìr) …… (123)
欺(qī) …… (123)
欺哄(qī·hong) …… (123)
欺怀(qī huái) …… (123)
欺生(qī shēng) …… (123)
齐活(qí huó) …… (123)
齐理(qí·li) …… (124)
齐格楞峥(qí gé léng zhēng)
…… (124)

骑楼(qí lóu) …… (124)
骑月雨(qí yuè yǔ) …… (124)
企口板(qǐ kǒu bǎn) …… (124)
企稳(qǐ wěn) …… (124)
起(qǐ) …… (124)
起先(qǐ xiān) …… (124)
起急(qǐ jí) …… (124)
起脊(qǐ jǐ) …… (124)
起腻(qǐ//nì) …… (124)
起开(qǐ·kai) …… (124)
起码(qǐ mǎ) …… (124)
起发(qǐ·fa) …… (124)
起子(qǐ·zi) …… (124)
起小儿(qǐ xiǎor) …… (124)
起眼儿(qǐ yǎnr) …… (124)
起哄架秧子(qǐ hòng jià yāng·zi)
…… (124)
起锅(qǐ guō) …… (124)
起兴(qǐ xìng) …… (124)
起灵(qi ling) …… (124)
起薪(qǐ xīn) …… (124)
起劲儿(qǐ jìnr) …… (124)
气怀(qì huái) …… (124)
气结(qì jié) …… (125)
气门芯儿(qì·men xīnr) … (125)
气杀钟馗(qì shā zhōng kuí)
…… (125)
气不忿儿(qì bú fènr) …… (125)
气膈病(qì·ge bìng) …… (125)
气累脖儿(qì·lei bór) …… (125)
气性(qì·xing) …… (125)
气色 (qì·shai) …… (125)

| | |
|---|---|
| 气数(qì·shu) ……………… (125) | 戗风(qiāng fēng) ……… (127) |
| 气得悻儿悻儿的(qì·de fěir fěir de) …………………… (125) | 戗道(qiāng dào) ………… (127) |
| | 戗茬儿(qiāng//chár) … (127) |
| 掐(qiā) …………………… (125) | 强量(qiáng·liang) ……… (127) |
| 掐算(qiā suàn) ………… (125) | 强梁(qiáng liáng) ……… (127) |
| 掐点儿(qiā//diǎnr) …… (125) | 抢(qiǎng) ……………… (127) |
| 掐头去尾(qiā tóu qù wěi) (125) | 呛(qiàng) ……………… (127) |
| 掐腰儿(qiā yáor) ……… (125) | 呛劲(qiàng jìn) ………… (127) |
| 蚵(qiā) ………………… (125) | 呛人(qiàng rén) ………… (127) |
| 袷袢(qiā pàn) ………… (125) | 戗(qiàng) ……………… (127) |
| 抹(qiá) ………………… (125) | 戗面(qiàng miàn) …… (127) |
| 抹把(qiá·ba) …………… (126) | 戗金(qiàng jīn) ………… (127) |
| 抹腰儿(qiá//yāor) …… (126) | 炝(qiàng) ……………… (127) |
| 千张(qiān·zhang) ……… (126) | 炝锅(qiàng guō) ……… (127) |
| 签(qiān) ………………… (126) | 剽猪(qiāo zhū) ………… (127) |
| 扦(qiān) ………………… (126) | 缲(qiāo) ………………… (127) |
| 扦子(qiān·zi) …………… (126) | 雀子(qiāo·zi) …………… (127) |
| 鸽(qiān) ………………… (126) | 翘棱(qiáo·leng) ………… (127) |
| 掮(qián) ………………… (126) | 雀蒙眼(qiǎo·meng yǎn) (127) |
| 掮客(qián kè) …………… (126) | 巧宗儿(qiǎo zōngr) …… (127) |
| 掮木梢(qián mù shāo) … (126) | 巧劲儿(qiǎo jìnr) ……… (128) |
| 钱串子(qián chuàn·zi) … (126) | 悄没声儿(qiǎo·mo shēngr) …………………… (128) |
| 浅子(qiǎn·zi) …………… (126) | |
| 欠(qiàn) ………………… (126) | 俏(qiào) ……………… (128) |
| 欠脚(qiàn//jiǎo) ……… (126) | 俏头(qiào·tou) ………… (128) |
| 欠缝儿(qiàn//fengr) … (126) | 俏式(qiào·shi) ………… (128) |
| 锵锵且(qiāng qiāng·qie) (126) | 俏皮(qiào·pi) …………… (128) |
| 呛(qiāng) ……………… (126) | 撬边(qiào biān) ………… (128) |
| 呛巴(qiāng·ba) ………… (126) | 且(qiě) ………………… (128) |
| 呛呛(qiāng·qiang) …… (126) | 且不上(qiě bú shàng) … (128) |
| 抢(qiāng) ……………… (127) | 怯(qiè) ………………… (128) |
| 戗(qiāng) ……………… (127) | 怯口(qiè kǒu) …………… (128) |

041

**会说不会写的词语**

| | |
|---|---|
| 怯生(qiè shēng) ……… (128) | 岖(qū) …………………… (130) |
| 怯阵(qiè∥zhèn) ……… (128) | 觑忽(qū·hu) …………… (130) |
| 怯八艺(qiè bā yì) …… (128) | 觑觑眼(qū qū yǎn) …… (130) |
| 妾势(qiè shì) ………… (128) | 黢黑(qū hēi) ………… (130) |
| 亲戚里道(qīn qī lǐ dào) (128) | 苣荬菜(qǔ mǎi cài) …… (130) |
| 勤谨(qín·jin) ………… (128) | 曲颈甑(qǔ jǐng zèng) … (130) |
| 沁凉(qìn liáng) ……… (128) | 去(qù) ………………… (130) |
| 吣(qìn) ……………… (128) | 去去吧(qù qù ba) …… (130) |
| 沁着头(qìn·zhe tóu) … (129) | 圈弄(quān·nong) …… (130) |
| 轻易(qīng yì) ………… (129) | 全乎(quán·hu) ……… (130) |
| 轻省(qīng·sheng) …… (129) | 全活儿(quán huór) …… (130) |
| 青酱(qīng jiàng) …… (129) | 全可(quán·ke) ……… (130) |
| 清亮(qīng·liang) …… (129) | 全可人(quán·ke rénr) … (130) |
| 清利(qīng·li) ………… (129) | 全须全尾儿(quán xū quán yǐr) |
| 清爽(qīng shuǎng) …… (129) | ………………………… (130) |
| 清汤寡水(qīng tāng guǎ shuǐ) | 诠释(quán shì) ……… (130) |
| ………………………… (129) | 蜷腿(quán tuǐ) ……… (130) |
| 圊肥(qīng féi) ……… (129) | 缺(quē) ……………… (130) |
| 情(qíng) ……………… (129) | 缺门儿(quē ménr) …… (130) |
| 晴(qíng) ……………… (129) | 雀迷眼(què mí yǎn) … (131) |
| 晴受(qíng shòu) …… (129) | 鞦(qiū) ……………… (131) |
| 晴好儿(qíng hǎor) …… (129) | 尿(qiú) ……………… (131) |
| 晴等(qíng děng) …… (129) | 囚皮钉(qiú pí dīng) …… (131) |
| 亲家(qìng·jia) ……… (129) | 取(qǔ) ………………… (131) |
| 穷嚼(qióng jiáo) …… (129) | |
| 穷势(qióng·shi) …… (129) | **R** |
| 秋傻子(qiū shǎ·zi) … (129) | |
| 糗(qiǔ) ……………… (129) | 瓤(ráng) ……………… (132) |
| 曲奇(qū qí) ………… (129) | 瓤口儿(ráng kǒur) …… (132) |
| 曲里拐弯(qū·li guǎi wānr)(130) | 穰(ráng) ……………… (132) |
| 蛐蛐儿(qū·qur) …… (130) | 禳(ráng) ……………… (132) |
| 屈戌儿(qū·qur) …… (130) | 让子儿(ràng∥zǐr) …… (132) |

饶(ráo) …………… (132)
饶头儿(ráo·tour) ……… (132)
绕搭(rào·da) ………… (132)
绕古(rào·gu) ………… (132)
绕腾(rào·teng) ……… (132)
绕麻儿(rào már) …… (132)
绕手(rào shǒu) ……… (132)
绕哄(rào·hong) ……… (132)
绕扯(rào·che) ………… (133)
热斯忽喇(rè·si hū lā)…… (133)
人来疯(rén lái fēng) …… (133)
人模狗样儿(rén·mo gǒu yàngr)
  …………………… (133)
仁义(rén·yi) ………… (133)
任吗儿(rèn már) …… (133)
任事儿(rèn shìr) ……… (133)
纫(rèn) ……………… (133)
认脚(rèn jiǎo) ……… (133)
认头(rèn tóu) ………… (133)
扔崩(rēng bēng) …… (133)
日塌(rì tā) …………… (133)
日脚(rì jiǎo) ………… (133)
日里(rì lǐ) …………… (133)
仴(rì) ………………… (133)
容长脸儿(róng cháng liǎnr)
  …………………… (133)
容(róng) ……………… (133)
容许(róng xǔ) ……… (133)
揉(rōu) ……………… (133)
揉搓(róu·cuo) ……… (133)
肉(ròu) ……………… (133)
肉色(ròu sè) ………… (133)

肉头(ròu·tou) ………… (133)
肉胞眼(ròu pāo//yǎn) … (134)
擩(rǔ) ………………… (134)
挼(ruó) ……………… (134)
捼捼(ruó·ruo) ……… (134)
入垄(rù lǒng) ………… (134)
软古囊囊(ruǎn·gu nāng nāng)
  …………………… (134)

S

仨瓜俩枣(sā guā liǎ zǎo) (135)
仨一帮,俩一伙(sā yì bāng liǎ yì huǒ) …………… (135)
煞裉(sā kèn) ………… (135)
撒(sā) ………………… (135)
撒欢儿(sā//huānr) …… (135)
撒吱挣(sā yì·zheng) … (135)
撒丫子(sā yā·zi) …… (135)
撒气(sā//qì) ………… (135)
撒火(sā//huǒ) ……… (135)
撒开(sā kāi) ………… (135)
撒泼(sā//pō) ………… (135)
靸(sǎ) ………………… (135)
靸鞋(sǎ xié) ………… (135)
萨其马(sà qí mǎ) …… (136)
撒眸(sǎ·mou) ……… (136)
飒俐(sà·li) …………… (136)
塞(sāi) ……………… (136)
塞牙(sāi yá) ………… (136)
塞(sái) ……………… (136)
腮帮子(sāi bāng·zi) … (136)

043

## 会说不会写的词语

三尾儿(sān yǐr) ……… (136)
糁子(sǎn·zi) ………… (136)
桑梆(sāng·bang) …… (136)
嗓(sǎng) …………… (136)
嗓达(sǎng·da) ……… (136)
丧气(sàng·qi) ……… (136)
丧梆(sàng·bang) …… (136)
臊(sāo) ……………… (136)
臊眉耷眼(sāo méi dā yǎn)
  ……………………… (136)
臊不搭儿(sāo·bu dār) … (136)
骚情(sāo qíng) ……… (136)
骚货(sāo huò) ……… (136)
搔痒(sāo//yǎng) …… (136)
扫搭(sǎo·da) ………… (136)
扫听(sǎo ·ting) ……… (136)
扫堂腿(sǎo táng tuǐ) … (136)
梢(sào) ……………… (136)
臊(sào) ……………… (136)
臊着(sào·zhe) ……… (137)
臊子(sào·zi) ………… (137)
瘙痒(sào yǎng) …… (137)
涩(sè) ………………… (137)
啬刻(sè·ke) ………… (137)
森凉(sēn liáng) …… (137)
沙浅儿(shā qiǎnr) …… (137)
沙铫子(shā diào·zi) … (137)
纱绷子(shā bēng·zi) … (137)
煞(shā) ……………… (137)
杀(shā) ……………… (137)
杉篙(shā gāo) ……… (137)
傻不楞登(shǎ·bu léng dēng)
  ……………………… (137)
傻拉呱鸡(shǎ·la guā jī) (137)
傻帽儿(shǎ màor) …… (137)
傻辈儿辈儿(shǎ béir béir) (137)
沙(shà) ……………… (137)
煞白(shà bái) ……… (137)
煞后(shà//hòu) …… (137)
筛糠(shāi kāng) …… (137)
色子(shǎi·zi) ………… (138)
山夯子(shān hāng·zi) … (138)
膻(shān) …………… (138)
搧(shān) …………… (138)
潸(shān) …………… (138)
闪(shǎn) …………… (138)
闪着(shǎn·zhe) …… (138)
闪眼(shǎn yǎn) …… (138)
闪面(shǎn//miàn) … (138)
闪失(shǎn shī) …… (138)
闪些儿(shǎn xiēr) … (138)
善静(shàn·jing) …… (138)
善茬儿(shàn chár) … (138)
苫(shàn) …………… (138)
苫背(shàn//bèi) …… (138)
讪不搭的(shàn·bu dā dē)(138)
讪脸(shàn liǎn) …… (138)
骟(shàn) …………… (138)
伤气(shāng qì) …… (138)
伤(shāng) ………… (138)
伤耗(shāng·hao) …… (138)
伤食(shāng shí) …… (138)
绱(shàng) ………… (138)
上赶着(shàng gǎn·zhe) (138)

| | |
|---|---|
| 梢子(shāo·zi) …… (138) | 渻(shěng) …… (140) |
| 烧包(shāo bāo) …… (138) | 圣(shèng) …… (140) |
| 烧卖(shāo mài) …… (139) | 嘘(shī) …… (140) |
| 筲(shāo) …… (139) | 失惊打怪(shī jīng dǎ guài) |
| 梢门(shāo mén) …… (139) | …… (140) |
| 捎(shāo) …… (138) | 时会儿(shí·huir) …… (140) |
| 捎脚(shāo//jiǎo) …… (138) | 识逗(shí dòu) …… (140) |
| 捎带脚儿(shāo dài jiǎor) (139) | 识举(shí jǔ) …… (140) |
| 勺(sháo) …… (139) | 实成(shí·cheng) …… (140) |
| 勺叨(sháo·dao) …… (139) | 实心眼儿(shí xīn yǎnr) … (140) |
| 捎色(shào shǎi) …… (139) | 实打实(shí dǎ shí) …… (140) |
| 诮(shào) …… (139) | 实打实受(shí dǎ shí shòu) (140) |
| 潲(shào) …… (139) | 实着(shí·zhao) …… (140) |
| 潲桶(shào tǒng) …… (139) | 实着儿(shí zháor) …… (140) |
| 少形(shào·xing) …… (139) | 实牢(shí·lao) …… (140) |
| 榛仔(shē·zi) …… (139) | 实落(shí·luo) …… (141) |
| 畲田(shē tián) …… (139) | 实落(shí lào) …… (141) |
| 畲族(shē zú) …… (139) | 实足(shí zú) …… (141) |
| 折(shé) …… (139) | 实诚(shí·cheng) …… (141) |
| 折钱(shé//qián) …… (139) | 拾掇(shí·duo) …… (141) |
| 折耗(shé·hao) …… (139) | 石硪(shí wò) …… (141) |
| 舍宾(shě bīn) …… (139) | 石磖子(shí lá·zi) …… (141) |
| 身量(shēn·liang) …… (139) | 什不闲儿(shí·bu xiánr) (141) |
| 身子骨儿(shēn·zi gǔr) … (140) | 使绊儿(shǐ//bànr) …… (141) |
| 神道(shén·dao) …… (140) | 使坏(shǐ//huài) …… (141) |
| 神眉鬼道(shén méi guǐ dào) | 使性(shǐ//xìng) …… (141) |
| …… (140) | 使唤(shǐ·huan) …… (141) |
| 渗(shèn) …… (140) | 屎橛子(shǐ jué·zi) …… (141) |
| 慎着(shèn·zhe) …… (140) | 屎壳郎(shǐ·ke làng) …… (141) |
| 渗凉(shèn liáng) …… (140) | 贳器店(shì qì diàn) …… (141) |
| 生滚(shēng gǔn) …… (140) | 试巴(shì·ba) …… (141) |
| 生疼(shēng téng) …… (140) | 是凡(shì fán) …… (141) |

**会说不会写的词语**

是样儿(shì yàngr) ……(141)
是翻(shì·fan) ………(141)
事儿(shìr) …………(141)
事由儿(shì yóur) ……(141)
事故由子(shì gù yóu·zi) (141)
莳弄(shì·nong) ………(141)
侍弄(shì nòng) ………(141)
手欠(shǒu//qiàn) ……(141)
手拿把攥(shǒu ná bǎ zuàn)
………………………(141)
手搭凉棚(shǒu dā liáng péng)
………………………(142)
受(shòu) ……………(142)
受临卑(shòu lín·bei)……(142)
瘦溜儿(shòu·liur) ……(142)
瘦高挑儿(shòu gāo tiǎor) (142)
叔伯(shū·bai) ………(142)
舒坦(shū·tan) ………(142)
舒泰(shū tài) …………(142)
舒齐(shū qí) …………(142)
熟识(shú·shi) …………(142)
熟烫(shú·tang) ………(142)
秫秸(shú·jie) …………(142)
属(shǔ) ………………(142)
数(shǔ) ………………(142)
数伏(shǔ fú) …………(142)
数落(shǔ·luo) …………(142)
数九寒天(shǔ jiǔ hán tiān)(142)
耍把(shuǎ·ba) …………(142)
耍钱(shuǎ qián) ………(142)
耍飘儿(shuǎ piāor) ……(142)
耍叉(shuǎ·cha) ………(142)

耍无赖(shuǎ wú lài) …(142)
耍孬种(shuǎ nāo zhǒng) (142)
耍歪掉猴 (shuǎ wēi diào hóu)
………………………(143)
耍性(shuǎ xìng) ………(143)
刷白(shuà bái) ………(143)
刷俐(shuà·li) …………(143)
刷利(shuà·li) …………(143)
刷溜(shuà ·liu) ………(143)
甩搭(shuǎi·da) ………(143)
甩咧子(shuǎi liē·zi) ……(143)
甩手掌柜(shuǎi shǒu zhǎng guì)
………………………(143)
甩耙子(shuǎi pá·zi) ……(143)
涮(shuàn) ……………(143)
涮登(shuàn·deng) ……(143)
爽(shuǎng) …………(143)
爽神(shuǎng shén) ……(143)
爽的(shuǎng·de) ………(143)
逊(shún) ……………(143)
顺坦(shùn·tan) ………(143)
顺溜儿(shùn·liur) ……(143)
顺序(shùn·xu) …………(143)
苏气(sū·qi) …………(143)
素静(sù·jing) …………(143)
素净(sù·jing) …………(143)
说道(shuō·dao) ………(143)
说道儿(shuō·daor) ……(143)
说事儿(shuō shìr) ……(144)
说了归齐(shuō·le guī qí) (144)
说话太艮(shuō huà tài gěn)

| | |
|---|---|
| ……………………（144） | 擞(sòu) …………（145） |
| 说溜了嘴(shuō liū le zuǐ)（144） | 嗉子(sù·zi) …………（145） |
| 说话答礼儿(shuō huà·da lǐr) | 酸不溜丢(suān·bu liū diū)（145） |
| ……………………（144） | 酸不拉唧(suān·bu lā jī)（145） |
| 数(shuò) ……………（144） | 蒜薹(suàn tái) ……（145） |
| 丝丝拉拉(sī·si lā lā)……（144） | 蒜臼子(suàn jiù·zi) ……（145） |
| 思摸(sī·mo) ………（144） | 尿(suī) ……………（145） |
| 思乎(sī·hu) ………（144） | 尿泡(suī·pao) ……（145） |
| 厮搏(sī·bo) ………（144） | 随(suí) ……………（145） |
| 撕巴(sī·ba) ………（144） | 随和(suí·he) ……（145） |
| 死皮赖脸(sǐ pǐ lài liǎn)…（144） | 碎嘴(suì zuǐ) ……（145） |
| 死眉塌眼(sǐ méi tā yǎn)（144） | 碎嘴子(suì zuǐ·zi) …（146） |
| 死乞白赖(sǐ qi bái lài)…（144） | 孙男娣女(sūn nán dì nǚ)（146） |
| 死钉死铆(sǐ dīng sǐ mǎo)（144） | 榫(sǔn) ……………（146） |
| 死模活样(sǐ·mo huó yàng) | 损(sǔn) ……………（146） |
| ……………………（144） | 损脉(sǔn mài) ……（146） |
| 死凿儿(sǐ záor) ……（144） | 损得堂(sǔn dé táng)……（146） |
| 死巴(sǐ·ba) ………（144） | 唆(suō) ……………（146） |
| 死性(sǐ·xing) ……（144） | 唆洛(suō·le) ……（146） |
| 四仰八叉(sì yǎng bā chā)（144） | 唆拉蜜(suō·la mì) ……（146） |
| 四六不懂(sì liù bù dǒng)（144） | 趖(suō) ……………（146） |
| 松糕鞋(sōng gāo xié) …（144） | |
| 松快(sōng·kuai) …（144） | **T** |
| 尿(sóng) ……………（145） | |
| 尿德性(sóng dé·xing) …（145） | 跢拉(tā·la) ………（147） |
| 扨(sǒng) …………（145） | 褟(tā) ……………（147） |
| 馊(sōu) ……………（145） | 塌膘(tā∥biāo) ………（147） |
| 馊主意(sōu zhǔ·yi)（145） | 塌秧(tā yāng) ……（147） |
| 馊点子(sōu diǎn·zi) …（145） | 塌鼻梁(tā bí liáng) ……（147） |
| 颼(sōu) ……………（145） | 榻榻米(tā tā mǐ) ……（147） |
| 锼(sōu) ……………（145） | 塌中(tā zhōng) ……（147） |
| 锼弓子(sōu gōng·zi )……（145） | 塌心(tā∥xīn) ………（147） |

047

## 会说不会写的词语

| 词语 | 页码 | 词语 | 页码 |
|---|---|---|---|
| 溻(tā) | (147) | 淘(táo) | (149) |
| 塌灰(tǎ·hui) | (147) | 淘淘(táo táo) | (149) |
| 鳎蟆(tǎ·ma) | (147) | 淘换(táo·huan) | (149) |
| 嗒丧(tà sàng) | (147) | 淘神(táo//shén) | (149) |
| 拓(tà) | (147) | 疢瘝(táo gǎo) | (149) |
| 炱(tái) | (147) | 讨(tǎo) | (149) |
| 抬面儿(tái miànr) | (147) | 讨贱(tǎo//jiàn) | (149) |
| 台面(tái·mian) | (148) | 庮(tǎo) | (149) |
| 抬头儿(tái tóur) | (148) | 套磁儿(tào cír) | (149) |
| 抬色(tái sǎi) | (148) | 套子(tào·zi) | (149) |
| 抬举(tái·ju) | (148) | 熥(tēng) | (149) |
| 抬裉(tái kèn) | (148) | 藤藤绊绊(téng téng bàn bàn) | |
| 呔儿(tǎir) | (148) | | (149) |
| 坍台(tān tái) | (148) | 腾(téng) | (149) |
| 摊(tān) | (148) | 腾空儿(téng kòngr) | (149) |
| 谈崩了(tán bēng·le) | (148) | 体己(tī·ji) | (149) |
| 痰气(tán·qi) | (148) | 踢蹬(tī·deng) | (149) |
| 痰气(tán qì) | (148) | 踢里踏拉(tī·li tā lā) | (149) |
| 谭腿(tán tuǐ) | (148) | 剔留秃鲁(tī·liu tū lū) | (149) |
| 弹弦子(tán xián·zi) | (148) | 提另(tí lìng) | (150) |
| 弹脑锛儿(tán//nǎo bēnr) | (148) | 提味儿(tí wèir) | (150) |
| 铴锣(tāng luó) | (148) | 提子(tí·zi) | (150) |
| 趟道儿(tāng//dàor) | (148) | 蹄筋儿(tí jīnr) | (150) |
| 嘡啷(tāng lāng) | (148) | 体气(tí qì) | (150) |
| 汤儿事(tāngr shì) | (148) | 嚏喷(tì·pen) | (150) |
| 溏(táng) | (148) | 天生(tiān shēng) | (150) |
| 搪(táng) | (148) | 天灾病业(tiān zāi bìng yè) | (150) |
| 糖色(táng shǎi) | (148) | 添彩儿(tiān cǎir) | (150) |
| 糖葫芦(táng hú·lu) | (148) | 添补(tiān·bu) | (150) |
| 糖瓜儿祭灶(táng guārjì zào) | | 甜甘(tián·gan) | (150) |
| | (149) | 甜不唧儿(tián·bu jīr) | (150) |
| 淌(tǎng) | (149) | 甜不梭(tián·bu suō) | (150) |

| | |
|---|---|
| 甜不啰梭(tián·bu·luō·suō) (150) | 挺账(tǐng zhàng) ……… (152) |
| 觍脸(tiǎn//liǎn) (150) | 挺得(tǐng děi) ………… (152) |
| 腆(tiǎn) ……………… (150) | 挺脱(tǐng tuō) ………… (152) |
| 捵(tiàn) ……………… (150) | 梃(tǐng) ……………… (152) |
| 挑饬(tiāo·chi) ……… (150) | 梃儿折了(tǐngr shé le) … (152) |
| 挑礼儿(tiāo//lǐr) …… (150) | 梃(tìng) ……………… (152) |
| 调羹(tiáo gēng) …… (150) | 通泰(tōng tài) ………… (152) |
| 笤帚(tiáo·zhou) …… (150) | 通共(tōng gòng) ……… (152) |
| 笤帚疙瘩(tiáo·zhou gē·da) | 通径儿(tōng jìngr) …… (152) |
| ……………………………… (150) | 捅咕(tǒng·gu) ………… (152) |
| 挑事儿(tiǎo shìr) …… (150) | 捅娄子(tǒng//lóu·zi)…… (152) |
| 挑费(tiǎo·fei) ……… (151) | 统子(tǒng·zi) ………… (152) |
| 蓧(tiǎo) ……………… (151) | 偷手(tōu·shou) ……… (152) |
| 跳大神儿(tiào dà shénr) (151) | 偷学儿(tōu xiáor) …… (152) |
| 跳脓(tiào nóng) …… (151) | 投(tóu) ……………… (152) |
| 跳灰驴(tiào huī lǘ) … (151) | 头发楂子(tóu·fa chá·zi) (152) |
| 贴边(tiē biān) ……… (151) | 头囟儿(tóu xìnr) ……… (152) |
| 贴补(tiē·bu) ………… (151) | 头回(tóu//huí) ……… (152) |
| 贴边儿(tiē//biānr) … (151) | 头会儿(tóu huìr) ……… (152) |
| 贴谱儿(tiē pǔr) …… (151) | 头晌(tóu shǎng) ……… (152) |
| 铁(tiě) ……………… (151) | 头茬(tóu chá) ………… (152) |
| 铁蒺藜(tiě jí·li) …… (151) | 头午(tóu wǔ) ………… (152) |
| 铁搭(tiě dā) ………… (151) | 头甕(tóu yōng) ……… (152) |
| 铁实(tiě·shi) ……… (151) | 头模儿(tóu//mór) …… (152) |
| 铁页子(tiě yè·zi) …… (151) | 敨(tǒu) ……………… (153) |
| 铁要子(tiě yào·zi) … (151) | 透脱(tòu·tuo) ………… (153) |
| 听壁脚(tīng//bì jiǎo)…… (151) | 秃噜(tū·lu) …………… (153) |
| 听喝儿(tīng//hēr) …… (151) | 图嘛许的(tú·ma xǔ·de) (153) |
| 听蹭儿(tīng cèngr) … (151) | 图希(tú xī) …………… (153) |
| 桯子(tīng·zi) ……… (151) | 土包子(tǔ bāo·zi) …… (153) |
| 挺(tǐng) ……………… (151) | 土坷垃(tǔ kē·la) ……… (153) |
| 挺括(tǐng·kuo) …… (151) | 土垡(tǔ fá) …………… (153) |

049

土得掉渣儿(tǔ·de diào zhār)
　……………………… (153)
土拉吧唧(tǔ·la ba ji)…… (153)
土腥味(tǔ·xing wèi) …… (153)
吐沫(tù·mo) …………… (153)
吐沫星子(tù·mo xīng·zi) (153)
团拉(tuán·la) …………… (153)
团弄(tuán·nong) ………… (153)
忒(tuī) …………………… (153)
推头(tuī//tóu) …………… (153)
推搡(tuī sǎng) ………… (153)
推扳(tuī bān) …………… (153)
腿腋子(tuǐ yē·zi) ……… (153)
退身步儿(tuì shēn bùr) … (153)
褪(tuì) …………………… (153)
褪(tùn) …………………… (154)
褪脖儿(tùn//bór) ……… (154)
褪套儿(tùn//tàor) …… (154)
拖磨(tuō·mo) ………… (154)
拖油瓶(tuō yóu píng) … (154)
脱(tuō) ………………… (154)
脱生(tuō·sheng) ……… (154)
脱坯(tuō//pī) ………… (154)
脱不了(tuō·bu liǎo) …… (154)
驮嗒(tuó·da) ………… (154)
坨(tuó) ………………… (154)
坨子(tuó·zi) …………… (154)

## W

哇哩哇啦(wā·li wā lā) … (155)
哇塞(wā sài) …………… (155)
宨(wā) ………………… (155)
瓦(wà) ………………… (155)
喎(wāi) ………………… (155)
歪愣(wāi·leng) ………… (155)
歪脖横愣(wāi·bo héng·leng)
　……………………… (155)
歪脖老等(wāi bó lǎo děng)
　……………………… (155)
歪歪趔趔(wāi wāi liè liè) (155)
歪派(wāi·pai) ………… (155)
搋(wāi) ………………… (155)
搋(wǎi) ………………… (155)
搋鼓(wǎi·gu) ………… (155)
踩(wǎi) ………………… (155)
崴(wǎi) ………………… (155)
崴咕(wǎi·gu) ………… (156)
崴泥(wǎi ní) …………… (156)
外抭(wài kuǎi) ………… (156)
外秧(wài yāng) ……… (156)
外找儿(wài zhǎor) …… (156)
剜(wān) ………………… (156)
剜呲(wān·ci) ………… (156)
玩儿玩儿嘻嘻(wánr wánr xī xī)
　……………………… (156)
惋子(wān·zi) ………… (156)
绾(wǎn) ………………… (156)
挽(wǎn) ………………… (156)
汪(wāng) ……………… (156)
旺实(wàng·shi) ……… (156)
旺相(wàng·xiang) …… (156)
忘性(wàng·xing) ……… (156)
枉长白大(wǎng zhǎng bái dà)

| | |
|---|---|
| ……………………………… （156） | 乌涂(wū·tu) …………… （158） |
| 搣(wēi) ………………… （156） | 乌眼儿青(wū yǎnr qīng) （158） |
| 偎窝子(wēi wō·zi) …… （156） | 乌渍抹黑(wū·zi mā hēi) （158） |
| 煨(wēi) ………………… （156） | 乌里巴秃(wū·li bā tū) … （158） |
| 味儿蹿(wèir∥cuān) …… （156） | 乌拉(wū lā) …………… （158） |
| 味(wèi) ………………… （156） | 呜哩哇啦(wū·liwā lā) … （158） |
| 温吞(wēn·tun) ………… （156） | 呜囔(wū·nang) ……… （158） |
| 温居(wēn jū) …………… （156） | 无冬历夏(wú dōng lì xià) （158） |
| 温乎(wēn·hu) ………… （157） | 无厘头(wú lí tóu) …… （158） |
| 瘟生(wēn shēng) ……… （157） | 无因白故(wú yīn bái gù) （158） |
| 瘟头瘟脑(wēn tóu wēn nǎo) | 悟迷三道(wù mí sān dào) （158） |
| ……………………………… （157） | 五服(wǔ fú) …………… （158） |
| 翁靴(wēng xuē) ……… （157） | 五大三粗(wǔ dà sān cū) （158） |
| 齆鼻儿(wèng bír) …… （157） | 五脊六兽(wǔ·ji liù shòu) （158） |
| 倭瓜(wō·gua) ………… （157） | 忤头忤脑(wǔ tóu wǔ nǎo) （159） |
| 蜗(wō) ………………… （157） | 伍的(wǔ·de) ………… （159） |
| 窝(wō) ………………… （157） | 捂(wǔ) ………………… （159） |
| 窝憋(wō·bie) ………… （157） | 捂捂盖盖(wǔ wǔ gài gài) （159） |
| 窝火(wō huǒ) ………… （157） | 捂眼儿(wǔ yǎnr) …… （159） |
| 窝火憋气(wō huǒ biē qì) （157） | 捂巴味儿(wǔ·ba wèir) … （159） |
| 窝囊(wō·nang) ……… （157） | 靰鞡(wù·la) …………… （159） |
| 窝囊废(wō·nang fèi) …… （157） | 杌子(wù·zi) ………… （159） |
| 窝儿里反(wōr·li fǎn) … （157） | 焐(wù) ………………… （159） |
| 窝儿抠眼(wōr·kou yǎn) （157） | 焐被(wù∥bèi) ………… （159） |
| 窝脖儿(wō bór) ……… （157） | 痦子(wù·zi) …………… （159） |
| 窝铺(wō·pu) …………… （157） | 误卯(wù∥mǎo) ……… （159） |
| 莴笋(wō sǔn) ………… （157） | 恶素(wù·su) ………… （159） |
| 喔嗬(wō·he) …………… （157） | |
| 喔(wō) ………………… （157） | X |
| 卧果儿(wò guǒr) …… （158） | |
| 硪(wò) ………………… （158） | 嘻和儿(xī·her) ……… （160） |
| 涴(wò) ………………… （158） | 嘻里牙蛇(xī·li yá shé) … （160） |

051

## 会说不会写的词语

嘻皮笑脸(xī pí xiào liǎn) (160)
吸溜(xī·liu) (160)
矽钢片(xī gāng piàn) (160)
矽肺(xī fèi) (160)
稀(xī) (160)
稀汤寡水儿(xī tāng guǎ shuǐr) (160)
稀松二五眼(xī song èr wǔ yǎnr) (160)
稀溜儿(xī·liur) (160)
稀罕(xī·han) (160)
稀糟(xī zāo) (160)
稀里马虎(xī·li mǎ·hu) (160)
稀里呼噜(xī·li hū·lu) (160)
稀里光当(xī·li guāng dāng) (161)
稀里哗啦(xī·li huā lā) (161)
稀里糊涂(xī·li hú·tu) (161)
稀稀拉拉(xī xī lā lā) (161)
希希罕儿(xī·xi hǎnr) (161)
席篾儿(xí mièr) (161)
喜相(xǐ·xiang) (161)
喜兴(xǐ·xing) (161)
喜幸(xǐ·xing) (161)
喜性(xǐ·xing) (161)
细高挑儿(xì gāo tiǎor) (161)
虾干儿(xiā gānr) (161)
瞎掰(xiā bāi) (161)
瞎扯蛋(xiā chě dàn) (161)
瞎奶(xiā nǎi) (161)
瞎诌(xiā zhōu) (161)
瞎浪(xiā làng) (161)
瞎咕咕(xiā gū gū) (161)
瞎咧咧(xiā liē liē) (161)
瞎来来(xiā lái lái) (161)
瞎诌白咧(xiā zhōu bái liě) (161)
瞎目糊眼(xiā·mu hú yǎn) (161)
下巴颏儿(xià·ba kēr) (162)
下三烂(xià sān làn) (162)
下绊子(xià bàn·zi) (162)
下晚儿(xià wǎnr) (162)
吓人呼啦(xià rén hū·la) (162)
吓人倒怪(xià rén dǎo guài) (162)
夏景天(xià·jing tiānr) (162)
先头儿(xiān tóur) (162)
鲜灵(xiān·ling) (162)
咸什(xián·shi) (162)
咸了吧唧(xián le bā jī) (162)
闲白儿(xián báir) (162)
闲扯淡(xián chě dàn) (162)
闲篇儿(xián piānr) (162)
闲在(xián·zai) (162)
涎皮赖脸(xián pí lài liǎn) (162)
嫌弄(xián·nong) (162)
显摆(xiǎn·bai) (162)
显怀(xiǎn huái) (162)
显豁(xiǎn·huo) (162)
现眼(xiàn//yǎn) (162)
现火(xiàn·huo) (162)
现世宝(xiàn shì bǎo) (163)
现世报(xiàn shì bào) (163)
线桄子(xiàn guàng·zi) (163)
线批儿(xiàn pīr) (163)

相因(xiāng yīn) ……… (163)
相克(xiāng kè) ……… (163)
响晴(xiǎng qíng) …… (163)
想辙(xiǎng zhé) ……… (163)
想起一出儿是一出儿(xiǎng qǐ yì chūr shì yì chūr) ……… (163)
向着(xiàng·zhe) ……… (163)
销(xiāo) ……………… (163)
逍停(xiāo·tíng) ……… (163)
逍逍停停(xiāo xiāo téng téng) ……………………… (163)
消闲(xiāo xián) ……… (163)
消息儿(xiāo·xir) …… (163)
小资(xiǎo zī) ………… (163)
小绺(xiǎo liǔ) ……… (163)
小痂疤豆儿(xiǎo jiā·ba dòur) ……………………… (163)
小肚鸡肠(xiǎo dù jī cháng) ……………………… (163)
小力笨儿(xiǎo lì·benr) (163)
小的溜儿(xiǎo·de liūr) … (163)
小小不言(xiǎo xiǎo bù yán) ……………………… (163)
小性儿(xiǎo xìngr) …… (164)
小型张(xiǎo xíng zhāng) (164)
小丫头片子(xiǎo yā·tou piàn·zi) …………………… (164)
笑不唧儿(xiào·bu jīr) … (164)
笑话(xiào·hua) ……… (164)
笑唤(xiāo·huan) ……… (164)
笑模斯儿(xiào·mu sīr) … (164)
些微(xiē wēi) ………… (164)

蝎拉虎子(xiē·la hǔ·zi) … (164)
揳(xiē) ………………… (164)
揳子(xiē·zi) …………… (164)
鞋趿拉儿(xié tā·lar) …… (164)
斜楞(xié·leng) ………… (164)
斜刺里(xié cì·li) ……… (164)
斜乜阡儿(xié·nie qiānr) (164)
胁唬(xié·hu) ………… (164)
邪乎(xié·hu) ………… (164)
邪行(xié·xing) ………… (164)
邪门儿(xié//ménr) …… (164)
邪魔外道(xié mó wài dào)(164)
斜门歪道(xié mén wāi dào) ……………………… (164)
些(xiě) ………………… (165)
血津儿(xiě jīnr) ……… (165)
血赤忽拉(xiě·chi hū lā) (165)
写大仿(xiě//dà fǎng) … (165)
卸载儿(xiè//zàir) …… (165)
谢顶(xiè//dǐng) ……… (165)
解理儿(xiè//lǐr) ……… (165)
潵(xiè) ………………… (165)
懈怠(xiè dài) ………… (165)
懈劲(xiè//jìn) ………… (165)
懈里光当(xiè·li guāng dāng) ……………………… (165)
泄底(xiè//dǐ) ………… (165)
泄气(xiè qì) ………… (165)
泄力(xiè//lì) ………… (165)
新碴儿(xīn chár) ……… (165)
心程(xīn·cheng) ……… (165)
心灵鸡汤(xīn líng jī tāng) (165)

会说不会写的词语

心急火燎(xīn jí hǒu liǎo)·(165)
心气儿(xīn qìr) ……………(165)
心净(xīn·jing) ……………(165)
心静(xīn//jìng) ……………(166)
心重(xīn zhòng) ……………(166)
芯子(xìn·zi) …………………(166)
信子(xìn·zi) …………………(166)
囟门儿(xìn ménr) ……………(166)
兴(xīng) ……………………(166)
兴许(xīng xǔ) ………………(166)
兴…兴…(xīng…xīng…) (166)
兴时(xīng shí) ………………(166)
腥(xīng) ……………………(166)
行好(xíng//hǎo) ……………(166)
行个方便(xíng gè fāng biàn)
 ……………………………(166)
行…行…(xíng…xíng…) (166)
饧(xíng) ……………………(166)
醒盹儿(xǐng//dǔnr) ………(166)
醒腔(xǐng//qiāng) …………(166)
醒事(xǐng//shì) ……………(166)
醒水(xǐng shuǐ) ……………(166)
醒绽(xǐng zhàn) ……………(166)
醒过味儿(xǐng guò wèir) (166)
醒过闷儿(xǐng//guò mènr)
 ……………………………(166)
擤(xǐng) ……………………(167)
兴头(xìng·tou) ……………(167)
兴头话(xìng·tou huà) …(167)
性分(xìng·fen) ……………(167)
熊(xióng) ……………………(167)
宿(xiǔ) ………………………(167)

秀密(xiù·mi) ………………(167)
秀流(xiù·liu) ………………(167)
绣花绷子(xiù huā bēng·zi)
 ……………………………(167)
嗅蜜(xiù//mì) ………………(167)
锈(xiù) ………………………(167)
戌腿(xū tuǐ) …………………(167)
嘘(xū) ………………………(167)
嘘目眼(xū·mu//yǎn) …(167)
嘘呼(xū·hu) …………………(167)
嘘唠儿(xū làor) ……………(167)
墟日(xū rì) …………………(167)
絮(xú) ………………………(167)
许(xǔ) ………………………(167)
絮(xù) ………………………(167)
絮烦(xù·fan) ………………(168)
絮絮叨叨(xù xù dāo dāo) (168)
续(xù) ………………………(168)
续弦(xù xuán) ………………(168)
暄(xuān) ……………………(168)
暄腾(xuān·teng) ……………(168)
旋闪(xuán shǎn) ……………(168)
悬(xuán) ……………………(168)
悬乎(xuán·hu) ……………(168)
悬啦吧唧(xuán·la bā jī) (168)
玄(xuán) ……………………(168)
玄乎(xuán·hu) ……………(168)
旋儿(xuànr) …………………(168)
炫(xuàn) ……………………(168)
旋(xuàn) ……………………(168)
旋子(xuàn·zi) ………………(168)
券(xuàn) ……………………(168)

楦(xuàn) …………… (168)
楦(xuàn) …………… (168)
茓(xué) ……………… (168)
茓摸(xué·mo) ………… (169)
茓茓摸摸(xué xué mō mō)(169)
茓磨(xué·mo) ………… (169)
茓子(xué·zi) ………… (169)
窨茶叶(xūn chá yè) …… (169)
寻(xún) ……………… (169)
寻思(xún∥si) ………… (169)
寻死(xún∥sǐ) ………… (169)
寻短见(xún duǎn jiàn) … (169)
寻宿儿(xún∥xiǔr) …… (169)
寻休儿(xún∥xiūr) …… (169)
轮(xún) ……………… (169)
熏(xùn) ……………… (169)

Y

丫头片子(yā·tou piàn·zi)(170)
丫巴儿(yā·bar) ……… (170)
压茬(yā chá) ………… (170)
牙碜(yá·chen) ……… (170)
牙祭(yá jì) …………… (170)
牙花子(yá huā·zi) …… (170)
哑默悄声(yǎ·mo qiǎo shēng)
  ……………………… (170)
压根儿(yà gēnr) …… (170)
淹(yān) ……………… (170)
淹浸(yān·jin) ………… (170)
淹缠(yān·chan) ……… (170)
淹心(yān xīn) ………… (170)

淹淹(yān yān) ……… (170)
淹淹缠缠(yān yān chán chán)
  ……………………… (170)
烟(yān) ……………… (171)
芫荽(yán·sui) ………… (171)
沿边儿(yán∥biānr) … (171)
沿口(yán kǒu) ……… (171)
沿流水(yán liú shuǐ) … (171)
沿鞋口(yán xié kǒu) … (171)
严紧(yán·jin) ………… (171)
严丝合缝(yán sī hé fèng) (171)
言声儿(yán∥shēngr) (171)
言语(yán·yu) ………… (171)
眼仁儿(yán rénr) …… (171)
眼神儿(yǎn shén) …… (171)
眼泡儿(yán pāor) …… (171)
眼岔(yǎn chà) ……… (171)
眼眵(yǎn chī) ……… (171)
眼毒(yǎn∥dú) ……… (171)
眼犄角儿(yǎn jī jiǎor) … (171)
眼力见儿(yǎn·li jiànr) (171)
眼目前儿(yǎn·mu qiánr) (171)
眼证儿(yǎn zhèngr) (171)
眼睁(yǎn zhēng) …… (171)
眼胞子(yǎn pāo·zi) … (171)
眼之毛(yǎn·zhi máo) … (172)
罨(yǎn) ……………… (172)
掩(yǎn) ……………… (172)
燕巴虎儿(yàn·ba hǔr) … (172)
酽(yàn) ……………… (172)
央个(yāng·ge) ……… (172)
央饯(yāng·qiang) …… (172)

055

**会说不会写的词语**

samr儿(yángr) ……………… (172)
扬气(yáng·qi) ……………… (172)
洋气(yáng·qi) ……………… (172)
洋财(yán cái) ……………… (172)
洋落儿(yán làor) …………… (172)
羊角风(yáng jiǎo fēng) …… (172)
仰巴脚儿(yǎng·ba jiǎor) … (172)
仰脖儿(yǎng bór) ………… (172)
仰脸(yǎng liǎn) …………… (172)
漾(yàng) …………………… (172)
漾奶(yàng//nǎi) …………… (172)
腰房(yāo fáng) …………… (172)
约(yāo) …………………… (172)
约摸着(yāo·mo zhe) ……… (172)
幺(yāo) …………………… (172)
幺鹅子(yāo é·zi) ………… (172)
吆喝(yāo·he) ……………… (173)
吆五喝六(yāo wǔ hè liù) … (173)
窑姐儿(yáo jiěr) …………… (173)
咬扯(yǎo·che) …………… (173)
咬文咂字儿(yǎo wén zā zìr)
 ……………………………… (173)
鹞子翻身(yào·zi fān shēn)
 ……………………………… (173)
要子(yào·zi) ……………… (173)
要不价(yào bù·jia) ……… (173)
鞠(yào) …………………… (173)
药性味(yào·xing wèi) …… (173)
药行开(yào//xíng kāi) …… (173)
噎(yē) ……………………… (173)
噎嗝(yē·ge) ……………… (173)
掖咕(yē·gu) ……………… (173)
页勒盖儿(yè·le gàir) …… (173)
夜儿个(yèr·ge) …………… (173)
曳扯(yè·che) ……………… (173)
咃(yè) ……………………… (173)
业障(yè zhàng) …………… (173)
迤逦歪斜(yī·li wāi xié) … (174)
一溜歪斜(yī liù wāi xié) (174)
一拨儿(yī bōr) …………… (174)
一报儿还一报儿(yī bàor huán yī
 bàor) ……………………… (174)
一捏儿(yī//niēr) ………… (174)
一个子儿(yī gè zǐr) ……… (174)
一乏子(yī fá·zi) ………… (174)
一抿子(yī mǐn·zi) ……… (174)
一抹子(yī mǒ·zi) ………… (174)
一样儿(yī yàngr) ………… (174)
一堆儿(yī zuīr) …………… (174)
一块堆儿(yī kuài duīr) … (174)
一事(yī shì) ……………… (174)
一划(yī chàn) …………… (174)
一就儿(yī jiùr) …………… (174)
一就一就(yī jiù yī jiù) …… (174)
一晃(yī huǎng) …………… (174)
一跩一跩(yī zhuǎi yī zhuǎi)
 ……………………………… (174)
一惊一诈(yī jīng yī zhà) (174)
一五一十(yī wǔ yī shí) … (174)
一阵两火(yī zhèn liǎng huǒ)
 ……………………………… (175)
一麻黑(yī mā hēi) ……… (175)
一撸到底(yī lū dào dǐ) … (175)
一抹到底(yī mā dào dǐ) (175)

一码儿齐(yī mǎr qí) ……(175)
一搭脑儿(yī dā nǎor) ‥(175)
一搭两用(yī dā liǎng yòng)
　……………………(175)
一股拢总(yī gǔ lǒng zǒng)(175)
一溜鞭光(yī liù biān guāng)
　……………………(175)
一溜遭儿(yī liù zāor)……(175)
一拉溜儿(yī lā liùr) ……(175)
一冲性儿(yī chōng xìngr)…(175)
一宠性儿(yī chǒng xìngr)…(175)
一水儿(yī shuǐr) ………(175)
一溜儿(yī liùr) …………(175)
一把死拿(yī bǎ sǐ ná) ‥(175)
一定之规(yī dìng zhī guī)…(175)
一年半载(yī niān bàn zǎi)…(175)
一丢点儿(yī diū diǎnr) ‥(175)
一丢丢儿(yī diū diūr) ……(175)
一抹儿平(yī mār píng) ‥(175)
一勺烩(yī sháo huì) ……(175)
一锅端(yī guō duān)……(175)
一码儿新(yī mǎr xīn)……(176)
一码是一码(yī mǎ shì yī mǎ)
　……………………(176)
一纳头(yī nà tóu) ……(176)
一扑纳心(yī pū nà xīn) ‥(176)
一后响(yī hòu·shang) ‥(176)
一时半会儿(yī shí bàn huìr)
　……………………(176)
一模活脱(yī mú huó tuō) (176)
一阶半级(yī jié bàn jí) ‥(176)
一撇子(yī piě·zi) ………(176)

一背拉(yī bēi·la) ………(176)
一径(yī·jing) ……………(176)
一铺安心(yī pù ān xīn) ‥(176)
依(yī) ……………………(176)
倚老卖老(yī lǎo mài lǎo) (176)
倚酒三分醉(yī jiǔ sān fēn zuì)
　……………………(176)
胰子(yí·zi) ………………(176)
疑性(yí·xing) ……………(176)
宜早不宜晚(yí zǎo bù yí wǎn)
　……………………(176)
倚疯儿撒邪(yǐ fēngr sā xié)
　……………………(176)
已就(yǐ jiù) ……………(176)
已就已就(yǐ jiù yǐ jiù)……(176)
尾(yǐ) ……………………(176)
吃儿扒挣(yì·er bā zhēng) (177)
吃怔(yì·zheng) …………(177)
勩(yì) ……………………(177)
异数(yì shù) ……………(177)
阴凉儿(yīn liángr) ………(177)
阴凉(yīn liáng) …………(177)
洇(yīn) …………………(177)
䌷(yǐn) …………………(177)
饮(yìn) …………………(177)
窨井(yìn jǐng) ……………(177)
荫(yìn) …………………(177)
荫凉(yìn liáng) …………(177)
应当责分(yīng dāng zé fèn)
　……………………(177)
鹰鹞(yīng yào) …………(177)
蝇甩儿(yíng shuǎir) ……(177)

057

### 会说不会写的词语

影(yǐng) ……………… (177)
影壁(yǐng·bì) ………… (177)
影亮儿(yǐng liàngr) …… (177)
影影绰绰(yǐng yǐng chuò chuò)
……………………… (177)
应(yìng) ……………… (177)
应典(yìng diǎn) ……… (178)
应名儿(yìng//míngr) … (178)
应卯(yìng//mǎo) ……… (178)
硬山搁檩(yìng shān gē lǐn)
……………………… (178)
硬朗(yìng·lang) ……… (178)
硬扎(yìng·zha) ……… (178)
硬戗(yìng·qiang) …… (178)
硬气(yìng·qi) ………… (178)
硬棒(yìng·bang) ……… (178)
拥子(yōng·zi) ………… (178)
拥趸(yōng dǔn) ……… (178)
用项(yòng·xiang) …… (178)
悠(yōu) ………………… (178)
悠停(yōu·ting) ………… (178)
悠搭(yōu·da) ………… (178)
悠着(yōu·zhe) ………… (178)
悠着点儿(yōu·zhe diǎnr) (178)
由打(yóu dǎ) ………… (178)
油渍麻花(yóu zì má huā) (178)
油汤挂水(yóu tāng guà shuǐ)
……………………… (179)
蚰蜒(yóu·yan) ………… (179)
有根(yǒu gēn) ………… (179)
有过节儿(yǒu guò jiér) … (179)
有理无情(yǒu lǐ wú qíng) (179)
有来道趣儿(yǒu lái dào qùr)
……………………… (179)
有来带去儿(yǒu lái dài qùr)
……………………… (179)
有一搭没一搭(yǒu yì dā méi yì dā)
……………………… (179)
有红似白(yǒu hóng shì bái)
……………………… (179)
有尿儿(yǒu//niàor) …… (179)
有谱儿(yǒu//pǔr) …… (179)
迂磨(yū·mo) ………… (179)
吁(yū) ………………… (179)
余富(yú·fu) …………… (179)
余外(yú wài) ………… (179)
榆木疙瘩(yú mù gē·da) (179)
熨帖(yù·tie) ………… (179)
熨熨贴贴(yù yù tiē tiē) … (179)
箢箕(yuān jī) ………… (179)
圆坟儿(yuán fénr) …… (179)
圆古隆(yuán·gu lōng) … (180)
圆古囊囊(yuán·gu nāng nāng)
……………………… (180)
月窠儿(yuè kēr) ……… (180)
晕得忽儿(yūn·de hūr) … (180)
晕斗儿(yūn dǒur) …… (180)
云山雾罩(yún shān wù zhào)
……………………… (180)
云子(yún·zi) ………… (180)
匀溜儿(yún·liur) ……… (180)
匀兑(yún·dui) ………… (180)
匀滚(yún gǔn) ………… (180)
匀停(yún·ting) ………… (180)

匀称(yún·chen) ……… (180)
匀脸(yún liǎn) ……… (180)

## Z

匝道(zā dào) ……… (181)
扎筏子(zā fá·zi) ……… (181)
咂摸(zā·mo) ……… (181)
咂咂(zā zā) ……… (181)
砸(zá) ……… (181)
砸兑(zá·dui) ……… (181)
砸姜磨蒜(zá jiāng mó suàn)
……… (181)
砸锅(zá//guō) ……… (181)
杂八凑儿(zá·ba còur) … (181)
杂拌儿(zá bànr) ……… (181)
杂八地(zá·ba dì) ……… (181)
杂和面儿(zá·huo miànr) (181)
杂耍儿(zá shuǎr) ……… (181)
栽(zāi) ……… (182)
栽子(zāi zi) ……… (182)
栽了(zāi le) ……… (182)
栽面儿(zāi miànr) …… (182)
傤(zài) ……… (182)
再(zài) ……… (182)
再分(zài·fen) ……… (182)
在早(zài zǎo) ……… (182)
簪子(zǎn·zi) ……… (182)
攒(zǎn) ……… (182)
趱趱(zǎn zǎn) ……… (182)
錾子(zàn·zi) ……… (182)
赞儿(zànr) ……… (182)

瓚(zàn) ……… (182)
糟(zāo) ……… (182)
糟欠(zāo qiàn) ……… (182)
糟改(zāo gǎi) ……… (182)
糟糕(zāo gāo) ……… (182)
糟践(zāo·jian) ……… (182)
糟心(zāo xīn) ……… (182)
糟蹋(zāo·ta) ……… (182)
遭(zāo) ……… (182)
遭瘟(zāo//wēn) ……… (182)
遭业(zāo yè) ……… (182)
凿死卯子(záo sǐ mǎo·zi) (183)
凿真儿(záo//zhēnr) …… (183)
噪儿巴喝(zàor bā hē) … (183)
造孽(zào//niè) ……… (183)
造模(zào·mo) ……… (183)
造派(zào·pai) ……… (183)
奘(zàng) ……… (183)
贼(zēi) ……… (183)
贼(zéi) ……… (183)
贼眉鼠眼(zéi méi shǔ yǎn)
……… (183)
贼眉溜眼(zéi méi liū yǎn) (183)
贼着(zéi·zhe) ……… (183)
怎价(zěn·jia) ……… (183)
缯绷(zēng·beng) ……… (183)
缯(zèng) ……… (183)
甑儿糕(zèngr gāo) …… (183)
锃光瓦亮(zèng guāng wǎ liǎng)
……… (183)
锃亮(zèng liàng) ……… (183)
喳(zhā) ……… (183)

## 会说不会写的词语

扎猛子(zhā//měng·zi) … (183)
扎咕(zhā·gu) ……………… (183)
扎眼(zhā yǎn) …………… (183)
扎裹(zhā·guo) …………… (183)
扎窝(zhā wō) …………… (183)
揸(zhā) …………………… (184)
咋呼(zhā·hu) …………… (184)
咋咋呼呼(zhā zhā hū hū) (184)
诈诈唬唬(zhà zhà hū hū) (184)
咋啦(zhā·la) …………… (184)
譇嫷(zhā·le) …………… (184)
扎挣(zhá zhēng) ……… (184)
眨摩(zhá·mo) …………… (184)
眨目眼(zhá·mu yǎn)…… (184)
炸牙(zhá yá) …………… (184)
拃(zhǎ) ………………… (184)
砟子(zhǎ·zi) …………… (184)
乍猛的(zhà měng de) … (184)
扎煞(zhà·sha) ………… (184)
奓毛儿(zhà//máor) …… (184)
奓(zhà) ………………… (184)
奓剌儿(zhà//cìr) ……… (184)
奓着胆子(zhà zhe dǎn·zi)
………………………… (184)
跈(zhà) ………………… (184)
栅栏门(zhà·lan mén) … (184)
诈(zhà) ………………… (184)
诈眼(zhà yǎn) ………… (184)
诈尸(zhà//shī) ………… (185)
诈唬(zhà·hu) …………… (185)
诈湖(zhà hú) …………… (185)
诈哄(zhà·hong) ………… (185)
炸呼(zhà·hu) …………… (185)
炸窝(zhà//wō) ………… (185)
炸营(zhà//yíng) ……… (185)
炸眼(zhàyǎn) …………… (185)
炸子儿(zhà zǐr) ……… (185)
炸垅(zhà lǒng) ………… (185)
炸锅(zhà//guō) ………… (185)
痄腮(zhà·sai) …………… (185)
侧棱(zhāi·leng) ………… (185)
侧歪(zhāi·wai) ………… (185)
侧不棱(zhāi·bu lēng) … (185)
择不开(zhái bù kāi) …… (185)
择席(zhái xí) …………… (185)
择菜(zhái//cài) ………… (185)
窄憋(zhǎi·bie) ………… (185)
窄巴(zhǎi·ba) …………… (185)
䦆儿(zhǎir) ……………… (185)
㨄(zhài) ………………… (185)
沾(zhān) ………………… (186)
沾包儿(zhān//bāor) … (186)
沾手(zhān shǒu) ……… (186)
沾补(zhān·bu) ………… (186)
沾亲带故(zhān qīn//dài gù)
………………………… (186)
斩获(zhǎn huò) ………… (186)
崭(zhǎn) ………………… (186)
崭劲(zhǎn jìn) ………… (186)
崭晴(zhǎn qíng) ……… (186)
展样(zhǎn·yang) ……… (186)
搌布(zhǎn·bu) ………… (186)
䁪眼(zhǎn yǎn) ………… (186)
黵(zhǎn) ………………… (186)

| | |
|---|---|
| 蘸火(zhàn huǒ) …… (186) | 找齐(zhǎo qí) …… (188) |
| 绽线(zhàn xiàn) …… (186) | 找俏(zhǎo qiào) …… (188) |
| 占手(zhàn∥shǒu) …… (186) | 找辙(zhǎo∥zhé) …… (188) |
| 张道(zhāng·dao) …… (186) | 找岔儿(zhǎo∥chár) …… (188) |
| 张心(zhāng xīn) …… (186) | 照(zhào) …… (188) |
| 张精(zhāng·jing) …… (186) | 照实(zhào shí) …… (188) |
| 张理(zhāng·li) …… (186) | 照说(zhào shuō) …… (188) |
| 张巴(zhāng·ba) …… (186) | 照量(zhào·liang) …… (188) |
| 张罗(zhāng·luo) …… (186) | 照直(zhào zhí) …… (188) |
| 招(zhāo) …… (187) | 照呼(zhào·hu) …… (188) |
| 招谁惹谁(zhāo shuí rě shuí) …… (187) | 笊篱(zhào·li) …… (188) |
| 着(zhāo) …… (187) | 螫(zhē) …… (188) |
| 着(zháo) …… (187) | 蜇(zhē) …… (188) |
| 着三不着两(zháo sān bù zháo liǎng) …… (187) | 着呢(zhe·ne) …… (188) |
| 着落(zháo luò) …… (187) | 折(zhē) …… (188) |
| 着忙(zháo∥máng) …… (187) | 折腾(zhē·teng) …… (188) |
| 着紧(zháo jǐn) …… (187) | 折个儿(zhē∥gèr) …… (188) |
| 着劲(zháo jìn) …… (187) | 折饼儿(zhē bǐngr) …… (188) |
| 着魔(zháo∥mó) …… (187) | 折箩(zhē luó) …… (188) |
| 着面儿(zháo miànr) …… (187) | 折证(zhé·zheng) …… (188) |
| 着迷(zháo mí) …… (187) | 箦(zhé) …… (189) |
| 着边儿(zháo∥biānr) …… (187) | 辙(zhé) …… (189) |
| 着实(zháo·shi) …… (187) | 褶儿(zhěr) …… (189) |
| 找补(zhǎo·bu) …… (187) | 褶子(zhě·zi) …… (189) |
| 找头(zhǎo·tou) …… (187) | 者烈(zhě·lie) …… (189) |
| 找不顺序(zhǎo bú shùn xù) …… (187) | 嚞(zhè) …… (189) |
| 找不着北(zhǎo bù zháo běi) …… (187) | 仄歪(zè·wai) …… (189) |
| | 这会子(zhè huì·zi) …… (189) |
| | 这不结啦(zhè bù jié la) …… (189) |
| | 这么着(zhè·me zháo) …… (189) |
| | 这溜儿(zhè liùr) …… (189) |
| 找不自在(zhǎo bú zì·zai) (188) | 这式儿(zhè shìr) …… (189) |

会说不会写的词语

针脚儿(zhēn jiǎor) ……(189)
针头线脑儿(zhēn tóu xiàn nǎor)
　……(189)
真个(zhēn gè) ………(189)
真格的(zhēn gé de) …(189)
真章儿(zhēn zhāngr) …(189)
真得(zhēn děi) ………(189)
斟(zhēn) ………………(190)
镇(zhèn) ………………(190)
镇唬(zhèn·hu) ………(190)
震了(zhèn·le) ………(190)
绷子(zhèn·zi) ………(190)
阵子(zhèn·zi) ………(190)
挣为(zhēng·wei) ……(190)
整治(zhěng zhì) ……(190)
整天价(zhěng tiān·jia) …(190)
挣(zhèng) ……………(190)
铮(zhèng) ……………(190)
正二八摆(zhèng·er bā bǎi)
　……(190)
正儿八经(zhèng·er bā jīng)
　……(190)
正章儿(zhèng zhāngr) …(190)
正格的(zhèng gé de) …(190)
正庄(zhèng zhuāng) …(190)
怔神儿(zhèng shénr) …(190)
支棱(zhī·leng) ………(190)
支棱八叉(zhī·leng bā chā)
　……(190)
支招儿(zhī zhāor) ……(191)
支嘴儿(zhī//zuǐr) ……(191)
知疼着热(zhī téng zháo rè)
　……(191)
知根知底(zhī gēn zhī dǐ) (191)
直杵(zhí chǔ) …………(191)
直眉瞪眼(zhí méi dèng yǎn)
　……(191)
直不笼统(zhí bù lǒng·tong)
　……(191)
直直溜溜(zhí zhí liú liú) (191)
值过儿(zhí·guor) ……(191)
值当(zhí//dàng) ………(191)
值重(zhí zhòng) ………(191)
指不定(zhǐ·bu dìng) …(191)
指拨(zhǐ·bo) …………(191)
指盖儿(zhǐ gàir) ………(191)
指指戳戳(zhǐ zhǐ chuō chuō)
　……(191)
指山说磨(zhǐ shān shuō mò)
　……(191)
只管(zhǐ guǎn) ………(191)
只当(zhǐ·dang) ………(191)
置(zhì) …………………(191)
志(zhì) …………………(191)
炙炉儿(zhì lúr) ………(191)
滞碾(zhì·nian) ………(191)
至不及(zhì bú jì) ……(191)
至于(zhì·yu) …………(192)
治气(zhì//qì) …………(192)
中规中矩(zhōng guī zhōng jǔ)
　……(192)
中着不着(zhōng zháo bù zháo)
　……(192)
中不溜儿(zhōng·bu liūr) (192)

周正(zhōu·zheng) …… (192)
周吴郑王(zhōu wú zhèng wáng)
　　……………………… (192)
啁(zhōu) ………………… (192)
啁桌(zhōu zhuō) ……… (192)
霌(zhōu) ………………… (192)
轴实(zhóu·shi) ………… (192)
怞(zhóu) ………………… (192)
怞(zhòu) ………………… (192)
皱憋(zhòu·bie) ………… (192)
皱巴儿(zhòu bār) …… (192)
皱皱巴巴(zhòu zhòu bā bā)
　　……………………… (192)
荮(zhòu) ………………… (192)
甃(zhòu) ………………… (192)
猪榭(zhū xiè) ………… (192)
猪尿泡(zhū suī·pao) …… (192)
竹爿(zhú pán) ………… (193)
逐个儿(zhú gèr) ……… (193)
主户儿(zhǔ hùr) ……… (193)
拄(zhǔ) ………………… (193)
疰夏(zhù xià) ………… (193)
住溜儿(zhù liùr) ……… (193)
住声儿(zhù//shēngr)…… (193)
抓挠(zhuā·nao) ……… (193)
抓挠儿(zhuā//náor) …… (193)
抓周(zhuā zhōu) ……… (193)
抓哏(zhuā gén) ……… (193)
抓总儿(zhuā zǒngr) …… (193)
抓阄儿(zhuā jiūr) …… (193)
抓子儿(zhuā zǐr) ……… (193)
髽髽(zhuā zhuā) ……… (193)
抓鬏(zhuā·jiu) ………… (193)
拽(zhuāi) ……………… (193)
拽咧子(zhuāi liē·zi) … (193)
转(zhuǎi) ……………… (193)
跩(zhuǎi) ……………… (194)
跩落跩落(zhuǎi·la zhuǎi·la)
　　……………………… (194)
拽(zhuài) ……………… (194)
砖墁地(zhuān màn dì) … (194)
转弯抹角儿(zhuǎn wān mò jiǎor)
　　……………………… (194)
转腰子(zhuàn//yāo·zi) (194)
转磨磨儿(zhuàn mò mòr) (194)
转轴儿(zhuàn zhóur) … (194)
转筋(zhuàn jīn) ……… (194)
转悠(zhuàn·you) ……… (194)
装裹(zhuāng·guo) …… (194)
装傻充愣(zhuāng shǎ chōng lèng) ……………… (194)
奘(zhuǎng) …………… (194)
壮疙瘩(zhuàng gē·da) (194)
撞大运(zhuàng dà yùn) (194)
撞客儿(zhuàng·ker) …… (194)
撞席(zhuàng xí) ……… (194)
撞衫(zhuàng shān) …… (194)
醉咕隆咚(zuì·gu lōng dōng)
　　……………………… (194)
坠根儿(zhuì·genr) …… (194)
缒(zhuì) ………………… (194)
缒腿(zhuì//tuǐ) ………… (194)
拙嘴笨腮(zhuō zuǐ bèn sāi)
　　……………………… (195)

063

## 会说不会写的词语

准稿子(zhǔn gǎo·zi) …… (195)
准保(zhǔn bǎo) ……… (195)
锗(zhuō) …………… (195)
捉摸(zhuó·mo) ……… (195)
茁实(zhuó·shi) ……… (195)
浞(zhuó) ……………… (195)
擢(zhuó) ……………… (195)
擢断(zhuó duàn) …… (195)
嗞(zī) ………………… (195)
嗞啦(zī·la) …………… (195)
嗞溜(zī·liu) …………… (195)
跐溜(zī·liu) …………… (195)
吱(zī) ………………… (195)
吱声(zī shēng) ……… (195)
髭髭(zī zī) …………… (195)
孜然(zī rán) ………… (195)
滋歪(zī·wai) ………… (195)
滋(zī) ………………… (195)
滋润(zī rùn) ………… (195)
滋嘴儿(zī zuǐr) ……… (195)
龇牙咧嘴(zī yá liě zuǐ) … (195)
髭毛儿(zī máor) …… (196)
子母扣儿(zǐ·mu kòur) … (196)
字儿谜儿(zìr mèir) … (196)
字纸(zì zhǐ) ………… (196)
字纸篓儿(zì zhǐ lǒur) … (196)
自顾自(zì gù zì) ……… (196)
渍(zì) ………………… (196)
恣(zì) ………………… (196)
踪(zōng) ……………… (196)
走迹(zǒu·ji) ………… (196)
走脑子(zǒu nǎo·zi) … (196)
走色(zǒu shǎi) ……… (196)
走心(zǒu xīn) ……… (196)
揍(zòu) ……………… (196)
奏形(zòu·xing) ……… (196)
足实(zú·shi) ………… (196)
足兴(zú·xing) ……… (196)
钻挤(zuān·ji) ……… (196)
纂(zuǎn) …………… (196)
赚(zuàn) …………… (197)
攥(zuàn) …………… (197)
纵纵(zòng zòng) …… (197)
嘴岔(zuǐ chà) ……… (197)
嘴碴子(zuǐ chá·zi) … (197)
嘴把式(zuǐ bǎ·shi) … (197)
嘴欠(zuǐ//qiàn) …… (197)
嘴损(zuǐ//sǔn) …… (197)
嘴抢地(zuǐ qiǎng dì) … (197)
嘴碎(zuǐ suì) ……… (197)
撙(zǔn) ……………… (197)
嘬(zuō) ……………… (197)
嘬瘪子(zuō biě·zi) … (197)
嘬牙花子(zuō yá huā·zi) … (197)
作(zuō) ……………… (197)
作妖(zuō//yāo) …… (197)
作害(zuō·hai) ……… (197)
作死(zuō sǐ) ………… (197)
作弄(zuō·nong) …… (197)
作料儿(zuò·liaor) … (197)
捽(zuó) ……………… (197)
琢磨(zuó·mo) ……… (197)
筰桥(zuó qiáo) …… (197)
左不过(zuǒ bú guò) … (197)

左性子(zuǒ xìng·zi) …… （197）
左扔子(zuǒ kuǎi·zi) …… （198）
凿定(zuò dìng) ………… （198）
坐(zuò) ………………… （198）
坐蜡(zuò là) …………… （198）
坐病(zuò//bìng) ……… （198）
坐劲(zuò jìn) ………… （198）
坐娘家(zuò niáng jiā) … （198）
作古正经(zuò gǔ zhèng jīng)
　…………………………（198）

作孽(zuò niè) ………… （198）
作脸(zuò liǎn) ………… （198）
作劲(zuò jìn) ………… （198）
作兴(zuò·xing) ……… （198）
作揖(zuò//yī) ………… （198）
作针挽线(zuò zhēn wǎn xiàn)
　…………………………（198）
做掉(zuò diào) ………… （198）
做个闷儿(zuò·ge mēnr) （198）

065

# A

**腌臜** ā·za（俗读做 nā·za）①脏;不干净;也指脏物:看他那~样儿。|满地都是~。②(心里)别扭;委屈;不痛快:心里真~。|憋一肚子~气。③糟践;使难堪:这不是~人吗?

**阿嚏** ā tì 形容打喷嚏的声音。

**唉哟** āi yōu 叹词。表示痛苦:~,疼死我了。|他整天~~的。

**哎哟** āi yōu 叹词。表示惊讶、惋惜、赞叹等强烈感情:~,你怎么又来了。|~,太遗憾了。|~,小小年纪就唱得这么好。

**挨肩儿** āi jiānr ①一奶同胞,排行相接,岁数相差无几:她们是~的亲姐仨。②并肩,一起:他们~坐下来喝茶。

**挨边儿** āi//biānr ①靠着边缘:上了大路,要~走。②接近(某数,多指年龄):我六十~了。③接近事实或事物应有的样子:你说的一点儿也挨不上边儿。

**挨个儿** āi//gèr ①一个接一个;不遗漏地:别乱挑,~拿。|~找学生谈话。②按顺序排队,依次进行:在医院排队~挂号。|我挨最后一个儿。

**挨呲儿** ái//cīr 受斥责:他因淘气老~。|挨老师的呲儿了吧。

**挨剋** ái//kēi 受斥责;受训斥:你钉着~吧。|我挨了一顿剋。

**挨** ái ①忍受;遭受:~了一顿打。|~骂。②艰难地度过:~日子。|苦日子好不容易~过来了。|~到天亮。③拖延;拖拉:他舍不得走,~到第二天才动身。|别~时间啦。

**矮半截** ǎi bàn jié ①两个人或两物高度相比,一个比另一个矮一半,也泛指矮很多:孩子比爸爸~。②比喻由于地位、身份、水平等与人相比差距很大而有自卑感:他总觉得比别人~。

**爱答不理** ài dā bù lǐ 不大理睬,形容冷淡、怠慢:别人同他说话,他~的。答,也作"搭"。

**爱现** ài xiàn 喜欢表现自己:你看她多么~,多么自信。

**安生** ān·sheng ①生活安定:过~日子。②安静,安稳;不生事(多指小孩):睡个~觉。|这孩子没有一会儿~过。

**揞** ǎn （俗读 àn)用手把药面或

001

其他粉末敷在伤口上:再~上点儿消炎粉。

**昂气** áng qì （俗读 náng qì）犹指志气、骨气:年轻轻的,怎么没一点儿~。｜这孩子挺有~,上进心特强。

**凹瞘眼** āo kōu yǎn 眼窝凹陷:这人~,蒜头鼻。也作"凹抠眼"。

**熬** āo 烹调方法。把菜、鱼等加水和作料放在锅里久煮使烂熟:~大白菜｜~鱼｜~倭瓜｜~着吃。

**熬心** āo xīn （俗读 nāo xīn）①(形)心里不舒畅:这件事让人~。｜吃了这东西真~。②(动)操心:~费力。③郁结于心:心事儿~。

**熬** áo ①文火久煮:~黏粥｜~药｜~萝卜汤。②忍耐:~到胜利｜~到什么时候是头儿啊。③勉力支持:~日子｜年三十儿晚上~夜。④累:走~了吧?

**熬头儿** áo tóur 指经受艰难困苦后,可能获得美好生活的希望:受了半辈子罪,这回可有~啦!

**熬年头儿** áo nián tóur 混日子;特指仅凭工作年限的增长而晋级加薪:我是做一天和尚撞一天钟,~呗。

**熬鳔** áo biào ①专心致志地做一件事:他整天和电脑~。②软磨硬泡、起腻磨缠:这孩子成天跟他妈~,非要买衣服不可。

**熬鹰** áo yīng ①驯鹰时不让其合眼歇息。②通夜或至深夜不睡觉:别~了,都十二点了。③指人受骚扰或困扰,深夜不能睡觉:看他死不承认,日夜连轴,~地审讯。

**拗** ǎo 折;使弯曲;使断:把竹竿~断了。

**拗断** ǎo duàn 中断交往:就为了这件事,十年的朋友~了。

**拗嘴** ào zuǐ 不顺口:这句话怎么这么~?

**懊糟** ào·zao 烦恼:他心里正~,对人冷淡。

**鏊子** ào·zi 烙饼、摊煎饼用的器具,用铁做成,平底圆形,中心稍凸,与"铛"不同:用~摊煎饼馃子。

**懊不登的** ào bu dēng de （懊,俗读 nào）①形容气味或味道不纯正:这饮料不是味儿,~的。②无咸淡味儿:这菜~。也说"懊不唧的"(懊,此处不读 yù。)

**傲拉巴登** ào·la bā dēng 可厌但又无具体名称的(食物)味道:这菜怎么~的。

# B

**扒拉** bā·la ①拨动:把众人~开。②去掉;撤掉:人太多,~下去几个。|他从领导岗位上被~下来了。

**扒头儿** bā·tour 往高处爬时可以抓住的东西:这峭壁连个~都没有,怎么往上爬呀?

**扒查** bā·cha ①寻找:你乱~什么?②挖苦:你别~人。③往上爬;钻营:想~个一官半职。

**巴** bā ①靠近;贴近:前不~村,后不~店。|~着窗户眼儿瞧。②粘住:黏糕都~在屉布上了。③干燥后凝结粘着的东西:衣服上都是嘎~。|爱吃锅~。|墙上都是泥~。④伸:他~~头儿就走了。⑤张开;裂开:肉都~开了。|~裂。|~缝。⑥爬;攀登:~过山头。|~高枝儿。⑦语助词:不信,试~试(试一试)。|这小姑娘可俊~啦。

**巴头儿** bā//tóur 伸着头(偷看):~探脑儿。|你在窗外巴什么头儿?

**巴嗤** bā·chi (俗读bá·chi) 睁大眼费力地看。转指蔑视,另眼看待:你别~我,我写给你看看。|你别~人。

**巴锅** bā guō 食物粘在锅的内壁上:粥都~了。

**巴睖** bā·leng 打量;张望:他走过来向人们~了一下。

**巴结** bā·jie ①奉承讨好,趋炎附势:~领导|看他那一副~样子。也作"巴劫""巴竭",也俗读作 bā ji。②努力;勤奋;追求:终年~|但愿从此一心~正路。也作"巴拮"。③凑合,勉强:要说几百块钱我还能~,~再多就拿不出来了。④悉心培养:这孩子要好好~他。

**巴巴结结** bā·ba jiē jiē ①艰辛;勤奋:他整天~地自学英语。|一路上~。②凑合,勉强:英文报纸我~能看懂。③形容说话不流利:他英语说得~的。|这个人~地说不了几句。

**巴巴头** bā bā tóu 妇女在脑后梳的圆形发髻:那~就像一只乌龟壳似的。也作"粑粑头"。

**吧唧** bā·ji ①嘴唇开合作声:吃饭不要~,不好听也不文明。②特指吸烟时嘴的动作:点上烟,~了两口。③用于某些词语之后,表示贬斥或厌恶:他瘪了~的,还挺横!|咸了~。|酸了~。

## 会说不会写的词语

**B**

|苦了~。|傻了~。|脏了~。|穷了~。|贱了~。④踏雪、踩稀泥等的声音:在沼泽地里~~地走着。

**吧嗒** bā·da ①嘴唇开合作声:他~了两下,一声也不言语。②抽(旱烟):老汉不住地~着烟袋。③物体相碰或落下的声音:~一声,门锁上了。|眼泪~~往下掉。也作"巴答""巴嗒"。

**疤瘌** bā·la (俗读 bā lí) ①疮口或伤口长好后留下的痕迹:脸上落(lào)了个~。②像疤的痕迹:茶壶盖儿上有个小~。

**疤瘌眼儿** bā·la yǎnr (俗读 bā·li yǎnr) 眼皮上有疤的眼睛;也指眼皮上有疤的人:手术后可能落个~。|那个~今天没来。

**疤瘌流星** bā·la liú xīng 形容物体表面疤痕累累:这树上的苹果被虫子咬得~的。

**拔** bá ①把东西浸泡在冷水或冰里使变凉:把西瓜放到凉水里~~。[旧时写作"渹"(bá)]。②吸出:这膏药能把脓~出来。|~毒膏。③选取;提拔:矬子里~将军。④突出:班里他~尖儿。

**拔招儿** bá//zhāor 悔棋。

**拔步** bá//bù 迈开步子;走开:他~就走。|我现在太忙了,一时拔不开步。

**拔创** bá//chuàng 代人出气,争回面子;壮威:你替他~卖力气。|给他拔什么创啊。也作"拔闯"。

**拔份** bá fèn ①用某种手段提高自己的威信、地位,显出比别人本事大:我们不仅要在戏剧界~,还要在电影界发言。②出人头地:这人总爱逞能,总想~。

**拔裂** bá liè 因干燥而裂开:桌子都~啦。也作"巴裂"

**拔缝** bá fèng 木器拼接处裂了缝:木料没干透,做家具容易~。也作"巴缝"

**拔毒** bá dú 用药力将疮疖的脓液、毒素排除。("拔"也俗读 bǎ):~膏。

**跋踏** bá·cha (俗读 bà·cha) 踩,践踏:别在草地上乱~。|地板刚拖干净,又让孩子们~脏了。

**屄屄** bǎ·ba 屎;粪便(多用于小儿语):拉~。|别踩上狗~。也作"巴巴"。

**把** bǎ ①紧挨;靠近:~墙角罚站。|胡同口有辆汽车。②结拜的关系:~兄弟|~兄|~弟|拜~子③从后面托起小孩的屁股:~屎~尿。④器物上供手执握之处:门~|车~|~手儿⑤用于手的动作:搭~手|紧~手|拉他一~。⑥抑制,独占:大事小事都~着不放。⑦看守,守卫:他~着门口不让人进去。|这场球你~门,我踢后卫。⑧量词。用于某些抽象事物:出一~力。|这么大~年纪了,还干活?⑨量词。计量动作行为次数:咱们再来一~。|这~棋他输了。|我已玩过好几~了。

**把角儿** bǎ jiǎor ①路口拐角的地方:那家商店就在红星路~处。②靠近屋角、墙角的地方:我住在院子~那间北房。

**把撑** bǎ duǐ 抵消:谁也不欠谁的,~了。

**把手掣回去** bǎ shǒu chè huí qù 将伸出的手抽(缩)回去:别碰它,赶快~,太危险了!(掣:抽)

**齓** bà 牙齿露在唇外:牙~着。

|眼眶齿~。

**刨划** bāi·hua ①处置；安排：这件事让他~~吧。|忙得他怎么也~不开了。也说"擘(bò)划"。②摆弄：他把收音机~坏了。

**掰** bāi ①(情谊)破裂：他俩的交情早就~了。②用手把东西分开或折断：~成两半儿。|~了两瓣儿橘子。|~着手指头算数儿。

**掰差** bāi·ci 指用话语分析辨别(道理)；细看，查清楚：还真得~~。|这事儿，咱们得~清楚。("差"在此应读cī)也说"掰扯""掰呲""掰哧"。

**掰大闸** bāi dà zhá 撬锁：这批歹徒常常出没在城郊接合部~，偷东西，做尽坏事。也说"板大闸"。

**掰开揉碎** bāi kāi róu suì 仔细地多方面地分析解说：老师~地给学生讲难题。|我~地跟他谈了半天儿。

**白不呲咧** bái·bu cī liē 物件退色发白或汤、菜颜色滋味淡薄：蓝衣服洗得~的。|这汤~的，放点酱油吧。

**白不拉几** bái bù lā·ji 物体发白或褪色：这是啥菜呀！~的怎么不见色(shǎi)！

**白唬** bái·hu ①撒谎：你别~，我都看见了。②乱说一气：他可劲儿~。

**白话** bái·hua 说闲话；聊天儿：别听他瞎~。也说"白呼""白货"。

**白净** bái·jing 色白洁净：那孩子个头儿高；~脸，挺文气。

**白槎儿** bái chár 指木制器物仍为木料本色，外部未经油漆的，也指这样的木制器物：屋里的桌椅还都是~的。|~家具。也作"白碴儿"。

**白茬儿** bái chár ①农作物收割后没再播种、施肥的(土地)：两亩~地②未用布、绸等缝制面的(皮衣)：一件~老羊皮袄。释义②也作"白槎儿"。

**白吃饱儿** bái chī bǎor 指只吃饭不干活的人或游手好闲的人：一群~。|他纯粹是个~。

**白撞雨** bái zhuàng yǔ 晴日里骤然到来的暴雨；急骤的雨：夜里下了一场~。也说"白雨""白撞"。

**白饶** bái ráo ①无代价地额外多给：~碗高汤。②白搭：过去的辛苦全算~，得打头儿重来。

**白搭** bái dā ①没用；白费劲：你怎么劝也~。②无价值地用掉；白白浪费：这钱花的不是~吗？③同"白饶"。

**白落** bái lào ①分外收入；白得的：这些钱算我~的。②只落得：~个坏名声。|一场空。

**白眉赤眼** bái méi chì yǎn 无来由；平白无故：你这话真是~的。|~地生哪门子气。

**白斩鸡** bái zhǎn jī 用鸡做成的菜。把宰杀洗净后的整只鸡，放在清水里煮熟，切成块，蘸作料吃：今天咱就吃~。

**摆划** bǎi·hua ①反复摆弄：你~什么了。②整洁；修理：收音机叫他给~好了。③处理安排：这件事不好~。

**摆古** bǎi gǔ 讲故事：老爷爷给孩子们~。

**摆咕** bǎi·gu ①摆弄：这孩子喜欢~他的小木枪。②修理：这个闹钟，他~了半天也没修好。③医治：老王那么顽固的气管炎都让他~好了。

**摆搭** bǎi·da 炫示：她三天两头

## B

换衣服穿,在众人面前~~。

**摆格** bǎi·ge 摆架子:那绅士~不肯让路。|他谁也瞧不起,整天~。

**摆饰** bǎi·shi 陈设品,比喻徒有其表而无实用价值的东西:聋子耳朵——~。|你别拿他当~。也说"摆设"。

**摆设** bǎi shè ①陈设;安排:他家~很阔气。|让他~宴会吧。②同"摆饰"。

**摆子** bǎi·zi 疟疾:打~。

**摆治** bai·zhi ①整顿整治;侍弄:这块地他~的不错。②折磨;惩法、管治:他把我~得好苦。③摆布;操纵:他不得不听人家~。也作"摆置""摆制"。

**摆剖丝** bǎi pōu sī ①摆个造型,摆架势:你别在这儿一会儿~,一会儿耍酷,再不说,我可走了。②发傻:你看他~的样子,可笑不可笑!

**摆谱儿** bǎi//pǔr ①摆门面:办事要节约,不要~。②摆架子:他当了官好摆个谱儿。

**摆噱头** bǎi xué·tou 耍花招。你不要跟我~。

**百吗儿不是** bǎi màr bú shì ①什么都不行:这人既没头脑也没气力,~。②什么也不是:他的职全撤了,现在~了。

**败火** bài//huǒ ①中医指清热、解毒等:吃苦瓜~。|吃药败败火。②差劲:你这人真~。

**𰻞** bài ①风箱,~拐子(风箱的拉手)②鼓风的皮囊。

**扳** bān ①扭转;把输掉的赢回来:将比分~平|经过苦战,~回一球,打成平局。②把位置固定的东西改变方向或转动:~着指头算。|~道岔儿。

**扳不倒儿** bān bù dǎor 不倒翁。

**扳庄** bān zhuāng 赌牌使用骰子等计数排定头家之称:快进屋吧,等你~啦。

**扳位** bān wèi 打牌时用骰子等计数排定座位:快点儿~入局吧。

**扳本儿** bān//běnr 翻本儿:输了一定要扳回本儿来。

**般配** bān pèi 彼此条件相当,配得上:他们俩太~了。

**板** bǎn ①呆板:大家都那么活泼,他显得太~了。②硬得像板子似的:地~了,锄不动。③露出严肃或不高兴的表情:他总~着个脸。④纠正:一定要~~这孩子那坏毛病。|我不信就~不来他!⑤克制,约束:自己~着点儿,别由着性子来。⑥蹦跶;挣扎:鱼在~|~不脱了。(挣脱不掉了)

**板寸** bǎn cùn 一种留发极短、头顶处的头发用推子推至一寸左右,很平整的发型:留男式~,既凉快,还顺应了潮流时尚。

**板生** bǎn·sheng ①(衣服、布料、纸张等)较硬而平整;挺括:被褥叠得板板生生。|他穿的衣服总是那么~。②(干事、干活等)有条理,很规范:这活干得挺~。也说"板板生生""板实"。

**拌蒜** bàn//suàn 指走路时两脚常常相碰,身体摇晃不稳:他困得睁不开眼,两脚~了。

**绊手绊脚** bàn shǒu bàn jiǎo 妨碍别人做事;碍手碍脚:你走开,别~

的。

**半拉** bàn lǎ ①半个:我吃~馒头。|过~月再来。②半边儿:北~是教室。

**半拉磕叽** bàn·la kē jī 不透彻;不整齐:他英语~。|钓来的鱼就是~的。也作"半拉咯叽"。

**半截** bàn jié ①条状物的一半:~粉笔。|吃掉~甘蔗。|矬~ ②引申为从整体事物中截取一部分:~话|~路|残留着~围墙。|六月天掉在水缸里——凉了~。|孙猴穿汗衫——~不像人。(歇后语)③事情进程的一半:戏演到~停止了。|活儿干到~就走。以"节"为单位计量的事物,用"半节",如"半节课""半节锚链""半节甘蔗"(也可写为"半截甘蔗")"航速为每小时半节"。)

**半截腰儿** bàn jié yāor 中间,半截:你别~插嘴。|唱到~,停电了。|爬到~没劲儿了。也说"半当腰儿"。

**半蒇子** bàn chǎn·zi (俗读bàn chàn·zi)半途而废的事或活儿:干个~活儿就走了。|这事没干完,别总是~。(蒇:完成;解决)

**半半啰啰** bàn·ban luō luō 不完整,不连贯;中途搁置,尚未完成的状态:这件事办得~,没法儿管。|房子盖了个~,钱都花光了。也说"半半拉拉""半半落落(lāo lāo)"

**扮寇** bàn kòu 女子通过打扮而变得时髦可爱:女子爱~,男子爱扮酷。

**梆** bāng (俗读bàng)用棍子等打;敲:手握擀面杖要~他。|用竹竿~树上的红枣吃。

**梆硬** bāng yìng (俗读bàng yìng)①形容非常坚硬:他大腿上的肌肉~。|坐在冰凉~的铁板上。|海带在冰柜里冻得~。②形容态度生硬:态度~。也作"棒硬"(梆:硬;生硬)。

**哪啷** bāng·lang 象声词,撞击物体的声音。

**膀爷** bǎng yé 称热天在街头巷尾等公共场合裸露上身的成年男子。

**棒** bàng 用棍棒击打:~杀|~喝|用竹竿~枣。

**棒槌** bàng·chui ①外行:你请来的这个人,也是个~。②骂人的话:他是个~。③人参:挖~。也作"棒棰"。④捶击用的木棒,一头略粗一头略细,多用来捶洗衣服:东一榔头,西一~。(比喻说话没有头绪;做事缺乏计划。)

**傍** bàng ①多指以色相依附投靠有钱或有权的人:~大款|~大官。②倚靠;勾结:~老外(与外国人拉上关系,以求得出国等好处)|~名人。

**包管** bāo guǎn 保证:~完成任务。|吃了这药,病~不会再犯。(注意:与副词"保管"不同。)

**褒贬** bāo·bian ①指责;批评;贬低:不要背地里~人。|这样做恐怕会落(lào)~。②品头论足,议论短长(侧重于贬):他的唱腔没有好~的。

**包圆儿** bāo yuánr ①把货物全部买下,也说"包了儿":别卖了,我~了。②全部承担:剩下的活儿我一人~啦!

**褒贬是买主儿** bāo·bian shì mǎi zhǔr ①能挑剔货物毛病的人,常是真心实意要买的人:~哇!别再犹豫啦!②专指能品评出优劣的人:常言说:

~，喝彩是闲人。

**煲电话粥** bāo diàn huà zhōu 长时间地打电话聊天：我们身居两地，经常~。｜拍拖恋人大~。

**剥** bāo 去掉外面的皮或壳：~花生｜~栗子｜~核桃。｜~一层皮。

**剥皮** bāo//pí ①去掉外面的皮：把花生~儿吃。｜剥下一层皮。②同"扒皮"，比喻进行盘剥：路上还得让他剥层皮。

**炮** bāo ①烹调方法，用锅或铛（chēng）在旺火上急炒（牛羊肉片等），迅速搅拌：葱~羊肉。②烘焙：湿衣服在热炕上~~。③热；烫：炕烧得~得慌，睡不着。④烧，把食物埋在热灰里慢慢烤熟：~山芋。

**龅牙** bāo yá 突露在嘴唇外的牙齿。也叫"龅齿"。

**保揩** bǎo kèn 保险：我看这法儿不~。也作"保裉"。

**保管** bǎo guǎn （副词）表示很有把握：这衣服拿来，~你满意。

**抱** bào （衣、鞋）大小合适：这件衣服抱身儿。｜鞋穿着很~脚。

**爆土** bào·tu 尘土飞扬；飞扬起的尘土：这边走，那边有~。｜盖上点儿，别落~。

**爆腾** bào·teng （尘土、炉灰等）扬起：一刮风，路上就~连天的。也作"暴腾"。

**爆爆头** bào bào tóu 蓬松、膨胀的卷发。因卷发效果像爆炸后的物体一样蓬松膨胀，故名：顶着~的她美极了。｜电烫个~。也说"爆炸头"。

**爆棚** bào péng ①突发性地挤满了人：上海珠宝首饰洽谈室内出现了~之景。②(影视剧或各种演出等)很卖座：《网上情缘》是好莱坞圣诞节推出的~喜剧片。③(人的情绪等)非常高涨：对中国女足的信心则可用~来形容。

**爆擦妆** bào cā zhuāng 脸颊擦得异常红润的装扮：她满脸红通通的，像是时髦的~。

**暴筋** bào jīn 可以看到的皮下静脉凸出来：他患静脉曲张，大腿上都~了。

**暴土扬场** bào tǔ yáng cháng 尘土飞扬，烟雾弥漫：大风一刮，工地上~的。也说"暴土扬尘""爆土狼烟"。

**剥皮儿** bào//pír （bāo的变读）表皮脱落：皮肤晒得~了。｜他把剥了漆皮的箱子搬下来。

**背拉** bēi·la 平均；均摊：一~也没多少。｜~到每个人就不多了。

**被卧** bèi·wo 被子：~褥子全齐了。｜晾~。（不同于"被窝儿"）

**背溜儿** bèi liūr 排球技术名词。指扣球队员在二传手背后，扣二传手背传的近体快球：打了个~。

**背静** bèi·jing 人迹罕至；环境寂静：咱们找个~地方谈谈。

**背气** bèi//qì 昏厥；突然暂时停止呼吸：气得他差点儿背过气去。

**背兴** bèi·xing 倒霉：真~，又没考好。

**背风** bèi//fēng 避风：找个~的地界儿呆着。｜在这儿背背风再走。

**背集** bèi jí 没有集市的日子：单日逢集，双日~。

**背篼** bèi dōu 背(bēi)在背(bèi)上装送东西的篓，一般用竹、藤、

柳条等编成：尖底儿~|竹子~。也作"背兜"。也说"背斗""背篓"。

**背旮旯儿** bèi gā lár 偏僻的角落：他躲在~。

**背影儿** bèi yǐngr （俗读 bèi yěr）人的背面形象：只看个~，不知是谁。|我刚看到他的~，一会儿就不见了。

**被** bèi 加上，使"合""配"：~个楔子。|把榫头儿~上。

**备不住** bèi bú zhù 可能；或许：他今天~来这儿。|你说的那种情况也~。也作"背不住"。

**备份** bèi fèn ①充数：他不过是个~的歌手。②为备用而准备的另外一份：~伞（备用的降落伞）|这个软件做了两个~。③为备用而复制（文件、软件等）：~了一份文件。

**倍儿** bèir （副词）非常；十分：~棒|~漂亮。

**錇** bèi 把刀在布、皮、石头等物上面将其刃反复磨擦几下，使锋利：把刀~一下。|~刀布。

**焙** bèi 把东西放在器皿里，用微火在下面烘烤：把花椒~干研成细末。

**锛** bēn 刀、斧刃出现缺口：剁排骨把刀刃~了。

**锛铰裹** bēn jiǎo guǒ （俗读 bèn qiáo guǒ） 双方同时伸手出示简单的手势来决定输赢的一种游戏，三种手势分别为拳头（表示"锤子"）、巴掌（表示"布"）和伸出食指、中指并分开，而拇指、无名指、小指弯曲（表示"剪刀"），锤子遇剪刀，出锤者赢，因为锤子可使剪刀刀刃"锛"了；剪刀遇布，出剪

刀者赢，因剪刀可以将布"铰"碎；布遇锤，出布者赢，因布能把锤包"裹"起来，于是人们则用三个能制胜的动词"锛铰裹"称说这种游戏。 有的地方说"锤子剪刀布""石头剪子布"：咱俩~，谁赢了谁去。

**奔儿头** bēnr tóu 前额突出：他圆乎脸，大~。也作"锛儿头"，"碑儿头"。

**奔驰** bēn·chi 奔走；劳碌：这么大岁数了，还整天在外面~。

**笨笨磕磕** bèn·ben kē kē 形容说话不利落，笨嘴笨舌：由于激动，他说得~。

**唪儿** bènr （俗读bēnr）用生硬、严厉的言语回答，斥骂：挨~了。|爸爸~我一顿。也作"崩儿"。

**奔奔坷坷** bèn·ben kē kē 形容走起路来东倒西歪的样子：他~地走了。

**奔头儿** bèn tóur 希望；美好的前程：生活没有了~，还会有劲头儿吗？|咱们都有~，好好干吧。

**崩** bēng ①枪毙：这种坏人该一枪~了他。②关系破裂：他们俩儿吵~了。|我们没法儿对话，一谈就~。③被弹射出来的东西突然打中：被爆竹~了手。④迸裂；迸发：把敌人的碉堡炸得~上了天。|他憋了半天才~出一句话。⑤破裂：他把气球吹~了。

**崩伤** bēng shāng 被崩裂的东西的碎物击中致伤：他被炸开的石头~。

**绷** bēng ①骗（财物）：坑~拐骗。|他~了人家几百块钱。②用较大的针脚儿缝上或用针别上：~被头|袖

子上~着红臂章。③等;拖延:他略微~了一会儿。④勉强支撑:~场面|~(俗读 běng)不住劲儿(坚持不住)。⑤拉紧;张紧:把弦~的紧紧的。|裤腿太瘦,~在腿上不好受。⑥(物体)因压紧而猛然弹起:弹簧~飞了。

**绷子** bēng·zi ①刺绣时用来绷紧绸、布等的竹圈或木框:绣花~。②用藤皮、棕绳等编织的床屉:床~。③四周有框,当中绷紧布、纱等的器物:纱~。

**绷杠** bēng gàng 体操动作之一。指人体绕定轴运动过程中,通过脊柱和髋关节的急速屈伸,使杠子反弹力得到充分利用的一种技术。通常出现在女子高低杠项目中:来个~转体抓高杠。

**甭** béng (俗读 bén)"不用"两字的合音,表示"不必""不需要"或劝阻:这事儿你~管。|你就~再跑一趟啦。|~吵了。

**绷** běng 忍住:~不住笑起来。

**绷脸** běng//liǎn 板着脸,表示不高兴:他整天绷着个脸。

**绷劲儿** běng//jìnr ①屏住气息用力:一~就拔出来了。②故意装出严肃认真的样子:看他总绷着个劲儿。

**绷** bèng ①裂开:西瓜~了一道缝。②用在某些形容词前,表示程度深:~硬|~直|~脆|~白|~亮。

**绷瓷儿** bèng cír 表面的釉层有不规则碎纹的瓷器。

**迸** bèng ①散裂;断裂:一撅,木棍~成四段儿。②向外突然发出:憋了半天,嘴里才~一个字。也作"崩"。③绷紧;板着:把绳子~直。|~着一个冷脸。

**迸伤** bèng shāng ①因勉强干重活致使身体受伤:他说他的腰有~。②中医指胸胁内伤症,多由举重过度、用力不当或突然动作而致,有时会伴有吐血现象。③被物体迸裂而四溅的碎物击伤:眼睛被鞭炮~。(③也作"崩伤")

**迸脆** bèng cuì 很脆:响声~|这瓜~。也作"绷脆"。

**锛儿** bèngr 小形硬币,也叫"锛子":钢~。

**蹦嚓嚓** bèng cā cā 形容舞曲节拍的象声词。借指跳舞:晚上请你去~。

**蹦豆儿** bèng dòur 铁蚕豆。也作"嘣豆儿"。

**鼻儿** bír ①某些器物上隆起、突出或带孔的部分:门~|针~|大的事儿都看出来了。②汽笛:火车拉长~。③像哨子的东西:用苇子做3个~。

**鼻丁** bí·ding 鼻涕。也作鼻汀。

**鼻牛儿** bí niúr 鼻腔中干结的鼻涕。

**鼻鼻囔囔** bí bí náng náng 鼻塞不通,瓮声瓮气:他说话有点儿~的,准是感冒了。

**鼻嘎儿** bí gār 干鼻屎:抠~。

**笔管条直** bǐ guǎn tiáo zhí 笔直(多指直立着):这棵树长得~。|人们都~地站在一旁。

**必得** bì děi 必须;一定要:这事~你去才能办成。|捎信儿不行,~亲自去说。

**滗** bì 挡住渣滓或泡着的东西,把液体倒出:把汤~出去。|把药渣~出来。

**哔叽** bì jī 密度比较小的斜纹的

毛织品：~裤子。

**箅子** bì·zi 有空隙而能起间隔或滤液体等作用的器具：炉~｜竹~｜铁~。

**篦子** bì·zi 用竹子制成的梳头用具，中间有梁儿，两侧有密齿：用~把头发梳梳。

**避讳** bì·hui ①忌讳；避免使用不吉利的词语：渔民~说"翻"字，"翻过来"说"划过来"。②回避：都是男的，用不着~。

**辟鼠** bì shǔ ①(猫)降伏老鼠：是猫就能~。②猫闭目静卧的状态：看那猫正在那儿~呢！

**鞭把势** biān bǎ·shi 赶车的人。也作"鞭把式"。

**编派** biān·pai 夸大或捏造别人的缺点、过失；编造情节来取笑：他在背地里~人。｜听了几句~他们的话，俩人竟扑哧地笑了。

**编算** biān suàn 暗中算计别人：别~人。

**编笆造模** biān bā zào mó 原义为编篱笆造模子。比喻乱说，编造情况；造谣：别听他~，跟本没那么回事儿。也说"编筐捏篓"。

**煸** biān 把菜、肉等放在热油里炒到半熟：先把肉片~一~，再放黄瓜一起上炒。

**扁** biǎn ①踩：把蟑螂一脚给~死了。②卷起；挽：~起裤管。③用牙床碾食物：没牙只好慢慢地~。

**贬** biǎn 揣；掖；插：他把钱~在腰里走了。也作"扁"。

**彪** biāo 喷射：血~了他一身。

**飙车** biāo chē 驾车高速行驶，寻求刺激：酒后~，造成悲剧。

**瞟** biāo 盯：我跑不了，我~着呢。｜提包已被小偷~上了。也作"标"。

**表蒙子** biǎo méng·zi 装在表盘上的透明薄片：换个~。｜~裂了。

**摽** biào ①紧紧捆绑：桌腿裂了，用铁丝~一下。｜把行李~在车架上。②胳膊紧紧钩住：母女俩~着胳膊走。③由于利害相关而互相亲近，依附或纠结；过分亲近，频繁接触：你们俩怎么老是~在一块？④互相比着(干)：他们组总跟我们~着干。｜我跟你~上啦，你搬多少，我搬得准比你多。

**摽劲** biào//jìn ①双方因赌气或竞赛等憋着劲比着(干)，互不示弱：大伙儿都摽着劲儿干！｜挑战书一贴，他就和我摽上劲儿了。②(心里)敌对：你不同意可以，但别跟我~。

**鳔胶** biào jiāo 用鱼鳔或猪皮等熬制的胶，黏性大，多用于粘木料。

**憋** biē ①灯泡、灯管等钨丝或电器的保险丝烧断：灯泡~了。｜电灯全灭了，原来是总闸的保险丝~了。②思谋、策划，存心做某事：他那坏主意早就~好了。③抑制住；极力忍着：他正~着火啦。｜我~了一肚子话没说。

**憋屈** biē·qu ①有委屈或烦恼而感到憋闷：你有什么~事儿，跟我说说，别闷在心里。②地方窄小：这房子太~了。③气闷难受：待在这儿总感到~得没法儿难受。

**别价** bié·jie ①表示劝阻或禁止：你~，等再说。②别这样；不要那样，用于否定他人的言行：~这么说。｜让我一气儿干这么多，~，先干俩试试吧！也说"别家""别加"，也作"别介"。

**别人偷驴他拔橛儿** bié rén tōu lú tā bá juér 比喻替做坏事的人担罪名;代人受过:你净干些~的事,傻不傻?

**别嘴** bié zuǐ 形容某些话语说起来不顺口:他这个名字太~了。

**瘪子** biě·zi 碰钉子;苦头;受挫折:他受了这个~,一声不吭。|他才不吃这个~了。|~了吧,从头儿来吧。

**兵㞞㞞一个,将㞞㞞一窝** bīng sóng sóng yí gè, jiàng sóng sóng yì wō 一个兵懦弱无能,也只是一个人如此而已;如果将领懦弱无能,那带出的兵都会如此,全军就会毫无战斗力。也用于一个单位群众和领导类似的情况。也说"兵熊熊一个,将熊熊一窝"。(注意,与"兵松松一个,将松松一窝"不同)

**冰砣子** bīng tuó·zi 大的冰块(一般形状不规则的)或一堆冰块冻结在一起:水龙头滴水,下面都冻成~了。

**病秧子** bìng yāng·zi 体弱多病的人:她是个~。

**病殃殃** bìng yāng yāng 形容久病委靡的样子。也说"病病殃殃""病病恙恙"。

**病病歪歪** bìng bìng wāi wāi 形容身体多病,衰弱无力:别看她~的,却从早到晚不识闲儿。也说"病歪歪"。

**拨儿** bōr 批,群,伙儿:仨人一~。|他不是我们这~的。

**拨拉** bō·la 拨动:~算盘珠子。

**波棱盖儿** bō·leng gàir 膝盖:我总~疼。也说"跛罗盖"。

**波霸** bō bà 胸脯特别丰满的女子,也喻指乳房:除了性感外,~、白领丽人,纯清,小可爱等也算是对80年代美女的评价。

**饽饽** bō bō ①用白面和玉米面等做成的面食:蒸~|买两黑米~。②糕点:满汉~,进货细点。|水果糖~点心。|香~(比喻喜爱的人或物。)

**剥离** bō lí 原指组织、皮层、覆盖物等脱落、分开。也比喻企事业单位精简机构、调整职能,将富余人员分流出去:有些国有企业单位就~冗员一项,就可实现扭亏为盈。|医疗改革应该彻底~医院的医药经营权。

**脖颈儿** bó gěngr 脖子的后部:水深齐~。|喝酒他脸涨红一直到~。也叫脖颈子(bo gěng·zi)。同"脖梗儿""脖儿梗"。

**脖溜儿** bó liūr 手打脖后、耳际:打他一个~。

**脖拐** bó guǎi 用手打在脑勺上:他给我一~。也说"脖子拐""脖儿拐"。

**驳** bó 把岸或堤向外扩展:这条堤还是不够宽,最好再~出去一米。

**驳嘴** bó zuǐ 吵嘴;争吵:这两口子经常为一点小事~。

**驳面子** bó//miàn·zi 不给情面:这点事求他,他不会~吧。|这不是驳他的面儿吗?也说"驳面儿"。

**簸面** bó miàn (俗读 bú miàn)做面食时,如饺子、包子、馒头等,要揉进湿面中去或用以铺撒防粘的部分干面粉:包饺子擀皮儿~别太多了,捏不上。也作"醭面""饽面"。

**簸** bǒ 上下颠动盛有粮食的簸箕,分离并扬去其中的糠秕、沙土等:他一边~着一边用嘴吹。

**簸箩** bǒ·luo 圆形浅口柳条编织的器物：一~花生。也说"笸箩"(pǒ·luo)。

**簸箕** bò·ji （俗读 bò·qi）①用竹篾或柳条编成的器具，三边有边沿，一面敞口，用来簸粮食等；也有用铁皮、塑料制成的，多用来清除垃圾：土~。｜笤帚~。②簸箕形指纹：他右手有三个~两个斗。

**醭** bú 醋、酱、酱油等表面生出的白霉：这瓶醋长~了。面酱上有一层白~。

**不赖** bú lài （"不"的变调）好；不坏：这孩子真~。｜今天天气~。｜这事干得~。

**不离儿** bù·lír ①差不多：加这么多，我看~了。｜别喝了，~了，别醉了！②还不错：他干得还真~。

**不咋的** bù zǎ dì 不怎么样；不好：这个人~。｜东西买的~。

**不惜外** bù xī wài 不见外：今天我~啦，开吃！

**不济** bú jì 不行；不管用：我再~也比他强。

**不落忍** bú lào rěn 过意不去：这事儿让我心里总是~。

**不是个儿** bù shí gèr 不是对手；不行：咱俩比试比试，你准~。

**不识闲儿** bù shí xiánr 闲不住：他手脚~，从早忙到晚。

**不待见** bú dài jiàn 不喜欢：这孩子让人~。｜我~他。

**不乐意** bú lè yì ①不甘心情愿：这事他~干。②不高兴；不满意：这话他听了~。

**不进鳞** bú jìn lín 指话不投机，

没什么可说的：算啦，你不用再说了，我和他就是~。

**不大离儿** bú dà lír ①一般：他也就是个~的演员。②差不多：给不了那么多，也得(děi)~吧。

**不入调** bú rù diào 跟主旋律不和谐；比喻不合乎某种规范或根本达不到基本要求：这篇稿写得~，不采用。

**不着调** bù zháo diào ①指言行不合常理，不合规矩：别总说些~的话；②不听话；没有正常的生活秩序：这孩子~。

**不随溜儿** bù suí liùr 与众不同：他穿得总是~。

**不觉闷** bù jiáo mèn （"觉"俗读 jiǎo）不自觉，不知道自己行老儿，既无自知之明，也不知人之雅，惹人烦：人们都腻烦他，他还总来，真~。｜她还靦着脸夸自己，也太~了。

**不着四六** bù zháo sì liù 不沾边：他们分什么，争什么，我是~的。

**不紧不离儿** bù jǐn bù lír 不松不紧；差不多，达到一定程度别过分：悠着点干，~就得了。｜~就完，别较真儿。也说"不即不离儿"。

**不傻不茶** bù shǎ bù nié 智力发育正常：这孩子~的，学习就是上不去！

**不郎鼓** bù láng gǔ 旧时货郎所拿的有柄小鼓，两侧有绳系坠儿，摇摆转动时"不郎"作响，故名。也作"不琅鼓"。也说"拨浪鼓"。

**不顺序** bú shùn·xu 麻烦；烦恼：大过年的，咱别找~。

**不值当的** bù zhí dàng·de 划不来，没必要，无价值：为这点儿小事生

会说不会写的词语

这么大气，~。

**不丁点儿** bù dīng diǎnr 形容极小、极少：再来~就够了。｜那玩意儿~大。也作"不钉点儿"。

**布丁** bù·ding 用面粉、牛奶、鸡蛋、水果等制成的西餐点心。

**步撵儿** bù niǎnr 徒步行走、追赶：你骑车先走，我随后~。

**铺子** bù·zi 婴儿吃的糊状食物。

# C

**擦西** cā xī 挨近西边地面。指太阳快要落山：太阳~才到家。

**擦黑儿** cā hēir 傍晚，黄昏：从一~鞭炮就响起来了。｜天~他才来。

**擦亮儿** cā liàngr 拂晓：他决定明天~动身。

**擦丝儿** cā sīr （俗读 cǎ sīr）把瓜果等在礤床（俗称礤子）上一下一下从上向下移动，使成细丝：把西葫~做馅包饺子。｜绿萝卜~熬汤。

**嚓拉** cā·la 脚擦地面缓步而行：他~~地过来了。也作"擦拉"。

**礤床儿** cǎ chuángr 把瓜、萝卜等擦成丝儿的器具，在长方形木板、竹板等中间镂空并钉一块金属片，片上凿开许多小窟窿，使翅起的鳞状部分成为薄刃片。也叫"礤子""擦子"。

**猜谜儿** cāi//mèir ①猜谜(mí)底。②比喻猜测说话的真实意思或事情的真相：你把话讲明白点儿，别让我~。

**菜** cài ①差，差劲：~鸟（入门级别的人）。②人或事窝囊或丢人：你真是老~，连这也不知道。

**菜码儿** cài mǎr ①吃面条时用来拌面的菜，如黄瓜丝、豆芽菜、青豆等；炸酱面多放点~。②酒宴菜肴种类、名目：今天宴席的~拿来让他过目。

**孱头** càn·tou ①软弱无能。②软弱无能或没有气节的人：这些~们！

**藏猫猫** cáng māo māo（俗读 cáng mō mō）捉迷藏：孩子们玩~。｜你别总躲着我，跟我~。

**藏闷儿** cáng mēnr 同"藏猫猫"。

**藏蒙个儿** cáng mēng gèr 同"藏猫猫"。

**操持** cāo·chi ①掌握：小命儿~在他手里。②掌管：家里的一切由他~。③同"操扯"。

**操扯** cāo·che 料理；筹划办理：妈妈什么都~到了。｜这件事他会领头~。

**槽子糕** cáo·zi gāo 用各种模子（俗称"槽子"）制成的各种形状的蛋糕。一般专指下面是圆柱形、其上有一圈檐、其内蛋黄色、表面棕红色的蛋糕：买2斤~｜少了你这个鸡蛋还做成~啦！不干拉倒。

# 会说不会写的词语

**魳** cáo 衣服器物等陈旧退色：这块布看上去有点儿~。｜他穿着一身~旧的衣服。

**草甸子** cǎo diàn·zi 长满野草的低湿地：屋前有一片~。

**草荐子** cǎo jiàn·zi 草鞋：他光着脚，套双破旧的~。

**草库伦** cǎo kù lún 围起来的草场：用水泥杆拉上铁丝网围上一片~。

**草苫子** cǎo shān·zi 用草编成的覆盖或铺垫的用具：铺块~。

**操蛋** cào dàn ①捣乱；无理取闹（多用于骂人的话）：他天生就是那种~。②差；次：他的班最~，连后十名都没混上。③坏事：这回真~了。④窝囊，无能；品质恶劣：他真~。

**肏** cào 骂人用的下流话，指男子的性交动作：~他妈的。

**瓵** cèi （瓷器、玻璃容器等）摔碎；砸碎：不小心把碗~了。｜~了一个玻璃瓶。

**噌** cēng ①模拟快速行动或磨擦的声音：他~地站起来就走了。｜猫~的一声蹿上了墙头。②叱责：我嘴里虽~他，可心里觉得他说得有点儿道理。

**蹭** cèng ①不花钱而得到某种好处；不付任何代价而白得：~饭吃｜~戏听｜不~白不~。②用力磨或擦：把刀在石头上~两下。｜手~破了一点儿皮。③因紧挨而发生磨擦或沾上：~了一身油。｜衣服~破了。④拖延：别~时间了。⑤慢慢地走；慢吞吞的行动：老半天他才~到门口。｜~磨。

**馇** chā ①边拌边煮（猪、狗饲料）：~猪食。②熬（粥）：~稀饭。｜~了一锅粥。

**馇黏粥** chā∥nián zhōu 用玉米面等熬粥：馇了一锅黏粥。也作"插黏粥"。

**插销儿** chā xiāor ①门窗上装的金属闩：窗户~坏了。｜门没安~。｜把~关上。也说"插关儿"。②装在导线一端的接头，插到插座上，可使电路接通：出门前别忘了拔电脑~。

**叉腰** chā yāo 大拇指和四指分开成叉形，虎口紧按在腰旁：他一手~，一手指着人大骂。｜两手~站在那里。

**叉着手** chā zhe shǒu 双手手指交错相插。他在胸前~，在想什么。

**叉烧** chā shāo （俗读 chá shāo）把腌渍好的瘦肉挂在特制的叉子上，放在炉内烧烤；也有把腌渍过的肉过油后再烧烤：~肉。

**碴心** chá xīn 食物引起的胃部不适：吃凉玉米~。

**叉** chá 挡住；卡住：车辆把路口~死了。｜冰块把河道~住了。

**茬口** chá·kou ①时机；机会：这事抓紧办，现在正是个~。②节骨眼儿：事情就出在这个~上。③农作物在同一块地上轮栽的种类和次序：安排好~。④某种作物收割后的土壤：西红柿~壮，种白菜很合适。

**茬子** chá·zi 农作物收割后残留在地里的根茎：满地都是~。

**碴** chá ①碎片碰破（皮肉）：手被玻璃~破了。②器物上的裂痕、破口或断裂的地方：这个缺口是刚摔的，看！还是新~儿。｜小炉匠戴眼镜——没~找~儿（比喻专心或存心挑毛病）。③

相互间感情破裂；引起争执的事由；嫌隙：他们从前就有~儿。|找~儿④物体的碎块：冰~儿|玻璃~子。⑤提到的事情或别人刚说的话：别理他的~儿。|不搭他的~儿。

**碴口儿** chá·kour  物体断裂、破口处的横截面儿：你看,这碗的~就知道是刚碰破的。

**叉** chǎ  分开成叉(chā)形：他~着腿。

**蹅** chǎ  踏；踩：~了一脚泥。

**差不离儿** chà bù lír  差不多；只差一点点：我看~够了。|再给点儿就~了。|他俩高矮~。

**差壶** chà hú  弄错：这不是我的,~啦。|看清楚了,别~。

**岔糊** chà·hu  搅混；打断话茬儿或思路：我正想得好好的,叫你这一句话给~过去了。也作"差忽""岔乎"。

**岔** chà  ①错、差错：我把地址记~了。|恐怕说~了话。|这次比赛可能出~儿了。也作"差"。②转移话题,打断讲话：打~。|他立刻把对方的话~开,说别的事儿。|把话~断。③错开(时间)：~开时间参观。④偏离原来方向：走~了道,绕了个大弯儿。⑤道路、河流分支的地方；山脉分歧的地方：往前走,碰到~口就右拐。|三~路。⑥指身体某一部分的官能失常：嗓音~了。

**岔气儿** chà qìr  腰、肋部霎时间的神经性疼痛：使劲儿猛了点儿,~了。

**岔眼** chà yǎn  ①骡马等牲畜,误以为见到怪异之物而惊恐,狂奔乱跑：骡子在~狂跑。②转指极少见到：物(不常见的物品)。③看错：我看~了,

不是他。

**岔子** chà·zi  事故；差错：放心吧,出不了大~。也说"岔儿"。

**拆兑** chāi duì  设法筹措；暂时借用：先给你~俩儿钱。也说"摘兑"(zhāi duì)。

**柴** chái  ①干瘦：~狗(又瘦又小的狗)|老人病得很重,人都变~了。|这个小孩太~了。②(食物)纤维粗而多,不松软,嚼不烂：煲完汤的肉很~。|这芹菜有点儿~。|酱肘子瘦而不~。③质量、能力低下：他棋艺太~|这批西瓜怎么那么~,不是生的就是熟透瓤的。

**掺和** chān·he  ①参与、插手(某事)：这事我也要~~。②搅乱；添乱：你就别再瞎~了。③搞在一块儿：我不再跟他们~啦。也说"掺乎"。

**掺言** chān yán  插嘴：大人说话小孩子别乱~。

**缠身** chán shēn  ①纠缠住身子。形容不能解脱：疾病~|琐事~。②指孩子总让抱着或寸步不离大人：这孩子真~。也说"缠人"。也说"缠着"。如"孩子总缠着我"。

**缠夹** chán·jia  ①纠缠：~不清。②头脑不清,举措多被误解：~二先生(头脑不清而言行多生枝节的人)

**常性** cháng xìng  ①能坚持做某事的耐性；持久性：这孩子干什么都没~。②本性；习性：马失~,狂奔起来。

**敞** chǎng  ①尽量打开；使显露；不受限制：他~着怀。|门~着|~篷车。|~着口儿。|~开肚皮吃。|~口喝,管够。|有什么想法请~开说。|~开供应。②宽阔；豁亮；没有遮

## 会说不会写的词语

拦:这屋子太~了。|心里很~亮。|这个人挺~快。|~屋(无遮隔的大房间)。|~口漂(形容说话随便)。

**敞开儿** chǎng kāir 尽管;随便:今天我请客,~吃。

**抄着手儿** chāo zhe shǒur 两手在胸前交互插入袖筒里:他~站在哪看热闹。也说"揣着手儿""揣手儿"。

**焯** chāo ①把蔬菜等放进滚开的水中略微煮烫,随即取出:把扁豆~一下。②热面条、饭在凉水里过一下(使降温去黏)。

**潮** cháo ①成色低劣:~金~银。②技术不高:手艺~。③质量差:~货。④时髦、新潮:瞧他那~派儿,多酷哇!

**扯** chě ①性格过于开朗,行为过于放纵(含贬义):这姑娘太~了。②形容多;极多:钱花得~了去了。③撒谎:你这不是瞎~吗?④同"来这套"的"来":没工夫~这个。⑤搞(恋爱):你怎么和她~上啦。⑥没有既定内容,没有时间限制地说:他俩一见面就~上了。⑦零买(布、绸等):~两件衣料。⑧连:别把这两件事~在一起。⑨拉:~后腿|~着嗓子喊。

**扯扯** chě·che ①滥说:这话是他背后~的。②说道:别瞎~。

**扯淡** chě dàn ①闲聊:原来是借引子在一块儿~哪!②胡说;瞎说:别没事尽~。也作"扯蛋"。③没意思;不相干:别问这个~问题。|这话真~。

**扯磨** chě·mo 拉家常,聊天:他一早儿就过来和我~。

**扯闲篇儿** chě xián piānr 闲聊;谈与正经事无关的话:我们正~呢。也说"扯闲天儿""扯闲白儿"。

**扯皮** chě pí 无原则争吵;不负责任地推诿:人多打瞎乱,净~。|不要相互~。

**扯平** chě píng ①使地位、待遇等均衡:工资一律~。②使双方利害、得失等相互平衡或抵消:这事就算~了。

**扯臊** chě//sào 胡扯;瞎说:别和我~了。|别扯他妈的臊。

**掣板** chè bǎn 安装电器开关的底板(掣:控制)。

**撤** chè ①减轻味道、分量:炒菜放这东西就~味儿了。|酒一兑水准~味。|把火~小点儿。②用手掌打人:他两个嘴巴。|你再闹就~你。

**撤火** chè//huǒ ①撤去炉火:天暖和了,该~了。②畏惧怯懦:我们毫不~。③消除火气:别生那么大气了,逛逛马路,撤撤火儿。

**抻** chēn ①拉,扯:~面|~着脖子看。|别~了腰。②指打乒乓球、排球、羽毛球时发短球,接球者不得不身体前探或趋前奔跑:不许发~球!③拖延:这事再~一一也好。

**抻练** chēn liàn 作弄,故意使人为难:你这不是~我吗?

**嗔着** chēn·zhe 责怪:你别~我多嘴,说这都是为你好。|老奶奶~儿女们不常来看她。

**嗔怪** chēn guài 对别人的言语或行动表示不满:别~人家事先没告诉。

**沉** chén ①稍等;过一会儿:~~再走,落落(lào lào)汗。|热汤~一~再喝。|~会儿再说。②听觉失灵:他眼神儿不好,可耳朵并不~。|耳~没

听见。③久远,时间长;程度深:~病(久病;重病)丨睡得很~。④中医学脉象名,指脉搏陷伏不显:脉~。⑤色泽深;阴暗:天很~丨脸一下子~下来。⑥俯下;垂下:~下身来。丨眼皮~着。

**沉沉气儿** chén chén qìr 歇息一下:放下手中活儿,~再干。

**趁手儿** chèn shǒur 随手;顺手:~把门关上。丨~也给我捎一个来。

**趁落儿** chèn làor 拥有钱财,生活富有;物品丰足:我们可不是~的主儿。丨他家可~啦。

**趁空儿** chèn kòngr 利用空闲时间;抽空儿:请你~来我这一趟。丨我~出去串一下门儿。

**称** chèn 富有;拥有:~钱丨他们家可~啦!丨他~三套房子。

**铛** chēng 烙饼或煎食物用的平底浅锅:饼~。丨用~煎闷子。

**撑** chēng ①支持(有时是勉强的):他发着高烧还硬~着上班。丨说得他自己也~不住笑了。②支撑,勉强维持:~门面。丨这个店~下去了。③使张开:~开伞。丨把面袋口~大点。丨把帐篷~起来。④因内部张力作用使包着的物体破裂(俗读 cēng):装得东西太满,口袋给~裂了。丨腿肿得把裤腿儿~个口子。⑤装满到容不下的程度;塞饱:这不是吃饱~的吗?丨今天吃~着了。丨别把孩子~病了。

**撑死** chēng sǐ ①形容吃得过饱:快把我~了。②比喻富有:~胆儿大的,饿死胆小的。③表示最大的限度;至多:他的文化水平~也就小学毕业。

**撑事** chēng shì 顶事:说的再多也不~。

**承尘** chéng chén 天花板。

**成天际** chéng tiān·ji 一天到晚:他~坐在那里看书。也说"成天价(jiē)""成天"。

**成心** chéng xīn 故意;存心:~骗人丨对不起,我不是~的。

**成年溜辈** chéng nián liū bèi 一年到头;一辈子:他~起早贪黑地干。丨~没见过这样的人。

**成年价** chéng nián·jia 整年:他~不着家,在外地跑生意。丨他~这么辛辛苦苦。也作"成年家",也说"成年际"。

**澄亮** chéng liàng 明亮:菜肴炒好淋些明油,能使菜颜色~。(澄:明净。与"锃亮"不同。)

**程子** chéng·zi 一段时间:这~他很忙。丨上月我回老家住了一~。

**秤毫** chèng háo 秤杆上供手提的条状物,多用绳子或皮条制成。

**牚子** chèng·zi 桌、椅等腿中间的横木:他把椅子的横~子蹬折(shé)了。丨这桌子再加根~更结实。也说"牚儿""横牚"。

**吃挂落儿** chī guà làor 受连累:你惹祸害得我~。也作"吃挂络儿"。

**眵目糊** chī mù hū (俗读 chī mē hū)眼睑分泌出的黄色液体,凝结成糊状物:上火了吧,两眼都长~了。也作"痴抹糊"。

**嗤啦** chī·la 撕裂声:~一声,衣服扯了一个大口子。也作"哧啦"。

**哧溜** chī·liu ①象声词。快速活动、撕裂、跑气等声音:高压锅在~~地冒气。丨他~一声跑了。②快速滑动:从沙丘顶上往下~。也作"嗤溜"。

## 会说不会写的词语

**痴子** chī·zi ①由于某种事物影响而变傻了的人。②精神失常的人。

**痴目瞪眼** chī·mu dèng yǎn 形容呆傻的样子:看他那~的样儿。

**冲** chòng ①水流的冲力大:水流的太~,堵不住缺口。②劲头十足:这小伙子干活真~。③敢作敢为;敢于向前冲:这姑娘够~的。④气味浓烈刺鼻:臭味够~的。⑤面对;向:门~着大海。⑥表示动作的方向:他~我笑了笑。|这事不是~你来的。⑦凭;根据:就~着你这句话,我也得拼一拼。

**冲子** chòng·zi 用金属做成的一种打眼的工具:用~在皮带上打几个眼儿。也作"铳子"。

**冲盹儿** chòng//dǔnr 打盹儿:他在那儿冲个盹儿。

**铳** chòng ①用语言顶撞人:你别~人,有话好好说。|他把人~得哑口无言。②扒窃:钱在汽车上被~去了。|~手(扒手)。

**抽搭** chōu·da 一吸一顿地低声哭泣:她坐在那~起来|抽抽搭搭地擦起眼泪来。也作"抽答""抽达"。

**抽抽儿** chōu·chour ①收缩;缩小;瘦小:这块布一洗就~了。|他怎么越长越~? ②干瘪;萎缩:枣一晒就~了。③抽动:~鼻子。

**抽冷子** chōu lěng·zi ①猛然,趁人不注意,突如其来,不及防备:他~打了我一巴掌,吓我一跳。②偶然,偶尔:他~来家一趟。

**抽** chōu ①搀扶;从下往上用力把人或物扶起来:~着老人上台。|他起不来了,快~他一把儿。②从器具的一端或一侧用力使它翻倒:把箱子~

过来。③撩;掀:他把大衣一~,坐在凳子上。

**稠心眼儿** chóu xīn yǎnr 心思细密:他是个~的人。

**擣** chóu 捶洗。古人用木杵在石板上擣打浸水的衣物,使干净。泛指洗衣物:~被单。|把脏衣服好好~~。|让孩子自己~手绢。(注意,此字右偏旁未简化作"寿"字。)

**丑八怪** chǒu bā guài 形象长得极丑的人:看他长得那~儿。也作"丑巴怪"。

**瞅冷子** chǒu lěng·zi 看准时机,乘人不备猛然地:~跑来了。|~给他一拳。

**臭娄** chòu lóu ①飞不远、飞不高、飞出去就飞不回家的不值钱的鸽子。②比喻某项技能低劣的人(含讥讽意):打篮球他是个~。

**臭棋篓子** chòu qí lǒu·zi 讥称棋艺不高而总爱下棋的人:我不跟你这~下。

**出息** chū·xi ①长进;进步,引申为使人向好处发展:这孩子越来越~了。②出落:那姑娘~得更漂亮了。③培养使有出息:他们家就是~人。④收益:这一亩地能有多大~儿?|咱这儿种稻子比种高粱~大。⑤指个人的发展前途、志气或上进心:这孩子真有~。|不管做什么工作,只要对人民有贡献就是有~。⑥品德才学(多用于否定语气或带有贬义):你怎么这么没~呢?|这么干你还有~吗?|他这点~我最清楚。

**出溜** chū·liu ①滑;迅速滑行:顺着山坡往下~。|脚底下一~,摔了一跤。②退步;退让:这孩子的学习近来

直往下~。|一来真格的他就~了。

**出虚恭** chū xū gōng 放屁的婉语：腹部手术后第二天医生查房总要问~了吗？（明代科举考试时，设有"出恭入敬"的牌子，考生要去厕所需先领出牌。故去厕所解手儿叫出恭。大便叫出大恭，小便叫出小恭）

**处** chǔ （俗读 chù）跟别人一起生活；交往；结交；相处：~对象|他和谁都~得来。|我们~不来。|他的脾气好，挺容易~的。|"对象搞得怎么样啦？""正~着呢。"

**杵** chǔ ①呆立或守候在某处：一大早就在这儿~着。|他干~在那儿发愣。|他往那一~，一米八的个儿。②泛指用长条形东西捅或戳：用棍子~~就行了。③又作"楚""储"，专用于江湖暗语，指钱交易：掉~（即花钱）|现钱~。

**处窝子** chǔ wō·zi 怕见生人、遇事或见生人羞怯、不敢说话的人：这孩子有点~。也作"怵窝子"。

**憷头** chù tóu 遇事胆怯，不敢出头露面，感到难办：跟人打交道，他从来不~。|这场面我有点~，不想参加。也作"怵头"。

**憷场** chù chǎng 参加表演、竞赛、考试等活动时，临场感到紧张、害怕，神态举动不自然：他上台就~。|考试从不~。也作"怵场"，也说"怯场"。

**触霉头** chù méi tóu 遇事不利，遭遇不好：我真~，干什么都不顺气。

**欻** chuā ①模拟急促摩擦的声音：~的一声球投进了篮筐。②模拟整齐的脚步声（多叠用）：队伍~~地走过来。③抢吃：猪上槽~地一口就走了|被蚊子~了一口。④形容动作快：~~几下就办妥了。⑤意味把事情办坏：这下儿~锅了。（相当于"砸锅了"）

**欻拉** chuā lā 象声词，模拟急促摩擦的声音；凉物接触热锅、热油发出的声音：~的一声，把菜倒进了热油锅。

**欻空儿** chuā kòngr 抓住或挤出空闲时间。~来一趟。也作"抓空儿"。

**欻子儿** chuā zǐr 旧时女孩儿玩的一种游戏。用4块大小相仿的猪或羊的拐骨(也可用果核儿、石子等)，另有一个用布做的小袋，内装沙子、绿豆或小米儿等。玩时拐骨撒在桌面或床面上，一手向上抛砂包儿，然后迅速地用此手抓起拐骨再接砂包儿，也可以向上抛砂包儿时，用手将拐骨迅速扑拉成同一个面朝上，再接砂包儿。也写作"抓（读 chuā）子儿"。

**欻嘎啦哈** chuā gā lā hā 与"欻子儿"不同的是，用铜钱串成一个小圈代替砂包儿，拐骨除用猪羊的外，还可用熊或狍子的拐骨，每个拐骨的四个面分别叫珍、驴、肚、壳。铜钱圈叫钱码砣。（嘎拉哈，满语。意为猪等的拐骨蒸熟去肉脱脂而成的。）

**搋** chuāi ①以手用力压和揉：~面发面要~点碱。②用拳打；打：两人~起来了。|我~了他一顿。|给轮胎~点儿气。

**搋子** chuāi·zi 疏通下水道的工具，由长柄和橡胶碗制成：用~把恭桶搋几下水就下去了。

**揣** chuāi ①藏在衣服里：~手儿|把钱~在口袋里。②牲畜怀孕：

021

猪~崽儿。

**揣摸** chuāi mō ①摸索:他从口袋里~了一阵才掏出车票。②同"揣摩"。

**揣手儿** chuāi//shǒur 两手在胸前交错放在袖筒里:天冷,~走。｜揣着手儿站在一旁看热闹。也说"抄着手儿"。

**揣巴** chuāi·ba 胡乱地往嘴里塞:~些残汤剩饭就走了。

**膗** chuái ①肥胖而肌肉松:看他那~样。②用多喂和喂多饲料的方法使牲畜快速肥壮,也指人吃过多有营养的食物,含戏谑意味:把你~胖了吧。

**揣摩** chuǎi·mo ①估量;推测:我~着他不一定干。②反复思考:你好好~~该怎么办。｜我~不透他说的意思。也作"揣摹"("摹"读轻音)。

**踹** chuài ①脚底向外踢:把门~开了。②踩,踏:没留神一脚~在水沟里。

**穿夜** chuān yè 通宵:干了一个~。

**穿崩** chuān bēng 暴露;戳穿:一旦~,让我脸往哪儿搁。｜谎言被~了。也作"穿绷"。

**穿帮** chuān bāng ①被揭穿:如果要~,也是在那些问题上。②败露:好了,这下子~了,你还说啥?

**串花** chuān huā 不同品种的植物天然有性杂交:这朵花两种颜色,一定是~了。

**串换** chuān·huan ①(互相)掉换;交换:~优良品种。②来往;交往:咱跟他家从来没~。也作"穿换"。

**串秧儿** chuàn yāngr 不同品种的动物或植物杂交,使品种发生变异:这西瓜~了。

**串皮** chuàn pí ①吃药或喝酒后皮肤发红、发痒:他一喝点儿酒就~。②叉劈,两岔儿:这事非~不可。

**串烟** chuàn yān ①饭菜因烧焦或受烟熏而有烟味:他做饭不是~就是糊。｜饭都~了,不好吃。②并行排列的烟道中烟相互串通:二楼墙中烟道~了。③烧香时升起的缕缕烟气。

**串味儿** chuàn wèir 不同食品、饮料之间,或食品、饮料与其他物品之间因其气味相互沾染而变味:这两种吃的放在一起容易~。

**噇** chuáng 无节制地狂吃滥喝:~得烂醉。｜慢点,别~死你!

**撞大运** chuáng dà yùn (zhuàng的变读)碰运气:买彩票纯属~。

**戳** chuō ①竖立,站立:一米八几的个儿,往那一~,像个运动员。｜别老~着,快坐下。②用手指或长条物的顶端捅或触某物:用手指把窗户纸~个洞。｜~脊梁骨(背后有人指责、贬斥)。③(手指或长条形物顶端)因猛力触及硬物而受伤(与"挫伤"不同)或损坏:打排球~了手。｜笔尖~了。④教唆;怂恿:孩子们都让他~~坏了。⑤图章:手~儿｜盖~儿。⑥指责;刺激:一句话~了她的心。

**戳儿** chuōr ①图章,印记:手~｜盖~。②引申为支持的人或后台:他有后~。

**戳咕** chuō·gu 暗中怂恿:这事都是他~的。

**戳弄** chuō·nong 摆布;捉弄:咱不能受他~。也作"撮弄"。

**戳壁脚** chuō bì jiǎo 在背后说人坏话;拆台:不要背后~。也说"戳瘪脚"。

**戳脊梁骨** chuō jǐ·liang gǔ 指在背后指责耻笑:别干让人家~的事。

**戳腿** chuō tuǐ 拳脚套式之一:~,谭腿,扫膛腿,样样都会。

**炊帚** chuī·zhou 刷洗锅碗等的炊事用具:用~刷碗。

**吹呼** chuī·hu ①吹嘘;夸口:他又在那里瞎~。②训斥:老王狠狠地把他~了一顿。也作"吹唬"。

**呲打** cī·da 斥责、训斥:我~了他两句。也作"刺打""呲达",也说"呲得""呲儿"。

**跐溜** cī·liu ①(脚底下)滑动:脚下一~,差点儿摔倒。|脚登~了,摔了下来。②形容动作很快;很矫健:~一下跑了。也说"跐",也作"刺溜"。

**瓷实** cí·shi 结实;扎实;坚固:肌肉很~。|这孩子学得很~。|功底~。②东西挤压得很紧:箱子里都塞~了。③踏实:这人又厚道又~。也作"磁实"。也说"瓷瓷实实"(很瓷实)(瓷:陶器之最坚者,引申为结实、硬实)。

**瓷头** cí tóu 傻:~老公肉头汉。

**雌没答样** cí méi dā yàng 没精打采:他~地走了。|你今天怎么~的。

**磁气** cí qì 彼此信赖,相互扶助,讲义气:他和我特别~。|这个人挺~的。

**辞灶** cí zào 旧俗。腊月二十三日或二十四日祭灶,送灶神上天。

**泚** cǐ (俗读 cī) 因风的作用而水分蒸发:用风一吹就~干了。|衣服还有点潮乎,~拉~拉就行了。

**跐** cǐ ①为了支持身体用脚踩;踏:~凳子够东西。|~鼻子上脸。②脚跟抬起,脚尖着地:~起脚就看见了。

**跐鼻子上脸** cǐ bí zi shàng liǎn 比喻得寸进尺,越发放肆:看他越说越来劲儿,~。|别给脸不要脸,~。也说"蹬鼻子上脸""给个鼻子就上脸"。

**刺挠** cì·nao 很痒:身上真~。也说"刺痒"。

**粗拉** cū·la ①粗糙:这活儿干得太~了。也说"粗刺刺""粗粗拉拉"。②粗野:这人作风生硬,~。

**凑手儿** còu shǒur ①手里钱宽余:因不~所以没买。②物品充足,使用方便:材料~了。

**凑合** còu·he ①将就;勉强:~着用吧。|这两年日子过得算~。②随意地聚在一起:他们爱往一块儿~。③拼凑:他们几个临时~一个球队上场。④碰巧;恰巧:我们~碰见了。也说"凑乎"。

**凑钱** còu qián 把钱聚集起来:~买房子。

**凑前儿** còu qiánr 靠前:~站点儿。

**氽** cuān ①烹调方法之一。把易熟的食物放到开水锅里稍煮:~丸子。|用羊肉~汤。②氽子。用薄铁皮做的筒状烧水用具,可以从炉口插入火里,使水很快烧开,也说"氽儿":用~烧水。③用氽子烧水:~了一氽子水。④把东西丢到水里或人钻入水中:他纵身一跳头朝下~入河中。

**氽儿** cuānr 用肉类、蔬菜、磨菇、海米、木耳等作料制成的汤汁,吃时

## 会说不会写的词语

浇在面条或其他菜肴上:羊肉~。

**撺儿** cuānr 发怒:这一说他马上~了。也作"蹿儿"。

**撺掇** cuān·duo 从旁边鼓动人(做某事);怂恿:一个劲儿地~他去。也作"攒掇""串掇"。

**蹿稀** cuān xī 泻肚。

**蹿血** cuān xiě 喷血:鼻子~。

**蹿个儿** cuān gèr 身体短时间的明显长高:这孩子~了。

**蹿檐子** cuān yán·zi 发急暴跳;大发脾气:这话让他~了。

**蹿腾** cuān·teng 乱蹦乱跳:大青马一声长嘶,便~开了。

**镩子** cuān·zi 一种凿冰工具,铁制,头部尖、有倒钩。又叫"冰镩"。

**攒** cuán 聚拢;拼凑;组装:买零件~台电脑。|~自行车。

**攒机** cuán jī 组装的电脑。

**攒泥子** cuán nì·zi 木器、铁器等在上油漆前将其上的缝隙、小的凹处、小眼儿等用泥子抹平:这新打的家具还没~了。

**翠瓜** cuì guā 甜瓜的一种,皮色翠绿,故名:~大略有些香味,不怎么甜。

**啐** cuì 用力从嘴里吐出来或发出吐唾沫的声音,表示鄙视或愤怒:~他一脸唾沫。|~,别胡说!|这人遭千人骂万人~。

**皴** cūn ①(皮肤)因风吹或受冻而粗糙起皱或裂口儿:手~了。②皮肤上积存的老皮或泥垢:一脖子~。|搓搓脚上的~。③国画画山石时,勾出轮廓后,为了显示出石的纹理和阴阳面,再用淡干墨侧笔画、涂染叫做"皴"。

**存项** cún·xiang 积攒的钱;积蓄:家里一点儿~都没有。

**蹲** cún 脚猛然着地或手、手指猛地戳在硬物上,因震动而使腿、脚、指、胳膊关节或韧带受伤:~了筋了。|把腿~了。|手指头~了。

**脆生** cuì·sheng ①形容声音清脆:他的嗓音挺~。②回答干脆,响亮:他答应的很~。③行动果断:说干就干,很~。④口感脆:这瓜很~。|麻花挺~。|凉拌黄瓜又爽口又~。①②也作"脆声"。

**脆绷** cuì·beng ①(较硬的食物)容易弄碎弄裂:这瓜吃起来挺~。②(声音)清脆响亮:他讲话的声音很~。

**撮** cuō ①用簸箕把东西收集起来:把炉灰~走。②用手指捏取(细碎的东西):~点盐放进锅里。③用于手指所撮取的东西,借指极小的量:一~茶叶|放两~白糖。|坏人只是一小~。

**撮一顿** cuō yí dùn 吃一顿宴席:今天咱们到哪~。

**搓** cuō ①揉擦:把手好好~~。|~澡。|~手烤火。②量词。表示计量鱼网大小。约五六尺:这网有七八十~。③量词。同撮③:捏一~香灰。

**搓条** cuō tiáo 睡觉:今天我哪也不去,在家里~。

**搓弄** cuō·nong ①放在手中揉弄:这张票叫孩子~坏了。|她不停地~衣角。也作"搓挪"。②揉搓玩弄:这不是任人~吗?

**搓板儿** cuō bǎnr 手洗衣服时用来加大搓揉力度的木板或塑料板,面上有窄而密的横槽。

**搓麻将** cuō má jiàng 打麻将

牌,洗牌时用手搓齐,故称。简称"搓麻"。

**矬** cuó ①(身体)短小;短:他是个~个儿。|~子里拔将军。|~子别说矮人(比喻自己有缺点,不要挑剔别人)。②把身子往下缩:这孩子不让人领着,直往下~。③削减:工钱~了一半儿。

**矬子** cuó·zi 身材短小的人:他是个~。

**矬半截** cuó bàn jié ①高度矮了一半(多指人身高):这孩子比别的孩子~。②比喻与别人相比有一定的差距:不要总认为自己比别人~。

# D

**哒** dā （发音短促）吆喝牲口前进的声音。

**搭** dā ①附加上：不但花钱，还得~上时间。｜要不是刹车及时，命就~上了。②配合：干的稀的~着吃。③共同搬：这桌子太沉，两人~不动。④把衣物、手等放在可支撑的东西上；披；戴：绳上~满衣服。｜把手~在他肩上。｜用毛巾被~脚。

**搭头儿** dā·tour 跟主要物品搭配在一起的少量物品：多买还有~。

**搭拉话** dā·la huà 无意，随便说的话：没话~｜那天和你说的不过是~。

**搭错筋** dā cuò jīn 好像脑子出了毛病：你今天怎么瞎说一气，是不是~了。

**搭伙** dā huǒ ①搭附在别人处吃饭，或加入伙食团就餐：这月你在食堂~吧。｜在亲戚家~。②合为一伙；搭伴：~做生意。③姘居。

**搭手** dā//shǒu ①参与；帮忙：每天这么忙，也没个~。｜请你搭把手儿。②中医学病名：疽生于脊柱两侧(膀胱经部位)，患者恰可用手触及之，故名。

**答咯** dā·ge ①理睬：没人~他。②交谈；闲扯：他又跟人~起来了。③（语言上的）应酬：随便~两句就走了。也作"搭咯""搭搁"。

**答斯** dā·si 搭理：(多用于否定句)这人不爱~人。也说"搭嗤"。

**耷拉** dā·la 下垂：~着脑袋。也作"搭拉"。

**搭茬儿** dā//chár 接着别人的话说话：别乱~。｜他问了半天，谁也没搭他的茬儿。也作"答碴儿"。

**搭落** dā·la （俗读 dā·le）下垂：~手儿｜床单儿都~地了。也说"搭拉""搭剌""耷拉"。

**搭理** dā·li 理睬(多用于否定)：他不爱~人｜没人~他。

**褡裢** dā·lian ①长方形的口袋，中央开口，两端各成一个袋子，搭在肩上，可装钱物。②摔跤运动员所穿的一种用多层布制成的上衣。

**搭咕** dā·gu 找话说；拉关系；套近乎：瞎~｜过去跟他~~。

**沓** dá 量词。①用于重叠在一起的纸张或其他薄的东西：一~钱。｜把报纸一~一~码齐。｜一~手绢。也作"搭"。②广州地区用于楼房：一~楼。

**打** dá 量词。用于某商品，12件为一打，12打为一罗：一~铅笔。

**答兑** dá·dui 应付；应酬：你去~一下。｜看看还有什么没~到。

**达食** dá·si 不是为充饥而将食物吃光。多用于将多余的或剩下的饭菜吃掉：这点儿饭菜我~了吧，扔了可惜的。｜昨天那碗粥你给~了吧。｜这些都让他~。（达：副词。相当于"都""皆"。食：拿东西给人吃。读sì。注意，与"打食"不同。）

**达达** dá·da （俗读dà·da）①父亲。②伯父，也作"大大"。

**达令** dá lìng 英语darling的音译。即"亲爱的"，常用于恋人或夫妻间的昵称：~，晚上的舞会你也去吧。也译作"大令""大林""达尔玲"。

**打** dǎ 介词①引进动作行为起始的地点、时间或范围，相当于"自""从"：我~北京来。｜~昨天就干，还没干完。｜~哪说起呢？｜~班长到战士，都发言了。②引进动作行为经过的路线、场所：~小路走抄近。｜他~那边来的。③引进事物产生的根源：这病就是~爱生闷气上得的。

**打镲** dǎ//chǎ ①逗笑；取乐：你别拿我~了。｜这是打什么镲啊？｜不过只是~罢了，别介意。②胡扯；胡搅：你这人张口净~呢。

**打蔫儿** dǎ//niānr ①植物枝叶萎缩下垂：花儿都~了。②形容无精打采、精神不振：这孩子今天有点儿~。

**打岔** dǎ//chà ①打断别人的说话或工作：别~，听他说完。｜人家在看书，你去打什么岔啊？②引开话题；搅扰，使人分散注意力，转移兴奋点：别~，谈正事儿。

**打趸儿** dǎ dǔnr ①成批地：~买价钱便宜。②一总：我把大家的奖金~都领来了。

**打顿儿** dǎ//dùnr 说话、背诵或行动中途稍停顿：说到关键的地方，他打了个顿儿，提高嗓门又说起来。｜趁他~时，我把话头接过来。（注意，与"打盹儿"不同。）

**打盹儿** dǎ//dǔnr 短时间非正式睡眠：上课~。｜我刚才打了个盹儿。｜老虎还有~的时候。（俗语）

**打不住** dǎ·bu zhù 开外；不止：十万都~啦。｜就这么多？我看~吧。

**打闷包** dǎ mèn bāo ①卖大件商品不打开先给顾客看：现在~卖商品的现象已经大为减少。②闷在肚子里不讲出来：这么重要的事情你一直在~，到现在刚讲出来。

**打嘚嘚** dǎ dē dē （俗读打dēi dēi）因寒冷或害怕而上下牙齿颤抖相碰，发出声音：冻得他直~。

**打喳喳** dǎ zhā zhā 小声说话；耳语：俩人~。｜老伴在她耳边~。也作"打插插"。

**打点滴** dǎ diǎn dī 把药液等由静脉输入患者体内：这病打针好得慢，必须~。也叫"输液"。

**打硪** dǎ wò 几个人用绳子系着硪往下砸，目的是把地基打实。（硪：砸实地基或打桩用的一种工具，通常是一

## 会说不会写的词语

块圆形石头或铁制的饼状物,周围系着几根绳子)

**打兑** dǎ duì 安排;照料;筹划;置备:忙完你还得~他。|一切都~好了。

**打挺儿** dǎ tǐngr 头颈用力向后仰,胸部和腰部挺起:这孩子一吃药就在妈妈怀里~。

**打狠儿** dǎ//hěnr ①小孩着急、发怒时咬牙、颤抖;逗婴儿做出类似的动作:(逗婴儿时说)来,打个狠儿。②使劲儿要赖:他急得~。

**打榧子** dǎ//fěi·zi 捻动拇指、中指,发出响声:他扬起手,打了个响亮的榧子。

**打驳拦儿** dǎ bó·lanr 从中阻挠反对:这件事她要不~,早办成了。

**打发** dǎ·fa ①派(出去):我已~人去找了。②使离去:把他~走了。③消磨(时间、日子):~日子。④应酬;应付:这些人由我~吧。⑤送给;施舍:~点儿见面礼。⑥安排;照料:你留下~家务吧。

**打躬作揖** dǎ gōng zuò yī (作,俗读 zuō)旧时的一种礼节。弯腰,双手抱拳,上下摆动,表示恭敬。今用来形容过分谦卑:什么年代啦,还~的。|用不着这样~地求他。

**打马虎眼** dǎ mǎ hu yǎn 比喻装糊涂以蒙骗人;用障眼法,企图混过去:你这里是~,假充好人,想混过去。|别~,我能看出真假来。也说"打马虎""打迷糊眼"。

**打屄屄溺** dǎ bǎ bǎ nì 小孩连屎带尿都拉在裤或褥子里,屎尿混合在一起:这孩子又~了。

**打叠** dǎ·die 收拾;安排:一切都~好了。

**打溺** dǎ nì ①猪泡在泥坑里。②比喻几个人经常恋在一起鬼混:这几个人老在一块儿~,准没好事儿。

**打瓜** dǎ guā 西瓜的一个品种,为取食瓜子而栽种。个儿小、瓜子大而多(因瓜农把剖瓜取籽叫"开打",又因个儿小,吃时常用手打开。故称):买两个小~。

**打八刀** dǎ bā dāo 离婚。"八刀"是"分"的拆字:她提出要和我~。

**打八叉** dǎ bā chā 打杂儿;干杂活儿:这几年他没什么正式工作,到处~。

**打绺儿** dǎ liǔr ①庄稼割倒后用秆儿捆扎打结:他不会~,总是捆不好。②细丝状的东西聚集成束:头发都~了。

**打钩儿** dǎ gōur 在文字材料上画"√",用来表示正确或认可:每道题老师都~了。|请在选中项目的左侧方框内~。(注意,与"打勾"不同)

**打斜儿** dǎ//xiér 朝斜的方向;偏向一方:车往东打点儿斜儿。|这柜子摆正了,别~。

**打鸣儿** dǎ míngr 公鸡啼叫:鸡都~了,快起来吧!

**打明儿** dǎ míngr 从明天开始:~起就不来了。

**打头儿** dǎ tóur 领头;处在最前的位置:~闹事。|入场时,代表团团长~。

**打印子** dǎ yìn·zi ①借高利贷:跟车铺~,还不如给我一分利呢!②赔钱;经常搭钱:这车三天两头出毛病,

~钱够买辆新的了。

**打嘟噜** dǎ dū·lu ①连续颤动舌尖或小舌发音:说俄语得会~。②发音含混不清:别光~,说清楚点儿。

**打坠咕碌儿** dǎ zhuì gū·lur 往下坠,退缩:这孩子一叫他上场就~了。|抱把他他却~。

**打奔儿** dǎ//bēnr ①说话或背诵接不下去,中途间歇:别~,读下去。|读着读着打什么奔儿啊。②走路时腿脚发软或被绊了一下,几乎跌倒:走着走着不小心打了个奔儿。③阻挡:只要你同意,我决不~。也作"打锛儿""打啈儿"。

**打尖** dǎ jiān ①旅途中停下来稍作休息或吃点儿东西:~后再赶路。②掐去棉花等作物的顶尖,以抑制茎过度生长。

**打犟** dǎ jiàn 房屋倾斜,用柱子支起校正。

**打嗝儿** dǎ//gér 由于横膈膜不正常收缩而发出的声响;胃里的气体从嘴里出来,并发出声响:打饱嗝儿。

**打总儿** dǎ zǒngr 把分为几次做的事合并为一次做:~买|~算账。

**打愣** dǎ lèng 发愣:他坐在那儿直~。

**打烊** dǎ yàng (俗读 dǎ yáng)商店晚间关门,停止营业:几点~?

**打牙祭** dǎ yá jì 原指每逢月初、月中吃一顿有荤菜的饭,后泛指偶尔吃一顿丰盛的饭。(参阅"牙祭")

**打咕** dǎ·gu 打闹;互相挑逗:几个孩子在那儿瞎~。|别和女孩儿~。

**打点** dǎ·dian ①打发:用两句好话就把他~走了。②准备;收拾:行李都~好了,可以走啦。|你忙着~这些东西干吗?③用钱财贿赂,以打通关节,买得人情:局长那里我去~。|求人办事首先得~好了。

**打幡儿** dǎ fānr 旧时出殡孝子手持幡儿走在棺木前。(参阅"幡儿")

**打尜儿** dǎ gár 旧时儿童游戏。用条形木板敲打尜的一端,使其蹦起悬空时再用木板将其击打出去,以其远近比输赢。也作"打嘎儿"。(参阅"尜尜儿")

**打哈咪** dǎ hā chī 人困乏时张嘴深深吸气和呼气:困得他一个劲儿地~。也说"打哈什""打哈欠"。

**打照面儿** dǎ//zhào miànr 见面儿;露面儿:天天~|打个照面就走。

**打连连** dǎ lián·lian ①保持经常的联系或往来;瞎胡混:跟这些人~能学好吗?②舍不得离开,逗留:快回家! 别在这儿~了。也作"打联联"。

**打恋恋** dǎ liàn·lian ①孩子整天不愿离开大人,纠缠:这孩子整天和他妈妈~。②同"打连连"。

**大氅** dà chǎng 外套大衣:披件~走了。

**大鳄** dà è 比喻很有势力、实力或关系重大的人或事物:金融~|经过摸查,一个个为非作歹的黑帮~先后浮出水面。|据《今日早报》发布的消息称:健力宝的买主背后另有~。

**大兴** dà·xing 冒牌,低劣(与"正宗"相对,来自上海方言):这个市场卖~名牌。|~货(冒牌货;劣质品)。

**大牌** dà pái 有名气,很受欢迎:~明星。

**会说不会写的词语**

**大发** dà·fa 超过了适当的限度；过度(后面常跟"了"字)：这件事闹~了。｜酒喝~了。

**大尽** dà·jin 农历有30天的月份(相对"小尽"——农历只有29天的月份)：这月是~。

**大爵儿** dà juér 大官儿；官高位显的人：别惹他，他的后台可是个~。(注意，与"大角儿[juér]"不同。)

**大卸八块** dà xiè bā kuài ("卸"俗读 xiě) 肢解人体：凶手把她杀死并~。｜你就是把我~了我也不说。

**大腕儿** dà wànr ①著名演艺圈人士：赵本山是中国演小品的~。②大企业中决策层内的人士：在轻轻的爵士音乐声中，几方~正在较劲。

**大麻猴** dà má hóu 旧时大人吓唬孩子时说的一种怪物：别哭啦，~来了。(《开河记》载：给隋炀帝开河，蒸死小孩的麻叔谋，名祜，音近"麻胡"，自古以来，小孩啼哭，妈妈等大人就吓唬以止哭，说"大麻胡"或"麻胡子"来了。后有的地方讹传为"麻猴儿"。)

**大大** dà·da 满族对伯父的尊称：普通话里孩子叫比父亲年龄大的男人为"伯父"，京津地区叫"~"。｜快叫张~。

**大拇哥** dà mǔ gē 大拇指的俗称：对他做事我直挑~。

**大伯子** dà bāi·zi 丈夫的哥哥。(背称)

**大把进分** dà bǎ jìn fēn 赚很多钱：他现在混得挺好，~，要啥有啥。

**大大咧咧** dà dà liē liē 不经心，不在意，言行随便：这人平时~。也说"大咧咧"。

**大拿** dà ná ①精通某行或在某方面有权威的人：他技术高，是我们厂的~。｜修电脑我是~。②掌握大权的人：他是县委书记，全县的~。

**大砟** dà zhǎ 无烟煤：今年买一吨阳泉~。

**大概其** dà gài qí ①大体情况；大致内容：我只知道个~。｜事情的~他已讲过了。②不很准确或不很详尽：~是这么多吧。③表示不很精确地估计：我想他~不会来了。｜我只能说个~，准数儿不知道。也作"大概齐"。也说"大齐概"。

**汏头** dà tóu (俗读 dǎ tóu) 洗头：到理发店~~头。(汏：洗，涮)

**逮×说×** dǎi × shuō × 不分场合，不顾后果或影响，随便冒失地说(有时含自谦意)：你别逮啥说啥，注意影响。｜我这个人心直口快，往往逮吗说吗。｜逮什么说什么。｜他怎么逮谁说谁。(参阅逮②)

**逮** dǎi ①抓，捉：狗~耗子，多管闲事。｜把坏人~到派出所去了。｜你别~理不让人。｜别~住一句话不放。②引申为"碰上""遇到""得到"等，组成"逮谁×谁""逮啥×啥"等句式，含有随意、不加思索、平白无故、冒失等意味：你别~啥要啥，不分场合。｜看把他饿的，~啥吃啥。｜你疯啦！~谁骂谁，~谁打谁。｜这个人各处蹭饭，~谁吃谁。｜你别逮哪坐哪，注意点影响。也可组成"逮哪×"句式。如：~哪儿坐。

**大夫** dài·fu 本为宋代医官别设官阶，有大夫、郎、医效、祗候等。后泛指医生：他爸爸是个~。｜找~看病。(注意，读作 dà·fu，是指古代官名或爵位名。)

**待见** dài·jian 喜欢；喜爱(多用于否定式)：我就不~小里小气的人。|他让人不~。也作"戴见"。

**担待** dān·dai ①原谅；谅解：孩子小不懂事，您多~。②担当(责任)；承担：~不起。|我替你~这部分费用。③等待；迟延：不~。

**担带** dān dài ①提挈，关照：全靠您~。②牵带，关系：这与你有何~。③对疾病的承受：这种病搁谁身上也~不了。④同"担待"①。

**单摆浮搁** dān bǎi fú gē ①处于单独的位置，谁也不跟谁相关联：谁也不挨谁。|这不都~的吗？怎么辨不清呢！②随便地摆放着：就这么~哪行，一阵风就刮跑了，用席苫上吧。

**丹凤眼** dān fèng yǎn 眼角上翘的一种眼型。因似丹凤(头和翅膀上羽毛为红色的凤鸟)之眼，故称：卧蚕眉，~。

**担纲** dān gāng 在艺术表演或体育比赛中担任主角或主力，也泛指在工作中承担重任：这部影片由著名演员~。|设计方案由享有盛誉的建筑师~。

**惮** dán ①害怕；怕：他不~烦。(不怕麻烦)②理睬：咱干咱的，别~他。|谁~他啊。

**掸** dǎn ①轻轻地打或拂(以去掉尘土等)：把身上的柳絮~掉。|~一~衣服上的土。|~子(用鸡毛或布条等捆扎成的拂除灰尘的用具)。②淋；甩：青菜上~点水。

**担** dàn 在重物一端的下面垫起来或支撑住：电线杆倒后幸亏让汽车~了一下，没砸着人。|把木板那头~一下。

**淡不济** dàn bú jì 淡淡地，不经意地：他~说了句话就走了。|这菜吃着~的。

**但分** dàn·fen 如果；只要：~有一点办法，我也不会这样的。

**当子** dāng·zi ①时候：明天这~你能来吗？②空隙：排成一队，人与人之间拉开~。③量词。用于事件，犹场、次：今儿有几~会。|这~买卖不好做。也作"档子"。

**当间儿** dāng jiānr 中间：房子~放一个大圆桌。|两个人把我夹(jiá)在~。

**当央** dāng·yang 当中；中间：院~有一棵树。|好几个人把我围在~。

**当啷** dāng·lang 耷拉：~下来的半截皮带，多难看。

**当腰** dāng yāo 长条形物的中间：两头儿粗~细。

**当街** dāng jiē ①靠近街道；临街：~的门脸儿全变了，认不出来了。②街上：走出家门，直奔~。|~太热闹啦。

**当院儿** dāng yuànr 院子里：到~去玩吧。|大家都在~乘凉。

**当紧** dāng jǐn 要紧：这是最~的事了。|犯错不~，别不承认。

**当着不着** dāng zhuó bù zhuó (俗读作当 zháo 不 zháo) 该做的事不做，不该做的事却做了：你这不是~吗？

**挡戗** dǎng//qiàng 管用；顶事；起作用：天太冷，怎么穿这么厚也不~。|吃了这点东西还真挡点戗。|孩子长大了在家里能~了。也作"当戗"。

## 会说不会写的词语

**挡** dǎng ①机动车辆等用来调节运行速度及倒车的装置：挂～。｜由二～换三～。②某些仪器、电器、仪表等用来表示光、电、热等量的等级：电冰箱有速冻～。｜电热器换高～。｜开会时手机都要换到振动～。

**当不住** dàng bú zhù 说不定；或许：今后～我还要麻烦您。｜他～明天还要来。

**当当** dàng//dàng 到当铺去当东西(用实物作抵押向当铺借钱)。

**档** dàng ①量词，用于事情，相当于"件""桩"：一～又一～的事把他弄得精疲力竭。也说"档子"：几～事都凑在一块了。②商品、产品的等级：高～货。｜不够～次。③货摊：大排～。｜鱼～。

**凼子** dàng·zi 田中或田边临时用泥筑起埂子的沤肥小坑叫凼子。(把垃圾、树叶、杂草、粪尿在其中沤制的肥料叫凼肥。)

**刀** dāo ①用爪子抓：小心叫猫～着。②啄：被鸡～了一口。③用筷子夹(菜)：给你～点儿菜。｜他好歹～两口菜就走了。④量词，纸张计量单位，通常以100张为一刀：一～手纸｜两～烧纸(供祭奠死者时焚烧的刻出铜钱状的纸)。

**叨念** dāo·nian 念叨，时常说起，反复说：他总～那件事。

**叨唠** dāo·lao 没完没了地说：你总瞎～什么！歇会儿吧。

**叨登** dāo·deng ①翻腾：把箱底的衣服～出来晒晒。②旧事重提或宣扬出去：这事～出去可不得了。③啰唆；找麻烦：这事讲明了我决不再～。也作"叨蹬"。

**叨咕** dāo·gu 小声絮叨：她一边走一边～着什么。

**叨扯** dáo·che ①唠叨；闲扯：快睡吧，别～了。②没完没了地自言自语：你在那儿～什么？

**捯** dáo ①两手替换着把线或绳子拉回或缠好：快把风筝～下来。②两脚交替着迈步：孩子小腿儿紧～也追不上大人。③追究；寻找线索：～老账。｜～不出个头绪。

**捯饬** dáo·chi 化妆；化装；打扮；修饰：她挺爱～。｜屋儿里～得像新房似的。｜别穷～了。也作"刀尺""捯持"。

**捯老账** dáo//lǎo zhàng 追究过去多年的事情、恩怨等：咱别～怎么样，有事儿说事儿。｜还捯十几年前的老账干什么？

**捯根儿** dáo//gēnr 追究事情的根源：种菜怕捯心儿，啥事怕～。

**捯气儿** dáo//qìr ①指临死前急促、断续地呼吸：小兔正在～呢！②因说话或行动过急而上气不接下气：她说得太快，都捯不过气儿来了。

**捯磨** dáo·mo 思考；挂念：越～越觉得这里有事儿。｜过去的事就别总～了。

**捯腾** dáo·teng (俗读作 dāo teng) 翻腾，移动：你别把书～乱了。｜老鼠搬家似的穷～什么？

**捣鼓** dǎo·gu ①反复摆弄：他下了班就爱～那些无线电元件。②买进卖出；经营：～点儿小买卖。｜他～皮货赚了不少钱。

**捣腾** dǎo·teng ①搞；瞎闹：他

常年~个小生意。|他总在背后胡~。②贩卖:他从广州~衣服回来。

**捣撇子** dǎo piě·zi ①抡拳头打架:他俩~打起来了。②比喻内心斗争:他心里~,自己和自己过不去。

**捣倒** dǎo dǎo 捣弄商品进行倒卖(牟利):这些东西经过多次~,价格已十分离谱了。

**倒** dǎo ①把整个店铺或整批货物作价盘售或收买:商店折本,~出去算了。②缓回:让我~~气儿再说。③搬;转移:把东西都~到院里去。|~一下垛。④腾空;空出来:他那间房还没~空,先搬不进去。⑤挪动:地方太小,~不开身。

**倒个儿** dǎo//gèr 将物的上下、左右或前后颠倒过来:9~就是6。|把箱子左右倒一个个儿放。

**倒动** dǎo·dong 贩卖;买进卖出:他现在做小买卖,~破烂儿。

**倒替** dǎo tì 轮流替换:你们俩可以~着看护病人。也作"捣替"。

**倒灶** dǎo//zào ①垮台;败落。②倒霉;不顺:这回他可要~了。|背时~。|这事儿怎么这么~。

**倒仓** dǎo//cāng ①男子在青春期,嗓音变得沙哑,甚至失声:这会儿他正~,唱不了。②指戏曲演员在青春期时嗓音变低或变哑,也说"倒嗓"。

**倒血霉** dǎo//xiě méi 遇事不利;遭遇不好:跟着你干我算倒了血霉啦!也作"倒邪霉"。

**倒烟** dào yān 烟不能顺着烟道排出,反而从炉灶口冒出来。也说"倒风"。

**倒贴** dào tiē 该收的一方反而向该支付的一方补贴钱物:这货就是~钱也没人要!也作"倒搭"。

**倒找** dào zhǎo 本应对方付钱物,反倒拿钱物给了对方。

**倒搓** dào cuō 女子追求男子:现在~是不足为奇的。

**倒过儿** dào//guòr 位置颠倒;使颠倒:把号码倒过儿就对了。|咱辈分怎么~了?

**到个儿** dào//gèr 排队购物、办事等,按顺序排到了:还没到我的个儿。|您~了。

**到了儿** dào liǎor 到底;毕竟:~他还是没去。|~怎么样了? 没说。

**盗汗** dào hàn 中医指睡中汗出、醒时即止的症状。多由阴虚阳浮、津液外泄所致:这孩子夜里总~。

**嘚啵** dē·bo 言语絮叨,喋喋不休:你瞎~什么。|这点儿小事别~个没完。也说"嘚嘚"。

**嘚嘚** dē dē ①马蹄声。②同"嘚啵"。

**嘚儿** dēr 模拟驱赶骡马等前进时的吆喝声。(也说作 dēir)

**得** dé ①适合:这工具挺~用。②完成:饭~了吗?|衣服做~了。③用于对话,表示无须再说下去:~了,别说了。④用于不如意时,表示无奈:~,这一下连我也去不成了。⑤用于结束谈话时,表示同意或禁止:~,就这么办了。

**得济** dé//jì ①得到好处,特指得到亲属、晚辈的好处:养女儿也照样~。②也泛指得到帮助和好处:这次幸亏有这辆自行车,也算得它的济了。

**得空儿** dé//kòngr 有空,有空暇:你~来我家一趟。|我一直想去,至

D

今还没得下空儿来。也说"得工夫"。

**得行** dé xíng 棒；好：他游泳最~了。

**得慌** dé·huang 跟在一些动词形容词后面表示难受：水太热了,烫~。|这场面让人心里乱~。|这么浪费,真让人心里疼~。|真让人想~。

**得瑟** dè·se ①卖弄；折腾；抖搂；穷。|赚这点钱还不够他~的了。|把他那丑事~~。②哆嗦：吓得俩腿直~。

**得楞** dé·leng ①修理：这台收音机让他一~就好了。②收拾；管教：这家伙得好好~~他。③处理：这条鱼刚去了鳞,还没~完。

**得理不让人** dé lǐ bú ràng rén （得,俗读 děi）只要有了理,就不肯让步：你别~,有什么了不起的。也说"逮理不让人"。（其中"让"也说"饶"。）

**德比战** dé bǐ zhàn 同一个城市的两支（或两支以上）球队之间的交锋,也称"德比大战"。

**德性** dé·xing 厌恶,瞧不起人的仪态、举止、语言、作风而说的讥讽话：瞧她那副~,流里流气的,别理她。|臭~。（注意,与"德行"不同）

**德合勒** dé·he lè ①摔跤的招数,用勾腿绊倒的跟头：他练武功,给那小子来了个~！②表示某事圆满办成：这事他一去就~了。也作"得和乐"。

**得** děi ①需要：这工作~五六个人做。②表示情理上或事实上的必要,相当于"应该""必须"：要取得好成绩,就~刻苦学习。|真~好好谢谢你。③舒服；满意；称心：这沙发坐着真~。|这下你可"~"啦,文化水平提高了,政治上也大有进步。④估计必然

如此,相当于"要""会"：你再不来就~把我急病了。|再不抓紧就~迟到。⑤表示"首推"：要说乒乓球,那还~中国。⑥在感叹句中用之,发生反义变化：说了不知多少遍了,他~听啊！

**得劲儿** děi jìnr 感到舒服、舒心、快慰：腿今天有点儿不~。|小酒儿喝得真~。|心里总有些不~。也说"dé jìnr"。

**得亏** děi kuī 幸亏；多亏：~我这身子骨儿,软点儿就让你给撞坏了。也说"得回"。

**扽** dèn ①两头同时用力拉,或一头固定住在另一头用力拉,把线、绳、布匹、衣服等猛一拉：~一~袖口。|灯绳~断了。|把衣服~平。|两头~紧了。②拉紧：你~住了,别松手。

**蹬** dēng ①踩；踏：~在窗台上擦玻璃。|~着梯子上去。|一脚~空了摔下来了。②穿（鞋、裤子等）：把裤子~上。|~一双皮靴。也作"登"。③腿和脚向脚底的方向用力：~他一脚。|他爸爸解放前是~三轮儿的。④抛弃；决裂：搞对象他被女方~了。|我们俩的关系~了。

**蹬达** dēng·da 不住地蹬踢：在被窝里别乱~。|换尿布时,孩子~得可欢了。

**蹬技** dēng jì 一种传统的杂技节目。演员仰卧,两足向上推动所蹬之物,使之旋转、翻滚,也可使之平衡而不倒,有蹬缸、蹬伞、蹬人、蹬梯等。

**登登的** dēng dēng dì ①足足的,实实的：口袋装得~。②形容极硬,牢：拴得~,没事儿。

**噔楞噔楞** dēng lēng dēng lēng

体胖肉厚实,甚至下垂,一动一颤动:看他那身肉,~的。也说 dēn lēn dēn lēn。

**戥** děng ①用戥子称量物品:~一~这个戒指有多重。②戥子。

**戥子** děng·zi 测定贵重物品或药品重量的小秤,最大单位是两,小到分或厘:称药用~。也作"等子"。也叫"戥秤"。

**戥头** děng·tou 用戥子称得不够分量的差额:差二分~。

**等歇** děng·xie 等一会儿:我~去。|把衣服弄脏了,看~你怎么去上学。

**蹬搲** dèng·wai 踢蹬四肢,抽搐:他仰八叉地在地上~。

**澄** dèng 挡着残渣或泡着的东西,把液体倒出来:把汤~出来。|~出一碗米汤。

**磴** dèng 量词。用于计量台阶、楼梯的级或梯子的横竿:上到山顶要攀一百零八~。|他上几~楼梯总要歇一会儿。|这个梯子共有十~。

**的溜骨碌** dī·liu gū lū ①形容转动灵活:看她那~的两只眼睛,冒精气儿。②忙得团团转:看把他忙得~。

**的历都庐** dī·li dū lū 形容眼睛看物不定:这孩子上课不注意看黑板,总~东瞅西瞧。

**提溜** dī·liu 提:手里~着一条鱼。也说"提拉"。

**提溜当啷** dī·liu dāng lāng ①东西捆扎得不紧,松松拉拉的样子:这捆菜怎么~的。②形容人或动物因病或困倦,精神不振,昏昏欲睡的样子:困得我~的。③液体不断下滴的样子:口水~掉下来。也作"滴溜当郎"。

**滴零搭拉** dī·ling dā lā 衣服破旧的样子:他穿着一件~的上衣。

**提溜秃卢** dī·liu tū lū 形容眼球转动:看他那双眼~的,又在打什么主意了。

**滴滴金儿** dī dī jīnr 一种烟火,放时花如金星闪闪。也作"滴滴筋儿"。

**滴里搭拉** dī·li dā lā ①形容断断续续,零零落落:大队人马已经过去了,后面掉队的人~地走。②纷杂众多的样子。

**滴里耷拉** dī·li dā·la 形容物体下垂的样子:袖肘露着~的破棉花套子。"耷拉"也作"搭拉"。

**嘀里嘟噜** dī·li dū lū 象声词,形容听不清楚的、啰啰嗦嗦的或听不懂的外国话:不知他~说些什么。

**滴里嘟噜** dī·li dū lū ①形容成串的东西:他腰上钳子、刀子、钥匙~挂了一大串。②形容穿戴不整齐、不利落:他穿得~的。

**嘀咕** dí·gu ①小声说;私下里说:两人一见面就~上了。②猜疑;犹疑、忐忑不安:到底出了什么事,我直犯~。|~了半天,还是拿不定主意。③活动;挪动:把壶~碎了。

**嘀嘀咕咕** dí dí gū gū 同"嘀咕"①②。

**底儿掉** dǐr diào 比喻彻底:他问个~|他把我折腾个~。

**地梨儿** dì lír ①多年生草本植物,野生在湿地里,地下球茎形似荸荠,较小,可食。②荸荠的俗称。

**地窨子** dì yìn·zi 地下室:他家住在~。

035

**地出溜儿** dì chū liūr 戏言身量矮小的人:他简直是个~。

**地界儿** dì·jier 地方:我没去过那~|你家住在什么~。

**嗲** diǎ ①撒娇的样子:~声~气。②好;优异:味道蛮~。

**掂对** diān·dui ①斟酌:您~着办吧。②调整;掉换;调配:人手一好,一定能多出活儿。|我想拿玉米向您~点儿麦子。也作"掂兑"。

**掂掇** diān·duo ①斟酌:你~看办吧。②估计:我~着这么办能行。

**掂弄** diān·nong ①用手托着东西上下晃动来估计轻重:让我~~有多重。②权衡轻重;比较,斟酌:这事你~着办。|他~来~去还是决定不干。也说"掂量"。

**掂配** diān·pei ①斟酌搭配;凑:凉菜、热菜~着来。|我饿坏了,快随便给~点儿吧。

**颠达** diān·da ①上下颠动:他在汽车上~了一路。②指奔波:在外~七八年,什么罪没受过。

**颠儿** diānr ①跑;离开;逃走:他早就~啦。②蹦:他连跑带~地来到学校。|跑跑~~。

**点涕** diǎn tì 小费:这个餐馆服务员不收~。(与"点滴"不同)

**剐** diǎn 用刀斧砍;剁:肉细切粗~成肉泥。|用刀~不动。

**踮脚儿** diǎn jiǎor 一只脚有病,走路做脚点地的样子:他走路有点儿~。

**垫补** diàn·bu ①吃少量的食物解饿:吃点儿饼干,先~吧。②钱不够,暂时挪用别人的钱:路费不够了,先用你卖货的钱~点儿。也说"垫巴""点补"。

**垫背** diàn bèi 比喻代替或跟着别人受过:你挨整还要找个~的?

**屌** diǎo ①男性生殖器的俗称。②说话粗俗的人用来加强对人或事物表示轻蔑、否定的态度:瞧他那个~样。|这有什么~用。③骂人的话:~男女|怕个~。也作"鸟"(diǎo)。

**调角儿** diào jiǎor 不在同一个方向;不顺路:我们两家住在一南一北,大~。|去学校~,今天不去了。

**调侃儿** diào//kǎnr 同行业的人彼此说行话、隐语:"明春"就是相声,这是老艺人的~。(注意,与"调[tiáo]侃儿"不同)

**掉歪** diào wāi ①故意与人为难;调皮:这孩子够~的。|你瞎了眼,敢跟我~。②出坏主意:你别闹心眼,~。也作"调歪""吊歪"。

**掉个儿** diào gèr 翻身,侧身,形容睡不安稳:他躺在那思前想后,不住地~。

**掉过儿** diào//guòr 互相掉换位置:你和他掉个过儿就行了。|事情怕~。|把这两件家具掉个过儿。

**掉腰子** diào//yāo·zi ①故意不做或不好好做应该做、可以做好的事情:他有时净~。②施计策,耍花招儿:你小子掉什么腰子呀! 也作"吊腰子"。

**掉着花样儿** diào·zhe huā yàngr 变换着式样、种类、花招:给孩子~做菜吃。|这孩子~玩。|他~算计人。

**吊角儿** diào jiǎor 对角;斜对过儿:在村里咱们两家的正好大~。

**吊线儿** diào xiànr 瓦、木匠用

线系下坠物取垂直线,闭一只眼目测;转指独目斜视。

**吊钱儿** diào qiánr 用红棉纸镂刻的有吉祥字句、铜钱图案等的手工艺品:春节贴~。也说"挂钱儿"。

**吊儿郎当** diào er láng dāng 形容仪容不整、作风散漫、态度不严肃:工作上~,马马虎虎不行。

**吊面儿** diào miànr 皮桶子配上布或绸缎等做面儿叫吊面儿:老羊皮桶子还没吊里儿~啦。

**吊膀子** diào bǎng·zi ①男女调情;调戏勾引妇女:他总和人家大姑娘~。②练臂力:他每天晨练,踢腿,~。(吊:勾引;引逗;勾搭)

**吊嗓子** diào sǎng·zi 戏曲或歌唱演员等在乐器伴奏下或按照一定的方式练嗓音:他每天都要~。也说"吊嗓"。

**吊毛** diào máo 戏曲中表演突然跌跤的动作。演员身体向前,头向下,然后腾空一翻,以背着地。

**跌份** diē fèn 有失身份;丢脸:你这样干就不怕~?

**靪** dīng 补鞋底:~前掌儿。

**丁克族** dīng kè zú 自愿不生子女的一群人:他抱着甘当~。

**叮** dīng ①嘱咐:临出门妈妈又~了一句。②追问:一再~问。|孩子总是~问这是什么,那是什么。|他~她多次,都说不知道。

**钉** dīng ①紧挨着或紧跟不放:~着他别跑了。|上场你紧~对方5号。②督促;紧逼:家长每天都~着孩子写作业。|你要~着问才行。

**叮当五六** dīng dāng wǔ liù ① 形容动作快捷,麻利:这活到他手里,~就干完了。②形容粗暴激烈地打斗:屋里又~地打起来了。也说"叮当五四"。

**顶戗** dǐng qiàng ①管用;能解决问题:吃这点儿东西真不~。②支撑。比喻能起骨干作用:这里人不少,~的没几个。

**顶不济** dǐng·bu jì 表示在最糟糕的情况下还可……:就这么干吧,~再来一次。

**鼎间** dǐng jiān 厨房:到~去拿吧。

**腚** dìng 屁股:太阳晒到~了,还不起来!

**定规** dìng·gui ①决定;定局:这件事是我们预先~好的。|什么时间出发?②一定:他认为~要失败。

**咚咚锵** dōng dōng qiāng 敲鼓声:~,~,听,外面鼓声响起来了。

**东摘西借** dōng zhāi xī jiè 拆兑;因急用临时向各方借钱:为了交住院押金,他~总算凑足了。也说"东挪西凑"。

**懂局** dǒng jú 熟悉某一种业务:这活该怎么干问他,他~。|~的人没来。|这个,我可不~。

**动唤** dòng·huan ①活动:车内太挤了,~不了。②劳动:趁现在还能~,多挣点钱吧。③行动,动作:喊他好几遍了,还不~。也作"动撼",也说"动弹 dòng·tan"。

**兜头** dōu tóu 对准脑袋;迎头:我叫他~盖脸地骂了一顿。|~泼我一盆水。

**兜底** dōu dǐ 把全部亏损承担下来:买卖亏了我~。

## 会说不会写的词语

**兜齿儿** dōu chǐr 下齿前错,兜着上齿。又叫"兜嘴""地包天"。

**抖搂** dǒu·lou ①振动衣、被、包袱等,使附着的东西落下来:把衣服上雪~干净。②全部倒出或说出;揭露(多跟"出来"连用):他把以前的事全给~出来了。③浪费;胡乱用(财物):把家底儿~光了。④辩白:出了问题你~得清吗?⑤彻底清理:~~家底儿。也说"抖楞""抖落""抖露""抖漏"。

**抖骚** dǒu·sao 卖弄风骚,四处招摇:这个女人到处~,真不要脸!

**抖手儿** dǒu shǒur 扔下不管:你怎么~就走了呢?也说"抖落手儿"。

**逗闷子** dòu//mèn·zi ①开玩笑,拿人找乐儿:你跟我逗什么闷子。|别和姑娘~。②故意藏着某些话不说,让对方捉摸:这不是没事儿~玩吗?|别跟我~啦,都说出来吧。

**逗拢** dòu·long ①逗:~小孩儿。②捉弄,耍弄:你别~我,我不吃这一套。

**逗弄** dòu·nong ①引逗;挑逗:~小狗儿|~孩子玩儿②耍弄;取笑:别~人|你这不是拿人~着玩吗?③摆弄:把这些东西~齐了。

**逗哏** dòu gén ①用滑稽有趣的言行引人发笑:这个人挺会~的。②事物十分有趣,使人发笑:这件事很~儿|他讲的故事挺~儿的③相声表演中的主角(跟"捧哏"相区别):他是~的,我是捧哏的。

**斗拢** dòu lǒng 拼凑聚合在一起:把这一段一段~起来就是一篇文章。

**斗颏儿** dòu kēr ①斗嘴:别跟我没事儿~玩儿。②互相以言语逗乐:小两口总~。也说"逗壳子"。

**嘟** dū ①(嘴巴)向前撅着:儿子~着小嘴儿生气呢。|别总~着个嘴,消消气。②象声词:哨子吹得~~响。|汽车喇叭~地响了一声。

**嘟噜** dū·lu ①唠叨:嘴里瞎~。②向下垂着;耷拉;板着:~着脸。③连续颤动舌或小舌发音:打~儿。④量词,用于连成一簇或一串的东西:一~葡萄|一~钥匙。

**嘟囔** dū·nang 含混不清地不断低声自语(多表示不满):你别整天在那儿瞎~|老人一边~着,一边干活。|他低声~一句:"真没出息!"

**嘟嘟** dū·du 形容连续不断地说:他在那儿~个没完没了。

**嘟芦** dú·lu 盛酒、油的大肚小口瓶。

**独** dú 自私;不能容人:这人太~,处处为自己着想。|这孩子有点儿~,他的玩具谁也不能动。(与"毒"不同。)

**笃定** dǔ dìng ①极有把握:今年丰收~了②安详镇定:他很~。

**堵搡** dǔ·sang 用话噎人,使人不好再说话;顶撞:别拿这话~我!也作"堵丧"也说"堵噎"。

**肚囊子** dù náng·zi ①肚皮:大~。②肚量;胸怀:你怎么这么没~。

**堆乎** duī·hu ①倒塌;坍落:整天下雨,那间土坯房可别~了。②(人)瘫软落坐于地:他吓得~在那儿了。也说"堆"。

**撴** duī ①杵;捣:拿棍儿~~|~他一撴子。②抵消:咱俩谁也不欠谁

的,把~。③硬塞(给):临走时他~我100元。

**对咕** duǐ·gu 堵(亏损):缺的钱,他终于给~上了。|账别乱~。

**对卤** duì lǔ 对路,对劲儿:他干这活正~。|这话说得根本不~。

**对对付付** duì duì fū fū 形容将就,勉强应付:这块布料~够做两件上衣。|~活着吧,别挣歪啦。

**对茬儿** duì//chár 相符;一致:现金和账面对不上茬儿。|说话前后不~。也作"对碴儿"。

**对槛儿** duì//kǎnr 情况正符合;条件合适:他说的这回对上槛儿了。|找对象要找个~的。

**对辙儿** duì zhér 情意投合:他俩挺~的。(注意,与"对折"不同)

**对襟儿** duì jīnr 中式服装上衣的一种式样。两襟对开,纽扣在胸前正中扣在一起,故称对襟。相对于"偏襟儿"而言:他穿件~小褂。

**对付** duì·fu ①应付;处置;安排:不知怎么~这件事。②敷衍,应付:我三言两语~过去了。|要干就好好干,别光在那穷~。③将就,凑合:晚饭别做了,随便~点儿完了。|就这条件,~着住吧。④勉强为之,维持:~着干吧。|这工作我去~~还行。⑤感情相投合(多用于否定式):小两口儿近来好像有些不~。也作"对副"。

**对过儿** duì guòr 指对面相隔不长一段距离的地方:我家就在马路~。|斜~有家超市。

**对路** duì lù ①合乎需要;合乎要求。产品畅销~|货不~。②称心合意;合得来;适合。一句话不~,两人就

吵起来了。|他俩很~。|这活儿我干倒挺~。

**撴** dūn 揪住;拽:死死~住他的手不放。

**蹾** dūn 把东西重重地放下(着地):箱子里有仪器不要往地上~。|往地上~两下就套实了。

**蹲** dūn ①两腿弯曲,像坐的样子,但臀不着地:~下来。②比喻呆着或闲居:别在家整天~着,外出走走。③对人冷淡,迟迟不见:把人~了一下午。④控制或延缓农作物茎叶生长,以利积累养分:玉米拔节拔得太快,~一~。⑤书法用语,犹顿:~锋。

**蹲实** dūn·shi 壮实;粗壮:这小伙子长得挺~。也作"敦实"。

**蹲班** dūn//bān 留级:没有~的。|他去年蹲了一班。

**蹲膘** dūn//biāor 多吃好的食物而少活动,以致肥胖(多指牲畜,用于人时常贬义或谑意):你没事在家~吧。

**蹲苗** dūn miáo 一种农业生产措施。农作物在一定时期内,控制灌水和施肥,进行中耕和压土,使根部深扎,植株壮实,防止茎叶徒长:麦子该~了。(蹲:控制或延缓作物茎叶生长,以利积累养分。)

**蹲裆** dūn dāng ①武术的一种下蹲动作,大腿放平,小腿与大腿约成九十度状;也指体操中此姿势:骑马~式。②表示高度或深度:水足有~深。

**蹲锋** dūn fēng 毛笔书法的一种笔势。凡作挑笔时,用力一顿,随将笔锋上挑,叫蹲锋。(蹲:书法用语,犹"顿"。)

**骟** dūn 去掉雄性家畜家禽的生殖器:~牛|~鸡|~狗(也作对太监

的置词)

**砘子** dūn·zi 播种后用来压实覆盖的松土的石制农具:用~砘一砘。

**趸货** dǔn//huò 整批进货:他一早儿就上街~去了。|他今天趸的什么货?

**趸打** dǔn//dǎ 毒打:他挨了一顿结实的~。

**顿** dùn ①稍停:他~一下接着说。|他刷刷地写,笔尖~都不~。②书法、绘画的技法之一。使笔用力着纸稍作停留:把笔~一下再起笔。|写毛笔字的一横时,两头都要一~一~。③量词。用于吃饭、劝说、打骂、斥责等行为的次数:吃了上~没有下~。|大骂一~。|挨了两~吡儿。|这一架打了多半天。|不觉狂笑了一~。④用脚和器物扣地:~脚。|用木棒~得地板直响。

**炖** dùn 烹调方法,把食物(多指肉类)用小火煮得烂熟:~肉。|清~排骨。

**炖酒(药)** dùn//jiǔ 把酒(药)盛在碗里,再把碗放在热水里加热:炖炖酒|先炖药再喝。

**多暂** duō·zan 什么时候;几时:咱们~走。|我~和你讲过?也作"多咱"(喒 zán:"早晚"二字的合音。表时候;通"咱")。

**多前儿** duó qiánr 什么时候,何时:他~走的?|不知你~干的。

**哆里哆嗦** duō·li duō suō 形容不停地颤抖、战栗:他签字时手~的。|他~地说。也说"哆哆嗦嗦"。

**剟** duō 用力将有尖儿、刃儿的东西扎到另一个东西上:把标枪~在草地上。|用针~几个眼儿。|把匕首一下子~在桌面上。(与"剁"不同)

**掇弄** duō nòng ①收拾;修理:机器坏了,经他一~就好啦。②播弄:我怕你受人家~,吃亏上当。

**垛子** duǒ·zi 墙上向外或向上突出的部分:门~|城~|墙~。

**驮子** duò·zi ①牲口驮(tuó)着的货物:把~卸下来。②量词,用于牲口驮(tuó)着的货物:来了三~货。

**跺跶** duò·da 用力踏地:这么多人乱~,太吵人了。

**跺脚** duò//jiǎo 用脚使劲踏地,表示着急、生气、悔恨等情绪:气得直~。|他一边~,一边懊悔不迭。

**剁** duò 用刀、斧向下砍:~肉馅|把菜~碎。

**垛** duò ①整齐地堆:把蜂窝煤~起来。②整齐堆成的堆儿:把砖码成~。③量词。用于成堆的东西:一~砖|两~秫秸。

# E

**讹** é （俗读作 né）假借某种理由向人强行索取财物；威吓：~钱｜~人。｜让人~了一千元。

**鹅涟** é·lian 衣服被液体弄脏所留下的痕迹：衣服上沾了菜汤,起了一片~。

**鹅包** é bāo 鹅额部的肉瘤；泛指突起物：头上碰了一个大~。｜这是什么? 鼓鼓囊囊的,像个~。

**恶补** è bǔ 拼命补习；突击性地补习或补充：中考前,我得~一下数学。

**恶恶实实** è è shí shí ①形容面相凶狠的样子：看那人满脸凶气,~的。②狠狠：他~挨一顿打。｜他~地瞪了人一眼。

**嗯哪** ēn·na 语气词,表示肯定或同意：他点头答道,~,我去办。

**摁** èn （用手）按或压：~手印。｜~扣儿。｜把歹徒~倒在地。｜~喇叭。

**摁扣儿** èn kòur 子母扣：钉上个~。

**摁窝儿** èn wōr 立刻,马上：~就走。

**摁钉** èn dīng 图钉。

**耳性** ěr·xing 受告诫没记住而重犯同样的毛病叫"没耳性"：老毛病又犯了,怎么没~。

**耳刮子** ěr guā·zi 耳光：打他两个~。也作"耳括子""耳聒子"。也说"耳掴子"。

**耳朵底子** ěr·dao dǐ·zi 中耳炎的俗称：孩子~又犯了。

**耳秽** ěr·hui （俗读ěr·sui）耳垢：掏~。

**耳会** ěr·hui ①注意；留心：他是说我,可我没~。②喜欢（吃某种食物,多用于否定式）：我并不~海鲜。

**耳乎** ěr·hu ①理会：说了半天我还是不~。②模模糊糊,仿佛：这事我~听谁说过。｜在哪~见过他。

**二乎** èr·hu ①犹豫：叫你这么一说,我有点儿~了。②疑惑：你可真把我弄~了。③畏缩：在困难面前他向来不~。④指望不大：我看这件事~了。也作"二忽""二糊"。

**二虎** èr·hu ①傻里傻气、愣头愣脑儿：看你那~样儿! ②二二虎虎(即大大咧咧)：你别看他二二虎虎的样儿,

041

心里可有数儿啦。③莽撞;大胆:他有一股子~劲儿。

**二把刀** èr bǎ dāo ①对某项工作知识不足、技术不高或这样的人:干这活我是~。②厨师的副手。

**二尾子** èr yǐ·zi （俗读èr yī·zi）①阴阳人。②气质不男不女的人。

**二五眼** èr·wu yǎn ①(人)能力差;(物品)质量差:~的人还真干不了。|这件上衣~。②工作能力差,技术不高明的人:你干这么多年了,怎么还是个~。

**二踢脚** èr tī jiǎo ①双响（一种爆竹）。②武术的一种架势,双足跳起,两腿先后前踢,以手拍击后腿的脚背。

**二茬** èr chá 指当年内第二次种植或收割（农作物）:~水稻|~韭菜。

**二茬罪** èr chá zuì 第二次受罪:别受~。

**二似** èr·si 犹豫:他又~起来了。|他~半天不说一句话。

**二不愣** èr·bu lèng 鲁莽、冒失:他有股子~劲儿。

**二不愣子** èr·bu lèng·zi 做事鲁莽,缺心眼儿,傻里傻气的人:这小子是个~。

**二郎腿** èr láng tuǐ 坐着时把一条腿搁在另一条腿上的姿势:他翘起~,坐在那儿一言不发。

# F

**发** fā（俗读 fá）①食物等因水浸而膨胀：～海参｜～海带｜～香菇｜把鱿鱼用水～～。②砌：～券。（参阅"发券"）

**发疟子** fā yào·zi 患疟(nüè)疾的俗称。

**发嗲** fā∥diǎ （女子）以娇滴滴的声调或姿态打动人：这个女孩这么"熟练"地～，定是从时下的电影电视中趸来的。

**发涩** fā sè ①有涩的味道：柿子～，不好吃。②不滑润，摩擦阻力大：今天气温高，冰面明显～，滑不快。｜自行车轴～，骑不快。(作②解时，俗读 fā sēi)

**发条** fā tiáo （俗读 fá tiáo) 发动机器用、卷成圈形的弹性钢条，卷紧后利用其弹力逐渐松开时产生动力，使齿轮转动，机械钟表，某些儿童玩具里都装有：钟表的～折了。｜上紧～。

**发绀** fā gàn 皮肤或黏膜呈现青紫色。由呼吸或循环系统发生障碍、血液中氧气含量减少、二氧化碳增多引起。

**发怵** fā chù 胆怯、畏缩：她上台～。也作"发憷"。

**发券** fā xuàn （发，俗读 fá）用砖、石等砌成上隆下垂弧状：窗口上面还没～了。｜～砌成拱门。（券 xuàn：桥梁、门窗等建筑物上筑成弧形的部分）

**发苶** fā nié 神色呆滞，精神萎靡不振：这孩子近来有点儿～。也作"发涅"。

**发痧** fā shā 指患中暑或霍乱等急性传染病。

**发送** fā·song 办理丧事：老人没儿没女，是朋友们把他～的。

**发贱** fā∥jiàn 言行不自重而招人鄙视：别～，自重些。｜你又发什么贱哪！也说"犯贱"。

**发皱** fā zhòu ①起皱纹：上了年纪，脸上就会～。②感到不舒适：不知怎么了，这两天身子～。

**发滞** fā zhì ①（心眼儿或关节）不灵活：腿脚～。｜这个人脑子～。②物体连接处活动或转动部分不滑快：车把～。｜车轱辘有点儿～。

**乏煤** fá méi 燃烧过而没有烧

## 会说不会写的词语

透的煤:把~从炉灰中捡起来。|这~还够做一顿饭用。

**垡儿** fár 一代;一辈儿:马连良的戏,老一~戏迷百听不厌。|咱这一~的老师傅都到退休年龄了。

**垡子** fá·zi 指相当长的一段时间:这一~得感冒的特别多。

**发小儿** fà xiǎor ①自幼在一起长大的。转指同龄人:我俩是~。|一块儿的几个~,吃喝不分。②从小儿时候:他俩是~的交情。

**翻儿** fānr 恼怒,发火:一句话把他惹~了。

**翻茬** fān chá 农作物收割后进行浅耕,特留下的茎、根翻入土中。

**幡儿** fānr 旧指引魂幡,出殡时孝子手持的白色狭长形的、垂直悬挂在细竿上的东西:长子打~。

**翻斥** fān·chi ①争吵;吵嘴:瞧他怎么跟人家~吧。②生气;翻脸:我们俩闹~了。也作"翻呲"也,说"反齿""翻扯"。

**翻嗤** fān·chi 鲜肉朝外翻卷:刀口上肉都~着,太吓人了。

**翻古** fān//gǔ 回想、讲述旧事:他一边走一边~。|他老人家给我翻了大半夜古。

**翻咕** fān·gu 翻动查找:你在抽屉里~什么?

**翻皮** fān pí 皮革的反面朝外:~大衣|~皮鞋|~马褂。

**烦气** fán·qi 讨厌:我最~他了。|你怎么这么~人呢。

**反油** fǎn yóu 反复无常:这个人好(hào)~。

**反龁** fǎn hé 下齿前错,兜着上齿。俗称"兜齿儿""地包天"。(龁:牙齿咬合)

**畈** fàn 成片的田。借用做量词,用于大片土地:一~~稻田。|几~地。

**畈眼子** fàn yǎn·zi 泥深、人牛难下去的水田。

**范儿** fànr ①一定的规矩、程式、标准等:他的动作挺有~。|很有明星的~。|这劈叉的~都是他教的。②犹范例。多指人的形象、神态令人羡慕,引人模仿:他身着西装外披一件风衣,英姿飒爽的帅气~。

**犯浑** fàn//hún 蛮不讲理;头脑不冷静、说话做事不知轻重、不计后果:这家伙又~了,为一点小事儿大吵大闹。|他犯起浑来,谁说也不行。也作"犯混"。

**犯不上** fàn·bu shàng 不值得:为这点小事~发这么大脾气。也说"犯不着",用于反问句式中说"犯得上吗""犯得着吗?"

**犯风** fàn fēng 烟囱通风不好,倒烟:烟筒有点儿~。

**犯尿** fàn sóng 怯懦;无能:这孩子有时就~,有点儿事就往家跑。

**犯贫** fàn pín 耍贫嘴:你别跟我~。

**犯嘀咕** fàn dí·gu 犹疑不决:果断点儿,别总~。

**犯剋** fàn kè 星相家术语。指男女双方中一方生前注定的命运对另一方有妨害,是迷信说法:算命先生说他俩~,结婚后一方会死。也说"相克"。

**犯矫情** fàn jiáo·qing 故意争辩,强词夺理,胡搅蛮缠:你这不是~吗?|这不,事先没说清楚,现在~了。

吧？|现在把话说清楚，免得以后~。

**犯性** fàn xìng 牲畜发野性，转指人情绪异常，发脾气：这两天她总~。

**犯相** fàn xiàng ①因性格、见解等完全不同而感情不和：夫妻~，总吵嘴。②迷信认为生辰"八字儿"或属相不合：算命说他俩~。③转指不相宜，不合适：秋老虎天生跟念书~。也作"犯向"。

**犯㤢** fàn zhòu （俗读 fàn zhóu）死性，固执：他这人随他爸爸，~。|别~，听话！也作"犯轴"。

**犯事儿** fàn shìr 干出犯法或严重违纪的事儿：他~了。|只要不~就行。

**饭口** fàn kǒu 吃饭的当口儿：~时间排队的人多。|现在别去人家里，正赶上~。

**饭辙** fàn zhé 吃饭的门路；维持生活的门路：找~。

**泛味儿** fàn wèir 散发气味：这地沟一到夏天就~。也作"犯味儿"。

**泛酸** fàn//suān 胃酸过多而上涌至口，俗说"吐酸水儿"：吃凉山芋容易~。|这些日子我经常泛胃酸。

**泛水** fàn shuǐ ①积水；地面稍有坡度，使其上的水能自行流向排水处：卫生间~没做好。|露台地面没做~。②坐船在水上游玩：登山~。

**㛀** fàn 鸟类下蛋：鸡~蛋。

**妨** fáng （俗读 fāng）①迷信者所谓命中犯剋：糊说有丧门神，~死老子~死娘。②旧时迷信的人认为由于命相不合，或言语不吉利等原因，一个人会给他人带来厄运：她认为属虎的女人~人。|你小子别~我，没事你从来

不到这里。

**妨剋** fáng kè 迷信者以为因命相、时辰、方位等凶象而对人造成的灾厄：~得她一病不起。

**房纤** fáng qiàn 为出租、出售与租赁、购买房屋者拉关系的人，成交后提取拥金：他是个跑~的。|拉~这行是十拉九空。

**放鹞子** fàng yào·zi ①戏指将妇女嫁给他人为妻并取得男方信任，后乘其不备，将其财产席卷而去：他是在~，千万别上当。②泛指利用女色行骗，敲诈：他利用~捞钱。|坚决打击搞买卖婚姻和~的不法分子。（鹞子：纸鹞，即风筝，放出去能收回）

**分溜儿** fēn liùr 本指水流分成小水流，比喻五个手指动作协调（一般用于否定式）：他还学弹钢琴？手指都不~。

**粉扑儿** fěn pūr 化妆、打扮时，用来蘸粉后轻轻拍脸、使脸上敷粉的用具。多用棉质物制成：她打开粉盒，对着镜子用~扑一点粉。也说"粉揭子"。

**愤秋** fèn·qiu 蠕动；不断地在原地挪动：这孩子总在床上~。|~地乱七八糟。

**疯疯扯扯** fēng fēng chě chě 鲁莽、不文静的样子：这个女人~的。

**风风势势** fēng fēng shī shī ①形容言行轻狂或过于激动而失去常态：成天~的，成何体统！②形容猖狂凶横：你~，想干什么？

**缝穷** féng qióng 旧指贫苦妇女代人缝补衣服：男的拉车、女的~。|~的女人。

**肥嗒嗒** féi dā dā 形容肥胖的

样子。

**肥吐噜** féi·tu lū 形容肥得一动肉直颤动的样子:人养人皮包骨,天养人,~。|看他那~样儿。

**肥实** féi·shi 肥胖:长得真~。

**费劲巴拉** fèi jìn bā·la 极费力;辛苦:妈妈~地把他拉扯大。|人真多,我~才挤进去。也说"费劲拔力"。

**废物鸡** fèi wù jī 指不打鸣的公鸡或不下蛋的母鸡。比喻干啥啥不行、低能的人(含嘲笑意):他真是个~,什么都不会。

**废物蛋** fèi wù dàn 指思想笨拙、不开窍、办不成事的人(有时用于骂人):这人是个~。

**废物点心** fèi wù diǎn·xin 戏称中看不中用的、无能的人:大伙都说他是~。|百斤面做个寿桃——~。(歇后语)

**跗面** fū miàn 脚面:她的~高,鞋不好买。

**哸哧** fū chī (哸 fú 的变调)呼吸急促,喘息:累得他~~的。|跑了两圈就~带喘了。

**肤皮** fū·pi 头皮上脱落的皮屑:~多。|头上很多~。

**凫水** fú shuǐ 游泳:他不会~。也作"洑水"。

**符实** fú·shi 踏实:我心里还是不~。

**浮皮蹭痒** fú pí cèng yǎng 形容泛泛地,只触及事物的表面,不触及跟本:你只~地说说,不顶用。

**浮囊** fú·nang (俗读 fū·nang)中空或多孔的东西松软的样子:馒头泡~了。|尸首都~了。

**浮沿儿** fú yànr (液体在容器内)满得快溢出来了:缸里水都~了。

**浮皮儿** fú pír ①表层;表面:豆浆的~就是豆腐皮儿。|锅里水~有一层油。②生物体的表皮:磕破点~,没事儿。

**浮头儿** fú tóur 表面;最上面:筐里~的一层苹果都是好的。|缸里水的~冻了一层冰。

**福底儿** fú dǐr 尊敬语。指长辈所吃剩的饮食:你就等着拣~吃吧。

**伏地** fú dì 当地的;当地出产的或土法制造的:~圣人|~小米|~面。

**富态** fù·tai ①婉辞。身体发胖:几天没见,~了。②富贵相:这人长得真~,也作"富泰""富胎"。

**洑** fù 游水:河太宽,~不过去。

**妇道人** fù·dao rén 妇女,女人:不跟~争论。|一个~价干不了这活人。

**符实儿** fù shír ①落到实处:这事儿干得不~。②紧衬:这鞋太大,穿着不~。

# G

**呷呷笑** gā gā xiào　形容笑的声音：她~起来。

**夹肢窝** gā·zhi wō　腋窝通称。也作"胳肢窝"。

**旮旮旯旯** gā·ga lá lá　所有的角落：~都找遍了，就是没有。

**嘎巴** gā·ba　①附着在器物等上的干了的粥、糨糊等：衣服上有几块~。｜鼻涕~。②黏的东西干后附着在器物上：米饭粒儿都~在碗上了。

**嘎七马八** gá qī mǎ bā　乱七八糟；很杂：他~地买回一大堆食物。也说"杂七杂八"。

**嘎嘣脆** gā·beng cuì　①很脆：这瓜~。②形容爽快、直截了当：他说话办事~。③形容声音清脆响亮：老旦道白真是~。也作"嘎迸脆"，也说"嘎巴溜丢脆"。

**嘎杂子** gǎ zá·zi　心计坏，怪主意多的人：他是个~。

**嘎悠** gà·you　（嘎 gā 的变调）摇晃；晃动某物：他嘎悠悠地走过来了，可能醉了。｜别总~这桌子。

**尬秋** gà·qiu　走路极慢，有时停；走快点儿，别~。｜看他那嘎嘎秋秋的样儿。也作"嘎秋"。

**奓奓儿** gá·gar　①一种儿童玩具。蛋形，木质，两头尖，中间大。②像奓奓的：~汤（用玉米面做的食品）。也作"嘎嘎"。

**轧** gá　①挤：人~人｜~米（在拥挤情况下购米）。②结交：~朋友｜他怎么~上了一个坏蛋男朋友。③核算；查对：~账。

**轧拉** gá·la　象声词。形容物体摩擦或受压力后发出的声音：踏得地板~~响。｜~~的机器声。

**玍子** gǎ·zi　调皮的人（有时用来称小孩，含喜爱意）：听这名字，瞧这模样，一准是个小~。也作"嘎子"。

**玍杂子** gǎ zá·zi　性情怪僻，好耍无懒的人：他纯粹是个~，别理他。（和"嘎杂子"不同）

**玍古** gǎ·gu　①（人的脾气、东西的质量、事情的结局等）不好：分给我的尽是~地。｜性子~。②难对付；诡计多端：他心眼儿~，反复无常。也作"嘎咕"。

047

## 会说不会写的词语

**轧姘头** gá pīn·tou 非夫妻关系的男女发生性行为。

**尜** gǎ 爱称。小:~娃|~李。

**该** gāi ①欠:~钱。②同"该着"。

**该着** gāi zháo ①理应;应该:你~高兴啦! ②指命运注定,不可避免(迷信):刚一出门就摔了一跤,~我倒霉。③赊欠:他在外面还~账呢。④轮到:今天~我的班儿。

**改** gǎi 讽刺;控苦:你这不是~我吗?|他尽~人。

**改角儿** gǎi juér 经常让人取笑逗乐的人:大家都拿他当~。

**改性** gǎi·xing 能改正错误的能力:这孩子没~。

**盖火** gài·huo 盖在炉口上压火的铁器,圆形,中凸,顶端有小孔:用~把炉子眼儿盖上。

**盖帽儿** gài//màor ①形容极好;很出色:他的球技真是盖了帽儿啦。也说"盖了"。②篮球运动防守技术之一,指防守队员跳起,打掉进攻队员在头的上部出手投篮的球。

**盖帘儿** gài liánr 用细秫秸等做成的圆形用具,多用来盖在缸、盆、锅等上面,也可码放包好的包子、饺子等。

**干** gān ①慢待;冷落;不理彩:别把客人~在那里。|别劝了,~着他。②当面说气话或抱怨的话,使人难堪:~了他几句。③形容说话不委婉,直而粗:你说话别那么~。

**干巴儿** gān bār 形容瘦小、干瘪:这人怎么越长越~了。|~老头儿

**干哕** gān·yue 要呕吐(有呕的动作)又吐不出来:他一闻到汽油味就~。

**干煸** gān biān 烹调方法,不加汤水,只用热油炒:~鳝鱼丝。

**干巴利落** gān·ba lì luò 干脆;爽快:他做事一向~快。|这个人说话~。

**干净利索** gān·jing lì suō 快速彻底,不拖泥带水:这活儿干的~。|~地全部消灭掉。

**干净利落** gān·jing lì luò ①清洁整齐:穿得~。|屋子收拾得~。②简洁,不拖泥带水:说活~。

**干巴** gān·ba ①失去水分而收缩或变硬:橘子放得都~了。②缺少脂肪,皮肤变干燥:人老了,皮肤都变得~了。③比喻内容不丰富、语言不生动:话说得太~了,没人爱听。

**干吧呲咧** gān·ba cī liē ①东西失去水分变硬:这馒头~的,吃不下去。②(语言、文辞)空洞无味,不生动:这篇散文写得~的,没看头儿。也作"干巴呲咧"。

**干落** gān lào 除了开销净得:每月可~二三百元。

**泔水** gān shuǐ 倒掉的残汤、剩饭和掏米、洗菜、刷锅、洗碗等用过的脏水:~筲。

**敢情** gǎn·qing 副词。①表示发现原来没有发现的情况,大致相当于"原来":他贴的那张画儿~是他画的! ②表示情理明显,不必怀疑,大致相当于"当然""自然":办个托儿所吗?那好。③感叹词,表示赞叹:真做到体贴人了,~! 他对人从来就关怀备至。④莫非;难道:你还不知足,~缺衣少穿吗? ⑤表示顺着上文说,申说应有的结果,

犹"那么"：应酬太多，~吃不动了。也作"赶情"。

**敢是** gǎn shì ①相当于"那就"：这样办~好。②莫非；大概是：他这几天没来，~出差了。

**敢自** gǎn zì 同"敢情"①②：屋里~还有人哪！|你肯去，那~好啦。

**赶明儿个** gǎn míngr·ge 到明天，将来：~我再去你家。|他病倒了谁去伺候？也说"赶明儿"。

**赶脚** gǎn jiǎo 受雇赶着牲口驮载人、货：他是~的。|我出牲口，你~跑道儿，干吗？

**赶巧** gǎn qiǎo 碰巧；凑巧：我们~碰上了。|~他也来了。

**赶趟** gǎn//tàng ①赶得上；来得及：现在就动身还~。②指跟上潮流，适合形势：你穿这样的衣服，能~吗？|我怎么总赶不上趟。

**赶罗** gǎn·luo ①忙碌，忙乱：瞧你这~样儿，歇歇吧。②催促；追逼：你别~我行吗？③加快速度，缩短时间：这活儿~~三天能完。也说"赶碌"。

**擀** gǎn ①用棍形物来回碾压使东西延展变平或粉碎：~饺子皮儿。|把花椒~碎。|~面棍儿。|手~面。②来回细擦：先用水把玻璃擦净，再用干布~~。

**擀毡** gǎn zhān 蓬松的绒毛、头发等结成片状：头发都~了，快梳一梳吧。|皮袄~了。

**干架** gàn//jià 吵架；打架：他找领导去~。|他俩干了一架。|我们从未干过架。也说"干仗"。

**钢镚儿** gāng bèngr 小面额的金属硬币：他常用~算卦。|口袋儿里

都是~。

**钢种** gāng zhǒng 制造日用器皿所用的铝的俗称：~锅。|~盆。|~壶。|~勺。也说"钢精"。

**刚口儿** gāng kǒur ①说话有技巧，锋利有力，有声有色：这老奶奶好~。②特指走江湖的卖艺人善于用话语招徕观众和买主。（与"钢口"不同）

**刚头儿** gàng tóur 刚才：~他还在呢。

**岗子** gǎng·zi 平面上凸起的长道道：胸口上肿起一道~。|木板没刨平，中间有两道~。

**杠头** gàng tóu ①好争辩、抬杠的人：他纯粹是个~。②一种面食做法，发酵的面里揉进生面粉，在案子上用杠子来回压，起源于山东潍坊：~大饼|~火烧。

**戆头** gàng tóu 傻瓜：你真是个~。也说"戆大"。

**岗尖儿** gàng jiānr 形容极满：~的一车土。|手里端着一碗饭。

**岗口儿甜** gàng kǒur tián 形容极甜：哈密瓜~。也作"钢口儿甜""杠口儿甜"。

**钢** gàng ①为钝刀回火加钢（gāng），使锋利：这口铡刀该~了。②把刀放在布、皮、石头等上面磨，使快些：~刀布（理发师临时磨剃刀所用的布条，也作杠刀布）。|把刀一一~。

**高勒** gāo yào 靴子、袜子套在脚踝骨以上部位的筒状部分：~皮鞋|~丝袜。

**高挑儿** gāo tiǎor 身材细长：她长得细~。|~的身子。

**搞呲** gǎo·ci 为消除隔阂而进

## 会说不会写的词语

行解释:和他好好~~,别误会了。|你别跟我瞎~。

**搞掂** gǎo diān 办妥;完事:几分钟就~了。也作"搞喎"。

**告诵** gào·song 告诉,告知:你怎么没提前~我,让我白跑一趟。|把你的手机号~大家。也作"告送"。

**膏** gào ①在轴承或机器等经常转动或滑动发生摩擦的部分加润滑油:在轴上~点儿油。|门的合页没~油总吱吱响。②把毛笔蘸上墨,在砚台边上掭匀:~笔|~墨。

**袼褙** gē·bei 用糨糊将整的新布或边角碎布一层一层平拼粘合起来,晾干后可用做布鞋的鞋帮、鞋底或衣服的衬料:打~用旧衣破布。也叫"夹子"。

**疙瘩襻儿** gē dā pànr (疙,俗读 gā)一种中式纽扣。用布条挽成疙瘩状,另用布条做成大小相当的套儿,两个合成一对儿:他穿一件绸缎面、~的中式棉袄。也叫"襻扣儿"。

**圪节** gē·jie 量词。段;节:一~铁轨。

**圪蹴** gē·jiu 蹲:几个老大爷~在墙边聊天。也作"咯蹴"。

**肐揪** gē jiū 紧蹙,形容皱眉头,或乜斜着眼睛:她听着,不觉的把眉头~着,发起愣来。

**胳臂** gē·bei 胳膊:~拧不过大腿。

**胳臂肘** gē bèi zhǒu 上臂和前臂相接向外突起的部分:~儿往外拐(俗语。指不为自己人着想,却向着他人)|~疼。"胳臂"也作"胳膊"。

**饹馇** gē·zha 北方一种食品。用豆面摊成薄饼,切成小方块或菱形块,炸着吃或加韭黄、绿豆芽,调料炒或熘着吃。也作"饹扎""饹炸"。(扎、炸均读轻音)

**咯咯** gē gē ①笑声:他~地笑起来。②咬牙声:牙咬的~响。③机枪射击声:机关枪~地响起来。④呃逆或咳痰声:嗓子眼儿~地响。⑤禽鸟鸣声:鸡~地叫。

**咯噔** gē dēng ①形容皮鞋踏地或物体撞击的声音:听见~~楼梯响,他上来了。|~一声,门碰上了。②震动的声音;心脏猛跳声:听说孩子出车祸了,我的心~一下,腿都软了。

**咯腾** gē·teng 心脏猛跳声,形容吃惊:一听这事儿心里就~一下,吓一跳。

**咯嗒** gē·da ①鸡叫声:听,咯嗒,咯咯嗒,鸡下蛋啦。②形容反复诵读:书要~,拳要踢蹋。(谚语)

**咯蹦** gē·beng 咬嚼声:牙咬得~~响。|狗将一块骨头~~咬起来。也作"咯崩"。

**咯楞** gē·leng ①别扭:他这句话听着怎么这么~。②不平滑:鞋垫有些~。|摸着怎么咯咯楞楞的。也作"咯棱"。

**搁** gē ①放,放置:这东西~不住,抓紧吃。|家里的事他都得~把手。②停顿,耽搁:这事~~再说。|问题刚提出来,又~下来了。③表示处所、方向和动作由来,相当于"在、从、被"(有时读 gé):~河边走一趟。|新华书店~哪条街。|~这到车站有二里路。|~枪打死了。

**搁不住** gé·bu zhù ①禁不住;受不住:他~你这样打。|~两句好话,

他心又软了。|再有钱也~这么花。也作"搁不住"。(用于否定、反问句时,用"搁得住"。如孩子搁得住你这样打吗?|再有钱搁得住这么大手大脚花吗?")②(搁读gē)放不住:这东西~,得赶快处理了。

**嗝儿屁着凉** gér pì zháo liáng (嗝gé的变调)死了;灭亡(含轻蔑、戏谑意):日本鬼子被打得~了。也说"咯儿屁""咯儿屁朝凉"。

**胳肢** gé·zhi 在别人身上(如腋下)抓挠、掐捏,使发痒、发笑:我有痒痒肉儿,别~我。也作"嗝吱""隔肢"。(与象声词"咯吱"不同)

**胳肢窝** gé·zhi wō 腋的通称:她~里夹着一卷报纸。

**槅门** gé mén 旧式建筑中的一种比较讲究的门,上部做成窗棂,糊纸或装玻璃,对开或中间对开、两边单开。

**格路** gé lù 特别(含贬义):他个性太强,很~。|今年气候真~,快立冬了,还这么暖和。|你这想法太~了。也作"隔路"。

**格涩** gé sè 特别(含贬义);古怪;不合群:他的脾气很~。|这人真~,大家都去,就他不去。也作"格色""各(俗读gé)色"。

**格局** gé·ju 结构和布局整齐、爽目:室内装修并不高档,但显得很~。

**搿犋** gé jù 农民两家或几家的牲口、农具合用,共同耕作:你同谁家~呀?

**各** gè (有的地方读gě)特别;与众不同(含贬义):那家伙有点~,从不和人来往。|他脾气特~。

**各个儿** gè gěr 自己:你甭管了,我~去找吧。(与"个个儿""各个[gè]儿"不同)

**各扭儿** gè niǔr 意见不合而产生嫌隙:他们俩又闹~了。(与"个扭儿"不同)

**硌** gè (俗读gé)触着凸起的东西觉得不舒服或受到损伤:~牙|~脚|躺在光板床上~得难受。

**硌窝儿** gè wōr (俗读作gé wōr)①指鸡、鸭等的蛋因受挤压而蛋壳稍有破损:~蛋。②也指这样的蛋:买几个~。

**膈应** gè·ying ①讨厌;腻味;厌恶:看他那溜须拍马的样子,打心眼儿里就~。②恶心:饭里有个苍蝇,太~人了。也作"硌硬"。

**个扭儿** gè niùr 奇特;个别:这个人~,干什么都跟别人不一样。也说"个拉扭子"。

**个拉锛子** gè·la bèng·zi 同"个扭儿"。

**个把** gè·ba 表示约数,指一两个左右:谈了~钟头。|来了~人。

**个个** gè·ge 乳房:她~挺大。|孩子吃~。

**个儿** gèr ①对手:他和我比不是~。②自己:~过~的日子。③身高:他的~不矮。

**跟** gēn ①从:你~哪来?②在:你别~那儿站着不动。

**跟劲** gēn jìn 得力:我想走快点儿,但腿不~。

**跟前儿** gēn qiánr ①身边;面前:你到我~来。|我走到孩子~。②旁边;近旁:他住在我家~。

**跟脚儿** gēn jiǎor ①(鞋)大小

## 会说不会写的词语

合适便于行走：这鞋不~。②随即（限用于行走之类的动作）：你刚到，他~就来了。③（孩子）跟随大人不离开：这孩子爱~。④旧指跟随主人出门，照料伺候：他是~的。

**跟手儿** gēn shǒur　随即：到上海后~给家打个电话。｜这事~就办了。｜我~就来。

**哏** gén　①滑稽可笑；有趣：这个相声挺~儿。②滑稽有趣的动作、语言或表情：捧~｜逗~儿。

**艮** gěn　①（食物）坚韧而不脆：这萝卜~，不好吃。②（性子）直；（说话）生硬：这个人真够~的。｜他说的话太~了。③牙齿被硬物所硌：~了牙啦。

**艮拉巴叽** gěn·la bā jī　①韧而不脆：这东西吃着~的。②比喻耐人寻味：他说的~的。

**粳索** gēng suǒ　粗的绳索。

**哽吃** gěng·chi　（俗读 kēng·chi）说话不连续，不流畅，吞吞吐吐：~半天才说出来。

**公议儿** gōng yìr　大家凑钱所送的礼：这份儿~收下吧！也说"公份儿"。

**公母俩** gōng·mu liǎ　（俗读作 gū·mu liǎ）夫妻二人：老~的感情可真好啊！也说"姑翁俩""姑么俩""公们俩"。

**恭桶** gōng tǒng　大小便用的有盖的桶。也说"马桶""马子"。（古代科举考场设"出恭""入敬"牌。士子入厕领"出恭"牌。大便为出大恭，小便为出小恭）

**拱火** gǒng//huǒ　用言行促使人发火儿或使火气更大：他已经烦得够

受的了，你就别再~了。｜你拱什么火儿啊？

**勾缝** gōu fèng　用灰沙浆料等填充涂抹砖石建筑的墙缝：墙垒好了，还没~呢。

**勾火儿** gōu//huǒr　引发人发火气；惹人恼怒：你这不是勾我火吗？｜咱心平气和地说，别~。

**勾镰腿** gōu lián tuǐ　武术用语。指用腿勾或扫倒对方：摔跤时给他来了~。

**勾芡** gōu//qiàn　①做菜做汤时加上芡粉使汁变稠：别忘了汤里勾点芡。②添枝加叶，挑起事端：要不是他~，打不起来。③牵线搭桥：我为你们~，帮你们和好。

**钩贴边** gōu tiē biān　在衣服袖口、裤口等里面的边缘或其他织物里面的边缘处用针线粗缝上窄条儿。（钩：缝纫方法。用针来回曲折地粗缝）

**狗气杀** gǒu qì·sha　喂鸡的工具，形状像鸟笼子，内放食物，鸡可以伸进脖子去吃，狗没法吃到。

**狗尿苔** gǒu niào tái　蕈类，状似蘑菇，稍干即死。喻人含轻侮意：这俩~，一个比一个蠢。

**狗跑儿** gǒu páor　游泳时身体俯卧水面，两臂在身下同时划水，两腿交替打水。像狗洑水一样。（跑 páo：走兽用爪或蹄刨地。杭州有"虎跑泉"）也作"狗刨儿"。

**狗食** gǒu shí　比喻人不成器，言语举动讨人嫌：他那~儿。｜别理他，臭~。（与"狗屎"的比喻义不同）

**苟利子** gǒu lì·zi　①木偶戏。②木偶戏里的木头人：耍~的。

**够** gòu （用手等）伸向不易达到的地方去接触或拿来：~不着。

**够缴裹儿** gòu jiǎo·guor 个人收入够开销：他每月的工资刚~。

**够呛** gòu // qiàng ①十分厉害；够受的：累得~。｜这事儿够我呛的。②没有把握，值得疑惑：他顶得住吗？我看~。也作"够戗"。

**够份** gòu fèn 有气派，有面子：你别那么不~。｜他说朋友相处要特别讲究~。

**箍** gū ①用竹篾或金属条、带子等勒紧或套紧：他头上~着条白带子。｜袖子太瘦，~得慌。｜~筲。②勒在或套在外面的圈状物：胳膊上戴个红~。③量词（俗读gǔ）（烧香，相当于"札"）：烧了两~香。｜到庙里请一~香。（与量词"股"不同）

**箍筋** gū jīn 建筑物中用来箍扎固定的钢筋：多加一道~。

**箍桶** gū tǒng 用竹篾或金属条做成圈形，套在圆桶上，使桶片之间紧固而不渗水。也说"箍筲"。

**箍节儿** gū·jier 量词。段儿：两~竹竿。｜话只说了一~。也作"骨节儿"，也说"箍录儿"（其中"节""录"均读轻音）。

**估摸** gū·mo （俗读gū·mu）估计；估量：我~着他会来的。

**咕嘟** gū·du ①(嘴)撅着；鼓起：他~着嘴不再说什么了。②长时间煮：在锅里再多~一会儿。

**咕咚** gū·dong ①象声词：他一仰脖儿，~~喝起来。｜心里一沉。｜~一跤跌倒在地上。②颠动：一路小跑，骨头都~散了。

**咕噜** gū lū ①水流动、胃肠蠕动或物体滚动的声音：石头~~地滚下山。｜肚子里~~直响。②言语含混不清：病人嘴里~着，听不清说些什么。③低声说话：你们俩在那儿~些什么？

**咕哝** gū nong 小声说话（多指自言自语并带有不满情绪）：他低着头，嘴里不知~些什么。

**咕唧** gū·ji 小声交谈或自言自语：他们俩交头接耳地~了半天。｜他一边想心事一边~。也作"咕叽"。

**咕咕** gū gū ①小声说话：别在下面瞎~。②怂恿：要不是你私心重，何至于受人~上这个当？③禽鸟鸣：小杜鹃~叫。｜母鸡~地叫。

**呱呱** gū gū ①形容婴儿哭声：~坠地。｜~不停。②形容哀哭声，饮水声：~而泣。｜~喝了一大碗水。③鸡叫。

**呱呱啼** gū gū tí 公鸡啼声；代指公鸡：大公鸡，~，每天叫我早早起（儿歌）。｜~来了一只~。

**孤拐** gū·guai ①颧骨：地高~，大眼睛。②脚掌两旁突出的部分。

**孤拐脸** gū·guai liǎn 上部凸出，下部尖削的脸：这人长个~，太丑了。

**骨朵儿** gū·duor 没有开放的花朵：花~。｜看，梨树上都结~了。

**骨录** gū·lu ①(量)段儿、节儿：还有一~路，快到了。｜把菜切成一~一~的。②圆柱形的：金~棒。也作"箍录"。（与"骨碌"不同）

**轱辘** gú·lu ①车轮：自行车后~没气了。｜这是辆十个~的大卡车。②滚动：石头从山上~下来。③量词。计量圆柱形物体的一段：把甘蔗砍成一~一~的。｜一~香肠。同"骨录"。

## 会说不会写的词语

**骨碌** gú·lu ①滚动:把桶~过来。②翻滚:他一~爬起来,撒腿就跑。

**古古丢** gǔ·gu diū ("丢"的变调)木偶戏或指该戏的木偶:过去,大街上总有耍~的。

**鼓肚儿** gǔ dùr 物体中间凸起的部分:你手上怎么起了个~。|把衣服上那~抚平了。

**鼓鼓囊囊** gǔ gǔ nāng nāng 形容口袋、包裹等被塞得很满而撑起来的样子:口袋~的。

**鼓弄** gǔ·nong（俗读 gù·nong）蠕动;翻动;微小地来回挪动:孩子在怀里~。|这想法在心里~好几天了。|坐在哪儿,别乱~。也说"鼓涌""鼓囚(gù·qiu)"。

**鼓秋** gǔ·qiu ①摆弄:他喜欢~钟表。②煽动;怂恿:有话当面讲,不要背后乱~。也说:"鼓揪(gǔ·jiu)"。

**鼓捣** gǔ·dao ①反复摆弄;干;搞:昨晚了~了一夜也没修好。②挑拨;怂恿:一定是他~你干的。也说"鼓揪(gǔ·jiu)"或"鼓秋(gǔ·qiu)"。

**鼓耳囊腮** gǔ ěr náng sāi 鼓鼓囊囊:你那怀里~的,揣着什么了。

**股** gǔ 量词①计量气体、气味、力气等:吹来一~凉风。|有~子腥味儿。|多~子鼻孔——多一~气(俗语)。|他有~子干劲儿。|面汤里煮皮球,说他混蛋他还有一~子气。②计量条状物:你和我是两~道上跑的车。|社会上有一~潮流。③计量成批的人:人们一~一~地分散开,东一~,西一~,真热闹。

**骨感** gǔ gǎn 指人很瘦、苗条,给人以棱角分明的感觉:细长的脸形一般较~。|在她们眼中,瘦到产生嶙峋的~,才是绝对的美。

**榾柮** gǔ duò 木头块;树根墩子。

**蓇子** gǔ·zi 烹饪用具,周围陡直的深锅:沙~|瓷~。

**故事儿** gù·shìr 花招儿,转指暗中的勾当:这人~太多。|不用问,这里肯定有~。

**估衣** gù·yi 出售的旧衣服或原料较次、加工粗糙的新衣服:~街|卖~。

**顾涌** gù·yong 轻微地动弹:他~半天也没站起来。|坐稳了,别~。

**咶喇** guā·la 象声词①形容风声或撞击声:~一声,门碰上了。②形容大声说话:他~~地说一口日本话。

**呱嗒** guā·da ①讽刺;挖苦:~人。②因不高兴而板起或拉长(脸):~着脸,半天不说一句话。③滔滔不绝地乱说话(含厌恶意):乱~一阵。|别瞎~了,快走吧!④象声词:~~拉起风箱。|新皮鞋走在地板上~~地响。也作"呱搭""括搭"。

**呱嗒板儿** guā·da bǎnr ①演唱快板书时使用的,由两块竹板用绳连结而成的用具,打起来呱嗒呱嗒响,故称。②指木履。

**呱唧** guā·ji ①鼓掌:欢迎小王唱个歌,大家给他~~。②象声词,形容鼓掌、脚步、物体碰撞声音:~声四起。

**刮痧** guā shā 民间治疗某些疾病的方法,用铜钱等物蘸水或油刮患者的胸口、背等处。(参阅"揪痧")

**剐** guǎ 被尖锐的东西划破:手

上~了个口子。|衣服被钉子~破了。

**寡白** guǎ bái （脸色）苍白；惨白：他吓得脸色~。

**寡净** guǎ·jing 齐整而干净：这活干得真~。|穿得挺~。

**寡瘦** guǎ shòu 非常瘦：~的脸。|猪喂得~。

**挂落儿** guà làor 牵连；连累：吃~。|事情闹大了，大家都得受~。也作"挂络儿""挂捞儿"。

**挂搭** guà·da 耷拉：折了的枝杈还在树上~着。|整天皱着眉~着脸。

**挂火** guà huǒ 发怒；生气：有话慢慢说，别~。|一听这话我就~。

**挂劲儿** guà//jìnr 发怒；生气：你别总挂着劲儿。

**掴** guāi 用手掌打：~了他一记耳光。

**掴打** guāi·da 拍打：把衣服上的土~~。

**拐脖儿** guǎi bór 直角形短烟筒：找个~把烟囱拐弯伸到窗外。

**拐孤** guǎi·gu （性情）怪僻；不随和：这个人怎么这么~。

**拐达** guǎi·da 走路一瘸一拐的样子：他~~走过来。也说"拐拉"。

**拐拉** guǎi·la ①同"拐达"：这鞋都让他~坏了。②欺骗；蒙蔽：这些人都让他~去闹事。

**怪** guài ①奇异的事物：其中有~。②惊异，感到奇怪：这也~啦，怎么成了这个样子。③讨厌：~他多嘴。④很，非常：~好看的|~累的|自己呆着~孤单的。|让人~不好意思。

**怪不的** guài·bu·de 表示明白了原因,对发生的某情况或某事不感到奇怪,觉得合乎情理、事理：~屋子这么冷了,原来窗户都大敞四开呢。|~他这么狼吞虎咽的,敢情一天没吃饭。

**怪不得** guài bù dé ①不能责备、埋怨；别见怪：这事儿~孩子。也说"怪不着""怪不到"。②同"怪不的"(不、得，均轻读)。

**怪道** guài·dao 怪不得；难怪：两年前我们见过,~今天看来这么眼熟。

**官** guān ①肯定；绝对：这场球泰达队~赢。|这事~是他干的。②公,公有；公开：这事儿是~的,不能私了。也作"关"。

**官能** guān néng ①肯定能；绝对能：~办成。|天津泰达~战胜上海申花。也作"关能"。②生物器官的生理功能：~症。

**观场** guān chǎng ①从旁观察别人的动静：你站在那儿~。②看热闹：不要在旁边~。

**棺材瓤子** guān cái ráng·zi (瓤子俗读 yáng·zi)死尸。常用以称快死的人（也常用以骂人）：我们都是~啦！|这老~,还不死！也作"棺材穰子"。

**关** guān ①牵连；涉及；关系：这不~你的事|~你啥事！也作"管"。②发放；领取（工资、薪饷）：每月8号~工资。|这月钱还没~啦。③门闩：门插~儿。|④关心；参与：不~国事|不~此事。⑤围棋手法之一,两子正相对而立者谓之关：单~|双~。

**关防** guān fáng 贵族妇女解小便的雅称：~盆儿。

**管** guǎn ①(介词)跟"叫""称呼"相配合,作用与"把"相近:我~他妈妈叫三姨。|大家都~他叫"好书记"。②关涉:不~你的事,少打听!③供给;提供:今天你敞开肚皮吃吧,~够。|接~送。|西瓜~打。④不管;无论:~你爱听不爱听,他总是说。⑤一定;准定:~把他打败。⑥尽管:~生气,解决不了问题。⑦引进动作行为的对象,相当于"向""跟":没钱~我要。|~你爸爸要钱去。⑧量词(用于笔或细管状物):两~笔。|一~笛。⑨保证;包管:~你没事儿。|~不受累。

**管自** guǎn zì ①径自:他水也没喝一口,~回家去了。②只管:让他们去商量吧,我们~干。

**管保** guǎn bǎo 肯定;保证:~让你满意。|~不会出错。

**管情** guǎn·qing 管保;包管:~你受埋怨。|~个个儿都好。

**管顾** guǎn gù ①照顾:他整天不着家,从不~家里的事儿。②只顾:别~着吃!

**掼** guàn ①跌;使跌:沿路滑得~了好几跤。②扔;摔掉:把笆斗往地上一~。|~纱帽(比喻气愤或不满而辞职)③握住东西的一端而摔打另一端:~稻|~桶。④球类比赛进球:他~进一球。|今天我队挨~了。

**灌口** guàn kǒu 给牲口灌药用的器具:拿~来,配好药马上灌。(与"贯口"不同)

**光趟** guāng·tang 光滑;不粗糙:席子编得又细密又~。

**光腚** guāng dìng 光着屁股(腚:屁股)

**光腚光** guāng dìng guāng 全部用光;钱花个~。(见"精光精")

**光屁溜儿** guāng pì·liur 裸体:~多难看!|孩子们~在院里玩儿。也说"光眼子"。

**咣当** guāng dāng ①象声词,形容撞击振动的声音:~的一声,关上了大门。②反复开关(门、窗):别老~门。("当"读轻声)

**广** guǎng 打架;争吵:他俩又~上了。

**桄** guàng ①把线绕在桄子(竹、木制成的绕线器具)上:把线~上。②在桄子或拐子上绕好后取下来的成圈的线:线~儿。③量词,用于线:一~儿线。

**逛悠** guàng·you 无所事事,随意游逛:你整天瞎~什么?|领孩子上街~~。也作"逛游"。

**归里包堆** guī·li bāo duī (堆,俗读 zuī)总计;拢共:家里~就我和老伴儿俩人。也说"归了包堆"。

**归齐** guī qí ①到底;结果;最后:说了半天,~他还是没去。②总共:连去带回,~不到一个星期。

**归终** guī zhōng ①最后;到末了儿:为他们忙上忙下,~倒落(lào)了一身不是。②归根到底:~还是他对了。|~仍是这个理儿。

**归总** guī zǒng ①归并:把这些材料~一下。②总共:~就这么点儿事儿。③结尾;归结;结果:~写上俩字就走了。|~还是他去了。

**归置** guī·zhi 整理(散乱的东西);收拾:把东西~~,马上就要动身了。|他把屋里~得整整齐齐。也说"归

着(guī·zhe)"。

**鬼睒眼** guǐ shǎn yǎn ①眨巴眼（多指光闪烁不定）：黑夜中星星都在~。②形容闪烁不定：~的天空。

**鬼道** guǐ·dao 机灵：这孩子真~。

**鬼魔三道** guǐ·mo sān dào 鬼鬼祟祟：他这人怎么总~的。

**诡道** guǐ·dao ①指儿童机灵：这孩子多~。也作"鬼道"。②油滑；狡诈：这人~，不可交！

**绲边儿** gǔn//biānr 在衣服、布鞋等的边缘特别缝制布条、带子等，形成一种圆棱儿；在袖口上绲上一道边儿。也作"滚边儿"。

**滚** gǔn 很；特别：~热~热的水。|~烫|~圆|~滑|锅里的水~开了。

**锅** guō 弯：~着腰。|腰别~着|一~腰就拾着了。

**锅帘儿** guō·lianr 用高粱秸等编扎成的锅盖：盖上~。

**聒噪** guō zao 声音杂乱；吵闹：~得人心烦。|妇女们叽叽呱呱地~着。

**裹** guǒ 吸；吮：孩子正在~奶。|~了两口酒就走了。

**裹乱** guǒ//luàn 加入其中扰乱；搅扰：他正忙着，你去裹什么乱！

**馃子** guǒ·zi 油条：炸~。|煎饼~。

**过** guò ①在一起生活：你不想~啦！②交谈：~话|我和他没话可~。③用肥皂、洗涤剂等洗后，用清水漂洗：洗后马上~水。|已经~了四遍了。④用水浸一下即捞出：面条刚煮熟，用凉水~~再拌卤儿。⑤交情深，关系密切，过往多，不分彼此：咱哥俩~这个。

**过儿** guòr 遍数，次数：已翻弄两~了，还是没找到。

**过傤** guò zài 把一个运输工具上装载的东西卸下来，装到另一个运输工具上。也作"过载"。（与"过傤儿"不同）

**过节儿** guò jiér ①待人接物时所应重视的礼节或手续：你怎么连个送礼的轻重~也不明白？②嫌隙：他们之间有~，你不是不知道吧？③细节；琐事：这些小~，我想你不会记在心里。④经过的情况：他的坦白很突然，有些~也说不清楚。

**过淋** guò lìn 过滤：把熬好的中药用纱布~一下。

**过气** guò qì 过去走过红，现在已背时或被抛弃：她早已是~明星了。

**过处** guò·chu 缘故：这事没办好，主要是他不重视的~。

**过招儿** guò zhāor 比试武艺；较量：咱俩过过招儿。

# H

**哈喇** hā·la 食油或含油食物日久变质的怪味:点心~了,不能吃了。|香油有点~味儿。

**哈喇子** há lá·zi 流出来的口水:馋得他直流~。也作"哈拉子"。

**哈哧** hā·chi ①喷嚏:打了个~。②急促喘气声:跑得~~的。(注意与"哈欠"不同)

**哈失** hā·shi 哈欠。也作"哈什"。

**哈气** hā//qì ①张口呼气:冻得直~。|往玻璃上哈了一口气。②张口呼出的气:冬天,在室外跑步,嘴里吐出~。|用~把玻璃上的霜融化。③玻璃等物表面凝结的似雾的东西:冬天从外面进屋,眼镜片上有一层~。④叹气:一提起那事儿,他就~。

**哈腰** hā yāo ①弯腰:练~动作。②稍微弯腰,表示恭敬:看他那~样儿。|他站起来,脱帽~。|点头~。

**哈哈** hā hā ①大笑声:~大笑|嘻嘻~|他站在那儿~不止。②常与"打"连用,谓"开玩笑"(后一个"哈"读轻声):别净拿他打~。|这不过是逗笑

打~。|他和我打了句~。③(~儿)可笑的事:他老是说些~儿逗大家笑。

**哈哈镜** hā·ha jìng 用凹凸不平的镜面制成的镜子,照出来的形象奇形怪状,引人发笑,故名。

**哈巴** hā·ba 走路时两膝向外撇:走起路来两条腿一~一~的。

**哈撒** hā·sa 晃动;摇动:这个人坐没坐相,老~椅子。

**蛤蟆** há·ma 青蛙和蟾蜍的统称。

**蛤蟆夯** há·ma hāng 一种电动夯。用电动机作动力甩动铁砣,铁砣向前移动时,夯体像蛤蟆跳跃,一步步砸实地基。

**蛤蟆镜** há·ma jìng 镜片较大,略呈蛤蟆眼睛形状的太阳镜。

**哈悠** hà·you 器物部件因接合不紧密而松动、摇晃:我组装得这家具不带~的。

**嗐声叹气** hāi shēng tàn qì 因烦闷或伤感而叹息:你怎么总~的。也说"唉声叹气"。

**嗐声跺脚** hāi shēng duò jiǎo

形容惋惜、焦急或气愤的样子:他气得直~。|他~地接着话茬说。

**嗨哟** hāi·you 个人或众人做体力劳动使劲儿时的呼喊声:加油呐,~!使把劲儿啊,~!拉上来啦,~!

**嗨子戏** hāi·zi xì 戏曲剧种。因演唱先以"嗨"字音起腔而得名。流行于安徽、河南的部分地区。

**海选** hǎi xuǎn ①由选民广泛提名候选人并直接投票选举的选举方式。②在人海中遴选:超女李宇春在~中脱颖而出。

**害** hài 患病;发生疾病:他总~病。|这两天~眼。|~肚子。

**害口** hài kǒu 因怀孕而恶心、呕吐、食欲异常。

**害孩子** hài hái·zi 同"害口"。也说"害喜"。

**憨子** hān·zi 傻子:他纯粹是个~,什么也不懂!

**顸** hān 粗:这根棍子太~,换细点儿的。

**顸实** hān·shi (物体)粗大而结实:挺~的一根棍子。

**寒碜** hán·chen ① 丑陋;难看:长得倒不~,就是矮了点儿。 ②丢脸;不光彩;不体面:考试不及格多~!③讥笑;揭人短处,使失去体面:当着大伙~他。

**含糊** hán·hu ①含混不清,故意遮掩:这事他说得含含糊糊。②马虎;敷衍:这事咱可不能~。③示弱;服软:你再横我也不~。也作"含忽"。

**汗褟儿** hàn tār 夏天贴身穿的中式小褂:他上身穿了一件对襟白~。

**汗褡** hàn jiá 夹背心:穿件~再出去。|他把~一丢就跑了。

**汗腥味儿** hàn xīng wèir 汗臭:浑身都是~。

**行** háng 排行:在家里我~二,他~三。

**行乎** háng·hu ①马虎:干什么事都不能~。②次于,弱于:谁~谁呀。|我不~你。

**行子** háng·zi ①称不喜欢的人或东西(有蔑视意):我不希罕这~。|混账~。②树与树之间的空地、路径;行距:我们顺着柳树~散步。|棵把多,~小,打的粮食吃不了。(农谚)

**行…行…** háng…háng… 一会儿…一会儿…;有时…有时…:~来~不来|~多~少|~快~慢|~好~坏|~说~不说|~大~小。

**杭** háng 忽然:~好~歹。|~有~无。|~快~慢。|~亮~暗。

**绗** háng 缝纫方法,用针线固定面儿和里子以及所絮的棉花等,缝时针孔疏密相间,线大部分藏在夹层中间,正反两面露出的都很短:~棉袄。|~被子。也说"缏(yǐn)"。

**绗线** háng xiàn 将绵絮、丝绵、绒毛等和里子固定在面儿上的线脚:把棉衣再砸上几趟~。

**薅** hāo 用手拔或揪:~苗|剃头的技术真是高,不用剪子不用刀,一根儿一根儿往下~。(童谣)|从车上把他~下车!

**好歹儿** hǎo dǎir ①好坏:这人真不知~。②指危险(多指生命危险):她有个~,这可怎么办?

**好歹** hǎo dǎi ①好坏:~就是他了。②不管怎样;无论如何:你~也得来一趟。③不问条件好坏,将就地(做某件事):~吃点儿就行了。也说"好赖"。

**好模样儿的** hǎo·mu yàngr·de ("样儿"俗读 yěr)好好儿的;无缘无故的:她~哭了。｜怎么这东西一就没了?｜~说死就死了!也说"好没影儿的""好不秧儿的""好么样儿的""好模央儿的"。

**好生** hǎo·sheng 好好儿的:~活着。

**号房子** hào fáng·zi 将房子标上记号,以便分配:大队人马到之前先让老王打前站去~。

**号志灯** hào zhì dēng 铁路上用的手提的信号灯。

**号脉** hào mài 诊脉。

**好** hào ①喜欢;爱好:~色鬼(贪爱女色的人)｜~吃懒做｜~客｜~酒贪杯。｜~问｜~玩儿｜这个人~说｜他这个人挺~面子的。②表示物性或事理的倾向:水果这样存放~烂。③常容易(发生某种事情):刚学走的孩子~摔跤。｜酒喝多了~惹事。｜我的眼一见风~流泪。

**好事儿** hào shìr ①喜欢管闲事:不是我~,这事我管定了。②爱兴事端,喜欢多事:他年轻~,冒失糊涂。③热心助人:她~,一副热心肠。

**耗** hào 拖延:这么~着可不行。｜别理他,~着。｜~工夫。｜~会儿再走。

**合该** hé gāi 表示所述结果或所涉及之事本来就应这样,有理所当然或注定如此的意思:这事儿~我倒霉。｜~奖励｜~回避｜~庆贺｜~如此。｜~有救。(注意,所涉及的对象可以是好的、积极的,也可以是中性的,不好的,消极的。与"活该"不同)

**合式** hé shì ①合得来:姑嫂平时不太~。②合乎一定的规格、程式;合乎情理:这样做也不~吧。③合意;满意:他说的让人觉得很~。

**合页** hé yè 由两片金属构成的铰链,每片上有孔,插入螺钉分别固定在门与门框、窗与窗框、箱盖与箱体上,便于开合。也作"合叶",也说"合扇儿"。

**喝足** hē jū ("足"古读jù,变调为jū)喝足(zú)了(指喝酒)并喝得尽兴,痛快:今天您没~,下次再补吧。

**呵手** hē//shǒu (俗读hā//shǒu)向手嘘气使暖:太冷了,呵呵手再写。

**合** hé ①计算折合;相当于:一美元~多少人民币?｜加上损耗,~五元一斤。②量词。一副烧饼夹油条为一合。

**合着** hé·zhe 表示发现某种情况;原来(有"闹了半天""实际上"意味):说了半天,~你没听见?｜噢!~坏事儿都是我的,你一点责任都没有?也说"合算"。

**河沿儿** hé yánr (俗读hé yànr)河流的边沿或沿河岸一带:孩子们到~去玩。｜他家住在~东边。

**饸饹** hé le 用荞麦面或高粱面等轧制的面条,下锅煮熟后,捞出过凉水,拌蒜末、酱油、麻酱等作料吃。也称"河漏"。

**黑不溜秋** hēi·bu liū qiū 形容黑得难看:看他那张~的脸。也作"黑不溜鳅""黑不溜球"。也说"黑古溜秋"。

**黑脖溜粗** hēi·bo liū cū 形容黑而粗壮:别看这小子~的,心还挺细。也说"黑不楞敦"。

**黑灯瞎火** hēi dēng xiā huǒ ("瞎"俗读 xià)形容黑暗没有灯光;摸黑:楼道里~的。|他~地到处搜索着。也作"黑灯下火"。

**黑咕隆咚** hēi·gu lōng dōng 形容很黑暗:天还是~的,他就起床了。也作"黑古龙冬"。

**黑漆寥光** hēi qī liáo guāng 形容黑暗:屋里~的。

**黑价白日** hēi jia bái rì 整天整夜,夜以继日:他怎么~那么忙?

**黑不唧** hēi·bu jī 形容黑色(含厌恶意):他满手都弄得~的。

**黑黢黢** hēi qū qū 很黑:山洞里~的。|两道~的浓眉。

**黑魆魆** hēi xū xū ①光线很暗:屋里~的。②颜色发黑:皮肤~的。③形容密集的人或密集、大片的东西:广场上~站了不少人。|屋里堆满~杂物。

**很芭乐** hěn·ba lè 很讨厌:这人真是~。

**噙** hán (qín 的变读)含着(仅用于嘴、眼):嘴里~着块糖。|眼里~泪水。也作"含"。

**狠儿** hěnr ①婴儿着急、发怒时咬牙、握拳、颤抖、板脸等:这孩子打个~。②有时成人逗婴儿使之发出上述动作、表情:(逗婴儿)宝宝,来个~。

**狠劲儿** hěn jìnr ①用力,使劲:别不~|~拽住了。②凶狠的劲头儿:看他那个~,怪吓人的。

**哼唧** hēng·ji ①低声说话、歌唱或诵读:他~了半天,也没说明白。|他一边干活儿,一边~着小曲儿。②痛苦呻吟声:他躺在床上哼哼唧唧地叫唤。

**哼哈儿** hēng hār 模拟从鼻子和嘴里发生的含糊应答声。多用来形容对他人说话漫不经心的应付态度;也形容对他人一味顺从的应声:你说得那么认真,他却~地不往心里去。|让他说去,你给他来个~。

**哼哧** hēng·chi ①形容粗重地喘息:他累得~~喘大气。②痛苦呻吟声:总听见他躺在床上~。

**横作** héng zuō 由着性子、肆无忌惮地自找不幸:你就~吧,早晚得出大事儿。

**横许** héng xǔ 副词,表示揣测;大概:雨下得这么大,~他不来了。

**横直** héng zhí 反正,横竖:不管多忙,~得去一趟。

**横是** héng shì 表示揣测语气,相当于"也许""大概":这么晚了,他~不来了。

**横** hèng 粗暴,野蛮,不讲理:他对人总是那么~。|他也怕~的。

**横劲儿** hèng jìnr 蛮横无理的态度:瞧你那~,我并不怕你。

**哼** hèng 发狠的声音:~,我就不信管不了他!

**红模子** hóng mú·zi 印有红字、供儿童练习毛笔字用的纸,练习时可用毛笔顺着红字的笔画摹写:孩子每天描三张~。

**红苕气** hóng sháo qì 土气:他有点儿成都人所挖苦的~。

**红不棱登** hóng·bu lēng dēng

红(含厌恶意):她穿的那件衣服~的,太难看了。

**哄弄** hǒng·nong 欺骗;耍弄:这是实话,我不~你。|别总~人。(参阅"糊弄")

**齁** hōu ①太甜或太咸的食物使喉咙不舒服:这菜咸得~人。|~甜。②副词。非常;过于(多表示不满意):菜~咸~咸的。|~苦|~贵|天气~热。|孩子~皮。(也作"猴儿皮")|这人~精。(也作"猴儿精")(注意,只有与"急""皮""精"搭配时,"齁"也可写作"猴",其他不行)

**齁喽儿** hōu·lour 哮喘声:这些天嗓子总是~~的。

**猴** hóu ①乖巧;机灵(多指孩子):这孩子太~了。②像猴似的蹲着:他~在那儿直哆嗦。

**猴儿急** hóur jí 急得像猴儿一样抓耳挠腮,形容人很着急:时间足够,用不着~。|这事真让人~。

**猴儿精** hóur jīng ①比喻机灵或顽皮的人:这个人~,瞒不了他。|这孩子~得厉害。②形容人很精明:这小子~~的。

**猴儿了巴叽** hóur le bā jī 顽皮,浮躁;相貌、言行不像个人样:这孩子~的。|这人长得~。也作"猴儿拉八叽"。

**猴精百怪** hóu jīng bǎi guài 机灵、狡猾:这个人~的。

**猴子** hóu·zi 疣的通称:他脸上有个~。

**后摆** hòu bǎi 衣服后幅的最下面的部分。

**后尾儿** hòu yǐr (尾也读yǐ) ①后面:他落在~了。②后来:他~又说了句话。

**后首** hòu shǒu ①后来:当时没听懂,~一想才明白。②后头;后面:他落(là)在最~了。

**后戳儿** hòu chuōr 背后支持、援助、撑腰的人或势力:这些人来头儿不小,必有~。

**后捎** hòu shāo 向后退一点儿(多指骡马、车辆):把车向~。

**厚实** hòu·shi ①形容衣物较厚:新被子~暖和。②丰厚;扎实:他中文底子挺~。③殷实:家底儿也算~。④厚道实诚:他是个~人。|这人挺~。

**候** hòu ①等待;等候:这事~~再说。|我在这~了老半天了。|出租车司机在路边~活儿。②迎接:知道您要来,我一直在这~着了。③付账:这顿饭钱我~啦!

**帲** hū 覆盖;紧裹:小苗儿都快让草~死了。|湿衣服~在身上多难受!

**糊** hū 用或被较浓的糊状物涂抹或覆盖缝子、窟窿或平面:往墙上~上一层泥。|眼被眼眵~上了。

**忽悠** hū yōu ①晃动;摇摆:演员在钢丝上一个不停。②(用虚伪言词或狎昵动作)欺骗蒙哄:上次买拐让你~了。(赵本山、范伟合演的小品中台词)|大~(口蜜腹剑的骗子)。③煽动:他到这里~人闹事。④内心波动、冲动:我心里直~。⑤飘忽、不踏实:我总有点~的感觉。⑥支撑,对付:这家买卖还免强~着。⑦(用吹嘘的方式)兜售:怎么~也卖不动。⑧不着边际说大话,吹牛:别听他瞎~。

**忽忽悠悠** hū hū yōu yōu ①神志恍惚:感冒了,烧得我~的。②形容悠闲:坐车~,一会儿就到了。

**㧎** hū ①击;(以掌)扇:一巴掌~过去。|~他一个嘴巴。②投放:这两年卖服装赚钱,我把积蓄全~了。

**㧎拉** hū·la (俗读hú·la)①用手横扫:把桌子上的东西一~一地。②抚摸:她~着孩子的头发。③照应,管:三四个孩子她也~不过来。④(草率地)做,对付:这几个炒菜总算~出来了。(与象声词"呼啦"和形容词"忽拉"不同)

**㧎拉㧎拉毛儿,吓不着** hū·la hū·la máo, xià bù zháo 哄婴儿的俗语。当婴儿跌倒或被磕碰受惊吓后啼哭,大人总要用手摩挲着孩子头,口里反复念叨这句话。

**呼哒** hū·da 用纸、布等片状物扇动:用扇子给孩子勤~着点,蚊子太多。

**呼噜** hū·lu ①象声词。模拟呼吸受阻或吞食时从喉咙里发出的响声:嗓子眼儿~~地响。②睡觉时因呼吸受阻而发出的声响:他睡觉爱打~。

**呼扇** hū·shan ①(片状物)颤动:跳板太长,走在上面~~的。②用片状物扇风:他满头大汗,摘下草帽不停地~。

**呼嗤** hū·chi 形容喘粗气的声音:他累得直~。也作"呼吃""呼哧"。

**呼哧带喘** hū·chi dài chuǎn 呼吸不畅,气喘吁吁:他才四五十岁就~。|他一口气跑到家~的。也作"呼嗤带喘"。

**烀** hū 用少量的水,盖紧锅盖,加热,半蒸半煮,把食物弄熟:~一锅山芋。|放到锅里~一~。

**洿浴** hū·yu 洗澡。

**忽拉** hū·la 形容迅速:~一下全跑光了。|~一片全白了。

**忽剌巴儿** hū là bār ①无端地,凭空地:你这~的指责有根据吗?②(事情)突然间,没有意料到:~的打发个孩子过来。

**胡臭儿** hú chòur 不讲理不懂事,有时用以昵称孩子:别理他,他是~。|这孩子真~。

**胡擂** hú lēi (擂léi 变调)信口胡说:你这不是~吗?也作"胡勒"。(如"狗戴嚼子——胡勒")

**胡抡** hú lūn ①乱来;蛮干:办事考虑好,~不行!②信口开河;戏言;畅所欲言:你在那~什么?

**胡扯八溜** hú chě bā liū 瞎说,乱说:别听他~。("八"也作"霸")

**胡拉乱扯** hú lā luàn chě 胡扯,乱说:别听她的~。也说"胡拉混扯"。也省作"胡拉扯"。

**胡吣** hú qìn 没有根据或不合情理地乱说;胡说八道(脏话、骂人的话):去你的,~!|别满嘴~。

**囫囵** hú lun ①完整;整个儿:睡个~觉(jiào)|我要个~个儿的西瓜。②含混,吞吞吐吐:说话怎么总是~的。|~了半天,也没说明白。也作"胡伦"。

**囫囵个儿** hú·lun gèr ①指不脱衣睡觉:他~睡着了。②完整的;整个儿的:解放前他没有一件~的衣裳。

**胡噜** hú·lu ①抚摩:他高兴地~着光秃秃的脑袋。②用拂拭的动作把东

## 会说不会写的词语

西除去或归拢在一起：把桌子上的钱都~到他那边儿去了。③应付；办理：一个人~不过来。

**胡诌** hú zhōu 随口瞎说；胡编：~一气｜~白咧(乱说一气)。

**胡咧咧** hú liē liē 信口乱说：别听他~。也说"胡咯咯"。

**糊吃闷睡** hú chī mèn shuì 随意吃喝和睡觉，无忧无虑：他成天~，什么也不上心。｜小孩~才能长肉。

**胡吃海塞** hú chī hǎi sāi ①胡乱吃喝：他在外面~，得了肝炎。②大吃大喝：大家~了一顿。("塞"有的地方也读 sái)

**胡里八涂** hú·li bā·tu (涂，俗读作 tū)形容不明事理或对事物的认识模糊：酒喝得~的。｜这事儿弄得我~的，不知是怎么回事。｜这个人整天~的。也说"糊里糊涂"。

**胡撸忙乱** hú·lu máng luàn 形容匆忙马虎：看你这~劲儿，非坏事儿不可。

**胡诌白咧** hú zhōu bái liě 胡说八道；胡乱编造：别听他尽~。也作"胡诌百咧"。

**胡搅蛮缠** hú jiǎo mán chán 不讲道理，故意胡乱纠缠：你怎么这么~！｜有理讲理，~不行！

**胡闹八光** hú nào bā guāng 行动随意，不合理：别再~了。

**胡子拉碴** hú·zi lā chā 形容满脸胡子未加修饰：这人脸脏兮兮的，还~。也说"胡子扎撒"。

**胡子茬儿** hú·zi chár 剪而未尽或刚长出来又短又硬的胡子：满脸~｜没刮干净。也叫"胡槎""胡楂"。

**湖绉** hú zhòu 产于浙江湖州市的丝织品，练染后表面起明显绉纹：~被面｜~帐子。

**核儿** húr ①核果中心的坚硬部分，里面有果仁：梨~｜枣~。｜吐~。②物体中像核的部分：煤~｜冰~。

**和了** hú·le 打麻将或斗牌时某一家的牌合乎规定的要求，取得胜利：这局他~。也作"胡了"。

**糊糊** hú·hu ①用杂面、面粉等熬成的糊状物：喝碗玉米糁~吧。②比喻乱子：去年这里闹了不少~。

**煳** hú 食品经火变焦发黑；衣服等经火变黄、变黑：饭烧~了。｜一股~味。

**壶卢儿** hú lúr 鸽子身上系的哨：鸽子一飞，~响个不停。

**虎势** hǔ·shi 形容人健壮：这小伙子长得真~。也作"虎实"。

**唬事儿** hǔ shìr 故意装出某种样子欺哄、蒙骗：你这明明是~。

**护犊子** hù dú·zi ①袒护自己的孩子：他妈妈~。②偏袒自己的亲信：他们科长~。

**糊弄局儿** hù·nong júr 敷衍蒙混的事情或手段：他马马虎虎拾掇一下就走了，这不是~吗？｜别竟干些~的事儿。也作"胡弄局儿"。

**糊弄** hù·nong ①欺骗；蒙混：别~我。②将就；勉强对付：衣服旧了些，~着穿吧！也作"唬弄""胡弄"。

**戽斗** hù dǒu 汲水灌田的旧式农具，外形像斗，两边system绳。操作时，两人对站拉绳，将水汲上来。

**瓠子** hù·zi 一年生草本植物，茎蔓生，茎、叶有茸毛，叶心形，开白花,果实叫瓠瓜,细长、圆筒形,可以作蔬菜。

**砉** huā 迅速动作的声音:乌鸦~的一声飞走了。|大门~地关上了。

**花插着** huā chā·zhe 交叉;交错:大人孩子~坐在树阴下听评书。

**花费** huā fèi ①消耗的钱财:这工程~很大。②因使用而消耗掉:~时间|~工夫。

**花活** huā huó 花招;欺骗人的狡猾手法:这里~肯定不少。|别玩鬼~。

**花骨朵儿** huā gū duōr 花蕾的俗称:树上已有了很多~。

**花货** huā huò 指风骚的女人:她是这村有名的~。

**花不棱登** huā·bu léng dēng 形容颜色错杂(含厌恶意):这件衣服,我不喜欢。也作"花不楞登"。

**花搭着** huā·da·zhe 种类或质量不同的东西错综搭配:细粮粗粮~吃。|这些衣服可~穿。

**花霾脖子** huā·mai bó·zi 指狡猾奸刁的人:别竟结交些~。

**花花搭搭** huā·hua dā dā ①颜色分布不均匀:这块布没染好,~的。②形容大小不一、疏密程度不同:天上~地有些云彩。|树上~地开了些花儿。③形容互相搭配间杂:黄瓜地里~种些西红柿。④同"花搭着"。

**花哨** huā·shao ①颜色鲜艳多彩(指装饰):穿得过于~。②花样多;变化多:电视上的广告越来越~。(①②也作花梢)③衣物或装饰品色泽不匀调(含贬义):她穿得太~了。④男女关系放荡:他年轻时~着哪。⑤炫耀,卖弄

他好在人前~。⑥花言巧语:满嘴~。

**花销** huā·xiao ①开支;花费:他的工资只够他一人~。②开支的费用:人口多~大。|这次旅游~不大。③旧时称买卖产业或商品时的佣金或捐税。泛指苛捐杂税。也作"花消"。

**花项** huā·xiang 花钱的项目:我没什么~,要不了这么多钱。

**花里胡哨** huā·li hú shào ①形容颜色过分鲜艳繁杂(含厌恶意);打扮过于艳丽:她穿得~的。②比喻浮华,不实在:他尽干些~的事。也作"花丽胡哨""花狸狐哨""花里胡绍"。

**划拉** huá·la ①用拂拭的方式除去或取去:好歹扫、掸几下,把身上泥~掉。|你没事儿把屋里地~~。②寻找;设法获取:你一进屋就~吃的,饿坏了吧? ③搂(lōu):在山上~干草。|~几个钱儿花。④打:真让他~两下子就糟了。⑤聚:把零钱~~也有几千元。⑥奸污:好好的大姑娘让他~了。(与"画拉"不同)

**滑不唧唧** huá·bu jī jī 形容很滑(含厌恶意):刚下过雨,地上~的。也说"滑不唧溜""滑不溜鳅""滑不唧"。

**滑擦擦** huá cā cā 滑溜、光滑的样子:在雪地里走,~的。

**滑刺溜** huá cī liū 形容很光滑:镜子似的冰面~的。也说"滑出溜"。

**滑精** huá jīng 遗精的一种。中医称自行滑泄精液。

**画拉** huà·la (俗读huá·la)随意涂抹或潦草地写:这是他在纸上乱~的,认不出是什么字。|好歹~一篇交差。

**化浑儿** huà//húnr 明白;想通:

你脑子怎么不~呢？|你怎么化不过浑儿来。

**话篓子** huà lǒu·zi 比喻爱说话的人：他是我们班出名的~。

**话茬儿** huà chár ①话头；接着他的~说。②口气：听他那~，他很自信。也作"话碴"。

**话痨** huà láo 讥讽人言语过多，如患病一样，令人生厌：这个人是~，别理他。|你说起来没完没了，也不怕得~！

**欢实** huān·shi 起劲；活跃；开心：孩子们玩得多~啊！|机器转得挺~。也作"欢势"。

**荒荒** huāng·huang 无所事事；空耗宝贵时间：这么个大活人，就会干瞪着眼睛看自己的儿女在家里~着。|这几天你竟愣~过来了。

**荒信儿** huāng xìnr（俗读 huǎng xìnr）不确定的或没有证实的消息：头两天光听到个~，没往心里去。也说"谎信儿"。

**慌** ·huang 用在"得"字后作补语，表示前面所说的情况程度高，让人难以忍受（读轻音）：真让人疼得~。|心里闷得~。|他这话真叫人气得~。|我今天心里堵得~。|有点儿累得~。|怪叫人想得~。

**慌脚鸡** huāng jiǎo jī 形容人行动慌忙，不稳重，毛手毛脚：看他那~似的。也说"毛脚鸡"。

**慌神儿** huāng//shénr 心慌意乱，神色慌张：有点儿~。|他一下子慌了神儿。

**黄** huáng 事情失败或计划不能实现；落空：对象~了。|买卖~啦！

看来事情要~。

**黄梨** huáng lí 滥竽充数的人；无真本事的人：他是个~。

**黄皮寡瘦** huáng pí guǎ shòu 面黄肌瘦：看他那~样儿。

**晄白** huǎng bái 脸白而带晦滞之色，是病容。中医认为是虚寒证的一种表现：面色~。

**恍惚** huǎng·hu ①隐约不清，不真切，不易辨认：我~听他说过这件事。|~看过一次，记不清了。②神志不清；心神不定：精神~|这两天恍恍惚惚的。也作"荒(huǎng)忽""慌(huǎng)惚"。

**恍忽儿的** huǎng·hur de （记得、听得、看得）不真切，不清楚：我~听说过。|离得太远了，看得~。

**晃悠** huàng·you ①向两边慢摆动：地震时房屋都~起来。|喝醉了吧，看他走道直~。②摇晃不稳：两脚有点儿~。③闲逛；无所事事：你在街上~什么。|整天不干事，瞎~。也说"晃晃悠悠""晃悠悠""晃荡"。

**灰不溜丢** huī·bu liū diū ①形容灰色(含厌恶意)：破皮箱用块~的包袱皮兜着。②形容懊丧或狼狈的神态：结果闹得自己~的，下不来台。也说"灰不溜秋"。

**灰不喇叽** huī·bu lā jī 形容灰色(含厌恶意)：这件衣服~，不好看！也说"灰不济"。

**回头** huí tóu 待会儿：你先走，~我再去。

**回茬儿** huí chár 同种作物在正茬收获后复种的那一茬：抓紧时机种好~作物。

**回笼觉** huí lóng jiào 早晨醒来后重又入睡。

**回楦儿** huí xuànr ①用鞋楦排大了的鞋又缩小了：这鞋一~就合适了。②鞋小了用鞋楦排大：鞋小了回回楦就行了。③比喻没有长进：我看你越来越~了。

**回弯儿** huí//wānr（俗读 huí wànr）①（手臂、腿等）弯曲：胳膊不能~。②思想扭转：你脑子怎么回不过弯呢?

**茴香** huí·xiang 多年生草本植物，叶子分裂成丝状，花黄色。茎叶可食用：~饺子。

**毁** huǐ 把成件的旧东西（多指衣服）改成别的东西：用一件大褂给孩子~两条裤子。|这俩小凳子是那破桌子~的。

**悔棋** huǐ qí 将已下定的棋子收回重下：不许~。也说"回棋"。

**会子** huì·zi（"会"俗读 huǐ）指一段时间：他已来了~了。|说~话了。

**浑球儿** hún qiúr（骂人的话）不明事理的人：别跟他这~讲道理。|这是哪个~干的! 也作"混球儿"。

**混儿混儿** hùnr·hunr（俗读 huìr·huir）流氓；无赖；游手好闲，不务正业或干小偷小摸之事的人：他是个小~，让警察抓走了。

**混帐行子** hùn zhàng háng·zi 指品行恶劣的人：受~的气|这个人纯粹是个~。"混帐"也作"混账"。

**溷气** hùn·qi 葱蒜等腐烂的气味儿。

**豁** huō ①裂开；缺损：~嘴（裂唇；唇裂的人）。|鞋帮~了个口子。②不惜代价；狠心舍弃（俗读 hē）：~出去了。|~老命也要干下去。|~出三天工夫陪你。③指草和庄稼混长在一起，把土地糟蹋了：地~了，收成不好。

**豁嘴** huō zuǐ ①嘴唇裂缺，即兔唇：~儿的老头儿。②豁嘴的人：他是个~儿。

**豁边** huō biān ①过头；超出限度：公款用~了。|你这种做法有点儿~。②错误：难道我的估计~了吗?

**豁出去** huō chū qù（豁，俗读 hē）不惜付出一切代价：咱~了，和他拼啦。|我这条老命也~了。

**劐** huō 用刀尖插入物体，然后顺势拉(lá)开：把鱼肚子~开。|把面袋~个口子。

**耠地** huō dì 用耠子翻松土壤。

**锪** huō 一种金属加工方法。用专门刀具对工件上已有的孔刮平端面或切出锥形、圆柱形凹坑：把钢件上的孔~大点儿。

**和** huó 在粉状物中加液体搅拌或揉弄使有黏性：~面|~泥。

**活泛** huó·fan ①为人处事灵活；能随机应变：这人太死性，一点不~。②活跃：会场~些了。③（经济）宽裕：手头儿比以前~多了。④动作敏捷灵活：腰腿~。⑤鲜嫩：肉皮儿~。|这鱼吃着不像新鲜的那样~。⑥活动：他的心叫我说~了。

**活分** huó·fen ①灵活：这人脑子一点儿也不~!②方便：钱你先用着，等手头~了再还。也作"活份"。

**活该** huó gāi ①表示事情注定如此，不可避免：~挨一顿打。|~有事儿。②表示事情本应如此，一点也不委

屈。有不值得怜悯同情的意思,有时还用于幸灾乐祸:~倒霉。|~受罪。|挨一顿臭骂,~!(所涉及的事情均是不好的、消极的。与"合该"不同。他可置后也可单用。参阅"合该")

**火柿子** huǒ shì·zi 西红柿的俗称:买两斤~。

**火烧** huǒ·shao 表面没有芝麻的烧饼:吃了两个~。|~夹馃子。

**火筷子** huǒ kuài·zi 夹炉中煤炭等燃料和通火用的工具,用铁条制成,一头尖、另一端弯成把手或有铁链联结两根:用~捅捅炉子。

**货** huò 对人的贬称(多用为詈词或玩笑话):这个人纯粹是个吃~。|不中用的~。|笨~。

**嚄** huò ①叹词。表示惊讶:~,真了不起。|~,两年不见,长这么高了。|~,好大的一条鱼!②象声词:~的一声飞了。

**和** huò ①粉状或粒状物掺和在一起,或加液体搅拌使成较稀的东西:稀饭里~点糖。|~稀泥。②量词,指洗东西换水的次数或一剂药煎的次数:衣服已经洗了三~了。|二~药。

**和弄** huò·nong ①搅拌:把饺子馅儿再~~。|把玉米面放在白面里,再~匀了。②挑拨:她爱~是非。|我们的关系叫他~坏了。

**豁亮** huò liàng ①宽敞明亮:这间屋子又干净又~。②(思想、心胸等)开朗;亮堂:听了他的讲话,我心里~多了。③(嗓音)响亮:他的嗓音挺~。

**祸祸** huò·huo ①糟蹋;损害:你这不是~人吗?|田鼠净~庄稼。|不能~粮食。|新打扫的房子又让孩子~脏了。②奸污:这姑娘叫他给~了。

**祸泛** huò·fan 祸害:真~人。

**祸害** huò·hai ①引起灾难、祸患的人或事物:这个流氓团伙,是这里的一大~。|怎么把这个~留在这儿了。②灾难;祸患:这场~真不小。|这样办总要酿成~。③严重损害:老鼠太~人了。④摧残;糟踏:这小子~不止一个女人。⑤弄得脏乱:别让孩子乱~。|屋子让他~成什么样子了。

# J

**唧唧缩缩** jī jī suō suō ①胆怯；羞涩，言谈举止不大方，拘束：他这个人~的，没点儿冲劲儿。②小小气气：别~的，大大方方给钱。

**唧溜** jī·liu 机灵；敏捷：不~。

**犄角旮旯儿** jī jiǎo gā lár 各个角落：~都找遍了，还是没有。也作"畸角旮旯儿"。

**鸡巴** jī·ba ①阴茎。②常用作詈语：你干得什么~事！｜他是什么~人！

**鸡胗肝儿** jī zhēn gānr （俗读作 jī zēng gēr）鸡的胃：酱~。｜买半斤~。

**鸡膞** jī zhuān 鸡的胃。

**鸡零狗碎** jī líng gǒu suì 琐碎；零碎：那些~的事儿别提它了。

**鸡子儿** jī zǐr 鸡蛋的俗称。早年北京人习惯，忌讳"蛋"字。将"蛋"改称"子"，并儿化：~下山——滚蛋。（歇后语）

**激** jī ①冷水突然刺激身体使得病：他被雨水~着了，正发烧呢。②用冷水冲或泡食物使变凉：把西瓜放在冰水中~一~。③用刺激性的语言或者反话激发人，使发作，使感情激动或做某事：拿话~他。｜用话一~他，他准干。

**激灵** jī·ling 因受惊吓或寒冷等刺激，身体猛然抖动：他吓得一~。｜冻得我浑身一~。（与"机灵"不同）

**激事鬼儿** jī shì guǐr 爱挑拨是非、招惹事端的人：她是个~。

**激激歪歪** jī jī wāi wāi 强烈不满情绪发作的样子：不要~的，冷静点儿。｜要倾听大家的意见，~地训人不行。

**犄角儿** jī jiǎor ①物体两个边沿相接的地方；棱角：桌子~。｜墙~。②角落：把扫帚放在屋子~处。

**犄角** jī·jiao 牛、羊、鹿等头上长出的坚硬的东西，一般细长而弯曲，上端较尖：牛~｜两只羊~。

**唧一身水** jī yì shēn shuǐ 浑身被喷射的水弄湿：水龙头坏了，别~。

**叽里咕噜** jī·li gū lū ①象声词，形容说话快而不清楚，别人听不懂：他们俩~地说了半天。②象声词，形容饿得肚子不适的感觉；空腹鸣叫声：他饿得肚子里~乱响。③同"吉里骨碌"①。

也作"唧哩咕噜"。

**叽里骨碌** jī·li gū lū ①形容物体滚动的声音:石头~滚下山去。②形容忙得不可开交:我们忙得~。也说"急留骨碌""急留古鲁"。

**叽里呱啦** jī·li guā lā 象声词,形容大声说话或说的话别人听不懂;模拟嚷嚷的声音:他~说个没完。|都熄灯了,你们还~干什么?也说"叽哩哇啦"。

**叽咕** jī·gu ①小声说话;窃窃交谈:你们俩在哪叽叽咕咕什么?②小声自言自语:他自己在那~什么。③少量液体排出:半天才~出点儿尿。也作"唧咕"。

**叽愣** jī·leng 突然受惊:他一下吓傻眼了。也作"叽冷"。

**叽叽嘎嘎** jī jī gā gā 形容说笑声:几个人~笑起来。|连说带笑,~。(与"叽叽咯咯"不同)

**积底儿** jī dǐr 留存备用的钱:家里还有些~。

**积食** jī shí 停食:小儿~。|~着凉。也说"存食"。

**蒺藜狗子** jí·li gǒu·zi 一种野生草本植物,果实外皮长着刺儿。

**饥荒** jī·huang ①债务:欠了一屁股~。②经济困难;物品不充裕:这些日子家里闹~。|手头上老是饥饥荒荒的。③矛盾;纠纷;麻烦:何必为我去闹~。

**饥饥渴渴** jí jí kě kě 非常迫切需要得到:看他那~的样儿。

**急茬儿** jí chár ①紧急的事情或工作:这活儿可是~,得抓点儿紧。②着急做某种事的人:来这儿的人都

是~。

**急皮怪脸** jí pí guài liǎn 同"急赤白脸"。

**急赤白脸** jí·chi bái liǎn 因心里着急或情绪激动而脸色失色、难看:两个人~地吵个没完。也作"急扯白脸""急叉白脸"。

**急头赖脸** jí tóu lài liǎn 急忙慌乱:他~地跑回家。

**几儿** jǐr 什么时候;哪一天:你~走?也说"几儿个"(与"几个"不同)。

**几儿个** jǐr·ge 什么时候;哪一天:小张~结婚?

**虮子** jǐ·zi 虱子的卵:她头发上有这么多~,肯定有虱子。

**挤对** jǐ·dui ①逼迫使屈从;难为(人):他不愿意,就别~他了。②排挤;欺负:他在这挺受~。(与"挤兑"不同)

**挤勒** jǐ·le 挤对,排挤;为难:你别~我。|再~他,他可真急了。也作"挤落"。

**挤咕** jǐ·gu 眨;以眨眼示意:两眼一~,流出了眼泪。|他冲我~眼儿,让他别说。

**挤咕眼儿** jǐ·gu yǎnr ①频繁地眨眼。②递眼色:他冲我~,没说话。

**极头麻花** jí tóu má huā 干着(zháo)急没办法:把我搞得~。|骂得他~。

**挤累** jǐ·lei 故意使人处于窘迫、难堪境地:你这不是成心~人吗?|再~我,我不干了。

**挤挤插插** jǐ·ji chā chā 形容人或物拥挤的样子:这里人来人往,~,一

片喧哗声。|空地上~盖了很多平房。也作"挤挤叉叉"。(注意,与"挤挤擦擦"不完全相同)

**己个儿** jǐ gèr ("己"的变调):只顾~吃。|~干~的。|不能~合适就行。

**记** jì 皮肤上的生下来就有的色斑:胎~。|他脸上有一小块红~。

**系** jì 打结;扣。~鞋带。|今天怎么没~领带。|头上~了蝴蝶结。|把扣子~上,别敞着怀。

**济** jì ①充足、齐全:体力不~。②好;行:再不~我也算及格了。|顶不~,我亲自去一趟。③比得上;如:你说我不~他? 我还没露一手儿了。|这次买的还不~上次的了。也作"及"。

**济事** jì shì 顶事;中用(多用于否定):腿脚越来越不~了。|人多了浪费,人少了不~。

**季子** jì·zi 约两三个月的一段时间:他家里有病人,花了不少钱,这~难买牛了。

**剂子** jì·zi 做馒头、饺子等的时候,从和(huó)好了的长条形的面上分出来的小块儿:我揪~你擀皮儿。

**家伙什儿** jiā·huo shír 泛指工具、武器等:别忘带上你那~。

**家** ·jia ①词的后缀,附着在某些指人的名词后,表示属于某一类人:小孩子~,瞎说什么!|姑娘~,别太随便了。|要不~你别去。②附在时间名词后,表明间长:成年~干活。也作"价"。

**家长里短儿** jiā cháng lǐ duǎnr 泛指家庭日常生活琐事:他们在一起聊~。也作"家常里短儿"。("里"不可写作"李"。另有俗语,"张家长,李家短")

**家雀儿** jiā qiǎor 麻雀:一群~在叫。|树上有几只~。

**喀** jiā 形容禽鸟叫声:喜鹊在树上~~~~地叫个不停。

**嘉年华** jiā nián huá 狂欢节或类似的欢庆活动、大型艺术表演:华润万佳将举行华润万佳~活动。也称"嘉年华会""嘉年华节"。

**夹生** jiā shēng ①(食物)没熟透;半生不熟:~饭。|饭有点儿~。②比喻知识没熟练掌握,一知半解:他缺课太多,功课都是~的。

**夹肝** jiā gān 猪、牛、羊等动物的胰腺作为食物时叫夹肝。

**夹剪儿** jiā jiǎnr 克丝钳子的俗称。

**夹缠** jiā chán (存心)跟人找麻烦;纠缠:他天天到我这里~,真讨厌!

**夹个儿** jiā gèr 不遵守秩序,插进排好的队中:不准~。也说"加塞儿""夹楔儿""夹塞儿"

**夹当儿** jiā dāngr 当口儿;时间里的某一点:在我很困难的~,他帮助了我。

**假模假式** jiǎ·mo jiǎ shì 装模作样;假装正经:他~地说是在写文章。也说"假模假样"。

**假门假氏** jiǎ mén jiǎ shì 比喻虚伪,假心假意:他~说请大家吃饭。|这个人一贯~的。(姓假的姑娘嫁到假家其名叫"假门假氏"或"假假氏",转意为假上加假)

**假眉三道** jiǎ méi sān dào 装模作样:你别~地骗人了。|他~地念念有词,像是一板正经地在念书。

**会说不会写的词语**

**假撇清** jiǎ piē qīng 假装正经、清白本分,装做跟坏事无关:不要背地里作乐,当面~。

**胛子** jiǎ·zi 肩膀:~疼。

**架把** jià·ba 搀扶:老太太被~着走了进来。

**架不住** jià bú zhù ①禁不住;受不住:俗话说:"好汉~三泡稀。"|钱再多也~你这么瞎花。②抵不上;敌不过:好汉~群狼。|字写得不好,~天天练。

**架弄** jià·nong ①勉强支撑着充样子:在旧社会我们作艺的,哪怕有病,也得~着。②驱使;怂恿:别~着他干坏事。③摆阔气;炫耀:他总爱~。④抬出,举出:终于把他~出来说事儿。

**架势** jià·shi ①势头;形势:看他病的~快不行了。|看今春这~,雨水少不了。②开始或开始某种工作:快~吧。

**架秧子** jià yāng·zi ①哄闹;起哄:别跟他们一块起哄~。②捉弄;戏弄:别净让他们瞎~。③挑拨离间或唆使别人聚众闹事:本来就够热闹了,你还在那里~。

**架架哄哄** jià jià hōng hōng 摆臭架子的样子:这个人总~的,真讨厌。

**驾** jià 吆喝牲口前行的声音:~、~,吁——,喊了几声,这匹马很听话。

**尖** jiān ①感觉敏锐:眼~|年轻人耳朵~。|警犬鼻子真~。②使嗓音又高又细:~着嗓子唱戏。③集中注意力听或看:~起耳朵听他们谈话。|~着眼看。④尖刻;刻薄:这话好~,让人听了受不了。|他嘴太~,说话不留情面。⑤吝啬;抠门儿;爱占小便宜:这个人可~啦,别和他打交道。⑥围棋术语。

**间量** jiān·liang 房间的面积:这房子门虽小,~却很大。

**奸** jiān 善用心机;自私;取巧:藏~耍滑。|这个人要多~有多~,要多滑有多滑。

**搛** jiān (用筷子)夹:~菜。|~了一块肉放进嘴里。

**剪直** jiǎn zhí 不拐弯,径直;直捷:~走,别拐弯儿。|~说吧,别有顾虑。(注意,与副词"简直"不同)

**简断截说** jiǎn duàn jié shuō (断俗读作 duǎn)直截了当地说:~吧,这件事办不成了。也作"简短捷说"。

**简直** jiǎn zhí ①表示强调口气,有实实在在的意思:~太穷了。|~是无法无天。|你~太过分了。②表示完全如此或差不多如此,相当于"完全""几乎"(含夸张口气):他~是个外行。|~跟真的一样。③索性;干脆:~叫他外号吧。

**捡毛褴** jiǎn máo lán 拾取别人扔掉的废品:今天~的没来。|不好好上学,长大~去。也说"拾毛褴""捡破烂儿"(毛:微不足道。褴:破烂衣物,泛指破烂儿)。

**捡洋落儿** jiǎn yáng làor 原指捡拾外国人丢弃的物品,后泛指得到意外的财物或好处。也作"捡洋捞儿"。

**拣口儿** jiǎn //kǒur 挑选可口的食物:你倒好,拣着口吃。|别尽~吃。

**见** jiàn 用在表示长宽、面积、体积等数量词后面,表示约数:这桌面两米~长,一米~宽。|这井有3米~深。

|这块地有5米~方。

**见年** jiàn nián 每年:~一到这个时候,老病准犯。

**见天见** jiàn tiān jiàn 每天:他~练气功。|我不能~来吧?也说"见天"。

**见真章儿** jiàn zhēn zhāngr 看到实在的、真实的东西:光说不行,我得见~。

**毽子** jiàn·zi 体操运动、武术等的一种腾空翻身动作:他在地上翻了个~。

**贱货** jiàn huò ①低贱的货物:他专拣~买。②下贱的东西(多用于骂女人):她是个~,中看不中用。

**贱骨肉儿** jiàn gǔ ròur ①低贱的人:谁生的这么个~。②詈词。不知自重或自轻自贱、不知好歹的人:他这~打不怕。③指有福不会享,甘心受苦的人(含讥讽或谐谑意):人家说我是~,有福不会享。也说"贱骨头"。

**贱了吧唧** jiàn·le bā·ji 娇媚,轻薄:看她贫嘴刮舌,~的样儿。

**将将巴巴** jiāng·jiang bā bā 将就,凑合:这点钱~够用。

**将就** jiāng·jiu ①因条件、情况不理想而勉强、凑合做某事:你就~点吃吧。|~~,他行吗?②迁就:我腿脚不好,请~点儿我。

**腱子** jiǎng·zi 手掌或脚掌上因劳动或走路时摩擦而生成的硬皮:两手磨起了~。|这话反反复复地说听得我耳朵都起~了。(比喻)也说"茧子"。

**耩** jiǎng ①用耧播种:~地。|这块地今年~什么庄稼?②用耧施肥:~粪。

**糨** jiàng 液体很稠:粥熬得太~了。

**糨子** jiàng·zi 用面粉等做成的可以粘贴东西的糊状物:打~。也叫"糨糊"。

**犟** jiàng 执拗;不听劝:这孩子太~。|他有股子~劲儿,谁也不服。

**犟嘴** jiàng zuǐ 顶嘴(同长辈);争辩:不许跟大人~。也作"强(jiàng)嘴"。

**弶网** jiàng wǎng ①张捕江河中天然鱼苗的一种工具。网由棉、麻布制成的半漏斗形网身和集鱼的网箱两部分组成。(支撑网身的竹或木架叫"弶"。有网口不能随水位涨落的硬弶和能随水位涨落的软弶两种。)②捕捉鸟兽的罗网。

**强死赖活** jiàng sǐ lài huó 勉强;强逼:~地维持着。|他~地把人拉走。

**浇头儿** jiāo tóur 指加在盛好的面条或米饭上的菜:面的~是芝麻油炸的辣椒酱。

**胶泥** jiāo ní 含有水分成泥状的黏土:在河边挖~。|用~捏泥人儿。

**矫情** jiáo·qing 强词夺理;无理取闹:这个人太~。|现在说清楚,免得今后犯~。也作"嚼情"。

**嚼用** jiáo·yong 生活基本费用:人口多,~大,不节省点怎么行呢?也说"嚼裹儿""嚼谷儿""缴裹儿"。

**嚼蛆** jiáo qū 胡说八道(骂人的话):别听他瞎~。

**脚丫子** jiǎo yā·zi 脚:光着~来了。|我忙得~朝天了。也作"脚鸭

子"。

**脚孤拐** jiǎo gū guǎi 大趾与脚掌相连向外突出的部位:她~太高,不好买鞋。|~磨破了。

**脚码子** jiǎo mǎ·zi 套在鞋上防滑的东西,多用草、麻绳等做成:打草鞋,做~。|登雪山要套上~。

**搅** jiǎo ①歪缠:她没理~三分。|你在那穷~什么。②扰乱,打扰:这宗生意让他给~黄了。|这声音~得我一夜没睡好。③缠绕:很多想法~在一起。

**搅理儿** jiǎo//lǐr 强词夺理;狡辩:明明你错了还~。|他这个人就爱搅死理儿。

**搅哄** jiǎo·hong 起哄;捣乱:不许你在这里瞎~。

**搅和** jiǎo·he ①扰乱:人心都让他~散了。|你挤在这瞎~什么。②搅拌调和:用筷子在锅里~~。③混合、掺杂:各种想法在脑子里~在一起了。

**觉闷** jiào//mèn (俗读 jiǎo mèn) 自觉;有自知之明:不~。|既然人家不喜欢你,你就别凑前儿了,也觉点儿闷。

**铰** jiǎo 用剪刀等把物断开:~辫子。|~指甲。

**叫** jiào ①雇:~个短工吧。②到店里订购东西让送来:到饭店~几个菜。③使,令:你这话~人听不明白。④是:他还~人吗?根本不~人。⑤某些家畜、家禽中的雄性:~鸡|大~驴。⑥介词。让;被:~人打了一顿。|别~人骗了。

**叫字号** jiào zì·hao 逞强;卖弄:这件事办砸了,他就别再~了。

**叫名** jiào míng 在名义上:这孩子~十岁,其实还不到九岁。

**叫唤** jiào·huan ①大声叫:疼得直~。|你在那儿~什么?②(动物)叫:听见狗不停地~,一定有情况!|小鸟儿在树上叽叽喳喳地~。

**结巴颏子** jiē·ba kē·zi 口吃的人:他是个~。"颏"也作"嗑"。

**结子儿** jiē zir 植物结果实:只开花,不~。

**结结巴巴** jiē jiē bā bā 说话时发音不自主地重复、停顿,语气不连贯:背书~的,再好好读几遍吧。

**接长不短** jiē cháng bù duǎn 形容时常,隔不多久:几个人~聚会畅谈。(与"截长补短"不同)

**接济** jiē·ji 在物质上援助:他家有钱,时常~我们一些。

**接茬儿** jiē//chár ①接着别人的话说下去;接腔:听人家说完,别瞎~。|我说了半天,他跟本不接那个茬!②接着,紧接着(做):第二天,还是这锅粥,~喝。|~给老太太治病。也作"接碴儿"。

**接下茬儿** jiē//xià chár 别人在上面说,另一人在下面接人家的话头儿说下去:老师在讲台上讲课,他总爱小声地接老师的下茬儿。|听讲座不准~。

**疖子** jiē·zi 皮肤病,症状是皮下局部出现充血硬块、红肿、疼痛,以至化脓:头上长了个~。

**节子** jiē·zi 木材上的疤痕,是树枝砍去后在干枝上留下的节疤:这块木料~太多,不好刨(bào)。

**街坊** jiē·fang 邻居:~们要团结和睦。|对门~是新搬来的。

**结记** jié jì ①挂念:你走吧!这

里有大娘照顾,不用~。②记住:以后出去~着关门。

**隔** jié (gē 的变读)间隔;跨越一定的时空:别喝~夜茶。｜我们两家住得只一条河。｜~着墙扔出去。｜~辈儿人｜~三岔五｜~行如~山

**截近** jié jìn 直截了当:说的~点儿,别绕圈子。

**截火** jié huǒ 指烟抽到中途断火熄灭:此烟不~,不走味儿。

**截子** jié·zi 量词,段:活干了半~。｜我的外语水平和他差一大~哪。｜不要说半~话。

**截了** jié·le 了结;完了:把钱还你不就~。｜他打你,你也打了他,这不~吗!也作"结了"。

**节口** jié·kou 指紧要的、起决定作用的环节或时机;当口儿:眼下正是中稻要扬花的~,田里的水一滴也少不得。也说"节骨眼儿"

**节骨眼儿** jié gǔ yǎnr 比喻紧要的、能起决定作用的时机或环节:每到这个~上,我们总要吵一架。｜在这个取胜的~千万别错过。也作"接骨眼儿"。也说"骨节眼儿"。

**解构** jiě gòu ①用差异性思维方式消解理性所形成的本质主义的同一种思维模式。②泛指对某种固定思维模式的解剖、分析:20世纪是历史、人性、理性、价值完全被~的世纪。③对某些事物的结构或内容进行深入剖析:~文学作品。｜~传统文化。④对中心、主体的破坏与逃离:当前西方文艺中那些追求刺激、恐怖和宣传虚无主义的后现代主义,那股执著反对逻各斯中心的~主义思潮……

**解手儿** jiě//shǒur 人排泄粪或尿:解大手儿。｜解小手儿。｜到厕所~去。也作"解溲"。(传说,明代洪武、永乐年间,今山西洪洞、临汾等地移民至河南、山东等地,中途怕移民逃跑,便把他们的一只手用绳索捆起来,挽结串连,移民若欲大、小便时就呼叫"解手")

**褯子** jiè·zi 尿布:晚上还要给孩子换~。也作"藉子"。

**价** ·jie (口语)助词。①用在状语与动词或形容词之间,相当于"地":成天~忙。｜整天~哭。②用在独立成句的否定副词后面,加强语气:要不~,你就别来。｜别~,你还得去。有时"价"也写作"家"(·jia)。

**筋道** jīn·dao ①食物有韧性,耐嚼:这种米蒸的饭,口感~。｜抻面吃起来很~。②身体结实(多指老年人):这老头儿倒挺~。

**筋头马脑儿** jīn tóu mǎ nǎor ①指坚韧的、不好嚼的肉、筋、皮等碎块:~的嚼不烂。②比喻不成材的东西:要这些~的破烂儿有什么用?也作"筋头麻脑儿",也说"筋头巴脑儿"。

**禁** jīn 承受得住;耐:这点钱不~花。｜皮鞋比布鞋~穿。｜黑衣裳~脏。

**禁黵** jīn zhǎn 弄脏了不显眼:黑布~。｜买车别要浅色的,不~。

**紧关节要** jǐn guān jié yào 关键时刻:在这~时他说了句话,问题解决了。

**紧巴** jǐn bā ①紧挨:他家房子~村边儿。也作"紧把"。②(jǐn·ba)形容经济不宽裕:日子过得挺~。

**紧自** jǐn zì ①接连不断:不愿~

麻烦您。|他~催我还钱。②老是,一个劲儿:别~坐着不动。|他~干,不知累。也说"紧着"。

**紧紧巴巴** jǐn jǐn bā bā ①物体表面呈现出紧张状态或受外物包裹得很紧:这衣服穿上~的。|由于浮肿,肉皮儿总觉得~。②形容经济收入不充足,生活不宽裕:日子过得总是~的。也说"紧巴巴"。

**紧紧绷绷** jǐn jǐn bēng bēng ①绳索、网状物最大限度地张开拉紧:钢丝拉得~的。②形容捆得很紧:捆得~。③形容服饰内人体肌肉丰满而突起:他浑身肌肉~的。|衣服被他那发达的肌肉撑得~的。④形容心情紧张或脸色呆板,表情不自然:心里吓得直跳,~的。|不愿看他那整天~的脸。也说"紧绷绷"。

**紧称** jǐn·chen ①指物体小而正合用:这屋子虽然小点儿,倒挺~。②指装束整齐;合身:她打扮得~利落。③严实:那小院挺~。|门上加道锁,~点儿好。④紧凑:屋里的摆设显得挺~。也作"紧衬"。

**紧** jīn 放在沸水里略微一煮就拿出来使之紧缩:今儿先把肉——~,明儿再炖吧。

**紧着** jǐn·zhe ①抓紧;加速:报社催稿了,~点儿写吧。|~忙乎,也没干完。②紧缩(花销):钱不多了,~点儿花。|~点儿用。

**爋** jīn 用白水慢火煮(肉):把肉~出来。|老牛肉要多~一会儿。

**尽** jǐn ①(俗读jì)把某些人或事物放在最前面:先~老人上车。|先~旧衣服穿。|你是哥哥,应先~弟弟

妹妹。也作"济"。②(读jǐn)老是;总是:这些天怎么~下雨?|你~骗人,我不听!③(读jǐn)用在方位词语前面,表示达到了最大限度的,相当于"最":~北头儿。|~底下。|跑在~前面。④(读jì)表示以某个范围为极限不得超过:先~着这些东西用,别都祸祸了。

**尽自** jǐn·zi 副词。老是;总是,一直:不必~往死牛犄角尖儿里钻。|敌人~打冷枪。|他~干活,不说一句话。也说"紧自""紧着"。

**尽早** jǐn zǎo (俗读jì zǎo)表示力求提前:~把方案拿出来。|~不尽晚。

**尽让** jǐn ràng 使别人占先;推让:他们相处得很好,凡事彼此都有个~。

**进** jìn 量词。老式住宅,一宅内分前后几排平房,一排称"一进":三~大院。|临街一~全是门脸儿。|我住在第二~东边厢房里。

**进项** jìn·xiang 收入的钱:每天有上百元的~。

**劲** jìn ①力量,力气:有手~儿。|浑身没~儿。②趣味;兴致:这游戏玩着没~。|这电影越看越带~。③神态,情绪:看她那兴奋~儿。④效力;作用:这药~儿大。|这酒有后~儿。⑤神态样子:客气~儿。|瞧这副脏~儿。|看他那高兴~儿。|毫无改~。⑥指某种程度、限度:这瓜熟过~儿啦。⑦精力;工夫:白费~。|办这事可费~了。

**劲儿劲儿的** jìnr jìnr·de ①端架子,拿捏作态:问他什么时候去,他却~。|你别总~,好大的架子呀!也说"劲儿味儿的"。②干劲很足:看他干

得~的。

**妗子** jìn·zi ①舅母，也说"妗母"。②妻兄、妻弟的妻子：大~｜小~。

**惊悚片** jīng sǒng piān 以鬼怪、奇异现象等为题材，能使人产生惊悚战栗感觉的电影或电视片。

**经用** jīng yòng （俗读jīn yòng）①耐用：这种杯子又好看又~。②常用：你要的那东西因不~，一时找不到了。

**惊风扯火** jīng fēng chě huǒ 大惊小怪，自我惊扰：他总是~的，一惊一诈。

**精** jīng 副词。放在某些形容词前表示程度深，相当于"很""非常"：~穷｜~瘦｜身上淋得~湿。｜木板刨得~光。

**精灵** jīng·ling 机警聪明；机灵：这孩子真~，一说就明白。

**精光精** jīng guāng jīng 净尽，一无所有：输个~。｜头剃得~。｜钱花了个~。也说"精光"。

**净** jìng 副词。表示单纯而没有别的；只：这几天~下雨。｜书架上~是科技书。｜别~说好听的。

**净是** jìng shì 全都是：大街上~人。｜你买的~些没用的东西。

**净意儿** jìng yìr （俗读jìn yìr）①故意：别~找事儿。｜我不是~打碎的。②特地：是我~请他来的。

**净心** jìng xīn （俗读 jìn·xin）故意：对不起，踩了您脚，我不是~的。也说"净意"。

**劲爆** jìng bào ①让人感到震惊；强劲热烈的：今天有~的新闻。②突然公布令人震惊的消息：消防处~近年最大贪污案。

**阄儿** jiūr 赌胜负或决定事情时供人们抓取的纸团，上面做有记号：抓~儿。｜画圈儿的~儿在谁手里，这东西就归谁。

**揪** jiū 紧紧抓住；抓住并用力拉：~面片儿｜~剂子｜~辫子｜~扯不清。

**揪扯** jiū chě ①抓住并拉扯：两个人~起来了。②比喻绞在一起，分理不开：多件事~在一起，一时理不清。③比喻担心牵挂：这事一直~着我的心。

**揪心** jiū xīn ①放不下心；担心挂念：这孩子这么晚了还不回来，真让人~。②形容疼痛难忍：伤口~地疼。③焦虑：越想越~。④令人悲痛：哭得~。

**揪痧** jiū shā 民间治疗某些炎症的方法，用拇指和蜷着的食指捏住颈、喉、额等部位的皮肉，上提后让皮肉从手中脱落，往往带响声，反复多次直到皮肤充血发红为止。

**揪揪** jiū·jiu ①（衣物、织品等）不平整：衣服没熨，还~着呢。②（心情）不舒展：你这一说，我~的心才宽松下来。｜别让我总~个心。③较小的尖形鼓包：捏个~。

**鬏鬏** jiū jiū 头发盘成的结：她扎两个小~。

**究细儿** jiū xìr 详细推究；深究：这事儿大家不过随便问问，你别~。

**酒糟鼻子** jiǔ zāo bí·zi 发生于颜面中部，特别是鼻尖和鼻翼两侧的慢性皮肤病。病因不明。又叫"酒渣鼻"。中医称"酒齇鼻"。

**酒嗉子** jiǔ sù·zi 细而高的盛酒器皿，口向外张开，颈细，底大，没有柄，多用金属或陶瓷制成。

### 会说不会写的词语

**酒提** jiǔ tí 一种向上舀取酒的量具，有长柄，下装一圆形容器，其容量为单位容量。

**酒干** jiǔ gān 空酒瓶：有～卖吗？｜～倘卖无。（歌词）

**旧前** jiù qián 从前；以前：这孩子比～更可爱了。｜～这里又脏又乱，如今，大大改观了。

**就** jiù ①菜肴、果品等搭配着主食或酒吃：咸菜～稀饭。｜你今天喝酒～点儿什么？②趁着（当前的便利）：～有亮儿快写吧。③引进动作行为发生时所靠近的处所：～着小油灯看书。

**就手儿** jiù shǒur 顺便；顺手；就势：你来我家时～把书带来。｜把吃的用的一～都买齐了吧。

**就伴儿** jiù//bànr 做伴；搭伴：我想跟你～进城。｜晚上你到我家住，咱们就个伴儿。

**就根儿** jiù gēnr 原来；本来：我～就不想去。｜他～就没来。

**就合** jiù·he ①凑合；将就；对付：你～吃一顿吧。②蜷曲，不舒展：你这腰怎么越来越～了。③牵就：越～他，他越来劲儿。也说"就乎"。

**就地** jiù dì ①原地：～解决。｜～儿别动。｜～抠饼（利用某种条件做见效快的事）。②顺势，随口：～说了个谎。③（俗读 jiū dì）地面：躺在～上。｜满～乱跑。｜坐在～上撒泼。

**就劲儿** jiù jìnr 顺势，利用某一时机或某种力量：～拉他一把。（与"就近"不同）

**锔** jū 用锔子（用铜或铁打成的扁平的两脚钉）连合破裂的陶瓷器等：～盆｜～缸｜～锅。

**拘着** jū·zhe 碍于；拘束：人家～面子，不好意思说。｜你看他还～个劲儿。

**局气** jú·qi 公平；公正：要一碗水端平，别来不～的。

**焗** jú ①烹饪方法。利用蒸汽使密闭容器中的食物焖熟：全～鸡｜盐～鸡。②焗油。一种染发护发方法，在头发上抹上染发剂或护发膏，在特制罩子内用蒸汽加温，使油质渗入头发，冷却后再用水冲洗干净：～头多少钱？｜头发～了吗？③因空气不流通或气温高湿度大而感到憋闷：今天屋里好～啊。

**圈** juān ①关：他整天～在家里不出门。②关押：～了他一年。③比喻抑制住感情：把委屈～在心里。

**卷包儿会** juǎn bāor huì 指席卷钱财后逃跑：他来了个～，一声儿不言语就一走了之。

**卷** juǎn 骂：～骂｜～了他半天。｜谁再动我就～大街啦。也作"啳"。

**桊儿** juànr 穿在牛鼻子上的小木棍儿或小铁环：牛鼻～。

**噘** juē 骂；斥责（俗读 juě）：明～暗骂｜当面～了他一顿。也作"撅"。

**撅** juē ①折(zhē)断：～一根柳条当马鞭。②当面使人难堪；顶撞：他平白地～我一顿。｜咱们这样的交情，你好意思～我吗？③人晕厥时，按摩、活动肢体使苏醒：她晕倒了，连～带叫，折腾了半天，才醒过来。④使人感到为难：不要成心～我。⑤翘起：～嘴｜～着屁股。｜那缕头发老是～～着。

**撅巴** juē·ba ①折断：把那些树枝子～～烧火吧！②人晕厥时，按摩、活动肢体使苏醒：他昏迷过去了，把他扶起来，~几下，就可以缓过气来。

**撅搭** juē·da ①翘起、落下连续动作：她跑起来，那小辫~~的。②身子猛然扭动：他身子一~把脸扭过去了。也作"蹶达"。

**撅折** juē shé 折断：把尺~了。

**爵儿** juér 官位：他的~不小。｜他爸爸是个大~。

**角儿** juér ①角色：主~｜这出戏里他扮演什么~？②行当：丑~｜旦~。③演员：他是名~。

**绝户** jué·hu 没有后代；没有后代的人或人家：这家到他这一代就~了。｜李大爷是个~。

**橛子** jué·zi 短木桩：钉~｜木~｜把地上的~拔出来。

**镢头** jué·tou 刨土用的一种农具，类似镐。

**嚼** jué （俗读 juě)骂：我狠狠~了他一顿。也说"卷"。

**均背** jūn bēi 平均：每人~5元。

**皲裂** jūn liè 皮肤因寒冷干燥而破裂：脚后跟~了。也作"龟(jūn)裂"。

# K

**㧟嗤** kǎ·chi （也读 kuā·chi）①用刀子或其他片状物刮：把墙上的标语~掉。｜把竹片~~。②搜刮：钱都让他~去了。③弄死；排除：几个日本鬼子被老百姓给~了。也作"㧟吃"。也说"㧟(kuā)"，如"㧟土豆皮"。

**喀巴** kā·ba 象声词：拳头捏得骨节~~响。也作"喀吧""咯巴"。

**喀嚓** kā·cha 象声词。物体折断、砍断或破裂的声音：~一声，树枝被砍下来了。也作"咯嚓"。

**喀嗤** kā·chi （俗读 kū·chi）熬：粥多~才好吃。

**喀杂** kā·za 倾吐，说：有什么想说的就~出来。

**卡** kǎ ①夹住或被夹住，不能活动：钥匙~在石缝里。｜自行车轱辘被~住了。②用手的虎口紧紧按住：~住他的脖子。③录音机上放置盒式磁带的仓式装置：双~录音机。｜~带。

**卡座** kǎ zuò 饭店里一种供进膳用的座位。形同火车车厢里的座位，两张共用靠背的椅子间有一条长条形小桌。

**咯** kǎ 用力使东西从咽头或气管里咳出来：~血。（也说咳血）｜~出一口黏痰。｜把鱼刺~出来。也作"喀""咔"。

**开瓢儿** kāi∥piáor 打破脑袋（多含诙谐意）：鬼子的脑袋开了瓢儿。

**开气儿** kāi qìr 长衫或裤子两侧或身后的下部边缘开口儿：他穿一件小~、掐腰的大褂。也作"开隙儿"。

**开衩** kāi∥chà 衣服旁边开口的地方：这件旗袍开的衩儿太大了。也作"开叉"。也说"开气儿""开隙儿"。

**开洼** kāi wā 开阔地带；开阔的野地：大~有间小屋。｜~地。

**开拔** kāi bá ①军队由驻地或休息处出发：部队今天~。②泛指多数人一起动身：宿营地的人今晨~。③开挖：~河道。

**开路** kāi lù ①动身；开始行进：明天一大早儿就~。②(骂人的话)滚开：你马上给我~。

**开间** kāi jiān 房间的宽度：这屋子进深长~窄。

**开苞** kāi bāo 旧时妓女（时为

处女)初次接客的戏称。泛指女子破身,多用于从事色情服务的女子:这是个雏妓,还没~呢。(苞:花没开时包着花骨朵的小叶片)

**开绽** kāi zhàn 衣鞋等缝合处脱线开裂或粘合处开口:鞋~了。

**开涮** kāi//shuàn 戏弄(人);寻开心;开玩笑:你这不是拿我~吗?|你拿他开什么涮啊。

**开怀儿** kāi//huáir 妇女第一次生育:她一辈子没开过怀儿。|从过门儿至今未~。

**开销** kāi xiāo ①批评;指责:他的脾气很直爽,见到不对的地方,就当面"~"。②拿出钱给人;花费:日常~很大。也作"开消"。

**开板儿** kāi bǎnr (商店)开门营业:小卖部今天上午一直没~。

**揩油** kǎi yóu 比喻占公家、集体或别人的便宜:这个人好顺手牵羊,爱~。也说"揩油水"。

**看** kān ①守护:~好孩子别让他乱跑。|~青(守护未成熟的庄稼)。|~坐儿的(旧时戏院里茶役的俗称)|~财奴。②监视;看押:把这坏蛋~起来。|~守所。

**龛影** kān yǐng 用钡餐照像检查胃或肠的溃疡时,溃疡部位被钡剂填充而在荧火屏或X光照片上形成的阴影。

**坎肩** kǎn jiān 不带袖子的上衣;背心。

**坎儿上** kǎnr shàng ①比喻不容易越过的关键地方或时刻:事情正在~,千万别大意。②指最要紧的地方或时机:this话算说到~了。

**闶阆** kāng liáng 建筑物中空廊的部分:这井下面的~这么大啊!也叫"闶阆子"。

**糠** kāng (萝卜等)内部发空,失掉水分,质地变松:~心儿|这个萝卜都~了。

**扛** káng ①支撑;忍耐;忍受(痛苦、不适之感等):饿得我快~不住了。|孕妇有病不敢吃药,就生~着。|这点小病~~就过去了。②承担责任:大胆地干吧,出事儿我~着。|万一有什么闪失,到时谁替我~下来啊。(作此义解时也作"抗"[káng])③抵制,抵挡:来势凶猛,愣~~不住的。

**炕琴** kàng qín 放在炕上的窄长短足的条桌:他从~上取下自己的一件衣服,盖在孩子身上。

**尻子** kāo·zi 屁股:这牲口头朝北,~朝南。

**考寄** kǎo jì 参加GRE考试:考研、考托(参加"托福"考试)、~是当今大学生们的追求。

**拷边儿** kǎo biānr 用包缝机将织物裁剪过的边缘部分缝纫起来,不使松散。也叫"包缝(fèng)"。

**熇** kǎo (俗读kào)①指饮食缺油水而使体质下降:光吃粗粮青菜,实在~得慌。②炼(油):用肥肉~点荤油。③同"燸"。

**栲栳** kǎo lǎo 用柳条或竹篾编成的盛物器具。

**铐子** kào·zi 手铐:给他戴上~,然后推上了警车。

**靠实** kào·shi ①确实:你放心吧,他说得很~。②牢靠;可信赖:孩子还小,家里没个~的帮手。③(情绪)安

# 会说不会写的词语

定;放心:只要他肯担保,我就~了。

**靠盘儿** kào pánr ①有根据,合情理:他说话不~。②靠得住,把牢:吃住都~。

**熇** kào 用微火煮,使鱼、肉等食物的汤汁变浓或耗干:这锅肉在炉子上再~会儿。也作"焅"。

**窠棚** kē péng 窝棚。(参阅"窝铺")

**坷垃** kē·la 土块:土~|把地耙匀,不要有大~。

**牁碜** kē·chen ①丢脸;丢人:说的多~!②羞辱;使丢脸:你这不是在~人吗?③恶心;肉麻;难听:这话听着太~了。④粗劣:画得太~了。也作"可碜"。

**磕巴** kē·ba ①口吃:他说话有点儿~。②说话不连贯而时有停顿:他背书磕磕巴巴,一点儿不熟。③指说话磕巴的人:他是个~。

**磕牙** kē//yá 闲谈;斗嘴:~聊天|他们磕了半天牙。

**磕碰** kē pèng ①器物上碰伤的痕迹:花瓶口儿上有个~儿。②比喻挫折或打击:不能遇到点~就泄气。③比喻人与人之间有矛盾或摩擦:他夫妻之间难免有些~。|他俩经常磕磕碰碰。

**磕磕巴巴** kē kē bā bā 形容说话时声音常常中断,不流畅:你读课文怎么~的。|吓得他说话都~了。也作"咳咳巴巴"。

**磕磕绊绊** kē kē bàn bàn ①形容道路不平坦或不好走:这条路~的真难走。②形容腿脚不灵便,走路时磕脚绊腿的样子:她~,高一脚低一脚地走

着。③形容说话很费力:他~地说了不少好话。④比喻事情有障碍,进行得不顺利:干工作总会遇到~的时候。

**搕** kē 把东西向别的物体上碰,使附着物掉下来:把筐里的灰~掉。|~烟袋锅子。

**瞌睡** kē·chong 瞌睡:打~|~几分钟。

**揢** ké ①卡住:这双鞋穿着~脚。|抽屉~住,拉不开了。②刁难:~人(故意刁难人)。|你别~我。

**可身** kě shēn (衣服)穿着长短、肥瘦正合适:这件上衣挺~的。

**可地** kě dì 满地:疼得他~打滚儿。|东西撒得~都是。

**可脚儿** kě jiǎor 鞋、袜大小和肥瘦跟脚正好合适:这鞋很~。

**可劲** kě jìn 使劲:他~地喊。|别放开肚皮~吃。

**可着** kě·zhe ①就着某个范围不增加:~这点儿钱花。|~吃的做。|~头做帽子(比喻精打细算。)②力求达到最大限度:~嗓子喊。|~肚皮吃。

**可丁可卯** kě dīng kě mǎo ①做事认真,一丝不苟,严格按照某种标准或制度办事:他是个铁面无私~的检查员。也说"丁是丁,卯是卯"。②指就着某个数量不多不少,或就着某个范围不大不小:这块布料~,刚好做一套西服。也作"可钉可铆""克丁克卯"。

**可惜了儿的** kě xī liǎor·de 令人惋惜;不忍舍弃:材料白白糟踏了,怪~。

**剋** kēi ①骂;申斥:挨了一顿~。②抠;抠取:~下一块肉。|尿~的(骂人的下流话)。③打;打架:挨了一顿~,

鼻青脸肿的。

**啃** kěn （俗读 kèn）吃：炖了一斤肉全被他~掉了。

**掯** kèn ①按、压：~住了牛脖子。|~住腿,别让他乱踢。②刁难或压制:勒(lēi)~人。③(眼里)含;噙:~着泪花。④卡:别~人。|抽屉被~住了,拉不出来。

**掯儿** kènr 关头;关键时刻:你来的正是~儿上。|现在正处在高考的~儿上,再加把劲儿。|这话说到~了。

**掯勒** kèn lēi 胁迫;勒索:恣意~。

**裉** kèn 上衣靠腋下的接缝部分:抬~(上衣从肩头到腋下的尺寸)。|煞~(把裉缝上)。

**铿** kēng 象声词。咳嗽声：~、~,他不停地咳嗽。也说"喀kā"。

**铿儿铿儿** kēngr kēngr （俗读 kēir kēir）连续发出咳嗽声:孩子这两天总~。|我老~,得(děi)吃点药了。|你怎么~起来没完。

**吭声** kēng shēng 发出声音,指发表意见:问谁谁也不~。|她多累也不~。|他正在气头儿上,谁敢~。也说"吭气""吭"。

**吭哧** kēng·chi ①因用力而不自主地发出声音：他背起一麻袋粮食~~地走了。|列车~~地移动起来。②形容做事吃力;费劲:他~了半天才写出这篇文章。③形容说话吃力,吞吞吐吐:他~了半天我也没听明白。也说"吭唧""吭吭哧哧"。

**吭哧憋肚** kēng·chi biē dù ①说话吞吞吐吐,说也说不利索,说不痛快:看他那~的样子,太可笑了。|他~半天也没说明白。②很困难、吃力、费劲的样子:看他那~劲儿,别难为他了。也作"吭吃瘪肚"。

**坑蒙拐骗** kēng mēng guǎi piàn 用狡诈欺骗手段敛取钱财,坑害他人:他靠~发了家。也说"坑绷拐骗"（绷:骗财物）。

**铿锵玫瑰** kēng qiāng méi guī 中国国家女子足球队的美称。

**控** kòng ①使浸透、附着于物品中的水析出:把水~干。②将容器口朝下,让里边的液体慢慢流出:把瓶底的油一~一~,还可炒一次菜。③将身体某部分下垂、悬空:溺水者被救上岸,放倒在地,两手托起他前胸,让头~着吐水。|让伤臂用绷带挎在脖子上,别总~着它。④因身体某部分悬空或倒置等而感到不适:手上的伤口化脓了,耷拉着感到~得慌。|枕头太低,头~得慌。⑤源自日文。泛指对某事物极为着迷、疯狂爱好而产生强烈情结的人。用于名词、动词、形容词后,作词缀:绿茶~|名牌~|烹饪~|怀旧~|温柔~|成熟~。

**抠** kōu ①用手指或细长物从里往外挖或掏:把掉在窟窿眼儿的豆子~出来。|不要~鼻子。②深究或向过窄的方面钻研(有时含贬义):死~书本。|~字眼儿。③雕刻(花纹):在木框上~出花纹。④吝啬:这个人真~。|~门儿。

**抠哧** kōu·chi ①(用手指)轻轻地抓:疮口刚结痂,不要~它。②摆弄;鼓捣:你干吗老~手啊?|收音机他终于~好了。③非常用力地钻研:这道难题让他给~出来了。也作"抠扯"。

## 会说不会写的词语

**抠门儿** kōu ménr 小气；吝啬：这个人真~，几块钱也舍不得出。

**抠搜** kōu·sou ①用手指或细长的东西从里向外挖；搜寻：哪儿都~到了，也没找到。②吝啬；寒酸：这人算是~到家了。｜他抠抠搜搜的，像个守财奴。也说"抠抠缩缩"。③精打细算；俭省：还得处处~，不能像她那样满不在乎。④磨蹭；拖拉；不爽快：像你这么~，事情什么时候才能办完！也说"抠唆""抠索"。

**抠手儿** kōu shǒur 用来拉开抽屉、门等的洼槽：怎么找不着~。｜这~太浅，不好拉。

**眍** kōu 眼珠子深陷在眼眶里边：他病了一场，眼睛都~了。｜这人长得~~眼。也说"眍䁖"。

**蔻** kòu 穿着打扮前卫且富有人情味(多用于年轻女子的衣着等)：这小姐好~哦！

**扣篮** kòu lán 篮球运动术语。指将球自上而下扣入篮圈：一个漂亮的~。

**哭丧着脸** kū·sang·zhe//liǎn 心里不痛快，脸上流露出沮丧或不高兴的神态：她~，一句话不说。｜孩子哭丧着小脸顺从地吃着。(与"哭丧脸""苦脸"不同)

**窟弄** kū·nong 洞；孔：衣服上破了个~。｜这木板上尽是~眼儿。

**喀嗤** kū·chi (又读 kā·chi) 熬：粥多~~才好吃。

**刳嗤** kū·chi (俗读 kuā·chi) 用尖利的东西一再刮，去除表面附着物或使之变细、变尖：用玻璃碴儿~竹棍儿。一把细木棍儿头~尖了。也作"夸嗤"。

**酷** kù ①形容人外表英俊潇洒，表情冷峻刚毅，气度不凡，有个性：~哥儿｜这小子真~。②表示很时尚，够刺激，有特色：这种款式真~。｜~语｜~到极致，极好。

**酷毙** kù bì 漂亮、时髦到了极点：这衣服的款式~了。｜网页中这些材料真是~了。

**苦** kǔ 除去的太多；超过一定的限度：指甲剪得太~了。｜他使唤人太~了。｜这双鞋穿得太~了，不能修了。

**苦不唧儿** kǔ·bu jir 略带点儿苦味：这药~的，孩子喝得了。

**苦剌吧唧** kǔ·la bā·ji 形容有苦味(含厌恶意)：这根黄瓜~的不好吃。也说"苦剌呱唧"。

**苦筋拔力** kǔ jīn bá lì 劳筋骨，耗体力，形容极其辛苦：一家子人~，为了供他上大学。也说"费劲拔力"。

**苦腻** kǔ nì 软磨硬缠：你在这~也没用，说不带你去就不带你去。

**哐嚓** kuā·cha 象声词。形容坍塌、土落或猛然倾倒等声音：~，房梁折(shé)了。也作"夸嚓""哐喳"。

**夸克** kuā kè 英文 quark 音译。一种假设的带电粒子，被认为是已知强子——质子、中子的基本构成部分。

**侉** kuǎ ①口音跟本地语音不同：这人说话真~。②(衣着等)不入时，不合时代潮流：这件衣服太~了。｜她穿的可~了。③粗大；不细巧：这孩子长成这~大个儿模样。④用土法制作(吃食)：~炖牛肉。

**侉子** kuǎ·zi 口音跟本地语音不同的人：他是个~。

**垮杆儿** kuǎ gǎnr 比喻垮台或失败：他的买卖~了。

**挎斗儿** kuà dǒur 安装在摩托车、自行车右侧的斗形装置，可供人乘坐。

**㧟** kuǎi ①用指甲抓；搔：~痒痒｜背上痒，~两下。｜自个儿吃，自个儿买，自个儿痒痒自个儿~。(俗语)也作"擓"。②舀：从缸里~一勺水。｜~一碗饭③胳膊弯起来挂住东西或钩住东西：右臂~着一只小竹篮。④意外地得钱物：这回可让他~上了,中了大奖。

**㧟哧** kuǎi·chi 㧟：你给我~~。

**蒯** kuǎi ①走：不用车送,拿腿~。②晃:(由于八字脚等原因)一~一~走过来。③象棋用语,(将、帅)走；吃子儿：~将｜还不把老盖儿（指帅或将）~出来。

**快客** kuài kè ①指专门从电脑网络中窥视探得他人隐私,并经篡改进行诈骗和破坏的人：应当谴责~的行径。｜一个对领导干部进行诈骗勒索的~落入法网。也说"夸客"。②特快客车：~专线。｜从上海到南通~只需3个小时。

**快克** kuài kè 英文 crack 音译。一种新流行的毒品——强效纯可卡因,

粉末状,用鼻吸：染上~瘾。也作"快刻"。

**快性** kuài·xing 性情爽快：他是个~人,想到什么就说什么。

**块儿头** kuàir tóu 指人的身体胖瘦：原以为他一定是个大~的了。｜这个人~不大。

**宽绰** kuān·chao ①面积大；不拥挤：住得很~。②开朗舒畅：心里很~。③充裕：手头比以前~多了。

**匡** kuāng 粗略计算；估计：可以先~算一下。｜你来——~吧。｜~计。

**旷** kuàng 相互配合的两个零件(如轴和孔、键和键槽等)或两种东西的间隙大于所要求的范围；衣着过于肥大,不合体：车轴磨~了。｜这双鞋我穿着太~了。

**旷荡** kuàng·dang （皮和瓢之间过于宽松造成的)晃荡：螺丝帽直~。｜轴~了。｜这鞋穿着有点~。

**框外** kuàng wài 超出范围；额外：吃点儿用点儿不算~。

**魁实** kuí·shi 魁梧：这小伙子挺~。

**襀** kuì ①用绳子带子等拴成的结：打个结~儿｜系个死~儿。②拴或系：把牛~上。③折,弯：~腰｜毛巾~着搭在架子上。④背：把手~过去。

会说不会写的词语

# L

**拉** lā ①拖欠：~了一屁股债。|~不少亏空。|~下几千块钱的账。②闲谈，闲扯：~家常|~~话儿|那一天同志们把话~，在一起议论你沙妈妈。(京剧《沙家浜》唱词)|边~边喝。③排泄：孩子~了一裤。|怎么又~了？|~稀。④帮助：~他一把。⑤抚养：她多年守寡把孩子~大。⑥带领，组织：把队伍~出来。⑦牵扯：这事别~上我。⑧拖长；延伸：~长调儿。|这话~得太远了。⑨使某些乐器或发声器出声：~手风琴。|边~边唱(俗读lá)|~警笛。⑩同"落"(là)。

**拉扯** lā·che ①拉、拽，有时有纠缠的意思：不要拉拉扯扯的。②抚养，扶助：爸死后，妈妈一人把我们~大。③牵扯，连累：这案子把他~进去了。

**拉插** lā·cha 介绍：我们不认得，你来~~。

**拉搭** lā·da ①迟钝不灵活的样子：看他那~样儿。②交谈；闲谈：他俩背地里~起来。也作"拉答"。

**拉巴** lā·ba ①辛勤抚养：再苦再累也要把孩子~大。②扶助；提拔：求

大哥~我们一把。|我想~你，就怕群众不赞成。③练；比量：这些动作他都能~几下子。④拖：把他~出屋。也作"拉拔""拉把"。

**拉碴** lā·cha 杂乱，蓬乱：胡子~。也作"拉茬"。

**拉秧** lā yāng 蔓生的瓜果、菜蔬等一季中最终收获：西瓜~了，再吃得明年了。

**拉勾** lā·gou 套近乎，拉关系：他和那个女的~上了。(注意，与"拉钩儿"不同)

**拉晚儿** lā wǎnr ①深夜不归：这个人爱~，是个夜游神。②旧时指人力车夫夜间出车拉客或拉货：蹬了半天车了，今天还得~。③加夜班；睡得晚：注意要劳逸结合，别总~。

**拉它** lā·ta 闲谈：我们随便~~。

**拉偏手儿** lā piān shǒur 劝架时故意挡住一方的手脚让另一方打：劝架可别~。也说"拉偏架"。

**拉蜜** lā mì 勾引女人；玩弄女性：他尽会~，正经事一点都不干。也作

"喇蜜"。

**拉倒** lā∥dǎo 算了;作罢:你不去就~。|这事儿就这么~啦?|还没说完呢,拉什么倒啊。也说"拉吹"。

**拉叉** lā·cha 肢体伸展开:他四肢~地躺在地上不动了。

**拉歌** lā gē 集会或行军时相互邀请唱歌。

**拉胯** lā kuà ①劳累或疾病造成的下肢行动不灵便:他病得~了。|从山上下来,他就拉拉胯了。②比喻精神、体力支撑不住:没等过招儿,他就~了。

**拉纤儿** lā qiànr 从中联络、促成,使双方进行交易:跑媒~。

**拉窟窿** lā∥kū·long 欠账;钱花光了:这月拉了近千元的窟窿。

**拉亏空** lā∥kuī·kong 欠债:这月又~了。|由于爸爸住院,家里又拉下了亏空。也说"拉账""拉饥荒"。

**拉里拉塌** lā·li lā tā 衣衫不整,不修边幅,不振作:这人整天~的。也作"邋里邋遢"。

**啦呱** lā·gua 闲聊:他俩一边吸着烟一边~起来。也作"拉呱儿"。

**邋遢** lā·ta 不整洁;不利落:这人办事真~。|~鬼。|他穿得太~了。

**拉拉** lá·la ①滴;不经意地使东西撒落:盆漏了,~一地水。|~尿。|把饭粒儿~一地。②胡说:那是你们孩子妈妈~的。③拖拉着(腿脚不利落):累得~胯了。|走道抬不起腿,~着走。④连续下落不断的样子:雨~下个没完。

**拉** lá 刀刃与物体接触由一端向另一端移动,使物体裂开或断开:手上~一道大口子。|~玻璃。也作"剌"。

**砬子地** lá·zi dì 碎石头很多的土地:剩下一大块~给了我。

**拉忽** lǎ·hu 疏忽;马虎:这个人太~,办事靠不住。也作"喇糊""喇忽",也说"拉哈"。

**拉拉忽忽** lǎ·la hū hū 对什么都不在意,马马虎虎:我这人~,不往心里去。|他总是丢三落(là)四,~的。也作"喇喇忽忽"。

**辣不唧儿** là·bu jir 略带辣味:这坛泡菜~的挺好吃。

**唻** ·lai 助词,①用在疑问句(指问、正反问)的末尾,相当于"呢":你们敲锣打鼓的干什么~?|人~,怎么找不到了。|你们都有了,我~?②相当于"啦":解放前放牛娃可苦~。③相当于"来着":娘是怎么嘱咐你~,怎么都忘了。

**落** là ①遗漏:这里~了两个字。②把东西放在某处,忘记拿走:丢三~四|把书~在家里了。③因为跟不上而被丢在后面:大家都努力干,谁也不愿意~在后面。

**喇喇蛄** là là gǔ (俗读 lá lá gǔ)蝼蛄的通称。也作"拉拉蛄"。

**癞癞头** là là tóu 长黄癣的脑袋;也指头上长黄癣的人:~上拍苍蝇,来一个着一个。

**来** ·lai ①用在诗歌、熟语、叫卖声里做衬字:二月里~呀,好春光,家家户户种田忙。(歌词)|正月里~是新春。|不愁吃~不愁穿。|磨剪子~抢(qiāng)菜刀——(吆喝声)。②用在一、二、三数字后面表示列举:我这次去,一~是看望,二~是随便说一件事。|一~天热,二~蚊子多,睡不着。③用在

数字或数量短语后面,表示概数:去了百十~个。|庄稼长得一人~高。|他也就三十~岁。④同"唻"③,相当于"来着""来的":我什么时候讲过这种话~。

**来着** lái·zhe 助词,表示曾经发生过什么事情,用于句末:你刚才说什么~?|过去我怎么对待你~?|我刚才还和他通话~。|他刚刚还在这儿看书~。也说"来的"。

**来事儿** lái shìr ①处事;做一些讨人喜欢的事(多指处理人与人之间的关系):他头脑灵活,挺会~的。②行;可以(多用于否定式):这样做不~。③将来的事情:知~。④找茬儿;寻衅:没过两天,他准~。

**来派过节** lái·pai guò·jie 事情的原委、过程:这事的~我全不知道。

**赖** lài ①无赖;不认账:耍~。|说好了,不许~呀!②留在某处不肯走开:别~在这儿。③不承认自己的错误或责任:~账|~婚|证据确凿,~不掉的。④硬说别人有错误;诬赖:自己做错了,不能~别人。⑤责怪:这事不能~孩子。⑥不好;坏:好~都是自己的。|这活干得真不~。⑦骗取:东西让他白~去了。⑧依靠:我算~上你啦。⑨通"懒":~学。

**赖歹** lài·dai 丑,难看:这个人长得不~,不高不矮,不胖不瘦。|看他那~相!

**赖皮狗** lài pí gǒu ①憎称习钻撒泼、蛮不讲理的人:他是个~,别惹他。②戏指耍赖、不认账、狡辩否认的人:下棋明明输了不承认,真是个~。(参阅"癞皮狗")

**癞瓜** lài guā 苦瓜的俗称。因其表皮有许多瘤状突起,像生癞似的,故名。

**赉子** lài·zi (jī 的变读)男孩的生殖器:掏出~撒尿。

**癞皮狗** lài pí gǒu ①身上长着癞疮,毛秃皮厚的狗。②比喻卑鄙无耻,龌龊猥劣的人:看他那~样儿,真恶心人。

**漤** lǎn ①(柿子)放在热水或石灰水里泡,除去涩味:把柿子~一下。②用盐或其他调味品腌或拌生的鱼、肉、蔬菜、水果等,让其发酵:~梅|~桃。

**罱** lǎn ①捕鱼或捞水草、河泥的工具。在两根平行的短竹竿上张一个网,再装两根交叉的长竹柄做成,两手握住竹柄使网开合。②用罱捞取:~河泥作肥料。

**罱泥船** lǎn ní chuán 用罱捞取河底淤泥的船。

**烂尾楼** làn wěi lóu 由于资金不足、管理失控等原因,迟迟不能竣工、不能按期交付使用的楼房。

**啷当** lāng dāng ①左右;上下(用于表示年龄):他才二十~岁,正是年轻力壮的时候。②列举后煞尾:他穿得挺讲究,洋服、大氅、皮鞋~的样样齐全。也作"郎当"。

**躴躿** láng·kang (俗读 láng·ke)①形容吃得又多又快:他吃饭真~。②笨重:这个铁箱子真够~的。③不清洁:这个地方够~。也作"狼犺"。

**郎猫** láng māo 雄猫。

**晾** làng ①晒:~衣裳。②把东西放在通风或阴凉的地方,使干燥:~干菜。

**浪** làng ①轻浮,不正派:她那

个~劲儿,谁看都恶心。②放纵地游逛:吃了饭,不做事,整天~来~去的。|关里关外~了一圈。③(在东北地区)欢快:小喇叭吹得可~啦。④(在东北地区)美:看把你~的。⑤扭(东北二人转中与"唱"相对)。⑥(在东北地区)非常漂亮:"大姑娘美来大姑娘~,大姑娘走进那青纱帐……"(东北秧歌曲的词)

**浪荡子儿** làng dàng zir 游手好闲,不务正业或败坏家业的人。

**劳驾** láo//jià 客套话,有劳大驾,用于请人帮忙或让路:~给我帮帮忙。|~,让我先走。|真是劳您大驾了。(驾:敬辞。尊称对方)

**劳什子** láo shí·zi 指令人讨厌的东西:快把这些~扔掉!也作"牢什子"。

**牢绑** láo·bang 结实,牢靠:捆得不~。|这下儿可~啦。

**老赶** lǎo gǎn ①没见过世面:你真~,连这个也不懂。②没见过世面的人:别把我当~。

**老论儿** lǎo lùnr (俗读 lǎo lièr)老规矩;传统的礼仪和讲究:新事新办,没那么多~。

**老叼** lǎo diāo 起重机:大~。也作"老吊"。

**老雕** lǎo diāo 鹰属的泛称:鸡叫~吃了。

**老鸹** lǎo·gua 乌鸦的俗称。

**老实巴交** lǎo·shi bā jiāo 形容规矩而谨慎胆小的样子:他是~的庄稼汉。也作"老实巴脚""老实八焦"。

**老克拉** lǎo kè lā 有生活经验、有绅士风度的年纪较长者:他是个~了。

**老鼻子** lǎo bí·zi 极多:今天来的人~啦。|花的钱可~了。

**老梆子** lǎo bāng·zi 对年长的男子不尊敬的称呼:那~不是个好东西。也作"老帮子"。

**老八板儿** lǎo bā bǎnr ①拘谨守旧:你别~啦,这是什么年代了!②拘谨守旧的人:他是个~,讨厌人。③陈旧的规矩;老习俗:要改改这些~啦。也说"老古板儿"。

**老驾** lǎo jià 父辈:~在世时,家里较富裕。(与"劳驾"不同)

**老娘儿们** lǎo niángr·men (俗读 lǎo niar·men)对成年妇女不尊重的称呼:~只能干这些了。|这都是些~的话。

**老挑** lǎo·tiao 连襟:自从离婚后,~们再也没有来往。

**老醯儿** lǎo xīr 对山西人的戏称(醯:醋,山西人爱吃醋。故称)。也作"老西儿"。

**捞** lǎo 绰;抓取:天一亮,他就~起锄头出去了。

**姥姥** lǎo·lao ①叹词。对别人的言行表示否定、蔑视、不服、不信或强烈不满,有"没门儿""少来这套"的意味:想占我的便宜,~!|管住我,就凭你,~!。也说"老喽"。②接生婆。

**唠嗑** lào//kē 闲谈;聊天:没事儿凑在一起~。|我们唠了一会儿嗑。

**落** lào ①下降:价格有涨有~。|~价。②使下降,弄下来:把窗帘下~点儿。|把这个螺丝~下来。③留下;(用笔)写下:~病。|~款儿。④获得:一个好名声。|~下话把儿。|最后才~这么点儿钱?⑤停留:这屋子连个~脚地方也没

## 会说不会写的词语

有。⑥剩余:最后就~这些钱了。

**落架** lào//jià ①房屋的木架倒塌,比喻家业败落。②落架儿;罢休:别骂起来不~。

**落头儿** lào·tour 盈利;赚头儿。泛指财物上的好处:这批货刨去成本也没什么~。

**落汗** lào hàn 身上的汗水消下去:坐一会,落落汗再出去。

**落枕** lào//zhěn ①睡觉时脖子受寒,或因枕枕头的姿势不合适,以致脖子疼痛,转动不便:今天~了,脖子扭不过去。②(头)枕着枕头:因白天太累了,晚上一就着。

**落忍** lào rěn 心里过意得去;忍心(常用于否定式):老麻烦人,心里怪不~的。

**落坡** luò//pèi (俗读 lào//pěi)比喻人倒台,失去权势,风光不再,被人看不起:落了坡的凤凰不如鸡。|这回他可~了,官儿也丢了。(坡:戏曲中帝王、后妃、将相等的便服)

**落包涵** lào//bāo·han 受埋怨;受责难:把丑话说在前面,免得~。|帮他半天忙,还落一身包涵。也说"落不是"。

**落色** lào sǎi 掉颜色,颜色变浅:这衣服洗两和(huò),~了。

**乐不得儿** lè·bu dér ①求之不得:这差事给他,他可~。②形容非常高兴的样子:他~地跑回家。

**肋膪** lē·te (衣服)不整洁,不利落:这个人穿得太~了。|~兵(穿戴不利索的人)。|这个人肋肋膪膪。

**嘞嘞** lē·le 絮叨;说话没完没了:少~两句吧。|别瞎~。

**勒** lēi ①用绳子等捆住或套住再用力拉紧:~紧裤腰带。②强制;逼迫:他硬~着不让大伙儿在自留地里种烟草。③收紧,逼尖嗓子:她~起嗓子狂喊。

**勒掯** lēi·ken ①强迫或故意为难:你别~人。②勒索:他这是在~我们。也作"累掯"。

**嘞** ·lei 助词;用法跟"喽"相似,语气更轻快些:好~,我就去。|雨不下了,走~。

**肋** lèi ①山脊两侧:山的半~上有个庙。②房脊两侧:站在两~上的人要使劲儿,把砖传上去。③象棋棋盘上与中轴线相邻的两条线(四、六线):用车(jū)守~。

**肋叉子** lèi chǎ·zi 肋骨或靠近肋骨的部位:笑得我~都疼。|一刀捅在~上了。也作"肋岔子"。

**塄坎** léng kǎn 田地边上的坡儿和防水、分界的土埂,上可行人:他趴在~上。

**愣子** léng·zi ①态度生硬、不通情理、鲁莽的人:他纯粹是个~。②语气不平和的话:他说话总带一味儿。也作"棱子"。

**愣场** léng chǎng 木材采伐运输过程中,汇集、堆存和运转的场所:这大片空地可建个~。

**冷布** lěng bù 用来防蚊蝇的,有经纬线织成稀疏方孔的,用以通风的纱布:纱窗绷上~代替铁纱。

**冷丁** lěng dīng 出乎意料,忽然:从门后~钻出个人来,吓我一跳。也说"冷不丁""冷不防"。

**愣愣** lèng·leng 稍等;稍候:这

事先~,改天再说吧。

**愣愣瞌瞌** lèng lèng kē kē 形容失神发呆;呆头呆脑:他今天怎么总是~的。"瞌瞌"也作"磕磕""恘恘"。

**愣眼巴睁** lèng yǎn bā zhēng 由于吃惊而两眼发直:他~地坐着,呆若木鸡。

**愣** lèng ①偏偏;偏要:明知不对,他~那么做。｜讲了多少遍了,他~不明白。②说话、做事不考虑效果;鲁莽:~小子｜~来不行！③竟然:这事都知道,我~不知道。④发呆:还在那儿~着干吗？还不快走！⑤延迟;稍待:他~了好一阵子才说。⑥宁,宁愿:我~重考也不上大学专科。⑦瓜果不太熟,蔬菜没长到时候:这瓜略微~点儿。｜~青辣椒。

**愣头儿青** lèng tóur qīng 指说话办事无所顾忌;鲁莽的人:这人是个~。也说"愣头葱"。

**愣是** lèng shì ①表示非如此不可:他~要走,谁也留不住。②竟然:这事他~不知道。③就是,硬是:他~不说,我也没办法。

**愣神儿** lèng // shénr 发呆;出神:别站在那儿~,快干！｜你愣什么神儿啊！

**哩溜歪斜** lī·liu wāi xié ①歪歪扭扭;不正:他的字写得~的。②(走路)左右摇摆:这个醉汉~地走过来。也说"漓拉歪斜"。

**哩哩啦啦** lī lī lā lā ①零零散散或断断续续的样子:队伍~走得不很像样子。｜刚才还在那边~地唱。也作"里里拉拉"。②拖拖拉拉,不爽快的样子:他干活总是~的。

**哩哩啰啰** lī lī luō luō 形容说话啰唆、拉杂或口齿不清,让人听不清:他~说了10分钟,谁也没听明白。

**俚嬉** lí·xi 开玩笑;取乐:您别拿我~！｜这不过是跟你~~罢了。也作"离嘻"。

**黧鸡** lí·ji 黧鸡,黑羽毛鸡,好斗。相斗时彼此敌视,目光凶狠。用以形容人阴险、狠毒或受惊吓的外貌、表情、眼神:他吓得两眼都~了。｜他往那一站,那~一样,凶极了。

**离股儿** lí gǔr 相接处脱离;脱榫儿:立柱儿有点儿~了。｜老母鸡煮得肉~了,烂烂的。也作"离骨儿"。

**离谱儿** lí // pǔr 言行不合公认的准则、规范:他说话也太~了。｜这事办得离了大谱儿了。也说"离格儿"。

**里外里** lǐ wài lǐ ①两方面合计:进货省了一千元,这月又多卖了两千元,~多赚了三千元。②表示不论怎样计算,结果还是相同:~一个样。｜~你不吃亏。

**里脊** lǐ·ji 牛、羊、猪脊椎骨内侧的条状嫩肉,做肉食时称作里脊:炒~丝｜滑溜~｜糖醋~(不要写作"里肌")

**里间儿** lǐ jiānr 相连的数间屋子中,距大门远而靠里的屋子:他住~,我住外间儿。也说"里间屋""里屋"。

**理路** lǐ lù ①道理:他说的都在~上。｜你的话毫无~。②思想或文章的条理:~不清。

**理茬儿** lǐ // chár 对别人提到的事儿或刚说完的话作出应答或表示意见:我讲了多遍你都不~。｜别理他的茬儿。

**沥沥拉拉** lì lì lá lá ①雨点零星

地不间断地降落的样子:雨~下了一整天了。②泛指汁液零落下滴:水车漏了,~一道儿。③稀疏零乱的样子:队伍~走得很不像样子。

**立睖** lì·leng ①用力睁大(眼睛);外眼角向上挑:~着眼。②竖起;直立起:老大娘吓得头发根子一~,连忙走回家去。也作"立楞"。

**立马儿** lì mǎr 副词。立刻;马上:~拉下了脸。|我~就去。

**利嗖** lì·sou ①轻捷,灵巧:他的动作那么~。②彻底:病已好~了。也说"利索"。

**利洒** lì·sa 利落:动作~。|他说起话来干脆~。|他干的活可~多了。也说"利索"。

**利利拉拉** lì lì lā lā 丢三落四,做事不利索:这个人总是~,没完没了。也作"哩哩啦啦"。

**利尿** lì niào 助排尿:七月七透骨草能~。|清热~。

**漓漓拉拉** lī lī lā lā ①说话啰唆,没完没了:~说了两小时,跟本没说到点子上。②同"沥沥拉拉"①。

**力道** lì·dao ①效力;作用:这种农药有~。②力气;力量:一个人的力气到底有限,如果只有五百斤~,那只能挑五百斤。

**力巴** lì·ba ①外行:别说~话。②外行人:他们都是些~。|小~儿(也说"小力笨儿")。③笨手笨脚的人:这些人浑头浑脑,都是些~。也作"利巴"。

**栗暴** lì bào 用中指和食指弯曲起来敲击人的头部:吃了一个~。也说"栗凿"。

**连襟** lián·jin 姐姐的丈夫和妹妹的丈夫之间的亲戚关系:我和他是同事又是~。也作"联襟""连衿",也说"衿联"。

**连鬓胡子** lián·bin hú·zi(俗读 lián biān hú·zi 或 lián bā hú·zi)络腮胡子俗称。也说"连巴胡子"。

**连蒙带唬** lián mēng dài hǔ 蒙哄混充:他没认几个字儿,竟~地念起报纸来。

**怜薄** lián·bo(俗读 lián·ba)虚弱:他身子骨挺~。

**莲篷** lián·peng 莲花开过后的花托,倒圆锥形,有许多子孔,孔内包裹着莲子:小孩爱吃~。|~头(像莲篷形状的洗浴喷头儿)。

**敛** liǎn 聚集;收:~财|~钱|~作业|把试卷~齐。

**敛巴** liǎn·ba 匆忙、迅速地收拾东西,常重叠使用:地里的麦子~~一大堆。|钱~~也有千八百的。也作"敛吧"。

**凉渗** liáng·shen 微寒或凉爽的感觉:小风儿吹着挺~。|冰镇汽水很~。也作"凉森"。

**凉刺呱唧** liáng·la guā jī 形容有些凉(含厌恶意):这碗粥~的,我不想喝了。(注意:"刺"不要写作"刺"cì)

**两腿紧捯** liǎng tuǐ jǐn dáo 两条腿频率很快地交替迈出;小碎步快走:慢点走,孩子~也跟不上你。

**两掺儿** liǎng chānr 两种东西掺和在一起:棒子面、白面~蒸馒头。|他一会儿天津话,一会儿普通话,~。

**凉** liàng ①把热的东西放一会儿,使之变凉:~碗白开水。|把汤~~再喝。|饭~凉(liáng)了。②冷落,撇在

一边不理睬:别把客人~在一边儿。作②解时也作"晾"。

**谅** liàng 料想;估计:我~你也没这个胆。|~你也跑不了。|~他不敢去!|~不见怪。也作"量"。

**亮子** liàng·zi 门窗上部的透气窗:钥匙忘在屋里了,你从上~爬进去取吧!

**量贩店** liàng fàn diàn 对货物进行批量销售,以薄利多销为目的的商店:入世后,国外的大型医药公司陆续打入中国市场,他们大都会采取超市、~式的低价销售方式。

**蹽** liāo ①迅速地走;放开脚步走;跑:一口气~了二十多里路。|一听这话,他马上开~。②偷偷地走开;溜走:他一看形势不妙就~了。

**蹽腿** liāo tuǐ 拔腿:~就走。

**撩** liāo (俗读 liáo) ①把下垂的东西掀起来:~起长袍。|往上~了~头发。②用手舀水由下往上洒:给花~点儿水。③勉强凑足某个数目:~上点儿就够数了。

**撩分儿** liáo//fēnr 外加分(使及格):我考上59分,老师给撩了1分,及格了。|这次考试,凡得55分以上的都~及格了。

**缭** liáo 用针线斜着缝缀:~衣服。|随便~上几线就行了。|把上衣的贴边~上。

**潦倒梆子** liáo·dao bāng·zi 不成器的人:这个~整天喝酒打牌。

**燎泡** liáo pào 皮肤或黏膜表面因烧伤或烫伤形成的水泡:腿上被开水烫了,起了一串~。也作"潦泡",也说"潦浆泡"。

**燎** liǎo 靠近火而被烧或被烧焦;烟熏火~|头发被~了一大片。

**蓼花** liǎo·hua 一种糕点,用糯米面加黄豆粉、白糖、桂花等油炸而成,长圆形,中空,酥脆味甜。

**尥** liào ①顽皮;淘气:这孩子太~了。②牲口用后腿向后踢。

**尥蹶子** liào juě·zi ①骡马等跳起来用后腿向后踢:这马好(hào)~,离它远点儿。②比喻人着急时的莽撞行动:他急了会~。也作"撂蹶子""撩蹶子"。

**料** liào 本指材料。转指具有某方面能力的人(含贬义或戏谑意):他不是学习的~儿。|他这块~搁哪哪不行。

**料估** liào·gu 预料;估计:这事我可~不到。

**料面** liào miàn 指作为毒品的海洛因:~鬼(抽料面成瘾的人)。也说"料子",如"料子馆"。

**撂** liào ①放;摘:这事先~一~再办。|~下饭碗就走了。②弄倒;脚下一个绊儿,把他~倒在地上。③抛;扔:你别把我~在半路上不管了。|他把工作全~给我了。④将人制服:终于把他给~那了。⑤昏死:身子累散架了,~挺了。

**撂地** liào di 拉场子。旧时艺人在庙会或市场中打地摊露天献艺。

**撂挑子** liào tiāo·zi 放下挑子。比喻丢下应担负的工作,甩手不干:有意见归有意见,绝不能~。

**撂下脸** liào xià liǎn 拉下脸。表示生气或不满:刚说他两句就~。

**钌铞儿** liào diàor 扣住门窗等

L

093

的铁片,一端钉在门窗上,另一端有钩子钩在屈戌儿里,或者有眼儿套在屈戌儿上。

**咧咧** liē·lie ①乱说;乱讲:别顺嘴瞎胡~。②小儿时断时续地哭:别在这儿~了,快走吧!

**裂** liě 东西的两部分向两旁分开:衣服没扣好,~着怀|麻袋缝儿~开了。|裤子~了一个大口子。("咧"只用于嘴角儿向两边伸展)

**裂巴** liě·ba 面包(俄语)。也作"列巴"。

**裂锅** liě·guo 感情破裂;决裂:最近她俩~了,谁也不理谁。

**裂瓜** liě·gua (俗读 liě·gu)不周正:这姑娘越长越~了。

**咧** liě ①嘴角向两边伸展:~着嘴笑。②说(含贬义):胡~|胡诌百~。

**咧扯** liě·che 嘴角向两边伸展:他~着嘴,做了一个鬼脸儿。

**林林拉拉** lín lín lā lā 稀疏不齐的样子:人们~地在路上跑着。

**临了儿** lín liǎor 最后:~~还来这么一招儿。

**拎** līn (俗读 lín)用手提(东西):~包儿。|这箱子~不动。|~着一兜水果回家了。

**拎得清** līn·de qīng (对事情)明白清楚,不糊涂:没见过这么~的孩子。|你这个人到底~哦!(其反义词是"拎不清""拎勿清"。)

**拎清** līn qīng 义同"拎得清"。多用于接上文所说之事,表示明白过来:听你这么一说我才~过来。

**赁** lìn ①租用,租借:这房子是~还是买?|~了一辆车。②出租:

~出~土地|这房子~多少钱?|把闲房~出去,每月收的房租恰好还贷。

**淋** lín 过滤:把汤药用沙布~一下。

**淋子** lín·zi 过滤用的小箩(过滤用的密孔筛子)。

**淋血** lín xuě 中医称尿中带有脓血为淋血。

**论** lìn (lùn 的变读) ①按照某一数量的单位或类别:这苹果是~斤卖,还是~筐卖?|这房子~人不~间租,每人每天20元。②按照一定的亲属、师徒等人际关系:~辈儿我还是他叔呢。

**凌** líng 冰;积聚的冰:不要在~上走。|他在~窟窿里钓鱼。|闹~灾(因冰块堵塞河道导致河水泛滥)。|~车(一种可在冰雪上滑行的车)

**灵清** líng qīng 清楚:这孩子头脑特~。|连这么几句话也说不~。也说"灵醒"。

**零七八碎儿** líng qī bā suìr ①零碎而杂乱:哪来这么多~的事。②没有大用的东西或零碎的杂事:这些~的都该扔了。|整天忙些~的。也说"零七碎八"。

**溜** liū ①偷偷走掉;悄悄地走:小偷~了。|~走。|~号儿。②很;非常。(用在某些单音节形容词前):灌得~满。|摆得~齐。|刨得~光。③光滑;平滑:真光~。|太滑~了。④顺手窃取:这是从哪~来的?⑤词缀。用在形容词前或后,叠用:~~圆|醋~~|~~尖|~光~~。⑥沿着平面滑行或向下滑动:~槽|从滑梯上~下。⑦拍马奉承:他会~领导。

**溜桌** liū∥zhuō 饮酒过量大醉而滑倒酒桌下:我再喝就要~了。|你溜过几次桌?

**溜肩膀** liū jiān bǎng ①两肩下垂:这个人~,衣服挑不起来。②比喻不负责,有失职守:咱可别~。

**溜光馨净** liū guāng xīn jìng 精光,一点不剩:这桌饭菜吃得~。也说"溜干二净"。

**溜干二净** liū gān èr jìng ①非常干净:玻璃擦得~。②一点儿不剩:钱花得~。|吃得~。

**溜肩躲事** liū jiān duǒ shì 两肩下斜称溜肩膀,承担不了重担。比喻一个人不敢承担责任:他这个人向来是~。

**溜溜儿** liū·liur ①整整:我~等了一天。②一阵一阵的:过道里小风~的,凉快极了。③偷偷地(走):他~地走了。

**溜湫** liū·qiu ①形容目光闪烁,不敢正视的样子:~着眼儿。②形容因胆怯而悄悄地走的样子:他吓得退了两步,~着步儿走过去。③做出鬼鬼祟祟的样子:他提着箱子,~着跑进了胡同里去了。

**溜瞅** liū chǒu 眼睛转来转去地看:~着一双蛤蟆眼。

**溜嘴** liū zuǐ 把不该说的话说出来:我说~了。

**熘** liū 烹调方法。把菜肴油炸、水煮或清蒸后,加入作料、淀粉等调好的卤汁,使卤汁均匀地裹在菜肴上并加热:滑~里脊|醋~白菜。

**瞜** liū 看:他正斜着眼向这边~。|~她一眼。

**蹓** liū 偷偷地走开:他说着,一转身就想~。(同溜①)

**绺子** liǔ·zi ①线、麻、头发、胡须等许多根顺着聚在一起:掉了一~头发。|(有时单用"绺")头发都打~了。②土匪帮伙:那是一群~。

**柳下道儿** liǔ xià dàor 错了道,走错路;不合理:他这话太~了。

**溜** liù ①填满或封住缝隙:用水泥~墙缝|用纸条把窗户~上。②水流;急速的水流:水龙头开大点儿~儿。|雨一天没住~儿。③说话灵活自如:这人嘴皮子很~。④量词。用于成排或成条的事物:几个人排成一~儿。|靠墙是一~儿书柜。⑤练;活动:~嗓子。⑥某一地点附近的地方:河边这~儿很安全。|你住在市中心哪~儿?⑦漫步;慢慢走:~达。|没事儿~~。⑧房檐上流下来的雨水:檐~。

**溜活** liù·huo 灵活自如:她嘴皮子很~。|这个人手头儿挺~。也说"溜"。

**六够** liù gòu 形容足够,过多,过甚,达到极点:不管人家怎么笑话、讽刺、攻击他个一~,他都不理睬。|他训我个~。也作"溜够"。

**六指儿** liù zhǐr ①一只手(或脚)长六个指头:他左手是~。|~划拳——没得对了。(歇后语)②也指这样的人:他是个~。

**镏子** liù·zi 戒指:他手上戴了金~。

**馏** liù 将凉的熟食再加热:~馒头|把剩菜一一~再吃。

**龙** lóng (车轮)不圆:自行车后轱辘~了。(参阅"拿龙")

## 会说不会写的词语

**笼火** lóng//huǒ 用柴引火使煤炭燃烧;烧火:屋里没~,太冷了。|他们在院子当中笼起一堆火。|用劈柴~生炉子。旧写作"爖火"。

**笼着手** lóng·zhe shǒu 将左右手分别放在右左袖筒里:他~冻得还直打哆嗦。也说"双手笼在袖筒里"。(笼:把手或东西放在袖筒内)

**砻** lóng ①去掉稻壳的农具。形状像磨(mò),粗糙。多用,竹、木制成:~子推豆腐——好粗糙。(歇后语)②用砻去掉稻壳:~稻谷。|~糠(稻谷砻过的脱下的壳)。

**砻坊** lóng fáng 把稻谷碾成米的作坊。

**拢** lǒng ①总计:把账一一~。②梳理(头发):用梳子~头。|~一~头发。

**拢子** lǒng·zi 梳子;齿小而密的梳子:用~拢一下头。

**拢共** lǒng gòng 共计;总共:~才有十几个人七八条枪。也说"拢总"。

**笼统** lǒng tǒng ①大概而不具体;不作具体分析;含混:~讲一讲算了。|他只是笼笼统统地解释了一下。②同"拢共":我~就这么多钱。也作"拢统"。

**搂** lōu ①用手或工具把东西向自己面前聚集。~草。②向自己方向拨或扳:~板机③撩,挽:~起袖口。|~起裙子趟水。④搜刮(财物);尽力赚(钱):他净会~钱。|这回他算~足了。⑤招揽:~包(兜揽买卖的中间人)。⑥核算;用算盘计算:~账|拿算盘~一~。⑦锄地:这地他已~了三遍了。

**搂着** lōu·zhe 有节制地;不过

分地:钱~点儿花。|干活儿~来。

**搂头** lōu tóu 照着脑袋;迎头:~盖脸|~就是一拳。

**搂子** lōu·zi 一种手枪:腰上挎着~。

**瞜** lōu 看;瞧(口气不庄重):这是你新买的衣服吗?让我~~。

**瞜兮瞜兮** lōu xī lōu xī 看一看:你新买的衣服拿来让我们~。

**娄** lóu ①(某些瓜类)过熟而中空变质:这西瓜~了。②比喻体虚,衰弱:这几年身子骨儿可~了。

**娄子** lóu·zi 乱子;纠纷;祸事:捅~|惹~|出~。

**露怯** lòu qiè 因少见世面或缺乏知识,言谈举止发生可笑的错误:从小长在农村,乍到城市难免~。

**露脸** lòu liǎn ①露面:这几个人常在报纸上~。②因获得荣誉或受到赞扬,脸上有光彩:这孩子可让我~了。|不~的事他不做。

**露兜** lòu dōu (由于疏忽造成的)露馅儿,露底:~话|他一说就~了。

**撸** lū ①用手握住条状物向一端滑动:~起裤腿。②训斥;斥责:哥哥狠~了他一顿。③撤换;撤职:他犯了严重错误,职务一~到底。④摸;抹:从脑门上~下一把汗。⑤拿:~锄把子。也说"㧯(luō)"。

**撸扣** lū kòu 螺丝的螺纹倒扣,螺母不入扣:螺丝~了。

**撸子** lū·zi 手枪。

**噜苏** lū·su 啰唆。

**卤** lǔ ①潮湿:今天气温不是很高,就是~。|晾的衣服还~着呢。②

饮料的浓汁:茶~。③用盐水加五香料等或用酱油对食品进行煮制:~鸡|~肉|~虾|~汁豆腐干。

**驴肝肺** lǘ gān fèi 坏心肠:好心当作~。

**履** lǚ 顺;沿:~着河边儿走,一会儿就到了。|~着墙根儿长出一溜儿小草。

**捋** lǚ ①用手指顺着抹过去,使物体顺溜或干净:~胡子|把头发~顺了。|把黄瓜~了几下就吃。②梳理;整理:把那堆纸~齐。|问题太多,~不出个头绪。

**缕缕行行** lǚ lǚ háng háng 成群结队。形容很多:男男女女,老老少少~地涌向村口。

**缕续** lǚ xù 接连不断:这雨~下了一天一夜。也说"缕缕"。

**掠** lüè (俗读 liè)顺手拿:他~起根棍子就打。|他~起书包就走了。

**抡** lūn ①挥动胳膊抛出去;挥动着东西打过去:把东西~了一地。|他~起棍子就打。②用力挥动:~大锤。|~拳头。③板着指头推算:~指头算日子。

**轮** lún (俗读 xún)名量词。计量年龄差12岁。十二年为一轮(用十二地支记人的属相,每十二岁轮回一次,故称"一轮"):他也属马,比我小两~。(注意:"旬"是计量年岁的量词。10岁为一旬。如"七旬大寿")

**轮拨儿** lún//bōr 轮番;轮班:大家~去吧。|轮几拨儿守夜。

**论儿** lùnr (俗读lièr)道理、讲究,忌讳:这些都是老~啦,现在不兴这个了。|我的没那么多~,请随便吧。也作"例儿"。

**囵** luán ①整个的:清蒸~鸡。②圆:皮球溜~。

**乱哄** luàn·hong 嘈杂纷乱:集市上人喊马嘶,真~。也说"乱哄哄""乱乱哄哄"。"哄"也作"烘"。

**乱乎** luàn·hu 混乱:这里太~了。|事情这么~,一点儿头绪也找不到。也作"乱糊",也说"乱乱乎乎"。

**乱腾** luàn·teng 混乱;不安静,无秩序:人们~起来了。|心里很~。

**乱营** luàn//yíng (人群)骚乱起来;秩序混乱:枪声一响,敌人~了。|老师刚走,教室就乱了营。

**乱葬岗子** luàn zàng gǎng·zi (俗读 luàn·si gǎng·zi)无人管理、谁家都可以埋葬尸体或无主死者的土岗子:一领席,抬到~埋掉了事。|过去这块地是~。也说"乱死冈子"。

**捋** luō ①用手将物摘下(含用力、强行意。有的俗读作 luǒ):把他的领章~下来。|~树叶子。②比喻撤职:对严重失职、不作为的领导干部要一一~到底。③用手握住条状物向一端滑动:~起袖子。|用抹布将竹竿轻轻~几下。|~虎须。④堆,垒:将黄色光盘~在一起焚烧。(不是摞在一起)

**捋管儿** luō guǎnr 男子手淫动作,用手握住阴茎来回滑动。

**捋虎须** luō hǔ xū 捋老虎的胡须。比喻冒犯有权势的人或干特别有风险的事:你这不是~吗?胆子也太大了。

**罗罗缸** luó·luo gāng 事情多个头绪相互搅缠,理不清,说不明,不好办,打罗圈儿架;断不清的官司:我明明把钱还给你了,那天你爱人把这钱放在

抽屉里,现在你们都不记得了,这不是~了吗|你把我购物的钱点清收好,找我的钱也数清,免得以后闹~。也作"摞摞缸"。

**罗锅** luó guō ①弯(腰):他~着腰在地里拔草。②(~儿)驼背;驼背的人:他有点儿~。|他是个~。③(~儿)像驼背的形状:~桥。

**罗圈揖** luó quān yī 指旋转身体向周围的人作揖;也指作的这种揖:他向大家作了个~。

**罗圈腿儿** luó quān tuǐr O形腿:他是~。

**罗合** luó·he (俗读 luò·he)①与不讲信用或德行差的人交往:这人不是个好东西,别和他瞎~。②不清不白的关系;鬼混:他俩怎么~上了。

**瘰疬** luǒ·li 由结核杆菌侵入颈部或腋窝部的淋巴结而引起的病。症状是局部发生硬块,溃烂后经常流脓,不易愈合。

**络腮胡子** luò sāi hú·zi 与鬓角相连,兜住两腮的胡子。

**摞** luò (俗读luó)①把东西重叠地往上放:补丁~补丁|把箱子~起来。②量词,用于重叠放置的东西:一~报纸。

# M

**孖仔** mā zǎi 双生子；孪生子。（"孖女"为双生女）

**抹** mā ①用手按着并向下移动：~澡｜把帽子~下来。｜往后面~了~头发。②废黜；罢免：当一回官，让人~一回，脸面往哪搁？③擦：~布（擦器物用的布块）。｜把桌子好好一~。

**抹搭** mā·da （眼皮）下垂而不合拢：他眼皮一~，没好气地走了。｜他像瞌睡似的，老是~着眼。也作"抹耷"。

**摩挲** mā·sa 用手顺着抹过去，使物体顺溜或干净：这个人不吃戗，得顺着毛~。｜把沾在胡子上的饭粒子~掉。｜把衣褶~平。也作"抹撒"。（注意，与读 mó suō 时的词义不同）

**抹脸** mā//liǎn 突然改变脸色，多指由和气变得严厉：我总抹不下脸来（碍于情面，不能严厉对待）。

**妈拉巴子** mā lā bā·zi 骂人的话。犹如"他妈的"。

**妈妈论儿** mā·ma lùnr （俗读 mā·ma lièr）原指上了年纪的妇女有关某些旧俗或事理的说教，也泛指迷信禁忌或有关民间流传的一些俗谚或一些说教（含贬义）：老太太~一套一套的，歪故事儿眼儿多的数不清。｜没那么多~，随你便吧。也说"妈妈令儿""老妈妈例儿"。

**麻麻** mā mā 浓密的样子：~雨（毛毛雨）｜~胡子。｜天~亮（天刚有些亮）。｜~黑。

**麻麻亮** má·ma liàng 刚有点亮：天~他就走了。

**麻利** má·li ①敏捷；利索：动作~。｜干活很~。②迅速；赶快：他~跑回家。也作"麻力""麻俐"。

**麻利脆** má·li cuì 干脆利索：他干起活来可真~。

**麻应** má·ying 腻味；心里感觉麻滋滋的：厕所满地爬蛆，真~人。

**麻酥酥** má sū sū 形容轻微的麻木：舌头~的｜风吹得脸~的。也作"麻舒舒""麻苏苏"。

**麻爪儿** má//zhuǎr 戏言人因害怕、惊吓而手脚忙乱、手足无措：他吓~了。｜他一瞧也麻了爪儿。

**麻花** má·hua 棉、麻、丝等衣服穿久了磨损变薄要破而没破的样子：裤

子磕膝盖的地方都~了。（与读 má huā 不同）

**马竿儿** mǎ gānr 盲人走路时用以探路的棍儿。也作"马杆儿"（与"麻秆儿"不同）。

**马扎儿** mǎ zhár 一种小型坐具，腿儿交叉，上面绷帆布或麻绳，可合拢。也说"马扎子"。

**马齿苋** mǎ chǐ xiàn （俗称 mǎ qū cài）一年生草本植物，茎绿色或紫红色，匍匐在地，叶小倒卵形、肥厚多汁，茎叶可食用，也可入药。也叫"长寿菜"，也作"马须菜"。

**马趴** mǎ pā 身体向前跌倒，四肢、身体着地的姿势，像马趴伏一样，形容摔得很重：脚下一滑，他摔了一个大~。

**马子盖** mǎ·zi gài 旧式马桶盖；专指清代幼儿初次蓄发的发式，头顶留圆形的短发，四周剃光。也作"杩子盖"。

**马赛克** mǎ sài kè ①英语 mosaic 音译。一种小型瓷砖，方形或六边形，有各种颜色，可以铺贴建筑物外墙和浴室、厨房等地面，可拼接成不同的图案。②用马赛克做成的图案。③电视、电脑、手机等屏幕图像中出现的像马赛克的图案，有时是故意加上去的，用来有意掩盖某些画面。

**马路牙子** mǎ lù yá·zi ①马路和人行道相接处凸起的条石或水泥预制件，因像牙齿排列，故称：她坐在~上想事儿。也叫"边道牙子"。②指街头流浪儿：这个臭~。

**杩槎** mà chá 三根木头交叉搭成的三脚架，加上土、石以后可以用来挡水。

**玛钢** mǎ gāng 可锻铸铁：~厂。

**码** mǎ ①堆叠：~放｜把砖~齐。②顺着；沿着（足迹）：部队~着敌人的足迹，向南进发。③接着；接近：亩产拿不到一千斤，也~边~沿儿。④量词。(a)用于事情：这是毫不相干的两~事。｜那~事与这~事不相干。｜割韭菜，制麻线——一~是一~。（歇后语）(b)相当于"堆""垛"：一~柴火。(c)英制长度单位，一码等于三英尺，合 0.9144 米。⑤搁置；冷落：把朋友~在那儿。

**码字** mǎ zì 堆砌文字。对新闻写作或文学创作等的戏称：他一年~80万，完成两部长篇小说。

**码垛** mǎ duò （把物品）堆叠成垛：咱们俩~吧。

**埋堆** mái duī 同人打交道：我不喜欢~，也不喜欢去卡拉 OK 等地方。｜香港人喜欢~。

**埋汰** mái·tai ①脏：这件衣服太~了。②污辱；用尖刻的话挖苦人：他真能~人。｜少拿话~人。③无赖；不要脸：你跟我少耍~。④不利索，拖泥带水：跟头翻得太~。

**迈** mài 英里（用于机动车行车速度）：车以每小时 120~ 的速度前进（俗说时，"每小时"可略去）。

**卖相** mài·xiang ①外表；外貌：~漂亮｜这书橱~蛮好。②风度；气派：~十足｜他大衣一穿还真有~。

**卖山音** mài shān yīn 故意有话不直接说，而是大声自语让人家听见：你就直说了吧，别在这儿~了。

**麦余子** mài yú·zi 麦子脱粒扬

场后剩下的秕粒、麦穗等:他把场上的~、麦秸打扫干净。

**麦码子** mài mǎ·zi 麦草堆:院里堆了~。

**麦穰子** mài ráng·zi 本指麦子脱粒后的茎秆。可做喂牲口的饲料;比喻无用的,无能的;废物。借以用作骂人的话:他这个~,别用他!

**麦莛** mài tíng 麦秆儿。

**颟顸** mān·han (俗读 mán·han)①糊涂而又马虎:那人太~,什么事都做不成。②憨厚;对事不过分计较;对人宽容:老王是个~人,他是不会算计较的。③漫不经心:这人太~,做事靠不住。

**蛮** mán ①指南方口音,不易听懂:他说话太~。②很;满;挺:这衣服~合适的。|他俩是~好的一对儿。|他身子~结实。

**蛮劲** mán jìn 粗猛的劲头:他身上有股子~,有时能做出不顾一切的决定。

**蛮缠** mán chán 不讲道理地纠缠:你这不是~人吗?

**蛮攀五经** mán pān wǔ jīng 蛮横不讲理,却硬拉一些大道理来掩护自己:你这是~,没人信!

**蛮子** mán·zi 旧时北方人称口音跟自己语音不同的南方人:南~。

**埋怨** mán yuàn 因事情不称心而对人(含"自己")或事物表示不满:他不但~别人,也~自己太粗心。|别总~天气不好。

**鞔** mán ①把皮革固定在鼓框的周围,做成鼓面:蛇皮可以~鼓。②把布缝或蒙在衣服或鞋帮上:白布~鞋。

(表示穿孝)

**颟里颟顸** mán·li mán·han 呆傻;愚钝:看这孩子流着哈喇子,~的。

**满** mǎn ①很:~好|~新的。②全,遍:~地乱爬|~身是泥|屋子里~是烟。|孩子~街跑着玩儿。③完全:~不在乎。|他~有资格参加。|这事他~不管。④说话不留余地,太绝对:话可不能说~。

**满满当当** mǎn mǎn dāng dāng 很满:屋里客人挤得~。也说"满满堂堂""满满实实""满满登登"。

**满满流流** mǎn mǎn liū liū 形容容器中液体很满:~一缸水。

**满天打油飞** mǎn tiān dǎ yóu fēi 到处游荡、没有个准地方落脚:这几年他~,没有正式的工作。

**满处** mǎn chù 到处:孩子在大街上~跑。|地上~都是碎纸。

**满市街** mǎn shì·jie 到处,四处:大姑娘家~跑,看不惯。|炒几个菜咱在家喝酒吧,省得~瞎跑去。

**墁** màn ①用砖、石等铺地面:花砖~地。②用灰土抹墙:墙壁~得很平。

**镘儿** mànr 指金属钱币没有币名的一面(有币名的一面叫"字儿")。也作"漫儿"

**漫** màn ①水过满,向外流:河水~上了岸。|缸里水~出来了。②淹没:街道上积水~过膝盖。③休,莫,不要:~说让他请客,平素他连几块钱都不愿掏腰包。

**漫漶** màn huàn 文字、图画等因磨损或浸水受潮而模糊不清:字迹~。

**慢蹭蹭** màn cèng cèng 形容动作很迟缓:别~的,快干!

**慢条斯理儿** màn tiáo sī lǐr 不慌不忙,稳稳当当:这个人很斯文,总是~的。

**忙音** máng yīn 电话拨号后发出的连续而短促的嘟嘟声。表示线路忙而被占,暂时无法通话。

**忙叨** máng·dao 忙乱;慌忙:啥事这样~?|他整天忙忙叨叨,没完没了。也说"忙叨叨""忙忙叨叨"。

**忙活** máng·huo 忙碌地工作:我整天瞎~,也不出活儿。|他常帮我~家务。也作"忙合""忙乎"。(合、乎均读轻音)

**忙活** máng huó ①急着做活:这两天正~,出不去。②需要赶快做的活:这是个~,先干。

**猫儿腻** māor nì 指隐秘的或暧昧的事;耍花招,搞小动作:他们之间的~,我早就看出来了。|别跟我玩~,我心里有数儿。也作"猫儿匿""猫儿溺"。

**猫盖屎** māo gài shǐ 猫拉过屎后,往往用土薄薄地盖一层。借以嘲谑人对事情掩盖的十分拙劣或做事敷衍:尽做些~的事儿。|你就别~了,人证物证都有了。

**毛** máo ①心里慌乱,惊惧:我被他笑~了。|心里有点儿发~。②货币贬值:钱越来越~了。

**毛包儿** máo bāor ①慌乱;急躁;不沉着稳重:我看他有点~。|一听说要他讲话,看他那~样儿。②心直口快、性情豪爽、行动鲁莽的人:他纯粹是个~。

**毛咕** máo·gu 因有所疑惧而惊慌:走进荒滩,心里直发~。|他把我笑~了。

**毛毛咕咕** máo máo gū gū 形容畏怯慌张,心神不定:你怎么总是~的,是不是出事儿了?

**毛毛躁躁** máo máo zāo zāo 很粗心,一点儿也不细致:你干活怎么总是~的,这怎么干好工作。

**毛毛糙糙** máo máo cāo cāo 很粗糙,一点儿也不平滑:木板~的,得好好刨一刨。

**眊眊稍稍** máo máo shāo shāo 指眼神因惊恐而游移不定:看他那~的样儿,一定出事了。(眊:眼睛失神)

**毛儿八七** máor bā qī (俗读 mǎor bā qī)形容很少一点儿钱:靠你这一天~的,发不了财。

**毛腰** máo//yāo 弯腰:一~钻进山洞。也作"猫腰"。

**铆劲儿** mǎo//jìnr 集中力气一下子使出来:铆足劲儿干。也作"卯劲儿"。

**冒** mào ①淹没;浸漫:把豆腐在开水里一~一下。②没有:~抢回来。|~想一想。③表示行为未经深思熟虑;无把握:~说~算。

**冒儿咕咚** màor gū dōng 轻率;贸然;鲁莽:我可不敢~地随着他的主意走。|你怎么这么~。也作"冒而咕咚"。

**冒钱** mào qián 赚头,利钱:这买卖没多大~。

**冒绷** mào bēng 冒犯,冲撞:我不敢~大娘。

**冒炮** mào pào 瞎说,乱说:你

也不打听打听,就在这儿~。(不同于"冒泡儿")

**帽翅儿** mào chìr 旧式瓜皮帽,顶上缀有结子或宝珠:穿长袍马褂,戴~。

**哞儿** mēnr (mōu 的变读)①牛、火车的叫声:火车~~叫。②(两人)边发哞儿声边顶额头(儿戏):跟爷爷~一个。③大人面对婴儿用片状物挡住自己脸或婴儿脸,然后迅速移开片状物,同时发生哞儿的长音"哞儿——",用以引逗婴儿:来个~——。

**没抓没挠** méi zhuā méi náo 心神不定,不知干什么好:下岗后,他整天~的。

**没影儿** méi yǐngr (俗读méi yěr)①不见踪影:一转眼他就~了。②没根据、因由:这是~的事。|谁知道怎么回事,她好~就哭起来了。(与"好"搭配,"没"俗读作 mú。)

**没着没落儿** méi zháo méi làor ①没着落;没办法;没有可以依靠的来源(或地方):爸爸一死,一家人生活~。②心绪不宁,心慌意乱:听了这事,我心里~的。

**没吃过猪肉,还没见过猪跑吗** méi chī guò zhū ròu, hái méi jiàn guò zhū pǎo ma 比喻对某事物总会有点儿接触,不管怎么说懂一些:别蒙我,我懂,~。

**没辙** méi//zhé 没办法;无计可施:对这种人真是~。|对他我也没有辙。

**没根** méi gēn ①没把握,说不准:这事办好办不好,我也~。②没能耐,少办法:这人办事~,别信他。

**没平仄** méi píng zè 没谱儿,没有定数:干好干不好,谁也~。

**没偏没向** méi piān méi xiàng 不偏袒,不偏向:我~,一视同仁。

**没心拉肠** méi xīn lā cháng 没有心思:她连烧火做饭都~的,不是忘了刷碗,就是忘了添柴。

**没晌没夜** méi shǎng méi yè 没白天没黑夜。形容不论白天还是晚上(干活):~的,你在忙什么?

**没时闲儿** méi shí xiánr 没有闲在的时间:一上午我~,瞎忙呗。

**没戏唱** méi xì chàng 比喻事情办不起来或维持不下去:这就~了。|他就会吹牛,一到真格的,他就~了。

**没言声儿** méi yán shēngr 没说话:我可~,别怪我。|他一直~。

**没佯** méi yáng 没意思:这事好~啊。|男人价真~。

**没样儿** méi yàngr 没有规矩;不像样儿:这孩子淘得~。|人瘦得~了。

**没正形儿** méi zhèng xíngr 没规矩;不正经;不正派:这么大人了~,说着说着就上开荤了。

**没治** méi zhì ①无可救药;无法处理、调理:得了这病,~。|这个人~了。谁的话也不听。②(人或事)好得不得了:这个表演太精彩了,简直~了。③指无可奈何,没有办法:他不去,我也拿他~。④形容好到极点:他的手艺,~啦。

**没咒儿念** méi zhòur niàn 没办法;无计可施:对他,我真是~了。

**没坐性** méi zuò·xing 坐不住,静不下来:这孩子~,太淘了。

103

## 会说不会写的词语

**没耳性** méi ěr·xing 没记性：这孩子~。

**脄子** méi·zi 牛猪等脊椎两旁的条状瘦肉，做肉食时称为"里脊"：猪~|~肉。

**穈子** méi·zi 一年生草本植物，形状跟黍子(黄米)相似，但子实无黏性；这种植物的子实：这黄米面里掺~面了，蒸的年糕不黏。也说"穄子"。

**美不滋儿** měi·bu zīr 得意；心里满足的样子：他~地笑了。|看他那~的样儿。|听了这话，我心里~的。

**谜儿** mèir 谜语：猜~(又说"猜mí")|我给你破个~。

**昧** mèi ①暗中将不属于自己的财物据为己有：别把公款~起来。|老人死后他想~起家财。②隐匿；背着：~着良心|~心钱|~事|~心食。

**闷咕啫** mēn·gu chū 形容人沉闷，不爱说话：这人是个~。

**闷头儿** mēn tóur ①不声不响地(做事)。~学习|~干活儿|~写作。②戏曲术语。即低头(与"蒙头"不同)。

**闷罐儿** mēn guànr ①密闭的罐子：~腌菜。②铁路运输上指没有窗户的货车不通风透气的车厢，像密闭的罐子一样。也泛指有通气口(小窗无玻璃)的货车车厢，临时载人用：过去日本鬼子用~运载华人劳工。|这次我坐~回来的。

**闷得儿密** mēn dēr mì ①为了保密而默不作声的状态：怕露馅儿就给他来个~。②背着人谈话或做事：他们俩在那儿~呢。③吞没：这些钱让他给~了。④睡觉：都几点钟了，还~呀！

⑤死亡（含调侃意)：想不到他这么快就~了。⑥吃(含戏谑意)：点心全叫他~了。

**闷帘儿** mēn liánr 戏曲表演中，角色在上场门帘后或幕后，用高腔唱一句再挑帘(幕)登场叫"唱闷帘儿"。

**门儿清** ménr qīng 了解得非常清楚；很懂行：他对棋界的"行市"全都~。

**门插关儿** mén chā guānr 安在门上短的门闩，关门时插上，开门时抽出来：把~插好。|~折了。也作"门插管儿"。

**门儿门儿哭** ménr ménr kū（俗读 mēnr mēnr kū）形容大哭的声音：他一头扎到床上，~起来。

**蒙** mēng ①胡乱猜想：连猜带~。|算你~对了。②欺骗：你这是~人。|连~带唬。|~事(做假骗人)③昏迷；迷糊；使昏迷：头有点儿发~。|~头转向。|吓~了。④糊涂；不清楚：一上台就~了。|这事把我也弄~了。

**蒙头转向** mēng tóu zhuǎn xiàng 昏头昏脑，摸不清方向：打得敌人~。|把我搞得~。也作"懵头转向"。

**蒙事儿** mēng shìr 弄虚作假，欺瞒诓骗：你这不是~吗？|别拿这个~。

**蒙松雨** mēng·song yǔ 很细的雨。

**梦梦眬眬** méng méng chòng chòng 睡得稀里糊涂：他~地睁开眼。

**猛孤丁** měng·gu dīng 猛然；突然：他~地大喊了一句。也说"猛不丁"。

**猛料** měng liào 指具有轰动效应的新闻或其他消息:一些媒体广开信息渠道,抢新闻,出~。

**猛子** měng·zi ①潜水:跳进河里,一个~不见了。②比喻很久不见了:多日不见,你这一~到哪去了?

**懵里懵懂** měng·li měng dǒng 迷迷糊糊;糊里糊涂:这事把我弄得~的。

**眯** mī ①眼皮微合:~缝眼。②小睡:让我~一会儿。|~个盹儿。③呆在某处;躲、藏:你老实地在那儿~着吧。|他在那旮旯里~着呢。|回家~去吧。

**眯瞪** mī·deng 小睡:困了,先在这儿~一会儿。

**眯睎** mī·xi 眯缝:他~着眼,有些发困。也作"眯细"。

**眯糊** mí·hu 小睡:他在那~着了(睡着了)。|让我~一会儿。(和"迷糊"不同)

**咪表** mī biǎo 马路旁设立的投币式停车收费器。

**迷瞪** mí·deng ①心里迷惑;糊涂:都这么说,连我也有点儿~了。②睡意未醒的样子:正睡得~的时候,忽听街上人们大呼小叫。③神志不清的症状:他最近老犯~。也说"迷迷瞪瞪"。

**迷魂** mí·hun ①迷糊,头晕:一到下午她就~。②小睡:太困了,让我~一会儿。

**眯眼** mí yǎn 尘埃等杂物进入眼中,使一时不能睁开看东西:沙子~了。也作"迷眼"。(注意:"迷眼"另有他义)

**迷瞪** mí·chi 视觉模糊:喝高了,眼有些~。

**迷戏** mí xī 欺骗:你别~我。

**迷迷怔怔** mí mí zhēng zhēng 形容头脑昏乱,神志不清:哭得~的。|看他~,好像还没有睡醒。也说"迷迷瞪瞪"。

**咩** mī(俗读 miān)象声词。模拟羊叫的声音:羊~~哀鸣。

**密** mì ①暗中将财物据为己有:他把敛上来的钱都~起来啦。②泛指藏:你把书~在哪儿了?

**密实** mì·shi 细密;紧密:这布又厚又~。

**缅** miǎn 折叠;卷(边儿):~裆裤|裙子长了点儿,~个边儿吧。

**缅裆裤** miǎn dāng kù 裤腰很肥、裆宽的中式裤子,穿时需将裤腰前折叠缅紧再系腰带:他上身穿一件疙瘩襻上衣,下身穿一条~。也说"挽裆裤"。

**面** miàn 指某些食物淀粉含量多,纤维少,口感绵软:白薯又甜又~。也说"面糊"。

**面糊** miàn·hu 形容食物纤维少而又松又柔软:白薯蒸熟了很~。

**面嫩** miàn nèn ①显得年轻:他长得~,不像五十多岁的。②指因往事不多而羞涩不大方:~心软的姑娘。

**绵** mián ①分量稍欠缺:分量~点儿。|你约约(yāo yāo),分量不~。②(性情)温和:这人性子挺~。

**棉花穰子** mián huā ráng·zi 轧去种子的棉花纤维。也叫"皮棉"。

**描着模儿** miáo·zhe múr 仿佛记得:这个人我~在哪里见过。|这事我~还能想起来。

**描补** miáo·bu 用旁敲侧击的

## 会说不会写的词语

方式把一件事再点明一下:这事我们都忘了,你再~~吧。|你不必~了,我全明白了。

**藐** miǎo ①比下去:天津队叫上海队给~啦。②轻视:你这不是~我吗?

**咩** miē 羊叫声:羊~~地叫。

**灭** miè 末;最后:考试名次在老~。|~儿他才到。|~了儿人才到齐。|~拉了儿还饶个小的。也说"末"。

**灭了儿** miè liǎor 最后:他落在最~。|~他又补充了两句。也说"末了儿"。

**抿** mǐn ①用小刷子蘸水或油抹(头发等):~了~头发。②(嘴、耳朵、翅膀等)稍稍合拢;收敛:~着嘴笑|小兔子跑着跑着,忽然两耳向后一~,站住了。③嘴唇轻轻地沾一下碗或杯子,略微喝一点儿:~了一口酒。④用嘴唇抹拭:把筷子上的米粒~~。

**抿子** mǐn·zi 妇女梳头等时用的小刷子。也叫"笸子"。

**明出大卖** míng chū dà mài 公开;大明大摆:有什么不能~的。|他们总是秘密地搞,不像我们~的。

**明铺暗盖** míng pū àn gài 比喻不正当的男女关系:他们俩是~。

**摸儿** mōr 量词。次;回:我这是第二~到这里来。|大姑娘坐轿头一~。

**魔魔道道** mó mó·dao dao 疯疯癫癫:他整天~地自言自语。也作"磨磨道道"。

**磨** mó ①折磨:你这么居心想~死我吗?②拖延:别~啦,快点儿吧。③纠缠:这孩子可太~人了。|他一直~着我要钱。④(读mò)拉,拉下脸子:我实在~不开面子,无奈同意了。⑤(读mò)转移;掉转:把头~过来。|身子一~,走了。

**磨蹭** mó·ceng ①动作迟缓;拖延:你怎么这么~,快点儿吧。②纠缠:我跟爸爸~了半天,他才答应带我去。③(轻微)摩擦:右脚轻轻地在地上~着。

**摩登** mó dēng ①时髦;式样新:她打扮得很~。|~家具|~女郎②漂亮时髦的女人:她是个大~。

**摩摩挲挲** mó mó suō suō 不正经地抚摸;偷偷摸摸的:他总爱对女服务员~的,不正经!也说"摸摸搜搜"。

**磨人** mó rén 折磨人,费心费力:孩子生病时最~了。

**蘑菇** mó·gu ①故意纠缠:你别跟我泡~,我还有要紧事儿。②行动迟缓、拖拉,拖延时间:你再这么~,非误了火车不可!①、②也作"磨咕"。③某些可以食用的真菌,特指口蘑。

**魔怔** mó·zheng 举动神态异常,像被妖魔控制一样:你今天~了咋的?

**抹脖子** mǒ//bó·zi 拿刀割脖子。多指自杀:他~了。|没想到他自己抹了脖子。(抹:砍割)

**抹零儿** mǒ língr 付钱时免付零数:三角二,~,您就给三角吧。

**磨烦** mò·fan ①纠缠不休(多指向人要求什么):这孩子老~着买吃的。②动作迟缓,拖延时间:大家越着急,他越~。

**磨磨** mò·mo ①转圈儿:他在

屋里转~。②揣测;琢磨:心里打~。

**磨叨** mò·dao 翻来覆去地说:你一个劲儿地~,烦不烦?也作"磨道"。

**磨唧** mò·ji ①纠缠不休;拖延:行啦,别~啦,该干啥干啥去吧!②不干脆;不爽快;拖拉:你这人怎么这么~,痛快点儿。③处境尴尬的样子:站在这里我感到太~了。也作"磨叽"。也说"磨磨唧唧"。

**磨化不开** mò·hua bù kāi 想不通,思想转不过弯来:这点事儿你怎么都~啊?

**抹不开** mò bù kāi ①面子上感到下不来:我实在~,只好答应他了。②不好意思:你这么关心我,真让我有点~。③想不通:受点儿委屈不要~。也作"磨不开"。

**没** mò ①淹没;漫过;高过:水~田塍。|~膝盖的大雪。|水深~顶。②满:乌云盖~天。|~口答应(满口答应)。|慌得她~口子叫。③沉下;沉没:~入水中。|太阳将~未~的时候。④一直到完了;尽;终:~世|~尽其礼。

**默** mò ①凭记忆写出或画出:让孩子~单词。|你能~着画出来吗?②思考:他~了~终于说出来了。

**模样儿** mú yàngr ①人的长相或装束打扮的样子:这孩子的~像他爸爸。|看你打扮成这~,我几乎认不出来了。②表示约略的情况(只用于时间、年岁):等了大概半个小时~|这个人有三十岁~。③形势;趋势;情况:看~,这家饭馆像是快要关张了。

**呒** mú 没有:~听头儿|~啥用|都吃~啦。

**呒啥** mú shá 没有什么:~关系。|~好看的。

**母夜叉** mǔ yè chā 比喻丑陋凶恶的妇女。

**苜蓿** mù xū 一年或多年生草本植物,豆科,原产西域各国,叶互生,开紫花,结荚果,可供作饲料或肥料,也可食用。也称怀风草、连枝草、光风草。

**木樨肉** mù xī ròu (俗读 mù xū ròu)菜肴名。经过烹调的打碎搅匀的鸡蛋与碎肉炒制而成:来盘儿~和一碗木樨汤。也作"木犀肉"。(木樨:桂花的别名。打碎的鸡蛋烹调后像黄色桂花,故名。不可写作"木须肉")

# N

**拿** ná ①要挟;刁难:故意~他一把。|这不是成心~我吗?|先~一~他。|别~降(xiáng)人。②折磨,伤害,使痛苦:臌虫把烟苗快~死了。|你瞧,病把他~成这个样子③某种化学作用使腐蚀或变质:碱太大,馒头都给~黄了。|这液体把铁锅~坏了。④吸引,招徕:她就依仗着漂亮的脸蛋~着观众。⑤介词。对,跟:~他没有办法。|别~我开涮。|~你问。⑥介词。把:别~它当真的。⑦拔;抬,指把脚从地面抬起:~脚就走。⑧用强力取;制服:把敌人据点儿~下。|庄稼人要~住地,别让地~住人。⑨捉摸:~不准。|~不透。⑩摆;显示:他长得太难看,~不出去。

**拿总儿** ná zǒngr 全面掌握;总其成:大伙儿出了这么多主意,最后还得队长~。

**拿糖** ná·tang 故意作难或摆架子,以抬高身价:你别~,这事有人愿意干。

**拿大** ná//dà 自以为比别人强,看不起人;摆架子:他待人谦和,从不~。|人家虚心求教,他倒拿起大来了。

**拿大顶** ná//dà dǐng 双手撑在地上或物体上,头朝下,两腿向上竖起:我拿个大顶给你瞧瞧。也说"拿顶"。

**拿伏** ná·fu 要挟:你别~人。也说"拿放(ná·fang)"

**拿捏** ná·nie ①扭捏;不自然。不爽快:有话快说,~个什么劲儿!|看他那~劲儿。②要挟;刁难:你别~人。③故意做出某种样子或说出某种腔调:你再~着不说,我们就走了。|~着嗓门儿说。|他纯粹是~。|~官腔。④摆布;捉弄:~不开|这事看他怎么~。|这纯粹是~人。⑤整治,处理:~得服服帖帖。⑥掌握;把握:时间与技巧均要~得当。

**拿周** ná zhōu 同"抓周"。

**拿乔** ná//qiáo 装模作样或故意表示为难,从而抬高自己的身价:叫你唱你就唱,别故意~。|这事谁都能干,你拿不了乔。也说"拿把"。

**拿龙** ná//lóng 自行车等车轮瓦圈变形不圆,骑起来像龙一样,设法使之变圆叫"拿龙":请师傅给后轱辘拿一下龙。

**拿降** ná·xiang 为难，要挟：你别~我。

**拿班弄势** ná bān nòng shì 拿架子，装腔作势：看他那~样儿，真恶心人！也说"拿班作势""拿糖作醋"。

**哪块儿** nǎ·kuàir 哪里：你住在~？

**𡚶** nǎ 母的；雌性的：哥妹同心养鸭~，保证鸭~养肥大。｜~牛跑到别人田里。

**𡚶型** nǎ xíng 母的；雌性的；女人气，女人样：他喜欢带点儿~的男孩。

**纳** nà 缝纫方法，在鞋底、袜底等上面密密地缝，使结实耐磨：~鞋底子。

**纳罕** nà·han 惊讶；诧异：心里~｜这事真让人有点儿~。

**纳闷儿** nà mènr ①因怀疑而发闷：他呆在屋里正~了。②不明真相，心存疑团：我真~,他怎么会干出这种事来。

**纳摸** nà·mo 琢磨；揣度：你仔细~~,是不是这个理儿？也作"呐摸"。

**那晚儿** nà wǎnr 那时候：解放天津~,我刚上小学。｜我~还不认识他呢。

**那程子** nà chéng·zi 指已经过去的某段时间；那些日子：~你在哪儿，怎么老见不着你？

**耐心烦儿** nài xīn fánr ①耐心，有耐性：伺候病人要有~。②心里不急躁，不厌烦：谁有~去陪他？

**褦襶** nài dài 不晓事；不懂事：~子(不晓事的人)。

**囊揣** nāng chuài 猪胸腹部的肥而松软的肉：你买的哪是肥肉，是~。也作"囊膪"。

**囔囔** nāng·nang ①因不满而叨咕：我就讨厌她这个穷~劲儿。②小声说话：你俩在那儿~些什么？

**馕** náng 一种烤制成的面饼，维吾尔、哈萨克等民族当做主食。

**馕** nǎng 尽力往嘴里塞(食物)：他一下子就把包子~进嘴里。

**攮** nǎng ①(用刀)刺：让人~了一刀。｜~人。②扎；一头~在他怀里。③常和贬义词合成骂人的话：狗~的。

**攮子** nǎng·zi 短而尖的刀，是一种日式的武器。

**齉** nàng 鼻子不通气，发音不清：~鼻儿(语言发鼻或鼻音特别重的人)｜受了凉，鼻子发~。

**孬种** nāo zhǒng ①怯懦的人；软骨头：乡亲们没一个~！②坏家伙：那帮~来了，快躲开！

**挠丫子** náo yā·zi 离去；逃跑：不等天亮早就~了。也作"挠鸭子"。

**挠扯** náo·che 竭尽全力地奔波：~了几年才当上了班长。

**呶** náo 叹词。表示要对方注意：~，这个人长得这么像你爸爸。｜~，这个给你的！

**恼** nǎo ①使生气：你这句话把他惹~了。｜你别~我。②惹人不悦，伤和气：这事儿准~人，别干！③使烦闷、苦闷或焦躁不安：这噪音真~人。④关系破裂：他们俩~了，从此不再说话。

**闹唤** nào·huan ①喧闹：孩子们早不~了，回去睡吧。②搞；都让你~的，一个人也没来。③办理；处理：这事

109

咋~?

**闹着了** nào zháo le ①得到好处,感到满意:这回可让他~,又晋级,又提薪。②赶上机会:机会难得,这回我算~。

**闹天儿** nào tiānr 天气不好,将要下雨、下雪、刮大风等:一~我这腿就疼。|要~,先别走了。

**闹心** nào xīn ①烦心,心乱:买了件衣服,一洗就掉色(sǎi),真~。|别吵闹了,~不~。②胃里不舒服,腹部难受:吃了这个有点~。③厌恶,使人厌恶:这话太~人了。④肮脏:看你这衣服多~。作②③④义解时俗读作 nāo xīn。也说恶心(ě xīn)。

**闹腾** nào·teng ①吵闹;喧闹:刚安静会儿,又~起来了。②感情热烈地做某事;也指热烈气氛:他总~着去一趟。③聚在一起说笑逗乐:孩子们~得可欢了。④反复做;折腾:~了半天,也没干好。|瞎~。

**闹大发了** nào dà fā le 闹开了,闹得不可开交:这事~。

**闹了归齐** nào·le guī qí 到底;结果;原来:~你在这儿!|~是这么回事儿。

**哪** něi 义同"哪"(nǎ):这是~个人干的!|你是~年来的?

**恁** nèn ①相当于"那":~时节还有你呢!|~个人我不认识。②相当于"那么""这么""这样":我要不了~些。|这孩子~不听话。|这树结了~多果子。|你怎~有劲儿。

**能耐梗** néng·nai gěng ①有本领的人(有时含讽刺意):不行就是不行,别充~。②讥称好逞能,好显摆自己的人:他总说大话,纯粹一个~。也说"能能梗"。

**能能** néng néng ①逗引婴儿在极短时间内能够站立得住:来,给妈妈打个~。②有能耐:这个人真~。

**能个儿** néng gèr ①本领;技能:有~|没~。②多才多艺,心灵手巧:这孩子真~。也作"能格儿"。

**泥** nì 用土、灰等涂抹墙壁或器物:~墙|窗户玻璃的四周都用油灰~一~。|~缝儿。也作"腻"。

**泥子** nì·zi 用来涂抹木器、铁器等的缝隙或低凹处,使表面平整的泥状物:打上~再上油漆。|攒~。也作"腻子"。

**腻** nì ①食品中油脂过多,使人不想吃:油~太大。|肥肉~人。②过多,厌烦:这歌听~了。③又黏又滑:抹布摸着发~。④缠磨:这孩子有点儿发烧,老~人。⑤过于亲密:对孩子不能太~。|他俩天天~在一起。|她~着不走。⑥使人厌恶;恶心:汤菜里有只苍蝇,~死人了。|我一看到癞蛤蟆就发~。

**腻虫** nì chóng 蚜虫的俗称:白菜叶上有很多~。

**腻缝** nì fèng ①用糊状物把裂缝填平:新打的家具还没~。也作"泥缝"。②三人相声中逗哏、捧哏外的第三个角色。此角配合前二人制造笑料,弥补其不足,故称。

**腻糊** nì·hu ①形容东西黏;黏糊:豆沙用大油一拌,又香又~。②形容两个人过于亲密:他们俩太~了。

**腻味** nì·wei ①因次数过多或时间过长而感到厌烦:就这么几首歌,

今天唱了明天唱,谁也会~的。②厌恶:我顶~这个人。③堕落;多余:我看你是活~了,想找死啊!④不高兴,不痛快:你这不是给我添~吗?⑤麻烦:这点儿活太~人了。也说"腻歪""腻烦""腻崴"。

**拈香** niān xiāng 信神佛的人到寺庙里烧香,也泛指用两三个指头捏住焚烧的香敬神佛:上殿~。

**蔫不出溜** niān·bu chū liū 不声不响;悄悄地(竭力掩饰,不使人觉察):谁也没听见,他~地就进来了。也说"蔫不溜""蔫溜儿"。

**蔫不拉唧** niān·bu lā jī ①精神委靡不振;情绪低落:这两天看他~的,可能有病了。②不声不响;悄悄地:你怎么不说一声,就~地走啦!也说"蔫不唧"。

**蔫主意** niān zhǔ yi ①不切实际的主意:这人净是~。②表面不动声色,心里算计、暗地里出的点子:你真有~。|有时他也爱出点儿~。

**蔫不悄儿** niān·bu qiāo 同"蔫不出溜"。

**蔫巴** niān·ba ①枯萎:叶子已~了。②精神萎靡:这几天他怎么~,啦。

**蔫拱** niān gǒng ①不动声色地暗使劲儿:这事大嚷大闹不行,得~。②暗中调唆:他当面装好人,背后老是~,真让人讨厌。③暗中挤掉别人,自己上去:他表面不争,实际上在~。

**蔫甘** niān·gan 指人性情和善,沉默寡言:她二姐脾气~,说不出那些决裂话。

**蔫儿坏** niānr huài 指人惯于暗中使坏:这个人~,你要留神。

**蔫坏损** niān huài sǔn ①不露声色地使坏,暗中算计、嘲弄:这个人~。②指这样的人:他是个~。

**蔫呼呼** niān hū hū 形容人性子慢,做事不干脆利索:他这个人总是~的,没个利索劲儿。

**蔫蔫乎乎** niān niān hū hū 闷闷不乐,精神不振的样子:他这几天怎么总是~的。也作"蔫蔫呼呼"。

**蔫头耷脑** niān tóu dā nǎo 形容耷拉着脑袋,垂头丧气、无精打采的样子:他干了一天的活,累得~的,连句话也不愿意说。|地里的茄秧被晒得~的。(比喻用法)

**鲇出溜** nián chū liū ①像鲇鱼一样又黏又滑:这东西~的,抓不住。②形容悄然无声地溜走:他一声没言语,~地搬走了。

**年载儿** nián zǎir 年;年头儿:这房子虽然大,可有~了,却一点也不显得老旧。

**黏竿儿** nián gānr 在顶端的一小截涂上黏质物,用以捕捉蜻蜓、蝉等的竹竿。也说"粘竿儿"。

**黏涎** nián·xian (说话、动作、表演等)不爽快;冗长而乏味:你这人怎么这么~,痛快点儿!|这戏那么~,一点儿不紧凑。|快点吧,还~个什么劲儿。

**黏涎子** nián xián·zi 从嘴里流出的黏液:看,这鸡嘴里都流~了,活不成啦。|给他馋得都快流~了。

**黏缠** nián·chan ①(病)难治;缠磨:这病太~,一时半会儿不能好。②紧紧粘住:湿手捏了把干面粉,~极

## 会说不会写的词语

了。

**黏糊** nián·hu ①性情不爽朗，办事不干脆利落：这人干什么都这么~。②指男女之间亲近：你跟她成天卿卿我我，那么~。③非常黏稠：粥很~。

**黏黏糊糊** nián nián hū hū ①形容非常黏稠：衣服上满是糨子，~的不好洗。②形容行动缓慢：还不快点，~没完没了。③形容死乞白赖往跟前凑合：这人~总来，不觉闷。

**黏皮带骨** nián pí dài gǔ 比喻拖沓，不洒脱：这个人怎么这么~，一点不利索。

**撵** niǎn ①追赶；赶：你慢点儿走，我~不上你。|干活时没人能~上她。②使人离开；驱逐：怎么说也~不走他。|他被~出家门。③催：他~着我去找人。④用手指（一般用拇指和食指）捏：~灭烟头儿。

**捻** niǎn ①用手指（一般是拇指和食指）搓或转动：把三根线~成一股儿。|把一沓新票儿（纸币）~开就好数(shǔ)了。|将烟头儿~灭了。|煤油灯~小点儿火，省油。(旧式煤油灯、汽灯上都有一个供调节亮度、能旋转的金属圆片)②用纸、纱等搓成的条带状物，多做点燃或引火用：~信（火药引线）不耗个油尽~子干不算完。|用纸~点烟。|煤油灯~子快着(zháo)没了，该换新~子啦。③捞：~河泥。④同撵②。

**捻捻转儿** niǎn·nian zhuànr 儿童玩具，用木头或塑料等制成，扁圆形，中间有轴，一头尖，玩时用手捻其轴儿使旋转。

**拈** niǎn 用手指（一般用拇指和食指或中指）搓转；摆弄：~胡须|吟安一个字，~断数茎须。（唐·卢延让《苦吟》）|把烟丝~碎。|~灭香头。|把鼻嘎儿（鼻屎）~个球弹(tán)掉。

**蹍** niǎn 用脚踩或手指压住后拧压：一脚把毛毛虫~死。|用大拇指把墙上的臭虫~死。

**念央儿** niàn yāngr ①从侧面含蓄地说出自己的意见，让对方领悟：他没催我还钱，而是当着我的面~，说最近手头怎么怎么紧。②自言自语地嘀咕某事，有意让别人听到：他~似地说，他费了多大力气才办成这件事。也说"念央子"。

**念声儿** niàn shēngr （俗读 nián shēngr）嘴里说出简单的词语：老实呆在这儿，别~。|喊了半天怎么没人~。也说"念语"（nián·yu）。

**念叨** niàn·dao ①因挂念而经常提起：他总~你。②说；讲：这事别再~了。③商量：这事你再跟他~~吧。也作"念道"。

**念损** niàn sǔn （俗读 niàn sún）诅咒人；说咒人的话：别跟我~，我这不是好好的吗？|你这不是~吗？

**念山音** niàn shān yīn 说话带刺儿；故意说有弦外之音的话；旁敲侧击地讥讽、挖苦人：你不要在那儿老是~，你来干干试试！

**念想儿** niàn·xiangr 纪念品：这也算你给我留点~吧。也说"念心儿""念相"（"相"轻读）。

**娘希匹** niáng xī pǐ 骂人的话，犹如"他妈的"。

**娘儿们** niángr·men （俗读

niár·men）①长辈妇女和晚辈儿妇女的合称：～都来了。②女人：老～｜不能把钱花在～身上。③妻子：这是他～。

**酿** niàng （俗读 ràng）烹调方法，将肉馅等填入掏空的冬瓜、柿子椒等蔬菜中，然后煎或蒸：～冬瓜。

**尿儿** niàor ①胆怯；惧怕：怎么，吓～啦！｜我什么时候～过？②能耐；胆量：有～，你过来！｜没～啦。

**尿尿** niào suī （尿的另一个读音 suī）人或动物排泄尿液：他～去了。｜孩子又尿了一泡尿(suī)。｜小狗～了。

**捏咕** niē·gu ①背地里谋划；私下商量：这事他俩一～，就那么办了。｜对伊决议草案，美英～好了。②撮合：你把他们～到一块儿，合适吗？③摆布；耍弄：我们得自己拿主意，不能由着他们～。④编造：他～了一套谎言。也作"捏故"，也说"捏弄"。

**捏腔拿调** niē qiāng ná diào 拿腔拿调。

**捏词儿** niē//cír 编造言词；谎言：他捏个词儿就溜了。｜你这是～，没人信！

**捏总儿** niē zǒngr 合计；归总。会计正在～，产量马上就算出来了。

**苶** nié ①疲倦；没有精神：发～｜他今天有点儿～。②怯懦；弱智：他既不傻也不～。

**孽种** niè zhǒng ①昵称。含有既厌烦又怜爱的意思，多指情人或子女：都是他这个小～闯的祸。②在愤怒或无可奈何时用之，含厌憎、爱怜或无可奈何的意思：看这些～，气死人啦。③旧时长辈对不肖子弟的憎称，泛指坏种：这小子是个～。｜他不是什么好人，～。

**孽障** niè zhàng ①佛教指由于自己的罪孽所造成的修行障碍：消除～。②同"孽种"。(用于憎称)

**拧葱** nǐng//cōng 出差错；弄错：就怕人多心不齐，那可就越来越～啦。｜这事儿或真拧了葱啦。

**拧咕** nǐng·gu ①歪扭不顺；不合适：这双袜子穿着总是～着。②扭动；转动：这台收音机让孩子给～坏了。

**拧股儿** nǐng gǔr 不合适；不一致；相反：这双袜子还真抱脚儿，一点也不～着。｜这事叫你给办～了。

**拧** nìng 倔、固执：这孩子脾气真～，不叫他干他非干。｜～脾气。

**拧种** nìng zhǒng 脾气倔强、执拗的人：他天生是个～。

**拧劲儿** nìng jìnr 倔强、不顺从的神情、态度：～一上来，谁也说不服他。

**牛屄** niú bī 秽言。吹牛：吹～。

**牛拉搭** niú lā·da 吸牛血的大蚂蟥。

**扭持** niǔ·chi 形容走路时身体有规律地左右轻微扭动：她～着走进屋。

**扭搭** niǔ·da 走路时肩膀随着腰一前一后地扭动：撅着屁股～～走了。

**拗** niù ①固执；不顺从：这个孩子太～了。｜他又来那～劲了。②阻挡；设法改变（别人的意见）：他非要去，～着他不好办。｜～不过他，只好答应了。｜～不过他，只好依着。③向相反或不顺的方向扭转：两脚拗成倒"八"字形，连膝踝都~得发疼。

**弄性** nòng xìng 使性子：这个人脾气暴躁，喝了酒更~。|~尚气（意气用事，爱发脾气）。

**女要俏，一身儿孝；男若帅，一身儿皂** nǚ yào qiào, yì shēnr xiào; nán ruò shuài, yì shēnr zào 女人穿一身儿白衣裳，男人穿一身儿黑衣裳，显得俊俏。(孝服均为白色，借指白色。皂：黑色)

**挪** nuó 移动；移用：往前~~。|把桌子~开点儿。|~用公款。

**挪蹭** nuó·ceng 慢慢吞吞地走；缓慢移动：他一步步地往家里~。|武工队一步步地往冀中~。

**挪窝儿** nuó∥wōr ①离开原来所在的地方；搬家：快两个小时了，他一直没~。|~不下蛋。②比喻离开原工作岗位：我在这已干了十几年了，也该挪个窝儿了。

**挪骚窝儿** nuó sāo wōr 旧时习俗，妇女坐月子满月后，携婴儿去娘家住一段时间。也作"挪臊窝儿"。

# O

**嚄** ǒ (也读作 huō)叹词。表示惊讶:~,他也去啊。|~,原来是你!

**噢** ōu ①象声词:她急得~~地哭。|他~儿地叫了一声。②叹词。表示惊叹或领悟:~,我想起来了。③表示呼唤:~,快救人啊!④(òu)表示逐渐醒悟:~,我明白了。|~,说了半天才知你在说我哪。

**烠** ǒu (俗读 nǒu)①烧;点燃:把一堆树叶~着了。②火燃不起来,不起火苗只冒烟:炉子没生着倒~了一屋烟。③用燃烧艾草等的烟驱蚊蝇:~蚊子。④吸烟:他平时不吸烟,有时和朋友在一起也~上一根。

**怄逗** ǒu dòu ①欺弄;使人生气:你这不是~我吗?|你怎么净~孩子。②找乐儿,寻开心:他尽拿我~。

**怄** òu ①生闷气;闹别扭:他在和我~气。②烦恼郁积:出去散散心吧,别~出病来。③开玩笑;寻开心,故意使人不快(俗读作 nǒu):你看我病的这个样儿,还来~我呢!|我去~~主任。

**沤** òu ①(汗、水等)长时间浸泡使起变化:汗水把衣服都~破了。|孩子小屁股都~红了。②长久壅埋堆积而发热发酵:~粪|囷里的粮食都~烂了。

**沤子** òu·zi 一种润肤油脂:洋~。|擦点儿~。

# P

**派司** pā·si （俗读 pà·si）①指厚纸印成的或订成本儿的出入证、通行证等：我翻阅了他的水手～，原来他曾当过船长。②指通过；准予通过（检查、关卡、考试等）：这门功课总算～过去了。③球类运动中指传球：像足球场上打～一样。④扑克牌：你喜欢打"～"吗？

**炰** pā ①（食物等）烂糊；软和：老牛筋怎么也炖不～。②软；软弱：经劝解，他的口气～多了。③身体发软无力：足～手软。

**炰耳朵** pā ěr·duo 耳朵根子软，多指容易听信老婆的话，也指怕老婆的人。（炰：软；软弱）

**趴窝** pā wō ①家禽、飞禽等孵卵。②专指卧病在床或因劳累、怄气等而躺倒：他已～两个月了。③专指机动车出了故障不能开动，或借指其他机件失灵：汽车在高速公路上～了。④牲畜卧圈不起：马饿得都～了。也说"爬窝"。

**扒分** pā fēn 利用工作、学习以外的空余时间赚钱：这几年他在外～赚了不少。

**啪嚓** pā·cha 象声词，物体落地或撞击声：～一声，碗掉地上了。｜～跌了一跤。也说"啪嗒"。

**啪塌** pá·ta 器物爆裂声：只听～一声，瓮坛烧炸了。

**扒拉** pá·la 用筷子等把饭菜拨到嘴里：他～了两口饭就走了。也作"爬拉"。

**扒灰** pá//huī 旧时，庙中香火很盛，锡箔镪焚炉中，灰积日多，淘出锡获利，扒灰即偷锡，"锡"与"媳"谐音。后以此用作公公儿媳妇通奸的隐语：你这想～的老东西！也作"爬灰"。

**扒罗** pá·luo 耙拢；聚集：把好的都～到你那儿去了。｜别把什么事都～自己身上。

**筢子** pá·zi 搂柴草、谷物的农具。长柄，一端有五个长齿，用细竹片、条或粗铁丝制成，齿前朝一个方向弯曲。其形状、用途均不同于"耙子"。

**耙子** pá·zi 碎土平地的农具。长柄，一端有梳子状的铁齿或木齿，用来平整土地或聚拢、散开谷物、柴草等。

**怕莫** pà mò 副词，表示估计；也许：这头猪～有两百斤重了｜这姑娘~是来找小李的。

**拍档** pāi dàng ①协作；合作：两位名演员在这部影片中~饰演男女主角。②协作或合作的人：最佳~。

**拍花** pāi huā 旧指用能使人迷糊的药诱拐小孩：~子。|他是~的。

**拍拖** pāi tuō 谈恋爱：母亲从她谈话的神态看，怀疑她在~。

**排揎** pái·xuan 数落，责备；训斥：他已经认错了，你别再~个没完没了。|~他一顿。

**排挡** pái dǎng 汽车、拖拉机等用来改变牵引力的装置，用以改变行车速度或倒车：调换~，加大油门儿。

**排档** pái dàng 指设在路旁、广场的售货摊：大~。

**排叉儿** pái chàr 食品，长方形的薄面片（多为两层），中间划三条口子，把面片的一头从口儿中掏出来，用油炸熟。也作"排岔儿"。

**排权儿** pái chàr 屋内一种简陋的隔断，用木条钉制，或用秫秸扎成，上面糊纸，较矮而窄。也作"排插儿"。

**牌头** pái·tou 所依仗的人的名号（多指有财势的人物）：他自以为~很硬。|他靠着谁的~。

**排子车** pǎi·zi chē （pái 的变调儿）①一种人力拉或推的两轮车，车身、车把较长，多用于短途运输。轱辘较小的、显得低矮的叫"地排子"。②平板三轮车。

**派儿** pàir 有风度、气派：小王穿上这身衣服真够~的。也说"派头儿"。

**派不是** pài//·bú·shi 指摘别人的过失：自己不认错，还派别人的不是。

**派对** pài duì 小型的聚会，如舞会、宴会：小张生日~来了很多朋友。

**盘** pán ①砌、垒(灶、炕等)：~个灶|脱坯~炕|~个坟堆。②旧指将产业(房屋、设备、存货、店铺等)全部转让或承接：把铺子~给人家。③栽培：做生意靠嘴，~庄稼靠水。(俗语)|家家户户~花。④抚养：把孩子~大了。

**盘缴** pán jiǎo ①日常开支：他家里人口多，~大。②路费：~钱。

**盘川** pán·chuan 路费：我这次回家连~都没有了。也说"盘钱""盘缠"。

**盘头** pán tóu 妇女把头发盘在脑后或头顶的发式。

**盘拢** pán lǒng 躲藏；躲避：今儿~，明儿~，这样下去怎么得了。

**襻** pàn ①用布条做的扣住纽扣的套：纽~儿。|疙瘩~儿。②形状或功用像襻的东西：鞋~儿 |篮子~儿。③用绳子、线等绕住，使分开的东西连在一起：用绳子~住。|~上几针。

**鋬** pàn 器物上用于提的部分：壶~|扒着桶~儿猛喝一气。

**拼命吃河豚** pàn mìng chī hé tún 河豚肉鲜美，但其血有剧毒，食用如不得其法会使人致死。形容为达到某种目的不惜用生命去冒险。也说"拼命吃河豚"。(拚：舍弃；不顾一切地)

**膀** pāng 浮肿：他肾炎很严重，这些日子脸都~了。

**滂田** pāng tián 烂泥层很厚的水田。

**耪** pǎng 用锄翻松土地：~地 | ~谷子。

**唪** pǎng 自夸；吹牛：开~|胡

吹乱~。

**脬** pāo 量词，用于屎尿：撒~尿。｜拉一~屎。也作"泡"。

**抛海** pāo·hai 丰富；多：今天招待客人，酒饭要~些。

**刨** páo 减去；扣除：~除饭费，所剩无几了。｜~去成本，净赚四五百元。｜这个钱该~不该~？

**刨分儿** páo//fēnr （考试，评比等）扣掉分数：他这道题刨了5分儿。｜这样写要~的。

**跑槽** páo cáo （跑páo：走兽刨地）牲口用蹄刨槽根。也作"刨槽"。（注意，与建筑业中的"刨槽"不同）

**跑驰** pǎo·chi 为了一定目的而到处活动；劳碌：白~了半天，什么也没买到。｜瞎~什么。也作"跑哧"。

**跑跶** pǎo·da 奔走：他~了多半天，又累又饿。也作"跑搭"。

**跑解马** pǎo xiè mǎ 马术。在奔跑的马上做各种技巧的动作。骑马的人穿短衣。后用以形容穿的衣服单薄且短：你就这么~的打扮？也说"跑马解""跑马卖解"。

**跑合儿** pǎo hér 为买卖双方奔走说合：他的丈夫是个~的生意人。

**跑跑颠儿颠儿** pǎo pǎo diānr diānr ①连跑带蹦：这孩子~进了院子。②没有固定的工作，东跑西颠地干些零活：这几年没有正式工作，也就是在外面~。③干些跑腿儿的活：你负责~吧。

**跑馊腿** pǎo sōu tuǐ ①奔波劳碌：这点儿事让我整天~。也说"跑细了腿"。②卖苦力：解放前他拉车~。

**泡囊** pào·nang 松软不结实：他打的草鞋不结实，都~了。

**泡蘑菇** pào mó·gu ①故意纠缠，拖延时间：你别跟我~，快说！②敷衍应付，不尽心尽力做事：你不好好干活，尽~。

**泡头钉** pào tóu dīng 钉子的一种，钉帽鼓起如水泡，也叫"泡钉"。

**炮仗** pào·zhang 爆竹：放~。

**陪送** péi·song ①娘家给新娘嫁妆：女儿出嫁~一辆汽车。②嫁妆：她结婚什么~也不要。

**赔不是** péi//bú·shi （"不"俗读bú）赔罪，向人道歉：给人家赔个不是吧。也说"赔情"。

**赔本儿赚吆喝** péi běnr zhuàn yāo·he 商贩赔了本，只赚了个叫卖一场。比喻做事吃了亏又受了苦，一点好处没得：费了半天劲，一点儿也没得到，真是~。｜粥少和尚多，~。也说"赔本儿赚吆唤"。

**配搭儿** pèi·dar ①指附属的、没有多少实际意义的东西：这东西安在这，真是聋子耳朵——~。②跟主要事物合在一起做陪衬：他还~不上我呢。

**喷儿** pēnr ①很：菜~香。｜她羞得满脸~红。②果品、蔬菜、鱼虾等大量上市的时期：西瓜正在~上。｜对虾~。

**喷** pèn 量词。计量开花结实的次数或收割的次数：头~棉花｜二~豆角｜头~西瓜好吃。｜今年西红柿丰收，摘了一~又一~。

**喷香** pèn xiāng 香气浓郁：~的茉莉花｜新小米蒸的饭~。

**澎** pēng （澎的变调）溅：~了一身泥。｜上衣~上油了。｜炒菜时油~

出来了。

**塳尘** péng chén 灰尘。

**捧胜** pěng shèng 为有势力的人捧场;吹捧:溜须~。

**碰瓷儿** pèng cír 一种讹诈人的骗术,手中拿着所谓的贵重物品,故意与人相碰摔坏,讹人赔偿;泛指此类讹诈勾当;借端生事,找茬儿:你别~,我不怕你。|打击利用交通事故"~"违法犯罪活动。

**碰劲儿** pèng jìnr 偶然;恰巧;凑巧:正要找他,没想到~在街上遇见了。|~也许能见到他。

**纰儿** pīr 棉、麻等未捻成线、绳时的细缕:线~|麻~。

**噼里啪啦** pī·li pā lā ①形容连续不断的爆烈、拍打或东西撞击等声音:鞭炮~响起来。②形容说话干脆爽快,铿锵有力:慷慨激昂,~地讲了一通。也作"劈里啪啦"。

**噼里嘭唧** pī·li pēng jī 形容响亮的碰撞声:~关好了门窗。

**坯子** pī·zi ①没有入窑烧制的砖瓦、陶瓷器等的半成品;也泛指半成品:砖~|印章~。②比喻具有某种能力、以后可能胜任某事的人(多指青少年):他天生是个演员~。③具有某种天然条件的人:她是个美人~。④模样;姿态;架势:奴才~。

**披** pī ①(竹木等)裂开而未断离:扁担~了。|木板给钉~了。②分开:~荆斩棘。③盖或搭在肩背上:他~着大衣走了。(俗读"pēi 着大衣")。④打开:~阅。|挑灯~卷。⑤散开:~头散发。(俗读"pēi 头散发")

**劈** pī ①嘶哑:他嗓子都喊~了。②正对着;冲着(人的头、脸、胸部):~头就打。③同披①:钢笔尖摔~了。④用刀、斧砍:~木柴。|~成两半。⑤雷电毁坏或击毙:树被雷~了。|人被~死了。

**劈栗扑簏** pī lì pū·lu 形容物体相继快速而下(出于典故):用竹竿一棒,枣树上的枣~掉了一地。也作"劈离扑落"。

**剧** pī 用刀削成薄片:~肉片。|把鲳鱼用刀斜~成约五分的厚片儿。也作"削"。

**皮嗑儿** pí kēr 逗趣的话:他这个人很随便,说话离不开~笑话。也作"皮科儿"。

**皮拉** pí·la ①对自己受到的指责满不在乎:他挺~的,谁说他两句,他都不往心里去。②皮实:他~着呢,腿上划了个大口子跟没事一样。

**皮实** pí·shi ①指人体健康,不易生病:这孩子真~,从来没闹过病。②(器物)耐用而不易破损:这台电风扇真~,十来年了从没修过。

**脾性** pí xìng 脾气,性格:我这个~,你还不知道,别介意。

**脾胵** pí chī 鸟类的胃:鸡~。

**劈叉** pī chà 体操、武术等的一种动作,两腿向相反方向分开,臀部着地。

**劈账** pī zhàng 拆账:三七~。

**擗** pī 用力使离开原物体:~棒子(玉米)|~点儿苇叶包粽子。也作"劈(pī)"。

**擗半儿分** pī bànr fēn 一人一半儿:这钱咱俩~。也作"劈(pī)半儿分"。

P

119

**屁颠儿屁颠儿** pì diānr pì diānr 形容得意或献媚的神态:他美得~的。|他~地给人家拍马屁。

**屁股蹲儿** pì·gu dūnr 身体失去平衡但未倒下而屁股着地的姿势:摔了个~。(注意,"蹲"不能写作"墩")

**屁股沉** pì·gu chén 坐下聊天没完没了;坐着不想起来:他的~,说个没完。

**屁屁** pì pì ①言过其实,说谎吹牛:别听他瞎~。②指这样的人:他纯粹是个~。也说"皮皮蛋"。

**谝** piǎn 自吹自擂:刚当上经理,就~上了。|他尽~能。

**骗腿** piàn tuǐ 侧身抬起一条腿跨上:他一~跳上自行车走了。|这栏杆~就过去了。(骗:向侧面跨出一条腿骑上;侧身抬腿跨)

**片** piàn 用力将物斜削成扁薄的片儿:~羊肉片儿。|把瘦肉从带皮肉上~下来。|~批(切肉的一种刀法。刀略倾斜,切之使肉成片状)。

**片儿汤话** piànr tāng huà 贫气、逗趣、讥讽的话语:没事儿别总甩些~。

**飘高儿** piāo gāor 指人从建筑物、脚手架等高处跌下来。

**漂账** piāo//zhàng 指欠债不还:借钱好说,只是到时别~就行。

**瓢羹** piáo gēng 羹匙。也说"调羹"。

**嫖赌嚼谣** piáo dǔ jiáo yáo 吃喝嫖赌,胡讲乱说:这个人不正经,~。

**漂** piào (事情、账目等)落空:那事没有什么指望,~了。

**撇** piē ①从液体表面轻轻地舀:~油|~沫子。②生硬地模仿某种腔调:~京腔。(含厌恶意)俗读作 piě jīng qiāng。③人死后遗留:他爹给他~下一所房子。

**撇清** piē qīng 辩白,分清:把事~。

**撇** piě ①平着扔出;远掷:他把书~在地上。|随手~了。②用嘴表示鄙夷、不以为然或激动:你~嘴笑什么。|他嘴角儿~了~,没说话。③汉字向左斜掠的笔画:这字少一~。|八字还没一~儿了。(俗语。比喻事情刚刚开始,还没有眉目)④量词。用于胡子、眉毛或某些打人的动作:两~八字胡儿|两~弯弯的眉毛。|捣他一~子。⑤舍弃,丢下不管:把工作全~给我了。|把孩子~下不管。|她~下一儿一女死了。

**撇耻** piě·chi 看不起;藐视:不要~人,你也不怎么高明。也作"撇咮""撇嗤"。

**撇清** piě qīng 假装自己与某件不好的事无关,掩饰自己,显示清白:你不必假装正经来~。|人家还没有开口问,你怎么倒先~,不是露出马脚了吗?|布什竭力~美军占领与伊宗派冲突的关系。

**撇子** piě·zi 用在动词后表示用拳打人:他揍了我一~。|两个人来回捣~玩。

**贫** pín ①絮叨可厌:~气|老是那一套,你~不~?②油滑:学这么干什么?③小气;不大方,寒酸,庸俗:这种衣裳样子~。|看你那~样子。④爱多说废话或开玩笑:耍~嘴。也作"频"。

**贫相** pín xiàng 言谈举止不大

方;小气:这人~得很,真讨厌!

**贫气** pín·qi 絮絮叨叨,令人生厌:这个人太~了。也作"频气"。

**贫嘴刮舌** pín zuǐ guā shé 形容说话油滑、絮烦、惹人生厌:你别净~的,也不怕讨人嫌。也作"贫嘴寡舌"。

**乒乓五六** pīng pāng wǔ liù 形容迅猛、干脆利落:把他~地打了一顿。|这活~就干完了。也说"乒乓五四"。

**平疲** píng pí 市场行情不景气:今年以来纺织品市场持续~。

**平趟** píng tāng 畅行无阻,关系铁,有门路:教育局咱~,有事儿说话。

**泼实** pō·shi 形容能吃苦耐劳;壮实(多指青少年):这些小伙子真~。

**泼洒** pō·sa 形容大方不拘,满不在乎:他那股子机灵、敏捷、~、大胆的劲头,多么叫人喜爱啊!

**泼烦** pō fán 烦闷;厌烦;艰难:解放前,穷人吃不饱穿不暖,日子越过越~。

**钹草** pō cǎo 用镰刀等抡开来割草。

**笸箩** pǒ·luo 用柳条或篾条编成的器物,帮较浅,有圆形的,也有略呈长方形的:针线~。|一~花生。也说"簸箩"。

**破里罗嗦** pò·li luō suō 形容衣衫褴褛:他成天穿得~,不怕人家笑话。也作"破衣挲梭"。

**破衣拉撒** pò yī lā sā 形容衣衫褴褛:看他俩~的样子,像刚逃出来似的。也说"破衣烂衫"。

**破谜儿** pò//mèir 猜谜语;出个谜儿(mèir)让人猜:我给你破个谜儿(mèi)儿怎么样?(破:破解。谜,又读mèi)

**破闷儿** pò//mènr 排遣寂寞无聊;解除烦闷:没事儿讲点笑话,也破破闷儿。|想个~的方法。

**破死拉活** pò·si lā huó 拼命:要不是我~地拽着他,他早就跳下去了。

**扑拉** pū·la (俗读pú·le) ①手沿物体表面移动,使平整或去掉灰尘等:衣裳晾干了,~平了再穿。|把身上的饭粒儿~~。②铺张,挥霍:办个喜事别~太大。③(pū·lā)翅膀抖动声:小鸟~一下飞了。

**扑腾** pū·teng ①游泳时用脚打水。也说"打扑腾"。②跳动:吓得我心里直~。③活动:这个人挺能~的。

**扑满** pū mǎn 旧时用来存钱的瓦罐。罐顶有一细长的小口,钱只能放进去不能取出来。待钱装满后才打破取出,故称。(扑:打;击)

**扑撒** pū·sa ①抚摩使顺:顺毛儿~(比喻顺着别人的脾气说话、做事,以使温顺)。|在心口上~~。②散开;驱散:枝叶~着。

**潽** pū 液体沸腾溢出:锅~了。

**铺腾** pū·teng ①铺张挥霍,浪费:办喜事别大~。|钱让他全~光了。也作"扑腾"。②喷吐:满嘴~酒气。

**铺尺** pū·chi (俗读pū·che) 指可做衣服补丁或鞋底铺衬的布片、布块、碎布头:把那几件破衬衣撕了当~。|拿~打夹子,好纳鞋底儿。也作"铺持""铺迟"。

**铺摆** pū·bai ①安排:~伙计。②说;陈述:大伙儿这么谈谈很有益处,

## 会说不会写的词语

都接茬儿往下~吧。|您等一下,我再跟您~~这个理儿吧。

**铺盖** pū·gai ①被褥:孩子考上大学了,给他准备~。②铺盖卷:打开~。|卷~回家。

**蒲包** pú·bao ①用蒲叶编成的包装袋:用~盛水果。②旧指用蒲包装着的糕点、水果等礼品。

**谱儿** pǔr ①派头;排场:摆~ |他~不小。②设想,打算,主意,目标:别看他平时不说不道,心里可有~啦。③某种规划、标准、样子:你这话也太离~了。

# Q

**戚** qī 亲;亲近;企求:他对酒太~了。

**戚鼻子** qī bí·zi 鼻子向上皱:煤油味熏得他直~。|没事儿别总~。

**企鹘** qī·hu（qī的变调）挪动;靠近:你别~得这么近。|她端着肩膀向男人们跟前~。也作"欺乎""欺伏""栖乎"。

**沏** qī 用开水冲;泡:茶得用开水冲。|把米~开。

**七老八十** qī lǎo bā shí 指年纪很老,七八十岁:别看他~的,身子骨儿还硬朗着呢。

**七嚓咔嚓** qī·ca kā cā 表示手脚麻利,干活利索（一般指许多人干）:今天人多,这点儿活~就干完了。

**喊哩喀喳** qī·li kā chā 形容说话做事干脆、利索:这点活儿到他手里~就干完了。"喳"也作"嚓"。

**缉** qī ①缝纫方法,用相连的针脚一针对一针地密密地缝:~边儿丨~鞋口。②装订:~本子。

**晞** qī ①东西湿了之后将要干而未全干:雨过去了,太阳一晒,路上就渐渐~了。②用沙土等吸收水分:地上有水,铺上点儿沙了~~。③被湿的东西沤着:湿衣服穿在身上~得慌。

**曝晾** qī·liang 泥泞的地面稍干:雨刚停,等路面~~再走吧。

**齐眉穗儿** qī·mei suìr（俗读 qī·mo suǐr）妇女或儿童垂在前额与眉相齐的短发。

**欺** qī ①因头发的遮挡、影响使脸庞显得小而瘦:长头发把脸~得瘦瘦的。②妨害:乱草~的庄稼长不高。

**欺哄** qī·hong 说假话、骗人:这话只能~三岁小孩。|不准~顾客。（与"起哄"不同）

**欺怀** qī huái 怀中的婴儿见爹娘要抱别的孩子,便抱住爹妈的脖子不撒手,或孩子总叫抱着:这孩子太~。也作"期怀"。

**欺生** qī shēng 对生人冷淡、刁难、欺侮:你别~好不好。|这个人专门~。

**齐活** qí huó ①把一件事办成了:等我一会儿,这事儿保证~。②可以了;行了;完了:你干好这件事就算~

了。

**齐理** qí·li 收拾；整理：把桌上的东西~~。

**齐格楞峥** qí gé léng zhēng 直挺挺，不拐弯：谁像你这样，说话~的，没个转弯儿的余地。

**骑楼** qí lóu 楼房向外伸出遮盖着人行道的部分。骑楼下的人行道叫骑楼底。

**骑月雨** qí yuè yǔ 从上个月下到下个月的雨。

**企口板** qǐ kǒu bǎn 一侧有凹槽，另一侧有凸榫的板材，拼接后结合紧密，不易凸翘开裂，多用作地板等。

**企稳** qǐ wěn 指在某一价位上趋于稳定：股指止跌~。

**起** qǐ 介词。从：你~哪来？｜我是~天津到上海的。

**起先** qǐ xiān 在某时之前；早先：他家~很富，后来才败落下来的。

**起急** qǐ jí 心中焦急或以急躁态度对人：你先别~，好好听我说。｜你越~，他越沉不住气。

**起脊** qǐ jǐ 中间凸起呈鱼脊状：~的房子。(坡顶)｜马路都~了。｜一个古式的，起了脊的门楼。

**起腻** qǐ//nì ①产生腻烦的情绪，烦闷：一看见油炸的东西我就~。②磨烦；缠磨：这孩子老爱跟大人~。｜少跟我~。③闲得无聊；厌烦：别在床上~啦。｜深更半夜起什么腻啊。

**起开** qǐ·kai 命令人走开；让开：请你~点儿，让我过去。｜快~，这里危险！

**起码** qǐ mǎ ①最低限度的：~的要求。｜~的条件。｜~标准。②至少：~要等四天。｜~需要十人。③起算：开价以500元~。(与"起马"不同)

**起发** qǐ·fa 用欺骗的手段取得；哄骗：要~他的钱可不那么容易。(不同于"启发")

**起子** qǐ·zi ①改锥：把~递给我，快！②焙粉，发面用的白色粉末，是碳酸氢钠、酒石酸和淀粉的混合物：里面兑点~，发得快。

**起小儿** qǐ xiǎor 从小；自幼：他~就受苦。

**起眼儿** qǐ yǎnr ①显眼；引人注目：十分~｜别看这不~的东西，少了它还不行！②转眼，一眨眼：~之间就不见了。③抬眼；抬头看：你~看看。｜一~看。④眼红；妒忌：见钱~。｜别一看人家好就~。

**起哄架秧子** qǐ hòng jià yāng·zi 故意出别人的洋相，拿人开玩笑；胡闹，搅乱：够乱的了，你还在那儿~。

**起锅** qǐ guō ①把炒、煮好的食物从锅里盛出来；出锅：炒得马上~。②准备炊具上灶：她一进门，系上围裙就~下厨。

**起兴** qǐ xìng 上劲；起劲儿：孩子正玩得~，先别喊他。｜杀得~。

**起灵** qǐ líng 把停放的灵柩运走入土或停放的尸体运走火化：明天~。

**起薪** qǐ xīn 最低额的工薪：工作~800元。

**起劲儿** qǐ jìnr ①情绪高，干劲儿足：他干得正~。②用力：~一搬，箱子动了。｜干活别不~。

**气怀** qì huái 指幼儿看见母亲或平日亲近的人抱别人家的孩子，因嫉妒而生气：孩子~了。｜妈妈抱着别的孩

**气结** qì jié ①中医指滞留不行,比喻气得喘不过气来:看她那可恨样儿,再听他那钱人的话,我差点儿~了。②指郁闷。

**气门芯儿** qì·men xīnr(俗读作 qì·mi xīnr)①构成轮胎等气门的一个零件,通过它只能向轮胎内打气,而轮胎内气体逸不出来:自行车~坏了。②指做气门芯用的橡皮管:换个~。也作"气门心儿"。

**气杀钟馗** qì shā zhōng kuí 钟馗,传说中的神,相貌丑陋,能镇魔。形容长相极丑:这个人真是~,够十个人看半个月的。

**气不忿儿** qì bú fènr ①看到不平的事心中不服气;很气愤:这事儿真让人~。|这样处理真让人~。②不服气:他当班长,你~啊!也作"气不愤儿"。

**气膈病** qì·ge bìng 中医称气聚于胸膈之病。

**气累脖儿** qì·lei bór 甲状腺肿的俗称。也作"气瘰脖子"。

**气性** qì·xing 容易生气或生气后一时不易消除的脾气:人不大~不小。

**气色** qì·shai 面色;精神:这两天你~不好。也说"qì·se"。

**气数** qì·shu ①指人生存或事物存在的期限;命运(用于大事情,含迷信色彩):~将尽。②可恨;不像话:你说~不~。

**气得悱儿悱儿的** qì·de fěir fěir de 气急了,有话却无法倾诉,发出喘息声:把她~。"悱"也作"啡"。

**掐** qiā ①用指甲按或切入:~手心儿。|~两下可止痒。②用指甲截取或截断:~花。|把豆芽菜须子~掉。③引申为从中切断:~头去尾。|把电线~断。④克扣,截留:把工钱给~了。⑤用手的虎口连同拇指和别的指头紧紧按住、扣住:一把~住。|双手~敌人脖子。⑥用拇指和另一指头捏:把烟头~灭。⑦用拇指点着别的指头暗记或推算:~着指头算着。⑧量词。用拇指和另一指头(一般是食指)弯曲,指头相对握着的东西的数量;比喻数量少:一~儿韭菜。⑨约束;节制:钱~着点儿花。

**掐算** qiā suàn 用拇指点着其他指头进行计算;泛指估计:你~一下他哪天回来。

**掐点儿** qiā//diǎnr 严格遵守一定的时间,按规定时间不先不后:他总是掐着点儿到。|赶火车可别~。

**掐头去尾** qiā tóu qù wěi ①除去前后两部分;也比喻除去无用的或不重要的部分:~一算也不过只有半个月。②比喻略去事情的来龙去脉,前因后果:你把事情说清楚,别~。

**掐腰儿** qiā yāor 腰部偏瘦的衣服式样:紧身~的上衣。(与"抹腰"不同)

**骱** qiā ①(鸡、狗等)互相争斗:这两只公鸡~起来了。②人打架,骱斗:他们~了一架。也作"掐架"。

**袷袢** qiā pàn 维吾尔、塔吉克等民族穿的对襟长袍:他披着~跑出帐篷。

**扦** qiá ①用双手扦住:他使劲~着受伤的部位,疼得头上冒汗。|~腰。②克扣:因还不上钱就~了咱二亩

地。③叉:女孩~着腰翩翩起舞。

**掐把** qiá·ba 勒索;克扣;剥削:咱们一定要回他~咱们的那些血汗钱。

**掐腰儿** qiá//yāor 用两手虎口位置于两侧腰部,拇指和四指分开掐住腰:他~站着。|女孩儿掐着腰翩翩起舞。

**千张** qiān·zhang ①食品,是一种薄的豆腐干片。也叫豆皮、百叶。②迷信敬神礼佛、祭祀时悬挂并焚化的纸制品。

**签** qiān 用针线粗疏地缝合:衣裳破了个口子,先~上几针。|~贴边。|~被头。

**扦** qiān ①指用针状物固定:横幅上贴的那个字快掉下来了,用大头针把它~上点儿。②插:~门。|把花儿~在瓶里。③修(脚);削:~脚。|~苹果。

**扦子** qiān·zi ①用金属或竹木等制成的针状物或主要部分是针状的器物:蜡~。|织毛衣的~。②插进装着粉末或颗粒状货物的麻袋等,从里面取出样品的金属器具,形状像中空的山羊角。也叫签筒。

**鹐** qiān 尖嘴啄食、咬:别让鸡~着。|这种鸟急了~人。

**掮** qián 把东西放在肩上搬运;扛:~行李到车站走去。|手提肩~。

**掮客** qián kè ①替人介绍生意,从中赚取佣金的人。②借指投机的政客:政治~。

**掮木梢** qián mù shāo 受人哄骗,做吃力不讨好的事:他净干些~的傻事。|你这不是~吗!

**钱串子** qián chuàn·zi ①比喻过分看重金钱的:这个人是~脑袋。②节肢动物,又名钱龙,身长一寸到二寸,由许多节构成,每个节有一对细长的脚,触角很长,呈黄色,生活在墙脚、石缝等潮湿的地方。

**浅子** qiǎn·zi 一种盛东西的用具,一般是圆形,周围的边儿较浅:菜~。|一~枣。

**欠** qiàn ①上身稍微向上、向前移动:他~了~身,和客人打招呼。|~~身,车票在你屁股底下压着呢。②脚跟稍微向上抬起:一~脚就够着了。③随意动手触摸、挪动、摆弄、打逗等:这孩子手真~,没有他不动的。④说挖苦、损人、令人讨厌的话,或多嘴多舌、背地传话:这人嘴~,得罪不少人。|这是谁嘴这么~,这么会儿工夫都知道了。⑤借人财物未还或该给而未给:你还~我100元了。|~人情。⑥不够;缺乏:~火候。|说话~考虑。|这馒头~火,有点儿粘牙。⑦本该;理应受到:~打~批评|就~不给他饭吃了。

**欠脚** qiàn//jiǎo 脚稍微跐起:欠一下脚就够着了。

**欠缝儿** qiàn//fèngr 露出缝隙:锅盖欠点儿缝儿。

**锵锵且** qiāng qiāng·qie (且,俗读qi)模拟敲锣的声音:锣鼓敲起来,~锵锵。

**呛** qiāng 因水或食物进入气管引起咳嗽,又突然喷出:喝得太猛,~着了。|口中~水。

**呛巴** qiāng·ba 讨论;议论:咱们先~~,然后再拿到群众中去征求意见。也说"呛咕(qiāng·gu)"。

**呛呛** qiāng·qiang ①争执;争

吵;吵嚷:大家你一言我一语,乱~一阵,也没结果。②讨论;议论:这事已经~了好几年了,到今天也没个谱儿。③象声词:大刀片,~响,飞起来,闪寒光。

**抢** qiāng ①撞:你再逼我,我就一头~死在这儿。②推,搡:把他~出门外。③书画技法术语,指用笔由顿而斜上急出:~笔俱匀。|出锋空~。

**戗** qiāng ①言语冲突;决裂:两人说了没几句就~了。|姐妹两个~~起来。②逆,不顺:不能~着来。|~水。|~茬儿。

**戗风** qiāng fēng 逆风;顶风:回来的路上~,车骑得慢。

**戗道** qiāng dào 不按交通规则而逆行:你骑车~了。

**戗茬儿** qiāng//chár ①木工刨木料,逆着木材的纹理:别~刨木料。②比喻情绪对立;闹别扭:有话好好说,别老是戗着茬儿。

**强量** qiáng·liang 能干;要强:别看他身子骨儿弱,可挺~。

**强梁** qiáng liáng ①强壮,强健:他身子骨很~。②强暴凶横的人或势力:不畏~。

**戗** qiǎng ①刮去(物体表层):磨剪子~菜刀。|把旧墙皮~掉。|这刀只磨不~不快。②擦伤:胳膊~掉一层皮。

**呛** qiāng 有刺激性的气体进入呼吸器官而感觉难受:油烟~人。

**呛劲** qiāng jìn 憋足劲头,奋力:只要你~,一定能做好。

**呛人** qiāng rén ①受某种气味的刺激而使人难受:满屋子烟,真~。②比喻说话有火气、生硬而尖刻:你这话太~了。

**戗** qiàng ①支住;撑住:用两根木头来~住这堵墙。|他病得够~。|他这身子骨儿可~不住。②在器物图案上填嵌金银等作为装饰:~金|~银。③大堤外围对大堤起加固、保护作用的小堤:筑土~。

**戗面** qiàng//miàn ①揉面时,一面揉一面加进干面粉:面和(huó)好饧(xíng)会儿再戗点儿面。②揉进干面粉的发面:~大饼有咬劲儿。|~馒头。

**戗金** qiàng jīn 器物上作嵌金的花纹。也作"抢金"。

**炝** qiàng ①烹饪方法:将菜肴放在沸水中略煮,取出后拌作料:~蛤蜊。②一种烹饪方法。先把肉菜等用热油略炒,再加作料和水煮:~锅肉丝面。

**炝锅** qiàng guō 一种烹饪方法,先将葱花姜末等用热油略炒,再放入肉、菜等炒。

**劁猪** qiāo zhū 将猪的睾丸或卵巢割掉,使失去生殖能力。

**缲** qiāo 缝纫方法,做衣服或带子时,把布边儿向里卷进去,然后藏着针脚缝:~衣边儿。|~根带子。

**雀子** qiāo·zi 面部出现像麻雀(què)身上那样的黄褐色或黑褐色的小斑点,不疼不痒。也叫雀(què)斑:她一脸黑~。

**翘棱** qiáo·leng (木板、纸等)平的东西因湿变干而不平,有的地方翘起来:那块板子晒~了。也说"翘"。

**雀蒙眼** qiǎo·meng yǎn 夜盲症。也说"雀盲眼"。

**巧宗儿** qiǎo zōngr 机会难得

的事;有利可图的事:他一听说有这~怎能不来。|就那么便宜叫你得到,哪有那个~。

**巧劲儿** qiǎo jìnr ①巧妙的方法:干这活得有~,别使笨劲儿。②凑巧的事:我正要毛笔,他就给送来了,真是~。|我碰上他了,真是~。

**悄没声儿** qiǎo·mo shēngr 不声不响:他~地走了。

**俏** qiào ①烹调时为增加滋味或色泽而加进少量的青蒜、辣椒、香菜、木耳等:~点辣椒。|汤里~点儿香菜。②相貌美好;漂亮:她长得挺~。③货物受欢迎;销路好:这批水果卖得很~。

**俏头** qiào·tou ①烹调时为增加滋味或色泽而附加的作料,如香菜、青蒜、木耳、辣椒等:肉片用韭菜做~炒。②戏曲、评书中为加强效果而引人喜爱的身段、道白或穿插讨俏的地方:在身段方面老师也教我一些~。③时机:你赶上好~。

**俏式** qiào·shi 样子好看;时髦:穿着挺~。

**俏皮** qiào·pi ①容貌、妆饰漂亮好看:打扮得十分~。|这姑娘模(mú)样~得很。②言谈风趣,举止伶俐:他话说得很~。|~话(风趣幽默或有嘲讽意味的话)。

**撬边** qiào biān ①在生意进行中,卖方秘密派人以买家的身份在一旁吹捧甚至假意购买,以欺骗鼓动消费者购买(俗称"托儿"):这儿总有~的呼应卖者怂恿买者。②把织物毛边儿折叠后用线缝住,以防散头儿。也作"缲边"。

**且** qiě ①有的地方把客人称作"且":我家来~了。|今天你是~,好好

招待招待。②副词,表示经久,时间长:我叫他,他~不出来了。|买支钢笔~使了。|他一讲话~完不了。③从,打:~这儿往东一拐,走几步就到了。

**且不上** qiě bú shàng ①等不到:黑云接日头,~放枕头。(民间气象谚语)

**怯** qiè ①北京人贬称外地人的口音(指北方口音):他说话有点儿~。②不大方,不合时;俗气:这两种颜色配合起来显得~。③缺乏知识;浅薄;外行:露~。

**怯口** qiè kǒu ①指外地方音:他说话有点儿~。②羞于出口:这话有点儿~。

**怯生** qiè shēng 害怕见生人,见到后有些紧张、害怕和不自然:这孩子~,客人一抱他就哭。也说"认生"。

**怯阵** qiè//zhèn 临阵胆怯;怯场:他一上台就有点~。|你怯什么阵啊。

**怯八艺** qiè bā yì ①旧时北京人对在京做工、卖艺或经商的外乡人的蔑称。②也泛指没见过世面、土里土气的人:他纯粹是个~。也作"怯八义"。

**妾势** qiè shì 妇女在人前表现得卑贱相:看她那~样儿。

**亲戚里道** qīn qī lǐ dào 指具有亲属或亲戚关系:~的,互相应该有个照应。

**勤谨** qín·jin 勤快;勤劳:他工作很~。|他是个~人。也作"勤紧"。

**沁凉** qìn liáng 很凉;冰凉:~的风。|凉拌菜吃着~爽口。

**吣** qìn ①猫、狗呕吐:猫吃了烂鱼,~了一地。|这是些什么啊,活像

狗~的。②引申为人的呕吐:~了半天,还是~不出。③谩骂;胡说八道:你满嘴里胡~些啥。也作"嗯"。

**沁着头** qìn·zhe tóu 头向下垂。

**轻易** qīng yì ①十分容易、简单:不可能~学会。|这可不是一件~的事。②轻率,随便:他从不~表态。|别~作决定。(不同于"轻意")

**轻省** qīng·sheng ①省力;省劲儿:我在后面推,让你~点儿。|找点儿~活。②重量小;轻便:这箱子挺~的。③轻松:身上觉得~多了。

**青酱** qīng jiàng 酱油的俗称:菜里倒点儿~。

**清亮** qīng·liang ①清澈:缸里水~多了。②看东西觉得清爽、明晰:眼也~了。③清楚;明白:你这么一说,我全~了。

**清利** qīng·li ①清静:孩子一上学去,家里就~了。②清楚:这事的原委要进一步说~。③利索:去年那场大病,早就好~了。

**清爽** qīng shuǎng ①轻松爽快:任务完成了,心里很~。②整洁干净:他穿着~。③清楚;明白:把话讲~。④清淡爽口:滋味~。

**清汤寡水** qīng tāng guǎ shuǐ (俗读qīng tāng guà shuǐ)①形容带汤的菜里菜极少:这菜~的,不好吃。②形容菜肴清淡简单,没油水:饭桌上~,热炕上恩爱夫妻。

**圊肥** qīng féi 厩肥。

**情** qíng ①等待:你这么干~挨呲儿吧。|你敢来,我~着(表示不服气不害怕)。②尽情;尽管:你就~吃~喝吧。③拿;要:我只~一半就行。

**䞍** qíng 享;承受;接受:别净~现成的。|你别管了,~好吧。也作"擎"。

**䞍受** qíng shòu 承受;继承:这些遗产由你~。|老爷子把福分全部带走了,把剩下的罪孽都要我一个人慢慢~。也作"擎受"。

**䞍好儿** qíng hǎor 坐等好的结果,转义为只管放心:这事你就包在我身上了,就~吧。也作"擎好"。

**䞍等** qíng děng ①坐等(责备、惩罚):你这样干~着挨罚。②坐享(现成的):你这不是~着天上掉馅饼吗?也作"擎等"。

**亲家** qìng·jia ①两家儿女相婚配的亲戚关系:~母。|~爹。|我们已成了~。②称儿子的丈人、丈母或女儿的公公、婆婆。

**穷嚼** qióng jiáo 没有实际意义地辩论:你就知~,实在的事儿不去做。

**穷势** qióng·shi 小气;寒酸:看他那~样儿。|就上这么几道菜显得有点儿~。

**秋傻子** qiū shǎ·zi 指立秋后的炎热天气:~发威。|~又来了。

**糗** qiǔ ①面条粘连在一起或米饭、粥等成块状或糊状:面条都~了。|粥越来越~。②(人)老是在一处待着或纠缠在一起:你整天~候在家里有什么意思?|闺女小子都十四五了,还在一间屋里~,不是个事儿。③丑,见不得人:这次他~大了!④出人洋相,奚落:他故意冷言冷语~我。⑤满;挤:屋里人够~的了,别进来了。⑥令人尴尬;令人难为情:~事儿出~。⑦当场出丑,不知所措的样子:好~啊!|~大发了。

**曲奇** qū qí 英语cookie或cooky

的音译。指小甜饼、饼干。

**曲里拐弯** qū·li guǎi wānr 弯弯曲曲:树林里的小路~的。

**蛐蛐儿** qū·qur 蟋蟀的俗称:斗~。

**屈戌儿** qū·qur 钉在门窗或箱柜上,用来挂上钉锦或箱锁的金属环纽、搭扣,一般成对使用:箱子上的~掉了一个。

**焌** qū ①一种烹调方法,作料放在热油锅里,再把蔬菜放入迅速炒熟:~豆芽。②把油加热后浇在菜肴上:往凉拌莴笋里一点花椒油。也说"焌油"。③用没有火苗的微火烧:香头儿把扇子~了个窟窿。④把正在燃烧的物体跟其他物体接触使火头熄灭:在鞋底上把烟头~灭。

**觑忽** qū·hu 视力不佳,用眼时得眯缝着:他眼神儿不好,看东西总是~着。|~眼。也作"屈糊"。

**觑觑眼** qū qū yǎn 指近视眼。

**黢黑** qū hēi 很黑;很暗:他脸~。|山洞里~,什么也看不见。也作"焌黑""阒黑"。

**苣荬菜** qǔ mǎi cài 多年生草本植物,野生,叶子互生、广披针形,边缘有不整齐的锯齿,花黄色。茎叶嫩时可吃。叶可以制中药。

**曲颈甑** qǔ jǐng zèng 蒸馏或使物体分解用的一种器皿。

**去** qù ①扮演(某一角色):在这出戏里,我~诸葛亮,他~曹操。②置于某些形容词后,表示程度高:这场雨大了~啦。|人海了~了。|这东西多了~啦。③减掉;除掉:绳子太长,~一截吧。|消瘦~火。④相差:相~不多。

**去去吧** qù qù ba 算了吧,别在意:~,看在我的面儿上,别争了。

**圈弄** quān·nong 设计使人迷惑上当:这是他出的点子,想~我。

**全乎** quán·hu (也读作 quán·huo)完备;齐全:这里的货物挺~。|今天来的人够~的。也说"全个""全和"。

**全活儿** quán huór ①整个活计;理发、洗澡有关的所有服务项目:理发、洗头、刮脸——~。|洗澡哇、搓澡哇、修脚哇、按摩哇,今天来个~。②特指某项工作的多方面技能:生意场上的事他样样都拿得起来,可谓~。

**全可** quán·ke 齐全:这里货真~。也作"全科"。

**全可人** quán·ke rénr 指父母、配偶、子女都活着的人(多指妇女),旧俗请这样的妇女协办嫁娶事,以求吉利。也作"全科人儿"也称"全福人儿""全乎人"。

**全须全尾儿** quán xū quán yǐr ①指蟋蟀的须和尾齐全,一丝没有损伤:这蛐蛐~。②比喻事物或人完好无损。也比喻身体没病没灾:一个小孩能~活到三岁,并不是件容易的事。|这件古董可是~的。("尾"也读 yǐ)

**诠释** quán shì 表演;表现:带有民族风格的通俗歌曲,他~得很有韵味。

**蜷腿** quán tuǐ 腿弯曲:老大娘~儿坐在炕上。

**缺** quē 缺德:你这么做~不啊!|这话说得太~啦。|这个真够~的。

**缺门儿** quē ménr ①短缺;稀少:~货|~产品。②空白的门类:这个

专业可是个~。

**雀迷眼** què mí yǎn 黄昏。因雀至夕不见物,故称:~的时候才收工。

**鞦** qiū ①收缩;退缩:脖子往后一~。|马~着屁股往后退。②拴在驾辕牲口臀部周围的套具:后~。|坐~。

**屌** qiú 男性生殖器的异名。詈词,表鄙视意:他算个~!

**囚皮钉** qiú pí dīng 钉鞋掌用的四棱槽圆顶小铁钉。

**取** qǔ (俗读 qiǔ)领:~工资。

## 会说不会写的词语

# R

**瓤** ráng ①瓜果皮里包裹的肉或瓣：西瓜~儿｜西瓜沙~｜橘子~｜椰子~白如玉。②泛指皮或壳里包着的东西：信~儿｜秫秸~｜棺材~子（骂人的话）。③比喻事情的内幕、隐情：~里的事情天知道！④质地松软：这块木头都~了，不能做材料了。｜这根梁，虫咬伤，一头实心一头~。（山东柳琴戏《大梁歌》唱词）⑤不好，差；软弱：他的技术真不~。｜病后身体~。⑥量词。相当于"瓣""片"：把橘子一~一~地掰开。

**瓤口儿** ráng kǒur 瓜瓤的味道：这西瓜的~真甜。

**穰** ráng 稻、麦、黍等脱粒后的茎秆：~草｜~柴｜麦~子。

**禳** ráng 肮脏；坏：上衣~了，该洗了。（注意，左边是衣字旁。示字旁另有其义）

**让子儿** ràng//zǐr 高、低手下象棋，高手往往拿去一个或两个棋子，通常是车、马、炮三种中的，然后开局：他是臭棋篓子，你得让他俩子儿。

**饶** ráo ①另外添：我买了这么多东西，还不~点儿。②连词，表示让步，跟"虽然""尽管"意思相近：~着这么让着他，他还不满意。③白白耗费；搭上：没爬到顶，倒~了条命。④宽恕；宽容：~他一次。｜得理不~人。⑤不但：你~着不干活还说闲话。

**饶头儿** ráo·tour 额外给的少量物品（多用于买卖场合）：这个小的是个~。｜买他的东西从来没~。

**绕搭** rào·da ①用花言巧语骗取：这点儿东西全让他给~去了。②思索；揣摩：我没~过来，你这是什么意思？

**绕古** rào·gu 故意兜圈子：别~我啦！快直说吧。也说"绕腾"。

**绕腾** rào·teng （说话、行动）不直截，来回兜圈子：他的话~了半天，原来是不想干这件事。

**绕麻儿** rào már 特别；与众不同（多指人的行为、脾气）：你这不是~吗？我一点办法没有。

**绕手** rào shǒu （事情）难办：这件事真有点儿~。

**绕哄** rào·hong ①用花言巧语

迷惑:他净~人。②来回走动:别在那儿~了,快回家吧。

**绕扯** rào·che ①(问题、事情)纠缠在一起,弄不清楚:你说来说去,把我~糊涂了。②缠绕:线都~成死结了。

**热斯忽喇** rè·si hū lā ①本义是皮肤灼热之感:浑身~的,感冒了。②形容人的心理活动,犹渴慕眼热及情深难舍:他看到人家富起来,心里~的。也说"热忽辣""热乎拉"。

**人来疯** rén lái fēng 指小孩在客人面前撒娇、胡闹:你看,这孩子今天越来越~了。也作"人来风"。

**人模狗样儿** rén·mo gǒu yàngr ①装模作样,表里不一,言行不符:看他那~的。|教训教训这些~的人。②像个人儿似的,似某类人的样子(含戏弄意味):别看他平时衣冠楚楚,~的,一肚子坏水儿。

**仁义** rén·yi 性情温顺,通情达理:这个人很~。

**任吗儿** rèn már 无论什么;任何事物:那时候他还是~不懂的孩子。|~也看不见。|我~没干。也作"任嘛儿"。

**任事儿** rèn shìr 无论什么事情:他在家里~不用管,清闲得很。

**纫** rèn 把线穿过针眼儿:~针|眼花了,针~不上了。也作"纴"。

**认脚** rèn jiǎo (鞋、袜)左右两只不能换着穿:袜子不~,倒换着穿还省呢。

**认头** rèn tóu ①心甘情愿;甘愿受命运摆布:这样做你~吗?|落到这种地步,我~。②服输:你~不~?也单说"认"。

**扔崩** rēng bēng 丢弃不管:~一走就完事了。

**日塌** rì tā 垮;坏:把身体累~了。

**日脚** rì jiǎo 日子:现在~好过了。

**日里** rì lǐ 白天:这东西~还在,怎么晚上就不见了。

**日** rì 两性交媾的俗称。通常指男性对女性主动所施的性行为,多用作詈词:~他妈的!|狗~的。

**容长脸儿** róng cháng liǎnr 指长方形脸,且脸的长短,胖瘦都恰到好处。

**容** róng (工夫、时间)给一定宽余:再~我仔细想想。|再~你半个月吧,到时一定要还。|你给人家~出点工夫准备准备。

**容许** róng xǔ ①允许;许可:不~去!|这样做~不~?②或许:他也去。|~他一会儿就来。

**揉** róu (揉的变调儿)活动;摇晃:梯子有点~,上去可得小心点儿!|(榫头和榫眼之间松了)桌子~了,快修修。

**揉搓** róu·cuo 折磨;烦扰:他已经够烦心的了,别再~他啦。

**肉** ròu ①不脆:西瓜瓤太~,不好吃。②性子缓慢,动作迟缓:别~着不走。|这个人干什么都慢吞吞的,~死人啦。③讽刺,控告:别尽拿话~人。

**肉色** ròu sè 浅黄中带红的颜色:~袜子。

**肉头** ròu·tou ①肌肤丰满柔软:这孩子小手挺~。②食物软和,食之有柔软滑溜之感:这种米做出来的饭很~。③软弱好欺;傻瓜:他真是~到家了,怎么骂也不着急。

**肉胞眼** ròu pāo//yǎn 眼皮隆起像肿胀似的眼睛:他一双~,两道扫帚眉。|长了一双肉胞子眼,真难看。也说"肉眼泡"。

**擩** rǔ ①塞;插入:那件衣服不知~到哪里了。|~点东西进去,把它撑起来。②暗中塞给(钱或物):趁没人时,他~给科长一个装钱的信封儿。③伸:你把手~出来让我看看。

**挼** ruó ①(纸或布)皱:这张纸~了。②(布)快要磨破:衬衣穿~了。③(体质)衰弱:他身子骨儿太~了。④(技能)低劣:他那两下子可不~。⑤揉搓:把纸~成团儿。|别把鲜花~坏了。

**挼挼** ruó·ruo (俗读 ré·re)忙活(忙碌工作);掺和(某事):咱们一块儿~~。|你别跟他们瞎~。

**入垄** rù lǒng (交谈)投机:我们谈了半天也不~。

**软古囊囊** ruǎn·gu nāng nāng 绵软不硬实:我在水里摸到一个~的东西。|口袋里装的什么,摸着~的?

# S

**仨瓜俩枣** sā guā liǎ zǎo ①比喻一星半点儿的小事、小东西:为~争论不休,值得吗? ②形容很少:挣个~的,还这么大手大脚地花钱!

**仨一帮,俩一伙** sā yì bāng liǎ yì huǒ 形容人集结成一群一群的,每群人数都不多:~地议论开了。

**煞裉** sā kèn 把裉(上衣从腋到肩的部分)缝上:袖子还没~。也作"杀裉"。

**撒** sā ①放出;张开;放开:打开鸡窝~出来。|~网。|~腿就跑。②排泄;排出:~尿。|把车带气~了。③尽力使;表现出:~野。|~酒疯。|~欢儿。|~娇。

**撒欢儿** sā//huānr ①动物狂奔乱跑或人因兴奋而欢蹦快跑、闹腾:看,一到院里狗就~。|小孩子们在空地上~。②形容长势迅猛:大棚里的各种菜撒着欢儿长。③精力充沛;尽情,竭力:三十~,四十当官儿,五十就打蔫儿,六十定下班儿。

**撒呓挣** sā yì·zheng ①熟睡时说话或做动作:这孩子晚饭又吃撑了,睡着了又咬牙又~。②形容人言行没准儿,不切实际:你的话我看是~。也作"撒呓症"。

**撒丫子** sā yā·zi 放开脚步(跑或走)(多含诙谐意):你们到这儿之前,他早就~了。也作"撒鸭子"。

**撒气** sā//qì ①器物因有小孔而慢慢漏气:车带~了。 ②借别人或别的事物发泄怒气:别拿我~。也作"杀气"。

**撒火** sā//huǒ 心中怒火发泄出来:你别拿他~。|他撒什么火儿啊!

**撒开** sā kāi 放开;张开:你把我~。|~两腿跑起来。|~翅膀。

**撒泼** sā//pō ①耍赖;无理取闹:打滚儿~。②又哭又闹:这孩子不依他就撒大泼。

**靸** sǎ 把鞋后帮踩在脚后跟下(即趿拉着鞋);穿(拖鞋):别~着鞋往外跑。

**靸鞋** sǎ xié (俗读sā xié)鞋帮纳得很密,前脸儿较深覆脚,上面缝着皮梁和三角形皮子黑色的布鞋,旧时习武者或练把式的艺人常穿。也作"洒

135

鞋"。

**萨其马** sà qí mǎ 一种糕点,把油炸的短面条用糖粘合起来,切成方块儿。也作"萨齐玛"。

**撒眸** sǎ·mou 张望;看;扫视:老汉在那儿四下里~着,好像在等人。|我一~就知道他不是好人。也说"撒打"(sǎ·da)。

**飒俐** sà·li 灵活利索:她身段修长,一举一动满~。|他的动作~极了。也作"洒利"。

**塞** sāi ①强给:你不要的硬~给我。②填塞:能~饱肚子就行。

**塞牙** sāi yá ①(俗读 sēi yá)食物渣塞在牙缝处:~了,得(děi)用牙签儿剔剔。②比喻言语尖刻,叫别人听了不舒服:他的话怎么听怎么~。

**腮帮子** sāi bāng·zi 面颊下半部:~疼。|鼓起~,一声不语。

**塞** sái 戏指吃(吃相不文雅或食量大):胡吃海~|~饱了吗?|好歹~点就走了。

**三尾儿** sān yǐr 雌蟋蟀的俗称。因有三个尾,中间的一根尾较硬较长,故称。(尾,在此读 yǐ)

**馓子** sǎn·zi 用糯米和(huó)面扭成环的油炸的面食,细如面条,或呈环形栅状。

**桑梆** sāng·bang 形容哭丧着脸:看他那~相儿,也许有不顺心的事。

**搡** sǎng 推;猛推:推推~~。|连推带~。|叫人~了个跟头。

**搡达** sǎng·da 用言辞或语气打击、抨击:别~人。

**丧气** sàng·qi 倒霉;不吉利:别说~话!|这几天怎么这么~。

**丧梆** sàng·bang ①(性格、语言等)不温和;倔:这人怎么这么~!②用言语冲撞;恶声恶气地对人说话:别拿气话~人。

**臊** sāo 像尿或狐狸的气味:~气。

**臊眉耷眼** sāo méi dā yǎn 形容羞愧的样子:原来是这样!难怪她~的。

**臊不搭儿** sāo·bu dār 形容羞羞答答的样子:这闺女见人总有些~的。

**骚情** sāo qíng ①风骚,轻佻:看他那~样儿。②调情;谈情说爱:他这个人净乱~,是个色(sè)鬼。

**骚货** sāo huò 举止轻佻、生活作风不正派的女人(骂人的话)。

**搔痒** sāo//yǎng 在皮肤痒处抓挠:谁给我~~。|你这话这才算搔到痒处啦。(比喻说到点子上了。)

**扫搭** sǎo·da 瞧;扫视:你别拿眼紧~着我。|你四处~什么?

**扫听** sǎo·ting 仔细地听或从旁边打听;探询:你不信啊,~~去吧,我也不是好惹的!|我向你~点事儿!也作"捎听"。

**扫堂腿** sǎo táng tuǐ 武术招数之一。用一条腿猛地横扫对方腿的下部,使摔倒:给他来个~。|~这招儿太厉害了。

**梢** sào 柱形物体的粗细向一端逐渐缩小的形式叫梢,即锥度:这个零件要车出~来。|这长方形木条应带点儿~。

**臊** sào 羞辱:你也不害~?|几句话把他~出去了。

**臊着** sào·zhe 故意冷淡，不理睬，使对方感羞愧：别理他，故意~他！

**臊子** sào·zi 肉末或肉丁或细剁的肉（多指烹调好加在别的食物中的）：羊肉~面。

**瘙痒** sào yǎng（俗读sāo yǎng）皮肤发痒：浑身~。｜头皮~得难受。

**涩** sè ①味不甘滑，像明矾或不熟的柿子那样使舌头感到麻木干燥的味道：这种水果有点~。｜柿子没澾，太~了。②摩擦时阻力大，不光滑，不灵活：轮轴发~，该膏（gào）油了。｜这布面儿发~。｜两眼发~。③态度生硬，脸色难看，不通融，不好办事：这个人真~。｜看他那脸，够~的。④拖宕(多指债务)：那笔账还~着呢。(作②③解时，俗读作 sēi)

**啬刻** sè·ke 吝啬；苛刻：这一家子都是~鬼。｜你这条件还挺~。

**森凉** sēn liáng（俗读 sèn liáng）阴冷：这地下室进来让人感到~~的。也作"渗凉"。

**沙浅儿** shā qiǎnr 比较浅的沙锅，也叫沙锅浅儿。

**沙铫子** shā diào·zi 用陶土和沙烧成的壶，用来煎药或烧水。也叫铫儿。

**纱绷子** shā bēng·zi 绷紧在纱窗框上的冷布或铁纱，也泛指纱窗：~破了，进蚊子。｜换铁~吧。也作沙绷子。

**煞** shā ①勒紧；扣紧：~一~腰带。｜把车上的货物用绳~紧。②固定，使不能活动：~牢｜把盖上的席用绳~住，别让风刮走。③结束；停止：~住脚细听。｜~不住笔。｜~不住笔。

**杀** shā ①因药液或其他某种液体刺激皮肤或黏膜而引起疼痛或痒：药水涂在伤口上~得慌。｜剥完洋葱头别用手揉眼，~眼睛。②对弈：咱俩~一盘。③副词。用在谓语前或后面，表示程度深：愁~人｜气~我也｜时间~短。作③解时也作"煞"。

**杉篙** shā gāo（杉读 shā 是 shān 的变读）长而直的杉(shān)树一类的树干砍去枝叶后制成的杆子。多用来搭棚、搭脚手架或撑船。

**傻不楞登** shǎ·bu léng dēng 形容傻里傻气、愚蠢、糊涂的样子：这小子怎么~的。

**傻拉呱叽** shǎ·la guā jī 形容傻头傻脑的样子：他说话行事有些~的。也说"傻拉光鸡""傻里巴机"。

**傻帽儿** shǎ màor 讥讽见识少、心眼儿实、脑子简单的人：他真是个~。也作"傻冒儿"。

**傻辈儿辈儿** shǎ béir béir 傻得可笑又有些可爱的人：他真是个~。｜你别把我当~。

**沙** shà 摇动使混在东西里的杂物（颗粒较大的）集中，以便清除：把米里的沙子~一~。

**煞白** shà bái 由于恐惧、愤怒或某些疾病等原因，面色极白，没有血色：他病得不轻，脸色~。｜气得脸~。（与"刷白"不同）

**煞后** shà//hòu ①后退：请你~一点儿，让车过去。②指畏缩不前，落在后面：班长带了头，咱们也不能~。｜什么事他都煞到最后，不干不行了才动手。

**筛糠** shāi kāng 用筛子筛糠，来回摇晃。比喻身体发抖打颤：吓得体

S

## 会说不会写的词语

似~。|两腿~。

**色子** shǎi·zi 一种赌具，形状为小立方体，六个面分别刻有一至六个不同颜色的凹点，赌博时投掷它决定胜负等：掷~。

**山夯子** shān hāng·zi 山里的粗笨人：他们哥儿几个都是老实巴交的~。

**膻** shān 像羊肉的气味：~气|~味。|他做的红焖羊肉一点儿也不~。也有写作"羶"。

**搧** shān 用手掌或手背打（人）：~他一记耳光。|~他两巴掌。

**潸** shān （湿皮肤遇冷风吹）开裂（细口儿）：别哭了，脸都~了。

**闪** shǎn ①因动作过猛，使一部分筋肉受伤而疼痛：~了腰。②抛下；甩掉，使人处于难堪境地：你这不是把我给~了吗？③躲避；避让：快~开。

**闪着** shǎn·zhe 受凉而闹病：外面凉，出去小心~。

**闪眼** shǎn yǎn ①耀眼：灯光太~了。②河湖等结冰时，上面不完全冻结的地方：小心冰上的~。

**闪面** shǎn//miàn ①见面：两人闪了一面，谁也不搭理谁。②露面：这几天由于不便在家~，他只好住在朋友家里。

**闪失** shǎn shī ①意外失误；差错：别有~。②同"闪"①。

**闪些儿** shǎn xiēr 差一点儿；险些：~摔倒。

**善静** shàn·jing （性情、态度、言语等）温和亲切；朴厚：这个老太太十分~。也作"善净"。

**善茬儿** shàn chár 好对付的人（一般用于否定句）：他可不是个~。

**苫** shàn 用席、布等遮盖：要下雨了，快把货物~上。|苫布（遮盖用的大块雨布）。

**苫背** shàn//bèi 盖房子做屋顶时，铺在椽子上的草、席等上面抹上灰和泥土做成房顶底层。

**讪不搭的** shàn·bu dā dē 不好意思的；难为情的：他被我抢白了几句，~笑了笑。也说"讪搭搭的"。

**讪脸** shàn liǎn 小孩子在大人面前嬉皮笑脸：不许在长辈面前~。

**骟** shàn 割掉牲畜的睾丸或卵巢：~马。

**伤气** shāng qì ①损伤元气：开刀手术容易~。②情绪低落：甭~。

**伤** shāng 因过度而不能忍受或不能继续：吃山芋吃~了。|这几年老在外面跑，简直把我跑~了。

**伤耗** shāng·hao ①损伤消耗；减少：~。|鸡蛋在运输过程中~太大。②毁坏；损害：蝗虫~了一片庄稼。

**伤食** shāng shí 中医学病症名。由饮食过量而使脾胃受伤；食用某种食物过量则对该食物没有食欲，甚至生厌：肉~|蛋~|~干呕。

**绱** shàng 把鞋帮鞋底缝合成鞋：赶紧把鞋~上。|~鞋。

**上赶着** shàng gǎn·zhe 指主动接近或讨好别人：你干吗老是~找他呀？

**梢子** shāo·zi ①指头绪：摸不着~。②指旁边、侧面：偏~|~马（拉套的马，也说"梢马"）。③船家。

**烧包** shāo bāo 由于变得富有或得势而忘乎所以，荒唐、挥霍：千万别~,瞎折腾。

**烧卖** shāo mài 起源于北京的一种食品。用烫面擀成薄皮儿包馅,顶上捏成褶儿,不封死,似梅花盛开,蒸熟。俗作"烧麦""梢麦"。(北京人以此为早点;清晨卖,始称"晓卖"。传入南方,特别是香港,人们口语中"晓""烧"因形似音近,便讹变为"烧卖"。乾隆微服私访吃罢,回宫题词也是"烧卖")

**筲** shāo 竹、木等制的水桶:水~。|两~水。|~箕(淘米或盛米的容器)。

**梢门** shāo mén 可以通行兽力车的大门,一般有门洞儿。

**捎** shāo 顺便带东西或传话:你下班回家路上~菜来。|你给我家~个信儿,快给我寄点儿钱来。|同学~话来了,让你早回家。

**捎脚** shāo//jiǎo 运输中顺便载客或顺便带货:去时是空车,请捎个脚吧。

**捎带脚儿** shāo dài jiǎor 顺便;附带:你逛商场时~看看有没有进口的彩电。|这是~的事,不必客气。也说"捎带"。(与"捎脚"不同)

**勺** sháo ①用巴掌打:~了他一个耳刮子。②偷:这东西是从哪~来的。

**勺叨** sháo·dao 话多不知轻重:他喝了两口酒,就~上来了。|他总是勺勺叨叨的,真讨人嫌。也作"勺刀""韶道"。

**捎色** shào shǎi 退色:这布一洗就~了。

**捎** shào ①稍微向后倒退(多指骡马车辆等):把车往后~~。②吃

喝牲口向后倒的声音。

**潲** shào ①雨被风吹得斜着落下来:忘了关窗户,雨水把床~湿了。|门不严,~雨。②洒水:菜快干了,得~点儿水。③泔水:猪~。

**潲桶** shào tǒng 泔水桶。

**少形** shào·xing (相貌)显得年轻:好几年不见了,你还那么~。也作"少兴"也说"少相"。(兴、相均轻读)

**榅仔** shē·zi 柁果。

**畲田** shē tián 焚烧田地里的草木,用草木灰做肥料,这样耕种的田地。(注意,"畲"上面是"余"yú)

**畲族** shē zú 我国少族民族之一。主要分布在福建、浙江、广东等地。(注意,"畲"上面是"佘"shé)

**折** shé ①断(多用于长条形硬东西):椅子腿儿~了。|横掌(chèng)子~了。②亏损;损失:~本做买卖~了。|整买零卖肯定~秤。

**折钱** shé//qián 赔钱:宁肯~也绝不偷工减料。

**折耗** shé·hao (俗读shě·hao)物品或商品在加工、运输、保管、出售等过程中的损耗:用鲜菜腌成咸菜,~很大。|这批粮食在长途运输中肯定要~。

**舍宾** shě bīn 英文shaping(轮廓、形态)的音译。①原义为形体美化、形体雕塑。即针对每个人的形体特征、健康状况和饮食习惯等进行锻炼,从而使人有健康美,是一种国际流行的健康运动:~运动|~俱乐部|~迷。②作形容词用:她好~啊!

**身量** shēn·liang 人的身材;个头儿:~苗条|~不高。

139

## 会说不会写的词语

**身子骨儿** shēn·zi gǔr 身子;体格:他的～挺硬朗。|养好～。|把～练得棒棒的。

**神道** shén·dao ①（言语、举止等）神奇;古怪;离奇:瞧他说的多～。|这个人总是那么神神道道的。②形容人精神旺盛:这孩子真～。③聪明机灵,才智过人:这小伙子挺～。④了不起,有本领:这小子真～。

**神眉鬼道** shén méi guǐ dào 形容花样多,有些神秘莫测:她这个人主意太多,时常有些～的。

**瘆** shèn 使人害怕;可怕;惊恐:～人|一个人走山路真有点儿～得慌。|～得浑身起鸡皮疙瘩。也作"森"。

**慎着** shèn·zhe 拖延;消极,等待;静静待着:别～啦！都快三十岁了,该搞对象了。|这事儿不可能～。也作"渗着"。

**渗凉** shèn liáng 凉气侵袭身体使人感到发冷:刚一进冷库就觉得浑身～。

**生滚** shēng gǔn 现煮:～鱼片粥。

**生疼** shēng téng 很疼:你掐得～。|伤口～。

**瘦** shěng 瘦:这个人～瘦。

**圣** shèng 娇养;受宠爱:孩子别太～了。|现在的孩子可～啦！|他是我家的～宝贝儿。

**嘘** shī ①表示制止的声音:～——,别说话。②驱赶家禽或把小孩尿尿时口中出的声音:～——,～——,快尿。|～、～……回窝去。

**失惊打怪** shī jīng dǎ guài ①指过于惊讶;大惊小怪:就为打碎一个碗,也值得这样～！②惊恐;慌张:怎么这么～？也说"失惊倒怪""失张倒怪"。

**时会儿** shí·huir 时候:那～你还上小学一年级呢。|你走的～告诉我一声。

**识逗** shí dòu 懂得是开玩笑,不介意,能承受:这人不～,跟他闹着玩儿他就急。

**识举** shí jǔ 知足,满意:现在日子过得这么好,应～了。|别不～,这已经很不错了。也作"识足"(jǔ)。参阅"喝足"。

**实成** shí·cheng ①诚实,不虚假:说句～话。②成熟:发育～。③沉稳,安稳:睡不～。（与"实诚"不同。）

**实心眼儿** shí xīn yǎnr ①真心实意;心地诚实:他～地干活。|～的他信以为真了。②不够灵活:这人怎么这么～啊！

**实打实** shí dǎ shí 实实在在,不虚假:～地说吧。|～全招了。|他是个～的人。

**实打实受** shí dǎ shí shòu 忠厚老实:这老头儿一辈子～。

**实着** shí·zhao 踏实;安稳:孩子睡～了。|这个年轻人总是不～。

**实着儿** shí zháor 实心;内部不空的:这个东西是～的。

**实牢** shí·lao 实在;诚实:他这个人挺～,就是太死板。

**实落** shí·luo ①诚实,不虚伪:他对人心地很～。②（心情）安稳踏实:听他这么一说,我心里才感到～。③确切:你究竟哪天动身,请告诉我个～日子。④结实;牢固:这把椅子做得可真～。

**实落** shí lào 实际得到：刨去成本儿和税，还能~两千多元。

**实足** shí zú 确实足数的：~年龄。｜~有300人。

**实诚** shí·cheng ①朴实；诚实；老实：这个人~，答应了的事不会不做的。②真情诚意：我这可是~话。

**拾掇** shí·duo ①整理；归拢：屋里~得整整齐齐。②修理：~收音机。③惩治：他要是说瞎话，得狠狠地~他！

**石硪** shí wò 用石头做的用来砸实地基或打桩的工具。扁圆形，四周系有绳索供多人牵拉，使其从上砸下。

**石砬子** shí lá·zi 地面上凸起的巨大岩石。也叫"石头砬子"。

**什不闲儿** shí·bu xiánr ①曲艺表演中的一种伴奏演唱形式，一个架子上安装几种乐器，一人手脚同时操作为演唱者伴奏，或边伴奏边演唱：听完大鼓书，再听~。②借以形容人忙碌不堪：她整天~。也作"十不闲儿"。作②解时也说"不识闲儿"。

**使绊儿** shǐ//bànr ①摔跤时用腿脚勾住对方的腿脚使跌倒。②比喻用不正当手段暗害别人：不要暗中~算计人。

**使坏** shǐ//huài 出坏主意；要狡滑手段：他总对我暗中~。｜你这是在使什么坏啊！

**使性** shǐ//xìng 发脾气；任性：不要动不动就~。｜不许~胡来！｜使什么性啊，用得着吗？也说"使性子"。

**使唤** shǐ·huan ①使用：你拿去~吧。②支使：~人。

**屎橛子** shǐ jué·zi ①条状粪便堆成圆锥形。②比喻令人厌恶的或固执的人：这老头儿是出了名的~。

**屎壳郎** shǐ·ke làng ①蜣螂的俗称。昆虫的一种，体长圆形，黑色稍带光泽，头部中央有两个小凸起，胸和脚有长毛。以动物的尸体和粪便为食，常把粪滚成球形。②比喻徒有其表面而内在丑恶的人。也作"屎蚵蜋"。

**贳器店** shì qì diàn 旧时出租婚丧喜庆用的某些器物和陈设的店铺。（贳：出租。）

**试巴** shì·ba ①试试；尝试：这车真难骑，不信，你上来~~。②较量：不信，咱俩~一下。③试验：安上机器就~起来了。

**是凡** shì fán 副词。凡是：~认识他的人，都佩服他。

**是样儿** shì yàngr 样式好看：衣服做得很~。

**是翻** shì·fan 乱翻腾（东西）：看这孩子~的，乱七八糟。

**事儿** shìr 凡事讲究多，好挑剔：你这个人~太多。

**事由儿** shì yóur ①职业，工作：找个~干干。②实情，情由：把一肚子~讲了出来。

**事故由子** shì gù yóu·zi ①事端：这个人净惹~。②由头：他怕惹麻烦，借个~溜走了。也说"事故由儿"。

**莳弄** shì·nong 精心栽培庄稼花木、饲养家禽家畜：他~几亩菜园子。｜他是~家禽的高手。也作"侍弄"。

**侍弄** shì nòng ①摆弄；修理：他整天~收音机。｜电视机没●好。②同"莳弄"。

**手欠** shǒu//qiàn 同欠③。

**手拿把攥** shǒu ná bǎ zuàn 形

## 会说不会写的词语

容很有把握:完成这项任务~。也说"手拿把掐"。

**手搭凉棚** shǒu dā liáng péng 用手伸平略弯遮住眼睛上方,可以望远或遮住耀眼之光远望。

**受** shòu ①适合;中:这话一听。|~看|~吃。②劳动,干活:他只会在地里死~。③劳累:~得骨节儿都快散了。④接受:宁愿~死(接受死的处罚)。

**受临卑** shòu lín·bei 失去长辈呵护后处境困苦:父母一死,这孩子~了。也作"受拎巴"。

**瘦溜儿** shòu·liur 形容身材细长,体态匀称:她身材挺~。

**瘦高挑儿** shòu gāo tiǎor (身材)瘦长:这人长得~。也说"细高挑儿"。

**叔伯** shū·bai 同祖父的,有时也指同曾祖父的兄弟姐妹间的关系。有时为强调是亲生的关系,往往说"亲叔伯":我们是~兄弟。|他们是亲~。

**舒坦** shū·tan 舒服:心里挺~。|身体有点儿不~。

**舒泰** shū tài 舒服:他舒舒泰泰地在一把椅子上坐下。

**舒齐** shū qí 齐备;妥贴:种子已经准备~,明天可以播种了。|房子虽然不宽绰,可是让他拾掇得舒舒齐齐的。

**熟识** shú·shi (俗读 shóu·shi)熟悉:慢慢地我们就~起来了。|这人我~。

**熟烫** shú·tang (俗读 shóu·tang)①瓜果蔬菜等因揉搓、捂闷,受热而失去新鲜的颜色或味道:这瓜都有点儿~味了。|这些青菜都让你拨弄~

了。②比喻人憋闷得气色不好:大热天,这间小屋把人热~了。③比喻不堪忍受:这活可把我累~了。|反反复复,把人折腾~了。也说"熟腾"。

**秫秸** shú·jie 去掉穗的高粱秆:用~扎篱笆墙。

**属** shǔ 用十二属相记生年:他~龙,我~马。|~相(即"生肖")

**数** shǔ 计算起来;比较起来(最突出):~一~二。|~得上|~不着|班里~他功课最好。|~他家最远。|干活还得~张。

**数伏** shǔ fú 进入伏天:今天~。

**数落** shǔ·luo ①列举过失;责备:我把他~了一顿。②不停地、一遍遍地诉说:他和我~着这几年的遭遇。也说"数道""数叨"。

**数九寒天** shǔ jiǔ hán tiān 数九以后的寒冷天气;泛指大冷天。也说"数九天"。

**耍把** shuǎ·ba ①挥舞;舞动:~战刀|这剑叫你~坏了。②戏耍;逗弄着玩儿;戏弄:你就光着身子~吧,一会儿你就感冒。|我这~人的人儿竟让这小毛孩子~了。也作"耍巴"。

**耍钱** shuǎ qián 赌博:他整天晚上去~。

**耍飘儿** shuǎ piāor 显示自己样子好看;卖俏。

**耍叉** shuǎ·cha 寻衅闹事,捣乱:你今儿个跟我~,我可饶不了你。|你别在那儿~了。也说"耍锤"。

**耍无赖** shuǎ wú lài 使用放刁撒泼、蛮不讲理的手段;抵赖:你别撒泼~,没用!也说"耍赖"。

**耍孬种** shuǎ nāo zhǒng 表现

怯懦无能或动摇:不许半道儿变心~。

**耍歪掉猴** shuǎ wēi diào hóu 耍滑头:你不要在我面前~,我早看透你了。也说"耍歪掉邪"。

**耍性** shuǎ xìng 发脾气,任性:他又~了。也说"耍性子"。

**刷白** shuà bái 色白而略微发青:月亮升起来了,把麦地里照得~。|一听这话,他的脸立刻变得~。

**刷俐** shuà·li 敏捷;麻利:小伙子动作~得像猴子一样。|~地抓住对方的胳膊。

**刷利** shuà·li ①锋利;灵便:钢刀~。②同"刷俐"。

**刷溜** shuà·liu 敏捷;麻利:小伙子三下两下爬到树上,动作~得像猴子一样。

**甩搭** shuǎi·da ①甩:他把胳膊一~,头也不回就走了。②冷言冷语地刺激人:我~了她几句。也作"甩打"。

**甩咧子** shuǎi liē·zi 冷言冷语刺激别人:他一进屋就骂骂咧咧,~。也作"摔咧子"。

**甩手掌柜** shuǎi shǒu zhǎng guì 比喻掌权而不管事的人或不做实际事情;不管某些琐细事情的人:一给公家干活儿他就成了~。|他在家是个~的,醋瓶子倒了也不扶起来。

**甩耙子** shuǎi pá·zi 比喻因闹情绪而甩手不干:有意见可以提,不能~。也作"摔耙子",也说"甩袖子"。

**涮** shuàn 戏弄;欺骗:他让人家给~了。|你别拿我~着玩儿。

**涮登** shuàn·deng 用言语取笑:别净~老实人。

**爽** shuǎng 舒服,过瘾,爽快,带劲:一提起这道菜,大家都称"鲜"赞"~"。|洗个热水澡,特~!

**爽神** shuǎng shén 简单;省事:今晚吃~的饭。

**爽的** shuǎng·de 索性:既然你要去,我~就陪你走一趟吧。也作"爽得"。

**逊** shún ("逊"的变读)难看:这人长得太~了!|~鸟(蠢人)。|干这事儿我嫌~。也作"惇"。

**顺坦** shùn·tan 顺当;顺利:他家的日子过得不~。

**顺溜儿** shùn·liur ①整齐;有次序;不参差:把头发理~|文章写得很~。②通畅顺当,没有阻拦:日子过得挺~。③顺从听话:他若不闹脾气,就比谁都~!④相貌端正;匀称:这小伙子长得挺~。

**顺序** shùn·xu ①平安;吉利;舒心:好好过日子,别自找不~。|今天不~,倒霉事儿都叫我赶上了。|图个~。②次序:按~来。

**苏气** sū·qi 态度大方;打扮漂亮而潇洒:他穿得尽管讲究,可并不~。|在县城里她是一个顶~顶出色的人。

**素静** sù·jing 素洁安静:找个~的地方。|我喜欢一个人待着,挺~。

**素净** sù·jing ①色彩淡雅,不浓艳:她穿得很~|~的打扮|家里装修的挺~。②味道清淡,不肥腻:这两天吃点儿~的吧。

**说道** shuō·dao ①说;谈论:把自己的想法跟老人~~。②商量:我跟他~~再作决定。

**说道儿** shuō·daor 名堂;道理:他为什么突然改变主意,这里头肯定有~。

**说事儿** shuō shìr ①泛指有中人、拉纤儿的等,从中说和,促成某事:中间有个~的,买卖准能做成。②借题发挥,别有用心:《布什拿伊战~》(《今晚报》2003年12月14日文章标题)。③作为借口,因由:有些"黑车"的车主儿打着下岗职工的旗号~,宰客敲竹杠。|布什切尼和"黑金"关系密切,克里拿油价~。(《今晚报》2004年3月24日文章标题)。

**说了归齐** shuō·le guī qí 总而言之;归根到底:~,还是人多好办事儿。|~还是你对。

**说话太艮** shuō huà tài gěn 说话态度生硬:他这个人向来~,别介意。

**说溜了嘴** shuō liū le zuǐ 脱口而出;因未加思考而说错:这话~,对不起。也说"说溜嘴了""说走了嘴"。

**说话答礼儿** shuō huà·da lǐr 漫不经心地闲谈:俩人~的挺亲热。

**数** shuò 中医学术语。指脉搏频率高,每分钟九十次以上:脉浮而~。|脉虚而又~。

**丝丝拉拉** sī·si lā lā ①断断续续:小雨~地下了没完。②形容悲伤的心情:我心里总有些~的。③形容轻微的痛楚、不适:胃里~地疼。

**思摸** sī·mo 想;考虑:我~了好半天。|他~来~去只好承认了。也说"思谋"。

**思乎** sī·hu 想,考虑:他~了半天,还是要去。

**厮搏** sī·bo (俗读sī·ba)相互扭扯殴打:两人~起来了。也作"撕搏"。

**撕巴** sī·ba 撕:把纸~~扔了。

**死皮赖脸** sǐ pí lài liǎn 厚脸皮,不顾羞耻:他~非要不可。

**死眉塌眼** sǐ méi tā yǎn 毫无生气、呆滞的样子:看他那~的样儿。

**死乞白赖** sǐ qi bái lài (赖俗读liě)纠缠个没完没了:他~地拉我去一趟。|架不住你~地要求,答应你吧。也作"死气百赖""使气白赖"。

**死钉死铆** sǐ dīng sǐ mǎo 比喻确实可靠:这是~的证据。|必须~才行。

**死模活样** sǐ·mo huó yàng 半死不活的样子:装什么~。|看这庄稼长得~的。

**死凿儿** sǐ záor ①过于执拗,没有灵活性:你别犯~,什么事也要想宽一点儿。②指过于执拗的人:他是个~,怎么劝他也不听。

**死巴** sǐ·ba 死板;不灵活:这个人挺实在,就是太~。

**死性** sǐ·xing ①头脑不灵活:这个人太~,比划这么清楚他全不懂。②死板;不能随机应变:你这人,吃亏吃在~上,一点儿不活泛。

**四仰八叉** sì yǎng bā chā 形容人仰着躺下时胳膊和腿四下伸开的样子:他~地躺在炕上,睡得可香呢。也说"四脚八叉"。

**四六不懂** sì liù bù dǒng 什么也不懂:你简直是~,好坏不分!

**松糕鞋** sōng gāo xié 一种流行款式女鞋,底部很厚,形如松糕,故称:她朴实的脸,穿着厚厚的~……像个中学生。

**松快** sōng·kuai ①轻松爽快:病好了,浑身挺~。②宽松;宽敞:人口不多,住得很~。|最近手头儿还

算~。

**㞞** sóng ①坏（含抱怨意）：这双~鞋,不跟脚。②讥讽人软弱无能：~包｜这人太~。｜狗~脾气。｜兵~~一个,将~~一窝。③精液：流~。

**㞞德性** sóng dé·xing 懦弱无能的样子：看你那~,是个男子汉吗？

**搡** sǎng 猛推：~了他一个大马趴。

**馊** sōu ①饭、菜等变质而发酸臭味：面条都~了。②无用的；不高明的：~主意｜别净出~花样了。

**馊主意** sōu zhǔ·yi （俗读sōu zhú·yi）不高明或无用的办法：他尽给人出些~。

**馊点子** sōu diǎn·zi 不高明的办法；馊主意：他尽出些~。

**飕** sōu 风吹（使变干或变冷）：让风~干。｜出了澡堂,被凉风一~,结果感冒了。

**锼** sōu 镂刻；用钢丝锯挖刻（木头等）：椅背上的花纹是~出来的。

**锼弓子** sōu gōng·zi 钢丝锯的俗称。

**搜** sòu ①用通条插到火炉里抖动,使炉灰掉下来：把炉子~一~。②清除某物,使通畅：他~了~嗓子说。｜咳嗽~~痰。

**嗉子** sù·zi ①装酒的锡制的或瓷的器皿,像瓶子,底大,颈细长。也作"素子"。②鸟类的消化器官的一部分,在食道的下部,像个袋子,用来储存食物：鸡~。

**酸不溜丢** suān·bu liū diū ①形容有酸味（含厌恶意）：这菜怎么~的。②形容人装腔作势,矫揉造作：瞧她

那~的劲儿。③形容心里有点妒忌或难过的感觉：我听了这话,心里~的。④形容言语迂腐：他说话~的,真让人听着难受。(作①④解时也说"酸不拉唧"。)

**酸不拉唧** suān·bu lā jī ①形容味道发酸（含厌恶意）：这种杏儿~的不好吃。②形容言谈迂腐：这老头儿话话总是~的。

**蒜薹** suàn tái 蒜的花梗。嫩时可食用,俗称蒜毫儿。(注意,薹不要写作"台"或"苔")

**蒜臼子** suàn jiù·zi 捣蒜用的器具。多用石头或木头制成,圆形,中间部分凹下。

**尿** suī （用于口语）尿(niào)：孩子又尿(niào)了一泡~。

**尿泡** suī·pao 膀胱：猪~。｜虽大无斤两,秤砣虽小压千斤。(俗语)也作"尿脬"。

**随** suí ①人的相貌、身材、性格、气质等跟有血缘关系的长辈或同辈长者相像：他长得真~他爸爸。｜他~他哥哥,好动不好静。｜她的脸形~她姑姑。(注意,只能用于晚辈对长辈或同辈幼者对长者,反之不行)②携带：冬天出门要多~衣服。③熟练；运用自如：这个动作显得很~。

**随和** suí·he ①待人谦和而不固执己见：他一向很~。｜脾气~。②("和"不轻读)应和；附和：一人先唱,众人~。

**碎嘴** suì zuǐ ①说话絮烦：~碎舌。｜别~乱说。也说"嘴碎"。②指说话絮烦的人的嘴巴：他有一张天生的~。

145

## 会说不会写的词语

**碎嘴子** suì zuǐ·zi ①说话唠叨起来没完没了:她是个~女人。②借指说话唠叨起来没完没了的人:她是个~。

**孙男娣女** sūn nán dì nǚ 泛指儿辈、孙辈等众晚辈:老寿星百年大寿,~都来为她祝寿。|~在他身边团团转。

**榫** sǔn ①竹、木、石制器物或构件上利用凹凸方式相连接的地方:椅子脱~了。|~眼儿。②特指榫头儿:桌子腿揉(róu)了,被个~子吧。

**损** sǔn ①用尖刻的话挖苦人:~人|别~我行吗? ②刻薄;恶毒:他这招儿够~的。③伤害,损害:别干~事|~人不利己。

**损脉** sǔn mài 中医称一种病危的脉象。

**损得堂** sǔn dé táng 损害患者利益的药铺;泛指损害他人的人或事:这人是个~。|不干~的事。

**嗍** suō 用唇舌裹食;吮吸:婴儿~奶头。|在嘴里~一拉~拉就行了。

**嗍洛** suō·le 用唇舌舔吮:~冰棍儿|用嘴~~就行啦。也作"嗍拉"。

**嗍拉蜜** suō·la mì 带小竹棍儿的块儿糖,其形状有球形的,扁圆的和各种小动物造型的。一般是用嘴嗍着吃,故称:给孩子买个~。

**趖** suō 移动:日头~西。

# T

**趿拉** tā·la 把鞋后帮踩在脚后跟下，只套上脚的前半部分：～着鞋走了。｜～板（木屐）。

**褟** tā ①贴身的单衫：汗～。②在衣物上镶（花边儿）：～花边儿。｜～一道绦子。

**塌膘** tā∥biāo 消瘦：羊～了。｜把马喂好，不要塌了膘。

**塌秧** tā yāng ①花草、蔬菜等因缺水而发蔫：麦子～了。②形容垂头丧气，精神不振：怎么搞的，全班都～了。

**塌鼻梁** tā bí liáng 鼻梁低而扁，不隆起：这孩子～，不随他爸爸那高鼻梁。

**榻榻米** tā tā mǐ （"米"俗读mǐ）日语音译。日式房屋内地板上铺垫的厚草垫。上面附着凉席：地上铺着～。

**塌中** tā zhōng 指戏曲演员中年嗓子发生失音现象，不能演唱。

**塌心** tā∥xīn 心情安定：事情落实了，干活儿也～了。｜心里有事儿，总塌不下心来。

**溻** tā ①（汗水）浸湿；洇透：打了一场球，背心儿全～了。｜把湿衣服快换下来，～着多难受。②包子等蒸食，底部变硬或粘在屉布上：馒头～底了。

**塔灰** tǎ·hui 室内屋顶或墙上挂着的丝状的灰尘，多指从房顶上垂下来的成串的灰尘：把屋里的～扫掉。

**鳎蟆** tǎ·ma 比目鱼：南边儿来个喇嘛，手里提着二斤～，北边儿来个哑巴，腰里别着一个喇叭。……（绕口令）也作"鳎犸"。

**嗒丧** tà sàng 失意；丧气：～着脸。

**拓** tà ①在石碑、器物上蒙一层薄纸，轻轻拍打使分出凹凸，再上墨，使石碑器物上的文字、图形印在纸上：～印｜把碑文～下来。｜～片｜～本 ②把透明或半透明的纸覆在有图案、文字的纸上，用笔描出来：把这个图案～下来。③用纸片儿依样制作：新～鞋样子的鞋，刚刚上脚。

**炱** tái 由烟凝积成的黑灰：煤～。｜松～。（松烟）。

**抬面儿** tái miànr 面子好看；体

147

## 常说不常写、会说不会写的词语

面:这礼拿出去多~。

**台面** tái·mian ①桌面儿;明面儿:这都是~上的话。|你干的这事儿敢摆上~吗?②指赌博时桌面上的赌金总额:~大。

**抬头儿** tái tóur ①书信、公文的一种格式,在涉及对方称谓时要另起一行,表示尊敬:这封信的~前应写上"敬爱的"三个字。②单据、收据、发票等,其上写的收款人或收件人姓名或单位名称:开票别忘了写~。|发票~写"天津教育杂志社"。

**抬色** tái sǎi 增加美观;使出色、出众:这件上衣穿在身上多~。

**抬举** tái·ju 看重某人而加以称赞或提拔:不识~|你别净~我了。

**抬裉** tái kèn 上衣从肩头到腋下部分的尺寸。

**呔儿** tāir ①说话带外地口音:真~。|这人说话太~了。②没见过世面或没见过世面的人:老~。|他太~气啦。③叹词(读 dāi)突然大喝一声,表示提醒对方注意,常用于传统戏曲念白:呔,看剑!

**坍台** tān tái ①丢脸;出丑:让他当场~。②垮台(多指事业、局面不能维持):眼看厂子就要~。|骨干教师一走,学校很可能~。

**摊** tān ①得到,遇上:你~上这么好媳妇,有福啊。|倒霉事儿怎么都叫我~上了。②量词。用于摊开的液体或糊状物:一~血。|两~牛屎。|几~泥。

**谈崩了** tán bēng·le 谈话交换意见或谈判没谈成反而不欢而散:我俩那天~。

**痰气** tán·qi 过分爱干净以至使人感到厌恶,犹洁癖:这个人太~了。

**痰气** tán qì ①指精神病。②指中风。

**谭腿** tán tuǐ 武术的套路之一:他做了一套~动作,又来了个扫堂腿。(谭:接连不断)

**弹弦子** tán xián·zi 戏称半身不遂症,因其手脚不停摆动,像弹弦乐器一样:他爸爸脑溢血,~了。

**弹脑锛儿** tán//nǎo bēnr 用手指头弹输者的脑门儿。旧因前额俗称锛儿头,故称:输了弹三个脑锛儿。也作"弹脑奔儿""弹脑绷儿"。

**铴锣** tāng luó 小铜锣:敲~。

**趟道儿** tāng//dàor 探路,比喻摸情况:你先去趟趟道儿,回来咱再研究。也说"趟路儿"。(原为"蹚","蹚"是"趟"的异体字,已废止)

**嘡啷** tāng lāng 象声词,金属器物等磕碰的声音:~一声,他的脸盆摔在地上了。

**汤儿事** tāngr shì ①敷衍了事:要干就来真格的,不能~。②虚有其表的事物;不切实,不重要的事:他尽说~,没什么要紧的。

**溏** táng 像泥浆一样半流动的:~心儿(鸡蛋煮熟后蛋黄没有完全凝固)|~便(稀薄的大便)。

**搪** táng ①抵挡:~风|吃了这张饼还真~时候。②用泥或涂料涂抹:~炉子|~瓷盆儿。

**糖色** táng shǎi 佐料,用以使菜肴呈暗红色:炒~|炖肉要放~。

**糖葫芦** táng hú·lu 将红果儿、荸荠、山药、海棠果等,用竹签穿成串儿,在糖稀中一蘸而成。又叫"冰糖葫芦""糖堆儿"。

**糖瓜儿祭灶** táng guār jì zào 旧俗,每年腊月二十三或二十四用麦芽糖制成的瓜状食品祭灶神(灶王爷)。

**淌** tǎng ①往下流;流:眼泪一下子就~了出来|伤口在~血。|水桶漏了,~了一地水。②漂浮:小船~在湖心。③量词。犹"摊":地上一~血。

**淘** táo ①到旧货市场寻觅购买:~旧书。|~宝。②犹量词"道":我们一~走。③顽皮:这孩子太~了。④耗费(精神):这活儿太~神了。⑤从深处舀出:~茅坑(注意,和"掏地沟"不同)|~缸。

**淘淘** táo táo 唠叨:你在那瞎~什么?|他~个没完没了。

**淘换** táo·huan ①寻觅;搜寻:请你~几味药。②索取;索要:向你~本书,行吗?③掉换:~个新法儿治治。也作"讨换""掏换"。

**淘神** táo//shén 费神,操心:这孩子真让人~。|我可淘不了这份神。

**疨痨** táo gǎo 麻风病的俗名:有这么一句谚语:"要和~睡同床,不和生痦住对门。"

**讨** tǎo ①娶:~个老婆。|一头儿愿~,一头儿愿嫁。②引起;招致:这孩子,挺~人喜欢。|你怎么总寻事儿~气呢。|自~没趣儿。③索要;请求:~个说法。|~个公道|他总想~便宜。

**讨贱** tǎo//jiàn 不识好歹,自讨苦吃:你这不是~吗?|你讨什么贱啊?

**庹** tuǒ（庹 tuǒ 的变读）一般成人两臂伸直后,两手中指指尖之间的长度:这块布有两~长。

**套磁儿** tào cír 套近乎,千方百计拉关系:你不用跟我~!也作"套瓷儿"。

**套子** tào·zi 棉衣、棉被里的棉絮:棉袄破了,露棉花~了。

**烃** tēng 凉了的熟食再蒸或烤:把菜~一下再吃。|把烙饼放在铛(chēng)上~一~。

**藤藤绊绊** téng téng bàn bàn 比喻千丝万缕的关系:他们各有各的~。

**腾** téng ①挪动;挪移:屋里东西太多,一时半会儿~不完。②使空出来。我这会儿~不出手来。|~个座位给老人。|~不出时间来。|~房子。③突然;一下子:他的脸~的红了。|我骗腿~地跳过矮墙。④犹蒸烤:湿衣服穿在身上,全仗着身上这股热乎才能~干。

**腾空儿** téng//kòngr （俗读 téng//kuòr)使空出(空间、时间):请腾个空儿,我把东西放在这儿。|~来我家一趟,行吗?

**体己** tī·ji ①家庭成员个人积蓄的(财物):~钱|现在的姑娘们,结婚前都有点儿~。②亲近的;贴心的:~话|~人。也作"梯己",也说"体细(tī·xi)"。

**踢蹬** tī·deng ①脚乱蹬乱踢:两脚不住地~着。②胡乱花钱;挥霍:这月工资都被他~光了。也说"踢腾""踢哒""踢踏"。

**踢里踏拉** tī·li tā lā 象声词:走路~,抬不起脚来。也作"踢哩跶拉"。

**剔留秃鲁** tī·liu tū lū 旋转的样子:她两眼~的。|捻捻转~地转个不

149

停。

**提另** tí lìng 另外;个别;重新:你干好了,我~给钱。|失败了没关系,~再干。也作"替另"。

**提味儿** tí wèir 使食物的味道借助某种调料发挥作用:炒菜放点儿姜~。

**提子** tí·zi 舀油、酒等的器具,有很长的把儿,下面装一圆筒形容器,一般按所舀液体的斤两制成大小不等的一套:酒~。

**蹄筋儿** tí jīnr 牛、羊、猪四肢中的筋的干制品,食用时再经胀发,可烹制菜肴:买斤~。

**体气** tǐ qì ①人品性格:他~和脾气都好。②体质:~太虚,需要补补身体。③指文章的格调:~高妙。

**嚏喷** tì·pen 即喷嚏:这些天他又咳嗽,又总打~。

**天生** tiān shēng ①生下来就有:脸上那块记是~的。②副词。本来:~就这样。

**天灾病业** tiān zāi bìng yè 指生病或发生意外事故:有个~的,儿女在跟前儿也好照顾。

**添彩儿** tiān cǎir 增加光彩(常用作反语):你这身打扮儿,再戴上蛤蟆镜,更~啦!

**添补** tiān·bu 增加补充:冬天到了,给孩子~点儿棉衣。|家里需要~几把椅子。

**甜甘** tián·gan ①形容说话和婉亲切,使人听了感到舒服:她的小嘴儿真~。②常面带笑容,很受看,招人喜欢:这姑娘虽不很漂亮,但长得挺~。

**甜不唧儿** tián·bu jīr 形容略带

甜味:这水~的,好喝。也说"甜不丝儿"。

**甜不梭** tián·bu suō 味道发甜而不适口:这点心~的,我不爱吃。

**甜不啰梭** tián·bu luō suō ①味道甜而不适口:这菜怎么~的,吃不惯。②话说得很甜但令人生厌:这人说话~的,不爱听!

**觍脸** tiǎn//liǎn 厚着脸皮不顾羞耻:你干那缺德事,还~说呢!|闹成这样子,他还觍着脸见人。也作"腆脸"。也说"觍着脸""觍脸子"。

**腆** tiǎn 凸出或挺起(胸、腹):~着个大肚子,快生啦!|~胸。(注意,表此义时不可用"觍")

**掭** tiàn ①轻轻拨动:~明了灯。|~灯心。②把毛笔蘸墨后斜着在砚台上理顺笔毛或除去多余的墨汁:饱~浓墨。|把笔~~再挥毫。

**挑饬** tiāo·chi 挑剔;过苛地挑拣:你对工作太~了。

**挑礼儿** tiāo//lǐr 挑剔礼节上的不周:他专门爱挑个礼儿什么的。|不是我~,你这样做实在不妥。

**调羹** tiáo gēng 汤匙:粥里放一~糖。

**笤帚** tiáo·zhou 除去尘土、垃圾等的用具,用去粒的高粱穗、黍子穗等绑成,比扫帚小:这孩子挨了一顿~疙瘩。|~星(彗星的俗称)。也作"条帚"。

**笤帚疙瘩** tiáo·zhou gē·da ("疙瘩"俗读 gā·da)笤帚把儿:用~打孩子屁股。

**挑事儿** tiǎo shìr ①挑拨是非:她专爱~。②挑起事端:你这不是~

吗?

**挑费** tiǎo·fei 日常费用;花销:在这儿住~太大。

**龆** tiǎo 调换:~谷种。|十年旱,九年好,下肥还要把种~。(农谚)

**跳大神儿** tiào dà shénr 旧时巫师假装神仙附体,来回跳跃,乱说乱舞,伪称能驱鬼治病:有病不治却找个~的来。

**跳脓** tiào nóng (俗读 tiào néng)溃烂化脓,患处一阵一阵地疼:毒疖子~,特别疼。

**跳灰驴** tiào huī lú 一种儿童游戏。一人低头弯腰成90度,双手撑膝;另一人助跑后跳起,手按其背,分腿跃过。两人分别交替做上述动作。

**贴边** tiē biān 缝于衣服或其他织物制品里子边缘处的窄条,或布料边缩过的窄条(一般跟面儿用同样料子):衣服还没上~了。|床单还没缝~了。

**贴补** tiē·bu ①从经济上帮助(多指对亲属或朋友):他每月~姐姐几百元钱。②用积蓄的财物弥补日常的消费:还有旧存的料子~着用,先别急于买。|用银行存款的利息~日子。

**贴边儿** tiē//biānr 挨边;沾边:他净说些不~的话。|你说的和事实贴不上边儿。

**贴谱儿** tiē pǔr (讲话或做事)合乎准则或实际:这个分析很~。|这些话不~。

**铁** tiě ①极为密切,稳固:我们的关系倍儿~。|我们是~哥们儿。②坚定不移;不容置疑:~了心啦。|主意拿~了。③硬:~蚕豆。④结实:他身上的肉太~了。

**铁蒺藜** tiě jí·li 一种军用障碍物,用铁做成,有尖刺像蒺藜,布在要道上或浅水中,以阻止敌方人员、车辆前进。

**铁搭** tiě dā 刨土用的农具,有三至六个略向里弯的尖铁齿,安有长把,似耙非耙,挖、掘地如搭(即钩),故称。也俗称"三齿儿",也作"铁镲"。

**铁实** tiě·shi ①健壮;结实:他身体很~。②踏实,内心充实:你这么一说,我心就~了。

**铁页子** tiě yè·zi 捆东西用的狭长的铁皮:用~把木箱加固一下。

**铁要子** tiě yào·zi 铁页子的另称。

**听壁脚** tīng//bì jiǎo 躲着偷听别人说话:他发现窗外有人~。|他有爱听人家壁脚的习惯。

**听喝儿** tīng//hēr 听从他人指挥、不能自立,没主动性:咱是~的,别问我。|凡事都得听他的喝儿,谁说了也不算。|磨道的驴——~。(歇后语)

**听蹭儿** tīng cèngr 指不花钱而看戏或听书:我们这儿今儿正上座,位子还嫌不够,哪能让人~。

**桯子** tīng·zi ①锥子等工具顶部用来扎东西的细长杆:锥~。②某些蔬菜的花轴:大葱都长出~来了。

**挺** tǐng ①戏言睡觉:吃完就~在床上了。|喝醉了,一头~在那儿不动啦。②竭力支撑:病成这样,怎么还~着不去医院。③全力支持:×××,我~你。

**挺括** tǐng·kuo ①(衣服、布料、纸张等)较硬而平整:这种织物具有~不皱的特点。|他穿得很~。②挺拔:这

树长得多~。

**挺账** tǐng zhàng ①玩麻将,到最后只差一张牌即和(hú)的状态:我已经~了,但是希望不会大。②付钱;付账:这顿饭由王总~。

**挺得** tǐng děi 很舒服,很高兴:你坐到这儿倒~的。也说"满得(děi)"。

**挺脱** tǐng tuō 强劲结实;挺括舒展:他就像一棵树,上下没有一个地方不~的。|她那胖身子也~多了。

**梃** tǐng ①植物的茎秆:竹~。|木~。②花梗:独~|花~。③门框、窗框或门扇、窗扇两侧直的边框:窗~子坏了。

**梃儿折了** tǐngr shé le 花梗断了。

**梃** tìng ①杀猪后,在猪的腿上割一个口子,用铁棍贴着腿皮往里捅叫做梃。梃成沟之后,往里吹气,使猪皮绷紧,以便去毛除垢:~猪。②梃猪用的铁棍。③打:~了他一顿。

**通泰** tōng tài ①透彻;清楚:讲得~。②舒服痛快:一身~。也作"通太"。

**通共** tōng gòng 一共:~有八个人参加比赛。也作"统共",也说"通起"。

**通径儿** tōng jìngr 懂行:这事必须要几个~的来办才行。

**捅咕** tǒng·gu ①碰;触动:他~了她一下。②从旁边鼓动人:他跟日本人一~,连人带车都给扣了。也作"捅鼓"。

**捅娄子** tǒng//lóu·zi 闯祸;惹是非;引起纠纷:你别给我~去。|这回他可捅了大娄子~啦。也作"捅漏子"。

**统子** tǒng·zi ①做衣服用的毛皮料子的俗称:买件羊皮~做皮袄。②衣服的筒状部分:袖~破了。也作"筒子""桶子"。

**偷手** tōu·shou ①某行技艺的奥秘:熟能生巧,各有~。②隐秘的或暧昧的事:这里一定有~。

**偷学** tōu xiáo (学 xué 的变读)并非正式师授,而是暗中观察、模仿、偷偷地学:我这点儿本事是~的。

**投** tóu ①洗衣服等,最后在清水中涮干净:洗完衣服多~几遍。②饮酒过量,酒醉醒后,再少量喝点儿,以防此后厌酒:昨天喝多了,今天喝点啤酒~一~。

**头发楂子** tóu·fa chá·zi 剪落的短而较劲的头发:刚理完发,脖领子上还有~呢。也作"头发茬子"。

**头囟儿** tóu xìnr 婴儿头顶的前部中央头顶骨未合缝的地方:别摸孩子的~。

**头回** tóu//huí ①第一次:我~来天津。|头一回吃这东西。②前次;上次:我~给过你吧?

**头会儿** tóu huìr("会"俗读 huǐr)刚才;刚刚:~我还看见他了。

**头晌** tóu shǎng 上午:~他来过。|干了两~。

**头茬** tóu chá ①指一年中最早种植或最早收割的作物:~韭菜 ②上一届:他是~农会的人。也作"头槎"。

**头午** tóu wǔ 指上午九时左右的一段时间:明天~准来。

**头壅** tóu yōng 第一次所施的肥料。

**头模儿** tóu//mór 头一回:我

们~见,过去都不认识。|你头一模儿来天津吧?|大闺女坐轿——头一模儿。

**敨** tǒu ①抖搂(尘土等):把床单拿到外面~~。②打开(包着或卷着的东西);展平(褶子):把包裹~开。|将衣服~平。

**透脱** tòu·tuo 机灵:这人很~,办事也挺利落。

**秃噜** tū·lu ①松散开:你的鞋带~了。|毛衣袖口~线了。②(毛、羽皮等)脱落:开水烫~皮了。③拖,耷拉:裙子~地了。④脱口失言:一吓唬,他把实情都~了。⑤消耗完:饭吃~了。⑥露了底儿;无意中发生口误:不小心说~嘴了。⑦过头:钱要省着花,别花~了。⑧表示被迫说出真情;坦白交代:他一进公安局,立马就全~了。⑨表示说话不算数;变卦:这可是你说的,别到时候就~了。也作"秃鲁""秃露""吐噜"。

**图嘛许的** tú·ma xǔ·de 为了什么;希望得到什么:小张天天折腾,~的呢!|哭了半天,~。

**图希** tú xī 希图:饲养员只求槽头上兴旺,并不~自己得好处。|你这么卖命干,~什么?

**土包子** tǔ bāo·zi 对土生土长、没见过世面的人的称呼(含讥讽意):他是个~。

**土坷垃** tǔ kē·la 土块。

**土垡** tǔ fá 耕地时翻过来的土块。

**土得掉渣儿** tǔ·de diào zhār 形容土气到了极点:这衣服~。

**土拉吧唧** tǔ·la ba ji 土里土气:别看他~的,肚子里可有学问呢!|你穿得怎么~的。也作"土拉巴几""土拉八机"。

**土腥味** tǔ·xing wèi 带泥土的气味:这鱼有点儿~。也说"土腥气"。

**吐沫** tù·mo 唾液:他说话时总喷~。也说"唾沫"。

**吐沫星子** tù·mo xīng·zi 从口中喷出的细碎的唾液:他一说话总喷~。也说"唾沫星子"。

**团拉** tuán·la ①用手搓东西使成球状:把纸~~扔了。②用舌头挤压(食物):嚼不烂,~~咽了下去。

**团弄** tuán·nong ①摆布;整治;拢络:一来就叫人给~住了。|别受他~。|~群众。②同"团拉"。

**忒** tuī ①太;非常:风~大|这东西~好了|路~滑了。②象声词。形容鸟急促地振翅的声音:小鸟~儿一声飞了。

**推头** tuī//tóu (用推子)理发:带孩子去~。|给他推个什么样头?

**推搡** tuī sǎng 使劲儿推;用手推来推去:人们相互~看,争着看新媳妇。|有理好好说,推推搡搡不好。

**推扳** tuī bān 差劲;不好:我的耳朵~,小声说话听不见|这把椅子的质量忒~。

**腿腋子** tuǐ yē·zi 大腿与腹部相接的部位:~长了个疙瘩。

**退身步儿** tuì shēn bùr 回旋的余地:这样做是为给自己留个~。|别把话说绝,得有个~。

**褪** tuì ①猪、鸡等宰杀后经滚开的水浸烫去掉毛:~猪|~鸡毛②脱落;剥落:兔子~毛了|~了油漆的桌子。③用热水、肥皂仔细洗(人身):脖子上皴(cūn)老厚,快好好~~吧。

## 常说不常写、会说不会写的词语

**褪** tùn ①回缩或晃动肢体,使套在它上面的东西脱落:~脖儿|~下一条裤腿儿。|~下手镯②藏在袖子里:~着手。|袖子里~着一封信。

**褪脖儿** tùn//bór ①缩着脖子:别总褪个脖儿。

**褪套儿** tùn//tàor ①使身体脱离捆着的绳索:狗褪了套跑了。②比喻摆脱责任:你闯了祸想~溜走,没门儿!

**拖磨** tuō·mo 拖延:他没钱还账,只好~着。

**拖油瓶** tuō yóu píng 称妇女改嫁时带去的前夫子女(含轻侮意):她再婚时男方不要~。

**脱** tuǒ (tuō的变调):①摆脱:~不开一顿打。|这事儿他总算~掉了。②躲避;逃避:这回可~不过去了吧。|~了今儿~不了明儿。|~懒。

**脱生** tuō·sheng (俗读tāo·sheng)迷信说人或精怪死后,灵魂投胎转生:下辈子还让我~个女人。|他是猴子~的,淘得出圈儿。

**脱坯** tuō//pī 把湿土或泥加干草混合后用模子制成土坯:~盖房|脱大坯的活太累了。

**脱不了** tuō·bu liǎo (俗读:tuǒ·bu liǎo)反正,表示情况虽不同,而结果还是一样:~我也得去。|~是一家人。

**驮嗒** tuó·da 反复地说一件事或一句话:别~啦。|这事儿说了一万遍了,还~什么。也作"拖(tuó)嗒"。

**坨** tuó ①面食煮熟后黏结在一起:面条~了|饺子赶紧趁热吃,一会儿就~了。②地名用字:王庆~|黄沙~。③量词。计量成块、堆或团形的东西:一~泥|几~砖茶|两~屎。

**坨子** tuó·zi 成块、成堆或成团的东西:泥~|面~|盐~|蜡~|粉~|礁石~|铁~。也作"砣子"。

# W

**哇哩哇啦** wā·li wā lā 形容说话滔滔不绝或吵嚷声:刚到这儿就~发议论、提意见。|别~的,吵架似的。也说"哇喇哇喇"。

**哇塞** wā sài 原为流行于台湾的闽南话的詈词(骂人的下流语。哇,即"我";塞,表示性行为的动词),20世纪70年代,台湾青少年用为感叹词,表示喜悦、兴奋、惊奇、意外等感情。(注意,"塞"不能写作"噻")

**洼** wā ①下凹;低陷:这里怎么~下去了。②低洼(多用于地名):南~子|赤泥~(均在山西)。(与"洼"不同)

**瓦** wà 耀眼的;透亮儿的:~蓝的玻璃。|锃光~亮。|~凉~凉。

**喔** wāi 叹词,表示招呼:(打电话时开始语)~,你找谁?

**歪愣** wāi·leng 歪斜:他~着脑袋分辨。|这东西怎么总是~着。

**歪脖横愣** wāi·bo héng·leng 形容歪斜不正:在大槐树底下,小崖的车~地放着。也说"歪不横狼""歪不愣"。

**歪脖老等** wāi bó lǎo děng ①鹭鸶鸟的俗称,因其腿长、脖子长,捉鱼不必远走,只要站在水中,歪着脖子等着鱼一游到眼前,就捉而食之。②比喻满足于现状,缺乏开拓进取精神:为人民服务不能当~。

**歪歪趔趔** wāi wāi liè liè 左歪右斜,不直不正:那几行~的钢笔字,一看就是他写的。|他挑着两大桶水,~走过来。

**歪派** wāi·pai 捏造事实责怪别人;错怪:别~人。

**㧟** wāi 斜卧:他~在床上睡着了。

**㧟** wǎi 舀:~两勺糖放在稀饭里。(与"舀"不完全一样。只用于固体或半流体)

**㧟鼓** wǎi·gu ①打发;使离去:好不容易才把这块料~走。②同"崴咕"。

**崴** wǎi (四肢)扭伤:不小心脚~了|胳膊~了一下。也作"㧟"。

**崴** wǎi ①山、水弯曲的地方(多用于地名):海参~|三道~子|王~

155

**会说不会写的词语**

子②情况不好,事情糟了:这下儿可~了。|事儿办~了③整治,对付:这事情够他~的。|不好~吧?④同"踒"。

**崴咕** wǎi·gu 整治,对付:这个烂摊子够你~的。|他可不是个好~的主儿。也作"崴股""歪鼓"。

**崴泥** wǎi ní 陷在烂泥里,比喻陷入困境或情况变糟,事情不易处理:这事儿有点~。|~的事咱不办。

**外扣** wài kuǎi 行业隐语。指外行:这回你是隔着衣服挠痒痒,~了吧?(注意,和"外快"不同)

**外秧** wài yāng 指本地、本族、本团体以外的人。也叫"外秧子"。

**外找儿** wài zhǎor 指正常收入以外的收入:我每月挣得不多,就仗着弄点儿~。也说"外快"。

**剜** wān ①用刀、铲等挖:~野菜|把脚上的鸡眼~掉。|~下眼珠当泡踩。|~到篮子里就是菜。(俗语)②搜寻:寒冬腊月想吃西瓜,让我上哪~去。

**剜呲** wān·ci 千方百计地寻找:这是从哪儿~来的?

**玩儿玩儿嘻嘻** wánr wánr xī xī 玩玩闹闹、嘻嘻哈哈;形容极不严肃、认真:这人整天~,没正形儿。也作"玩儿玩儿嬉嬉"。

**帵子** wān·zi ①剪裁衣服剩下的大片的布料。特指剪裁中式衣服挖夹肢窝剩下的那块布料。②练武术的人在黑鞋帮上缀的灰布。

**绾** wǎn 把长条形的东西盘绕起来打成结:~个同心结。|把头发~在脑后。|把绳子~个活扣儿。

**挽** wǎn (俗读wǎng)卷起:~袖子|把裤腿儿~起来。

**汪** wāng ①(液体)积聚:地上~着一摊水。|两眼~着泪。②水或其他液体积聚的地方:村边有一个小水~。|水~子。③量词,用于液体:一~湖水。|两~眼泪。④狗吠声。

**旺实** wàng·shi 旺盛:日子过得比过去~多啦。|大家的干劲更~了。

**旺相** wàng·xiang 茂盛;旺盛:火势~|花草长得特别~。

**忘性** wàng·xing 经常忘事的毛病:这人~真大。

**枉长白大** wǎng zhǎng bái dà 指白长那么大,却不懂事:你真是~,连这么简单的问题也看不明白。

**搣** wēi 使细长的东西弯曲:把铁丝~成圈儿。|~腰~腿。|苹果大不是吹的,谷穗弯不是~的。(俗语)

**偎窝子** wēi wō·zi 指贪睡不肯按时起床:他爱睡懒觉,天天早上~。也作"委窝子"

**煨** wēi ①烹调方法,用微火慢慢地煮:~牛肉。②把生的食物放在带火的灰里使烧熟:~山芋。

**味儿蹿** wèir//cuān(俗读cuàn)气味很浓,呛鼻子:臭~鼻子。|这味儿真蹿。也作"味儿窜"。(注意,和"味儿串"不同。参阅"串味儿")

**味** wèi 烹调前,将生的食材先加上某些作料,使其入味儿:先把肉~上,一会儿再炸。

**温吞** wēn·tun ①(液体)不冷不热:~水。②(言谈、文辞等)不爽快;不着边际:~之谈。也作"温暾"。

**温居** wēn jū (俗读wěn jū)指前往亲友新居贺喜。因众人来聚,使新居变得温暖,有活气,故称:你搬进新房后我们去为你~。

**温乎** wēn·hu （物体）不冷不热:这粥还~呢!快喝吧。|摸他脑门儿温温乎乎的,病好了。也说"温和"(注意,表此义时,"和"要读轻音)。

**瘟生** wēn shēng 懦弱无用的人(骂人的话)。

**瘟头瘟脑** wēn tóu wēn nǎo 形容头脑昏乱、迷糊不清的样子。

**鞒靴** wēng xuē 高勒棉鞋。

**齆鼻儿** wèng bír ①因鼻孔堵塞而发音不清:这两天伤风,说话有点儿~。②齆鼻儿的人。

**倭瓜** wō·gua 南瓜:老~。

**踒** wō 肢体猛然受挫而使筋骨受伤:~了脚脖子。

**窝** wō ①使弯或曲折:把铁丝~个圆圈。|~腰|把树枝~折(shé)了。②蜷缩或待在某处不活动:别总是~在家里。|把头~在衣领里。③比喻人或物所占或所在的位置:你该挪挪~儿吧?|站住,别动~儿!④郁积:~在心里的气都搬出来了。|~了一肚子火儿。⑤藏;躲避:你~到哪里去了?⑥折回:他走了会儿又~回来了。⑦货物卖不出去:这批货~在手里了。⑧顶撞:几句话就把他~回去了。

**窝憋** wō·bie ①烦闷;不舒畅(多指有不如意的事情):平白无故挨了一顿训,真~。②不舒适地待在某处:一个男子汉,~在家里有什么出息!

**窝火** wō huǒ 心里不痛快,有气:这事儿太让人~儿了。

**窝火憋气** wō huǒ biē qì 把屈辱或恼怒强压在心底,不敢或不能发泄:这事儿真让人~。

**窝囊** wō·nang ①因受委屈或怨气不得发泄而烦闷:受~气|我越想越~。②懦弱;无能:这个人真~。③胆小,怯生,受欺负不敢说,众人面前不敢表白:这孩子怎么这么~。

**窝囊废** wō·nang fèi 懦弱无能的人:这帮~,什么事也办不成。也作"窝囊肺"。

**窝儿里反** wōr·li fǎn 家族或集团内部发生冲突。也说"窝里斗"。

**窝儿抠眼** wōr·kou yǎn 眼窝凹陷较深的眼睛:这人长得~。|他病得都~。

**窝脖儿** wō bór ①旧时用双肩扛贵重物品的搬运行当,也指从事这行当的人(搬运工因工作时脖子需窝着而得名):他的本行是~,到了晚年,他也应丧事。②碰钉子或受挫折而难堪:我吃了个大~。③缩头。比喻往回逃跑:敌人叫我们打~了。也说窝脖子。④没有面子,觉得难堪:结果落个"全聚德鸭子——大~"。(歇后语)

**窝铺** wō·pu 临时搭建的低矮简陋的小屋叫窝棚(wō·peng),仅供睡觉用的叫"窝铺"。一般用砖头、席、竹棍等搭建:在养鱼的港(jīng)地上搭个~。|解放前穷人住~。

**莴笋** wō sǔn 莴苣的变种,叶长圆形,茎部肉质,呈棒状;茎用莴苣的通称(区别于叶用莴苣,即生菜):肉片炒~。

**喔嗬** wō·he 惊叹语:~,长这么高啦!|~,原来是你呀!真没看出来。

**喔** wō ①吆喝牲口声,令向外

(右)偏或转。②公鸡叫声:大公鸡~~啼,叫我早早起。(童谣)③叹词。表示领会,醒悟了解:~,我懂了。|~,我想起来了。|~,原来是这么回事。④轰鸡的声音。

**卧果儿** wò guǒr 把鸡蛋去壳,整个儿放在沸汤里煮;也指这样处理的鸡蛋:我来个高汤~吧。

**硪** wò 砸实地基或打桩用的一种工具,通常是用石头或铁制成,圆饼形,四周系几根绳,供多人牵拉:打~。

**涴** wò 弄脏,污染,如油、泥粘在衣服或器物上。

**乌涂** wū·tu ①水不凉不热(多指饮用的水):~水不好喝。也说"温吞"。②不爽利;不干脆:这人说话办事怎那么~。

**乌眼儿青** wū yǎnr qīng (乌俗读wǔ)因撞击、打而使眼部淤血,眼皮、眼眶青紫色:他被打了个~。

**乌渍抹黑** wū·zi mā hēi ①油污;肮脏:这工作服~的,怎么穿?②不明不白:这事就这么~地完了?③形容非常黑暗:屋里~,什么也看不见。也作"乌漆墨黑""乌漆麻黑"。

**乌里巴秃** wū·li bā tū 模糊,不清晰:眼前怎么~的。也作"雾了八涂""乌里八涂"。

**乌拉** wū lā ①西藏民主改革前,农奴为官府或农奴主所服的劳役,主要是耕种和运输,还有种种杂役、杂差。②服上项劳役的人。也作"乌喇"。

**呜哩哇啦** wū·li wā lā 形容喧嚷声:他~地讲了一通,谁也没听明白。

**呜囔** wū·nang 形容由于鼻子不通气,说话发音不清楚:他说话~得

利害。

**无冬历夏** wú dōng lì xià 指一年四季,不论冬天、夏天;不管什么时候:这件旧军装他~都穿在身上。也作"五冬六夏"。

**无厘头** wú lí tóu ①故意将一些毫无关联的事物、现象等进行莫名其妙地组合串联或歪曲,以达到搞笑或讽刺目的的方式:现在一些年轻人发觉歌里有主题思想就觉得烦,于是~歌应运而生。②言语荒诞不经,无分寸,毫无根据,随意而来:周星驰~表演风格引起了很大争议。③指一个人做事、说话令人难以理解,无中心,无明确目的,粗俗随意,乱发牢骚但无道理。④指一个人做什么事都不行,很没用:他简直是个~。⑤来路不明:连日来,总接到~电话。

**无因白故** wú yīn bái gù 无缘无故:他能~地走吗?|他能~地打你吗?

**五服** wǔ fú 古时丧服按跟死者关系的亲疏分为五种,后来借指家族中高祖、曾祖、祖父、父亲、自己五代关系,后来用出没出五服表示家族关系的远近:他是出了~的远房哥哥。|我和他的高祖没出~。

**五大三粗** wǔ dà sān cū 五大:头大、双手大、双脚大;三粗:腰粗、膀子粗、大腿粗。形容身体粗壮敦实:这个人长得~的。

**五脊六兽** wǔ·ji liù shòu ①本指屋顶建筑的一种式样,其上有脊五条,四角各有瓷制六兽踞蹲。后形容心神不安;心烦意乱的样子:他被恭维得~。②形容浑身不得劲儿;表现出不

是滋味,难受的心态与情貌:他在家闲得~。(注意,与"五积六受"不同)

**忤头忤脑** wǔ tóu wǔ nǎo 形容鲁莽没有涵养:他总是~的。

**伍的** wǔ·de 等等;之类;什么的:买个篮子,装点东西~的。|修个收音机、电视机~样样都行。

**捂** wǔ ①遮盖住或封闭起来:~盖子(比喻掩盖矛盾,不让把问题或坏事揭发出来。)②粮油、食物等因空气不流通而变质:这米味儿不对,~啦。|~巴味。

**捂捂盖盖** wǔ wǔ gài gài 形容设法遮掩藏掖,使不暴露:把问题摆出来,别~的。

**捂眼儿** wǔ yǎnr 眼罩:我又没戴~,你那点事谁看不见。

**捂巴味儿** wǔ·ba wèir 物品长时间放在空气不流通的地方而产生的一种难闻的味道:粮食都有~了。

**悟迷三道** wù mí sān dào (悟俗读 wǔ)晕头转向,迷迷糊糊:一瓶二锅头把他灌得~的。|累得神魂颠倒,~。也作"五迷三道"。

**靰鞡** wù·la 东北地区人们冬天穿的鞋,用皮革制成,里面垫乌拉草。也作"乌拉"。(注意,"拉"读轻音)

**杌子** wù·zi 凳子(指矮小的)。

**焐** wù 用热的东西接触凉的或温的、湿的东西使变热、变干:用热水袋~一~手。|湿衣服让热身子~干了。

**焐被** wù//bèi 摊开被褥用火炕之热将其焐热;泛指将被褥铺好供睡觉:焐好被窝:准备睡觉吧|快~吧。

**痦子** wù·zi 隆起的痣,半球形,红色或黑褐色:他下巴长了一个~。

**误卯** wù//mǎo 旧指"点卯"时未到,现借指迟到:他从来没请过假误过卯。

**恶素** wù·su 讨厌,厌恶,使人恶心:蝎虎子的样子太难看了,看着让人~。|这东西太~人了。

会说不会写的词语

# X

**嘻和儿** xī·her ①指和蔼的脸色和委婉的话语：你去递个~，事情就好办了。②指用温和的态度、委婉的话语取悦于人：你低声下气地和管事的人~~，问题就解决了。也作"嬉和儿"。

**嘻里牙蛇** xī·li yá shé 闹着玩的：别拿这当~。

**嘻皮笑脸** xī pí xiào liǎn 对人对事不认真，不严肃的样子：对待批评他总是~的。也作"嬉皮笑脸"。

**吸溜** xī·liu ①往嘴或鼻子里吸（气体、液体等）并发出响声：冷得直~。｜~着鼻涕。｜他端起一碗粥，狠劲地~了一大口。②（~儿）很稀：藕粉冲得很~儿。

**矽钢片** xī gāng piàn 硅钢片的旧称。含硅量高于0.4%的合金钢薄片。导磁性能好。是制造变压器、电机等铁芯的主要原料。

**矽肺** xī fèi 硅肺的旧称。由于长期吸入大量含游离二氧化硅的粉尘而引起的职业病。

**稀** xī 很、极，形容程度深：粥熬得~烂。｜浑身淋得~湿。｜打得~巴烂｜研得~碎。｜弄得屋里~乱。

**稀汤寡水儿** xī tāng guǎ shuǐr 水或汤多，干稠的东西少。多用于粥或菜汤及其他带汤水的食物：这豆腐脑儿，脑儿哪去了？全是~。（寡，也作"逛"）

**稀松二五眼** xī song èr wǔ yǎn ①表示对某种事物或情况的否定，表示极为松散，引申为马虎、差劲儿，不严格或不难：他干活儿总是~。②轻松不费劲儿；无关紧要：这点活儿，~。｜~的事儿，不值一提。

**稀溜儿** xī·liur 稀：藕粉冲得挺~。也作"吸溜儿"。

**稀罕** xī·han ①稀奇：骆驼在南方是个~动物。②认为稀奇而喜爱：谁~你那玩意儿，我们有的是。③稀罕的事物：看~儿。也作"希罕"。

**稀糟** xī zāo 极糟，坏到极点：把事情弄得~。

**稀里马虎** xī·li mǎ·hu 大大咧咧，马马虎虎：别~的，打不赢我找你算账！｜这可不是~的事儿！｜念书可不能~。

**稀里呼噜** xī·li hū·lu ①形容一

下子把东西全吃掉的样子:他端起粥碗,~地吃起来。②形容纷乱的样子:敌人~四散奔逃啦。|怎么~全来了。"稀"也作"唏"或"嘻"。

**稀里光当** xī·li guāng dāng ①形容很稀:这粥怎么~的。②形容稀松,不上劲:他上学时就~的,当了工人还是松松垮垮。

**稀里哗啦** xī·li huā lā 象声词,形容雨声、倒塌声等:院墙~倒了下来。②形容七零八落或彻底粉碎的样子:把敌人打得~。|把大厅里的摆设打了个~。③形容毫不费力:~把敌人打垮了。也说"稀溜哗啦"。"稀"也作"唏"。

**稀里糊涂** xī·li hú·tu ①糊涂(程度略轻);迷糊:这道题我还是~的。|这事儿把我搞得~。②马马虎虎;随便:这件事没经过认真讨论,就~地通过了。

**稀稀拉拉** xī xī lā lā ①稀疏的样子:天上只有~的几颗星星。|会场上掌声~,气氛一点儿也不热烈。②不起劲;稀松:今天大会开得~。也说"稀稀落落(lā lā)"。

**希希罕儿** xī·xi hǎnr 指稀奇的事物:大家一看,这可是个~,都在那里纳闷儿。

**席篾儿** xí mièr (俗读xí mǐnr)苇子或高粱秆、竹子上劈下的皮,做成细长的薄片,用来编席子、篓子等:这凉席用~编好。

**喜相** xǐ·xiang 面带和悦的样子:这人虽然不怎么好看,可是总那么~。

**喜兴** xǐ·xing 欢喜;高兴:~事儿|~劲儿|过个~年|今天他显得格外

精神和~。

**喜幸** xǐ·xing 喜庆;吉利:说点儿~话。

**喜性** xǐ·xing 面容带有喜色:她满脸笑容,挺~的。|她总是那么~。

**细高挑儿** xì gāo tiǎor 细长的身材,也指身材细长的人:他是个~。

**虾干儿** xiā gānr (俗读 xiā gǎnr)蒸或煮熟后晒干或烘干的去掉头、尾和皮壳的虾:肉炒~|买一斤~|饺子馅放些~提味儿。(与"虾仁儿"不同)

**瞎掰** xiā bāi ①胡说;瞎扯:根本没有这事儿,别听他~。②徒劳无益;白搭:天还没黑就让点灯,这不是~吗!

**瞎扯蛋** xiā chě dàn 无根据,无中心地乱说:说别的都是~。|你这不是~吗?也省作"瞎扯"。

**瞎奶** xiā nǎi ①吮不出奶水的奶头儿:他妈妈是~。②不凸起的奶头。

**瞎诌** xiā zhōu 说乱编造的话:这个段子,肯定是~的。

**瞎浪** xiā làng 胡乱地到处游荡:别在街上~啦。

**瞎咕咕** xiā gū gū 胡说;乱说:你~什么?

**瞎咧咧** xiā liē liē 没有根据地乱说:别听他~。

**瞎来来** xiā lái lái 胡来;乱来:可不能~。|你这不是~吗?

**瞎诌白咧** xiā zhōu bái liě 瞎说乱编:别听他净~。

**瞎目糊眼** xiā·mu hú yǎn 眼神不好,看不清楚或在黑暗中什么也看不清:他~地往外跑,差点让门槛绊了一跤。也说"瞎摸合眼""瞎目合眼"。

**下巴颏儿** xià·ba kēr 下颌的俗称:~上有一颗痣。

**下三烂** xià sān làn ①下贱;(语言、行为)肮脏:我哪就这么~,给这种人去跑腿儿。|他满嘴~。②指下贱、低级下流、没有出息的人:别理他这个~。③指下等妓女。也作"下三滥",也说"下三赖"。

**下绊子** xià bàn·zi ①摔跤的一种招数,指用一条腿去别住对方的腿使摔倒的动作。②暗中使坏,设置障碍:若不是他背后~,这事早办成了。也说"下绊儿"。

**下晚儿** xià wǎnr 傍晚,黄昏:~他才回来。

**吓人呼啦** xià rén hū·la 惊叹语。令人吃惊,害怕:看他那凶样儿,~的。也说"吓人不唬"。

**吓人倒怪** xià rén dǎo guài 很吓人的样子;吓人:你这话~的。|看他那样子怎么~的。也作"吓人道怪"。

**夏景天** xià·jing tiānr 夏天:~我爱喝啤酒。

**先头儿** xiān tóur 起初、从前;开始:~他不是这样的人。|~他并不认可,后来才同意的。

**鲜灵** xiān·ling 形容色泽鲜明,有生气的样子;新鲜而有生机:他买了一条鲜鲜灵灵的大鲤鱼。|石榴花红得那么~可爱。

**咸什** xián·shi 一种家庭小吃。用礤(cǎ)床将萝卜(青萝卜、白萝卜或旱萝卜均可)擦成丝,再将绿叶菜、洋葱、豆芽等多种蔬菜(数量、品种不限)

切碎和萝卜丝掺和拌匀,加入少许面粉,调好咸淡,做成饼形,用铛(chēng)将其两面煎使熟,可用饼夹着吃。

**咸了吧叽** xián le bā jī 味道比较咸(含厌恶意):这菜怎么~的。

**闲白儿** xián báir 与正事无关的事或话;不重要的事,闲事儿,闲话:说点儿正经的,别总说~。没工夫管这些~。也说"闲盘儿"。

**闲扯淡** xián chě dàn 漫无边际地随便谈话:现在不是同你~的时候。

**闲篇儿** xián piānr 与正事无关的话:我正忙着呢,没工夫跟你扯~。

**闲在** xián·zai 悠闲;清闲:你今天怎么这么~呀?|等~的时候,我在跟你谈。

**涎皮赖脸** xián pí lài liǎn 厚着脸皮跟人纠缠、惹人厌烦的样子:你别总~地在这磨蹭。

**嫌弄** xián·nong 欺骗:你别净~人。

**显摆** xiǎn·bai 显示并夸耀:他就爱在人面前~自己。也作"显白"。也说"显派"。

**显怀** xiǎn huái 怀孕而腹部显胀大:才三个月,还没~。

**显豁** xiǎn·huo 出风头;显摆:别~|就看他穷~。(注意,与"显赫"不同。)

**现眼** xiàn//yǎn 出丑;丢脸:你这不是~吗?|就因为这个,我还现过一回眼呢。

**现火** xiàn·huo 颜色鲜艳:这件花袄多~啊!|你穿的是不是太~了。也作"现活"(xiàn·huo)。

**现世宝** xiàn shì bǎo 不成材、没有出息的人；出丑丢脸的人：你这~。也作"现世包""献世宝"。

**现世报** xiàn shì bào ①今生做了缺德事，现世便得到恶报：他死了活该！这是~。②骂人的话，称今世即得到恶报的人或倒霉的人：他家竟出了他这么个~。｜我这回成了~了。

**线桄子** xiàn guàng·zi 缠线的器具，中间有轴，可以旋转。也叫"线桄儿"。

**线批儿** xiàn pīr 粗制的单股儿棉线：用~织的袜子。

**相因** xiāng yīn 价格便宜：价钱~。也说"相应"。

**相克** xiāng kè ①互相制约：这两种事~。②同"犯剋"。

**响晴** xiǎng qíng 极晴朗：~的天，看不出要下雨。｜~白日（大白天的）。

**想辙** xiǎng zhé 想办法，拿主意：这事怎么办你自己~吧。

**想起一出儿是一出儿** xiǎng qǐ yì chūr shì yì chūr 心血来潮，信以而为：不能~，要做整体设计。｜那些当官的，看哪都不顺眼，~，下令这儿拆那儿建。也说"想一出儿是一出儿"。（出：名量词。本指传奇中的一回或戏曲中的一个独立剧目）

**向着** xiàng·zhe 偏袒；偏爱：妈妈~小妹妹。｜老乡~老乡。

**销** xiāo ①销子：插~。｜~钉。②用销子插：把门~上。

**逍停** xiāo·ting ①安静；安稳：过~日子。｜没住~就走了。②停止；歇息：太累了，~一会儿再干吧。｜你

嘴~~吧，别胡扯啦！③从容；舒徐：看他那~样儿，好像没什么事儿。也作"消停"。

**逍逍停停** xiāo xiāo téng téng 不慌不忙：他做事总是那么稳稳当当~的。

**消闲** xiāo xián ①闲适；悠闲：日子一好过，茶馆里的人多起来，仿佛人们都变得~起来。｜他消消闲闲地走进来。②消磨空闲的时间：~解闷儿。也作"萧闲"。

**消息儿** xiāo·xir 物件上暗藏的简单的机械装置，或暗藏的开关，一触动就能牵动其他部分或发生声响：别乱动！这里有~。也说"消签儿"。

**小资** xiǎo zī 称有一定学历和经济实力，特别追求所谓生活品位、情趣和格调的人（多指年轻人）；也指上述生活方式或情调：90年代的~很骄傲地过着一种自以为比白领更有格调的生活。｜《~情调》从~传奇、生活品位、心境及情调向读者展现了~现状。

**小绺** xiǎo liǔ 扒手。

**小痂疤豆儿** xiǎo jiā·ba dòur 对小孩子的谑称：这个~怎么这么调皮？也说"小嘎巴豆子"。

**小肚鸡肠** xiǎo dù jī cháng 比喻人心胸狭窄，气量小，不能容人：不要斤斤计较，~的。也说"鼠肚鸡肠"。

**小力笨儿** xiǎo lì·benr 旧时店铺中的学徒；小伙计。也叫"小力巴儿"。

**小的溜儿** xiǎo·de liūr 形容数量不多，程度不深，稍微，不大：~地给点儿｜~地露两手儿。也作"小得溜儿""小跶蹓儿"。

**小小不言** xiǎo xiǎo bù yán 微

不足道；轻微；不值一提：~地给他几个钱。｜这些~的事，别提它了。也说"小小不然"。

**小性儿** xiǎo xìngr （俗读 xiǎo xièr)心胸狭窄、常因一点儿小事就发作的坏脾气：他这个人~。｜别总犯~。｜向别人使~。

**小型张** xiǎo xíng zhāng 专用于集邮的邮票，票幅比一般邮票大，票面四周有装饰性边框，发行量很小；一种印有纪念邮票或特种邮票，并配以相关图案的邮品。

**小丫头片子** xiǎo yā·tou piàn·zi 小女孩(略含轻蔑意)：~少打听。

**笑不唧儿** xiào·bu jīr 微笑的样子：他总是~的。｜他~地坐在那儿瞧着我。

**笑话** xiào·hua 可以当做笑话(xiào huà)的；可笑：一个编辑，连这两个常见的字都分不清，不怕人家~。

**笑唤** xiāo·huan 讥笑；不要~人。｜你这样会惹人~的。

**笑模斯儿** xiào·mu sīr 面带微笑；笑嘻嘻的神态：他脸上总是~的。也作"笑模滋儿"。

**些微** xiē wēi ①少许：锅里加点盐。②略微：头~还有点儿疼。

**蝎拉虎子** xiē·la hǔ·zi 壁虎的俗称，也作"蝎虎子"。

**揳** xiē 把楔子、钉子等捶打到物体里面：在墙上~个钉子。｜板凳腿儿活了，得在榫子那儿~个楔子。

**楔子** xiē·zi ①插在木器榫缝或空隙中起固定或堵塞作用的、一端平厚、一端扁锐的木或竹片：椅子有点揉(róu)了，在榫眼上被个~。｜木桶有个

洞，用~堵上。②钉在墙上可以挂东西的竹、木钉：墙上钉个~挂衣服。③比喻插进去的人或事物：大家都在排队，任何人都不许夹~。｜在这当空儿，他抢在前面插了一个~。｜我军把第一个~塞进敌人防守的南岸。④戏曲或近代小说的引子。一般在篇首，用于点明、补充正文。

**鞋趿拉儿** xié tā·lar 拖鞋。

**斜楞** xié·leng 横斜凸起；向一边斜：看，他的眼都~了。｜身子一~就栽倒在地上。

**斜刺里** xié cì·li 斜对着的地方；斜对着的方向：从~跑出一个人来。

**斜乜阢儿** xié·nie qiānr 斜着；微斜：由这儿~往北，就是市场。

**胁唬** xié·hu ①利害：想的更~了。②同邪乎③。

**邪乎** xié·hu ①形容程度深；异乎寻常：这几天天气热得~。②离奇；玄乎：越说越~。③剧烈；难以忍受：疼得~。也作"邪虎""邪唬"。

**邪行** xié·xing ①同邪乎①：这几天热得~。②特殊；特别(含贬义)：他俩好得~。｜这事儿真~了。也作"邪性"。

**邪门儿** xié//ménr 不正常；反常：这几天热得太~了。｜真是邪了门啦，刚放在这怎么就不见了呢？

**邪魔外道** xié mó wài dào ①原为佛教或道教用语。指防害正道的妖魔、教派或异端邪说。②泛指一切邪恶势力和荒唐有害的言论：这是~的杂书。③不属于正路的或不正派的人：她嫁给一个~的男人。

**斜门歪道** xié mén wāi dào ①

泛指心术不正,行为不端:他这是~,要提高警惕。②不正当门路或手段:要公平公正,不能总搞~。|这是他~搞到的。也说"歪门斜道"。

**些** xiě 很,非常:这菜~好吃啦。|他字写得~好~好。

**血津儿** xiě jīnr (俗读 xuě jīnr) 肉体上浸出的微小的血点儿或血丝儿;皮肤破损后渗出少量的血:这块猪肉上还带着~呢。|手指头磨得露出了~。也说"血筋儿"。

**血赤忽拉** xiě·chi hū lā ①血迹模糊;鲜血淋漓的样子:浑身~的。②像流血那样令人大惊小怪:别~的。③红得像血:看!这一摊摊是什么?~的。④花哨的刺眼:打扮得~的。也作"血丝呼啦""血丝糊啦"。也说"血糊拉""血糊淋刺"。

**写大仿** xiě//dà fǎng 用专供练习毛笔字的一种薄而带"米"字格的纸,对照字帖写大的毛笔字:他每天写几张大仿。

**卸载儿** xiè//zàir ①把车、船等上面装载的货物卸下来。②比喻减轻重的负担:给你配个助手卸点儿载儿。

**谢顶** xiè//dǐng 头顶上的头发逐渐脱落:他年轻轻的就~了。也作"歇顶"。

**解理儿** xiè//lǐr 懂理;明白道理或事理:说了半天,你怎么还是解不开这个理儿。

**澥** xiè ①(糊状、胶状物)加水由稠变稀:粥~了。②(糊状、胶状物)由稠变稀,不成个儿:~黄儿。|鸡蛋中蛋黄不成个儿)。|瓜瓢~了。

**懈怠** xiè dài 松懈懒惰:他对工作从不~。

**懈劲** xiè//jìn 放松干劲:别~,下次再干。|他一下子懈了劲,成天不是玩就是睡。

**懈里光当** xiè·li guāng dāng ①形容精神不振的样子:你看他那松松垮垮、~的样子,真不像话!②水米不交融的样子:这粥~的。

**泄底** xiè//dǐ 泄漏底细:别把行情~。|泄老底儿。

**泄气** xiè qì ①失去信心和劲头儿:遇到困难可别~。也说"泄劲儿"。②讥讽差劲或没有本领:这点儿小故障都排除不了,你也太~了吧。③出气:吃了亏,没处~。

**泄力** xiè//lì ①经缓冲,冲击力大大减小:从高处掉下的物体,让树枝给泄了力。②小型变压器,将220伏市电变为32伏以下安全电压:安个小~灯泡。

**新磕儿** xīn chár 器物上新的破口:这件工艺品刚磕破的,还露着~呢。

**心程** xīn·cheng 心思,兴致:我没有~看戏。

**心灵鸡汤** xīn líng jī tāng 指含有知识、温暖、智慧等的话语:他的一番话就是使我顿时开窍的~。|妻子"~"的作用可以和"伟哥"相比。

**心急火燎** xīn jí huǒ liǎo 形容十分焦虑,心里像火烧一样:他坐卧不安~的。

**心气儿** xīn qìr ①心情:~好|~似乎平和了很多。②心意,心思:猜不透他的~。|我的~和他们不一样。③志气;正气:~高。

**心净** xīn·jing 心里安宁,无干

165

扰,无忧愁,无烦恼:过几年~日子。|把孩子送幼儿园,花点钱图个~。

**心静** xīn//jìng 心里平静:~自然凉(指炎热时,保持心情平静,自然会感到凉爽)。|心总是静不下来。|~如水。

**心重** xīn zhòng 遇事放不下,思虑过多;自尊心强:这孩子~。|他是个~的人。

**囟门儿** xìn ménr 婴儿头顶前部正中顶骨合缝的地方:孩子~还未长好,别随便摸压。

**芯子** xìn·zi ①装在器物中心的捻子或有启动作用的简单装置:这个炮仗~太短了。也作"信子"。②蛇和蜥蜴的舌头:看,那条毒蛇正吐着~哩!

**信子** xìn·zi ①以砒霜制作的杀鼠药。②泛指毒杀动物或人的药品:下~。③同"芯子"①。

**兴** xīng ①许可;准许(多用于否定式):现在不~打人!|光~你们搞,不让我们搞。|这款式早就不~了。②流行;使盛行:现在又~长裙子了。③或许:他~来~不来。④得意忘形:看~得你。

**兴许** xīng xǔ 也许;或许:你问问老王,~他知道。也作"行许"。

**兴…兴…** xīng…xīng… 也许(或许)…也许(或许)…:~好~坏,我也没有把握。|~早~晚,都说不准。|~长~短,定不下来。

**兴时** xīng shí ①指一个人走红,有名气:眼下,她在演艺界正~。②合乎时俗的风尚:现在这种款式正~。

**腥** xīng ①生鱼、生虾、血等难闻的气味;有腥气的:水产市场有一股~气味儿。|做鱼放料酒可以去~。②带有腥气的食物:世上哪个猫不吃~?|~风血雨。

**行好** xíng//hǎo 因怜悯而给予帮助或加以原谅:(乞丐语)行行好吧,给口吃的。

**行个方便** xíng gè fāng biàn 给人以便利:求你~吧。也说"行方便"。

**行…行…** xíng…xíng… 一面…一面…;且…且…;又…又…:~走~唱|~想~写|~说~比划|~看~说|~瞧~读等。

**饧** xíng ①糖块、面剂子等变软:面还没~开了,等等再擀皮儿。②精神不振,眼睛半睁半闭:两眼发~。|~眼偷看。

**醒盹儿** xǐng//dǔnr 小睡醒过来:你怎么迷迷糊糊,好像还没~。|快起来,醒醒盹儿,干活儿啦。|春节后,醒年盹儿。

**醒腔** xǐng//qiāng 从不明白的状态中明白过来;醒悟:这一回我算了。|说了半天,他才醒过腔来。

**醒事** xǐng//shì 懂事:这个人还年轻,不~。|他着实醒得人事。

**醒水** xǐng shuǐ 秧苗插下后复苏存活:地里的秧还没~。

**醒绽** xǐng zhàn 树木返青发芽:梨树还没~。

**醒过味儿** xǐng guò wèir ①醒悟、明白过来了:他刚~来。②明白了是什么意思:你这话什么意思? 我还没~。

**醒过闷儿** xǐng//guò mènr 思绪从某种迷惑的境况中拉回来,想到了原先没想到的事情发生的因由、背景:等他~来,已晚三秋了。|他始终醒不

过这个闷儿。也作"醒过梦儿"。

**擤** xǐng 按住鼻翼用力出气使鼻涕排出：~鼻涕。｜使劲儿~。

**兴头** xìng·tou ①因兴致高而劲头儿足：他玩得正在~儿上。②高兴；得意：看他被前呼后拥的，好不~。

**兴头话** xìng·tou huà 凑趣的话；助兴的话：为了讨人喜欢，他净说~。

**性分** xìng·fen ①性格；天性：您别生气，他就那~。②情分：夫妻~。

**熊** xióng ①斥责；骂：他~了我一顿。｜挨了一顿~。｜大声~人。②软弱，无能：~样儿｜人~被人欺，马~被人骑。｜兵~~一个，将~~一窝。｜包③捉弄：~他一下再说。④坏：~脾气。

**宿** xiǔ 量词，一夜叫一宿：半~没睡。｜三天两~。｜我在那儿只住了几~。

**秀密** xiù·mi 精致；小巧玲珑：不要这个，这个太大，不~。

**秀流** xiù·liu （身材）苗条；秀丽：这个小姑娘长得真~！也作"秀溜"。

**绣花绷子** xiù huā bēng·zi 刺绣时用来绷紧绸布等的竹圈或木框。

**嗅蜜** xiù//mì 泡妞儿；找姑娘谈恋爱：《个体户之歌》中唱道："嗅外国蜜，打奔驰的，吸鬼子烟，喝威士忌，穿新潮装，哼流行曲，得艾滋病，洗桑拿浴……"也作"绣蜜"。

**锈** xiù ①疲惫、憔悴的神色：这两天他脸色有点儿~。｜两眼发~。②表面附着的像铁锈一样的东西：这壶里茶~太多了。③植物发霉、发黄如锈：这几朵花都~了。④农作物生锈病(由真菌引起的植物病害,茎、叶上有铁锈色斑点)：赶快想法灭~。

**戌腿** xū tuǐ 浙江金华一带在腌制火腿时，为了增加香味，常杂以狗腿(戌，地支的第十一位。狗，生肖排列第十一个。戌年，是狗年)。

**嘘** xū ①火或蒸汽的热力接触到人或物体：小心热气~手。｜把馒头上笼屉一~。②发出"嘘"声来制止或驱逐：把他~下场。③叹词。表示制止、驱逐等(也读 shī)：~——，小点声儿！④从嘴里慢慢吐气：长~一口气。

**嘘目眼** xū·mu//yǎn 眯缝眼；眯缝着眼：这人有点~。｜他嘘目着眼看着我。

**嘘呼** xū·hu ①夸大，虚张声势：没什么大病，你太~了。②吹牛；吹捧：这个人爱~。③虚夸；夸张：他报多大产量，咱也报多少，跟着~呗！

**嘘唠儿** xū làor 不实在的话：他净说些~。

**墟日** xū rì 赶集的日子。

**絮** xú （絮字变调）①(言语)啰唆，重复：你总说这句话，~不~？②由于过分多而产生厌烦：这些话我都听~了。｜总吃这饭，~了。｜这戏都看~了。

**许** xǔ ①可能：这~是他干的。｜你问问爸爸，他~同意。②应允，许可：他~了让我去。③答应给予：既然~你了就一定给。｜既然许过愿，就要兑现。｜封官~愿。④指允婚、许配：姑娘已~给李家了。｜两个闺女至今还没~人。

**絮** xù 在衣、被等物的里、面之间铺入丝棉或棉花：棉袄里的棉花没~匀。｜~棉被。

167

**絮烦** xù·fan 厌烦,腻烦:这事儿让人够~的。|你总这么讲,~不~。

**絮絮叨叨** xù xù dāo dāo 形容说话繁琐细碎没完没了:老太太整天~的,就那么几件事儿。也说"絮叨叨""絮叨"。

**续** xù ①添;加:往锅里~点儿水。|火快灭了,赶紧~煤。②再娶:奶奶是爷爷后~的。

**续弦** xù xuán ①古代把夫妇比作琴瑟,妻子死了叫断弦,再娶叫续弦:他还没~。②指原妻亡故再娶的妻子:她是~。

**暄** xuān 物体内部空隙多而松软:这馒头很~。|地挺~的。

**暄腾** xuān·teng 松软而有弹性;物体内部了空隙多:馒头蒸得挺~。

**旋闪** xuán shǎn 旋转闪耀:霓虹灯在夜色中~。

**悬** xuán ①没有着落;没有结果:这个案子还~着呢。②危险,有遭到损失或失败的可能:这事能办成吗,我看~。|真~,差点儿掉沟里。|在这上面走,不是玩~吗?(用于释义②时,有的也说"悬乎")

**悬乎** xuán·hu 危险;不保险;不牢靠:汽车在盘山道拐弯处真~,差点儿翻下去。|东西放那么高,悬悬乎乎的。|他太粗心,让他办有点~。也说"悬悬乎乎"

**悬啦吧唧** xuán·la bā jī 非常危险;充满危险:在人生、前途、命运、幸福这些~的领域徘徊。|我看这事有点~。

**玄** xuán 虚幻不实,不可捉摸;不可靠:这话听着真有点儿~。|他越说越~,没人信。也说"玄乎"。

**玄乎** xuán·hu ①虚幻不实;不可捉摸:他越说越~,天下哪有这种事。②靠不住或办不到:那个人说话玄玄乎乎的,千万不能信他。|这事儿我看有点儿~。

**旋儿** xuànr 毛发呈漩涡状的地方:这孩子头上的两个~。|俗话说:一~横(hèng),两~拧(nìng),三~打架不要命。

**炫** xuàn ①非常引人注目:这身打扮绝对够~的。②英俊潇洒:这小伙子真~啊!③鼓动,带动:超女海选~起一片追星热。

**旋** xuàn 副词,表示立即(做)或临时(做):菜不多了,~炒几个吧!|~用~买。|~趸~卖。|这是我~学的。

**旋子** xuàn·zi ①一种金属器具,像盘而较大,通常用来做粉皮等。②温酒时盛水的金属器具。③武术的一种动作:甩臂,拧腰,旋腿,平身跃起,双脚落地。

**券** xuàn (名词)门窗或桥梁等建筑物上部的弧形部分:打~。|发(fá)~。|~门。

**碹** xuàn (动词)用砖、石、混凝土等砌成拱形:~窑。|~涵洞。|~拱。

**楦** xuàn ①做鞋帽时,放在鞋帽里面用来定型的木头模子:鞋~。②用楦把鞋帽的中空部分填紧、撑大:新鞋穿着有点紧,要——~。③用东西把物体内部填实或撑大:把口袋~满。|瓷器装完箱,再用软纸~好。

**趐** xué ①中途返回:走着走着又~回来了。②白拿(半请求半抢夺):

这包烟是从他那~来的。③暗中用眼瞟:俩眼总在人家大姑娘身上~什么?

**噱摸** xué·mo 寻找;索要:你到处~什么?|我到你这~几本书。|到邻居家~点儿醋。也说"寻摸"。

**噱噱摸摸** xué xué mō mō 千方百计地寻找或追求:小徒弟~想偷学老师傅这手绝活儿。|~半天也没找到。

**噱磨** xué·mo 转圈儿;转悠:她在大街上~。|他在院里~来~去。

**噱子** xué·zi 用竹席或芦席等围转成圆形的贮粮器具:~里的米不多了。(也作"茓子")

**窨茶叶** xūn chá yè 把茉莉花等与茶叶闷在一起使茶叶染上花香。

**寻** xún (俗读 xín)①求要(不值钱的东西):张大妈,向您~点儿醋。②借(住):~宿(借住一晚)。③女人出嫁(带有不尊重意):她闺女~给个庄稼人。|这姑娘还没~人吧?

**寻思** xún//si (寻,俗读作 xín)①思索;考虑:你在~什么啦?|让我好好~~。|别瞎~啦!②猜测;预料:我~他快来了。|~来~去还是猜不着。

**寻死** xún//sǐ (寻,俗读作 xín)。①自杀或企图自杀;找死:这太危险了,你~啊!|他几次~没成。|~觅活(闹着要自杀,以死来吓唬人)。②对某些鲁莽的行为斥责:你这样子不是要~吗?

**寻短见** xún duǎn jiàn (寻,俗读作 xín)自杀。

**寻宿儿** xún//xiǔr (俗读 xín xiǔr) 找住处过夜:今天在这儿寻个宿儿。

**寻休儿** xún//xiūr 找个地方休息一下:走得太累了,看在哪儿~一下。|干脆在这儿寻个休儿吧。

**轮** xún 另见97页"轮"。

**熏** xùn ①毒气(多指煤气)使人窒息中毒:昨晚他被煤气~着了。②名声恶劣,尽人皆知:这个人都~了,谁都不愿接近他。

# Y

**丫头片子** yā·tou piàn·zi 对女孩子的戏称:小~,你要问!

**丫巴儿** yà·bar （俗读 kǎ·bar）东西分叉的地方:小脚~痒痒。|手~裂了。|树~上有个喜鹊窝。

**压茬** yā chá 能控制住场面、局面:他在会场上不~。

**牙碜** yá·chen ①食物中有沙子或类似沙子的东西,嚼起来牙齿不舒服:菜没洗干净,吃着有点儿~。②比喻言语粗鄙不堪入耳:你能说出这样的话来,也不嫌~。

**牙祭** yá jì 古代官衙每逢农历初一、十五有祭祀的规矩。转天,供事人员可分食剩余的肉食（称为衙祭肉,而"衙门"本为"牙门"）;旧时店主、雇主定期供店员、雇工以肉食。也泛指偶尔吃有荤菜的丰盛饭食:打打~。（本为"衙祭"。是衙门例行之事）

**牙花子** yá huā·zi 牙床、牙龈的俗称:~出血了。

**哑默悄声** yǎ·mo qiǎo shēng ①寂静没有声音:室内~地一个人也没有。也说"鸦然雀声"。②形容小声说话:

他附在我耳边~地告诉了这个消息。③静悄悄,不出声:他~地走了。

**压根儿** yà gēnr 从来;根本（只用于否定句,而且只能用在否定词前面）:我们~不同意。|他~没来过。

**淹** yān 汗液、泪液、尿液等浸渍皮肤使其发红或感到痛或痒:夹(gā)肢窝被汗水~得难受。|湿尿布把孩子的屁股都~红了。|眼泪~得脸直痒痒。

**淹浸** yān·jin ①糟蹋;毁坏:裁剪时当点儿心,别把这么好的布料~了。②埋没:我这好心我给~了。

**淹缠** yān·chan ①久病不愈:这病一时半会儿也好不了,就那么~着。②委靡不振的样子:一到家就没有精神,总带~样儿。③纠缠:这件事太~人了。④延搁:别~了,快走吧。(作①解时也说"黏缠")

**淹心** yān xīn 伤心;难过:~事儿|提起这个来,能不让人~吗。

**淹淹** yān yān 水果或植物因失去所含水分而干瘪:苹果放得都~了。

**淹淹缠缠** yān yān chán chán

无精打采的样子:你整天怎么总是~的。

**烟** yān （动词）由于烟的刺激使眼流泪或睁不开:屋里的浓烟,~得眼睛不开。

**芫荽** yán·sui 俗称香菜:汤里放点~。

**沿边儿** yán//biānr 把窄条的布或绦子等缝在衣物的边上:给这件上衣袖儿沿个边儿。

**沿口** yán kǒu ①(名词)在鞋口上圆棱形布条:鞋刚绱好,~还没来得及做。②(动词)同"沿鞋口"。

**沿流水** yán liú shuǐ 指河流解冻前冰面上融化漫流的河水:现在江里的~都下来了,眼瞅着就要开江了。

**沿鞋口** yán xié kǒu 在鞋帮上方开口的边缘镶上一条边儿,形成一种圆棱边儿。也叫"缘鞋口",也说"沿口"(作动词):鞋帮已纳好了,还没~。

**严紧** yán·jin ①严密,无缝隙:外面风大,捂~点,别受风|窗户糊得很~。②严格;严厉:管理~多了。

**严丝合缝** yán sī hé fèng ①缝隙密合,没有空隙:用苫布把粮食盖得~。②比喻不给人留一点儿可乘之机:他这番话说得很~。也说"严丝密缝"。

**言声儿** yán//shēngr 说一声;吭一声:有事,你~。|你走时,怎么也不言一声儿。

**言语** yán·yu 吭声;说话:我喊了半天怎么没人~。|他始终不~。

**眼仁儿** yán rénr 眼珠子:那滴溜溜的~一转,就来了主意。

**眼神儿** yǎn shén ①向人传递示意的目光:向他使了个~。②眼睛的神态:~不对劲儿。③视力:老啦,~越来越差了。|别怪他,他~不好。

**眼泡儿** yán pāor 上眼皮:哭得~都红了。|肿~。

**眼岔** yǎn chà 看错;认错:刚才看见的不是蝎子,是我~了。

**眼眵** yǎn chī 眼睑分泌出的淡黄色液体或糊状物:这些日子~特别多。也叫"眼屎""眵目糊"。

**眼毒** yǎn//dú ①眼尖;眼力强:这人眼也太毒了。|他~。②恶意的目光:你在这招人~,快离开吧。(毒:用力;猛烈;有本领)

**眼犄角儿** yǎn jī jiǎor 眼角儿:一个个撇着嘴,吊着~,像狼似的。|~上长个小疙瘩。

**眼力见儿** yǎn·li jiànr （俗读作yǎn·li jīnr）辨情审势;见机行事的能力:记者同志,您真有~,这真是个好的新闻素材。|这孩子真有~,看见我扫地,就把簸箕拿过来。也作"眼里见儿""眼力价儿"。

**眼目前儿** yǎn·mu qiánr ①眼前;跟前:~几件事就够他忙的了。|他刚在我~过去。②指日常使用的;常见的:虽说他文化低,~的一些字还认识。|这都是~用的。也说"眼面前"(yǎn·mian qián)"眼门前"(yǎn·men qián)。

**眼证儿** yǎn zhèngr 明明:他~是前天到的,怎么说是昨天呢?|你这不是~说谎吗?

**眼睁** yǎn zhēng 眼看着:他~从这儿跑走的。

**眼胞子** yǎn pāo·zi 上眼皮:哭

171

得~都红了。|这个人肿~|~上有个疤。|肉~。也作"眼泡子",也说"眼胞""眼泡"。

**眼之毛** yǎn·zhi máo 睫毛的俗称:~往里长(医学上称为"内翻倒睫")。也说"眼眨毛""眼遮毛(yǎn·zha máo)"。

**罨** yǎn 覆盖;敷:拿湿布~在伤口上。|热~(一种医疗方法)。

**掩** yǎn ①关门或合上箱盖等:把门~上点儿。|箱子盖儿~严了,别留缝儿。②关门或盖硬物将物卡住:小心,关门别把手~了。③盖上,蒙上:把这些破烂儿用布~上点吧。

**燕巴虎儿** yàn·ba hǔr 蝙蝠的俗称。也作"檐末虎儿"。

**酽** yàn (汁液)浓;味厚:这茶太~了。|墨研得~~的。

**央个** yāng·ge 求告;请托:你~~他,可能带你去。|他直~我。也作"央各""央格",也说"央给"。

**央戗** yāng·qiang ①勉强维持;勉强支持:他的病也不过~一天是一天罢了。|这个厂~着说不定哪天就倒闭。②病既不好也不发展地拖延:这病我也没去看,就这么~着。也作"央跄""秧跄"。

**蚌儿** yángr 生长在米里的小黑虫子,也说"米象""牛子"。

**扬气** yáng·qi 态度傲慢;神气:这家买卖真~,货物出门不换。|她穿上这身衣服挺~。

**洋气** yáng·qi ①稀奇:看你说的那话多~。②指人浮夸,不安分:你~个什么?③带有西洋式样、风格:这楼很~。④泛指时髦:他穿得太~了。(与"土气"相对)

**洋财** yán cái 跟外国人做买卖得到的财物;泛指意外之财:光想发个小~。

**洋落儿** yán làor 意外得到的财物;意外得到新奇、时髦的东西:捡~|至少可捞点儿~。也作"洋捞儿"。

**羊角风** yáng jiǎo fēng ①旋风,龙卷风。②癫痫的俗称:他抽~。

**仰巴脚儿** yǎng·ba jiǎor 身体向后跌倒的姿势:马趴没摔好,摔个~。(俗语)也作"仰八脚儿",也说"仰巴跤""仰八叉"。

**仰脖儿** yǎng bór (俗读作 yáng bór)头朝后仰,显出脖子:满满一杯酒,他一~喝个一干二净。|你~,张大嘴让我看看嗓子眼儿红没红。

**仰脸** yǎng liǎn 斜挂在门楣上的大镜子。因人要仰着脸才能照见,故名:一抬头,看见一个~。

**漾** yàng ①液体太满而往外流或溢:~酸水儿。|汤在碗里~出来了。②发散:她身上~着阵阵香味。

**漾奶** yàng//nǎi 婴儿吃奶过多或吃奶后身体姿势不当,致使吃下的奶水吐出:孩子漾出的奶弄了我一身。

**腰房** yāo fáng 两进的院子之间当中有穿堂的一排房子。

**约** yāo 用秤称:~二斤肉。|~~多重?

**约摸着** yāo·mo zhe 大概;估计:这筐菜~有五十斤。

**幺** yāo 即"一",用于读电话号码:火警请拨~~玖。|洞洞~~(即0011)。(数字"1",俗读作"幺")

**幺鹅子** yāo é·zi 很多鹅或鸭

等走起来或一卧一溜儿时总有一只单独在一边,人们称其幺鹅("幺"指代"1"。引申为"单个儿")。①比喻个别、离群等:你这不是耍~吗?②馊主意;坏点子;怪花样:他尽出~戏弄人。也作"幺蛾子"。

**吆喝** yāo·he 小贩的叫卖声:粥少和尚多,赔本赚~。(俗语)|光杵在那儿不~,什么时候卖完。也说"吆唤"。

**吆五喝六** yāo wǔ hè liù ①掷色(shǎi)子时的喊声(五、六是色子的点子),泛指赌博时的喧哗声。②形容盛气凌人的样子:他整天~地抖威风。也说"吆三喝四"。

**窑姐儿** yáo jiěr 妓女。妓院俗称窑子,故称:这个老鸨是~出身。

**咬扯** yǎo·che 说出别的坏事;牵连到或牵扯到其他的:互相~。|他交代了重要线索,并从中~出其他嫌犯。

**咬文咂字儿** yǎo wén zā zìr ①故作文雅,文绉绉的:他没事总爱~。|别跟我,直话直说吧。②认真推敲词字句的意义和正误以及其在语义、语用、语法及逻辑等方面问题(有时含贬义,指过分注重文字而不去领会其精神实质,卖弄学识):编辑就得有~的功夫。|把文件精神吃透了,别只在那~。③形容说话一字一板,郑重其事:他~,说话负责任。也说"咬音咂字"。(释义②也说"咬文嚼字")

**鹞子翻身** yào·zi fān shēn 武术、杂技的身段,横着翻转身体。

**靿子** yào·zi ①将麦秆、稻草等临时拧成的绳状物,用来捆麦子、菜或其他物品:用~把小白菜捆成一捆儿。②捆货物用的或打包用的条状物:铁~。

**要不价** yào bù·jia 否则;要不然:你必须答应我这个要求,~我不去你家。

**靿** yào 靴或袜子的筒儿:矮~皮鞋。|高~儿袜子。

**药性味** yào·xing wèi 有药的味道(多指中草药):这药~挺大。|这汤怎么有股子~?也叫"药性气"。(注意,其中"性"不能写作"腥")

**药行开** yào∥xíng kāi 药性在体内发散,发挥了效力:药劲儿行开了,发汗啦。|刚吃下药,药还没行开,别着急。

**噎** yē ①食物堵在食管:吃慢点,别~着。②说话顶撞人或使人窘没法接着说下去:他一句话就把人家给~回去了。③因痛苦、激动或顶风而喘不上气来:哭得他不住地~气。|顶风骑车~得人喘不过气来。

**噎嗝** yē·ge 食道瘤;中医指食不下咽的病,即"噎食病":他吃什么吐什么,得了~。也作"噎膈"。

**掖咕** yē·gu 不经心地放置东西;乱塞:你把我的围裙~到哪去了?

**页勒盖儿** yè·le gàir ("页"俗读yé)额的俗称。

**夜儿个** yèr·ge 昨天:~他还在呢。也说"夜里个"。

**曳扯** yè·che 扶养;拉扯:这孩子是他舅妈~大的。

**咿** yè ①助词,表示惊喜:他好酷~。②叹词,表示惊喜,欢呼:~!他们出局了。

**业障** yè zhàng ①佛教指妨碍

## 会说不会写的词语

修行的罪恶。②指责他人他物为恶果、祸患的根源（旧时长辈骂不肖子弟的话）：你这~鬼！③(yè·zhang)孩子失去亲人抚养：父母都死了,这孩子~了。

**迤逦歪斜** yī·li wāi xié ①走不直,左扭右拐：他~地走进屋。②不成行列,不整齐：把自己的名字~地写在本上。也作"倚里歪斜""迤里歪斜"。

**一溜歪斜** yī liù wāi xié 同"迤逦歪斜"①。

**一拨儿** yī bōr ①一批：来了~,跟着又来了。②一伙,一群：他们是~的。我是另~。

**一报儿还一报儿** yī bàor huán yī bàor 坑害别人的人,得到应有的报应；或指以同样的方法对待：这叫~,活该！｜你跟我说了掏心窝子话,那得~,我也掏心窝子给你。

**一捏儿** yī//niēr 用拇指和其他手指（一般是食指）夹住的碎屑或粉状物的量：放一小捏盐。｜撒~胡椒面儿。也作"一捻(niē)"。（捏,作为量词,是从动词"捏"转借而来,指极少量,如"两捏儿糖""几捏儿土"）

**一个子儿** yī gè zǐr 一个铜板儿。指极少的一点钱：半天没开张,~没赚。｜~也不给你。

**一乏子** yī fá·zi 一些日子；一阵子：这~患流感的很多。也说"一乏儿"。

**一抿子** yī mǐn·zi ①指数量少；一点儿：再苦也能省下~钱。②一件：他为的哪~事生气？

**一抹子** yī mǒ·zi（"抹"俗读mò）同一类的人；一伙：他和我们是~,别客气啦。

**一样儿** yī yàngr（俗读yī yār）一件,一个：手里拿着~东西。｜买了~比他穿得更好看的衣服。｜~也不少。

**一堆儿** yī zuīr（堆,duī的变读）：①堆集在一起：抱着~衣服走了。②一块儿；一起：我们~走吧。｜他们是~的。

**一块堆儿** yī kuài duīr（堆,也读作zuī）一块儿；一起：咱们弟兄难得碰到~。

**一事** yī shì 业务或组织上有关系的；一起的；一派：我们同你们是~的。｜他们都是~的,别与他们来往。

**一划** yī chàn 副词。一概；通通；全部：~都是新的。｜村子里~红砖瓦房。

**一就儿** yī jiùr ①一并,顺便：咱们~去。｜~手儿都办了。②即刻：~离开。③表示一个动作与另一个动作同时进行,犹"一面"：~劳动,~学习。

**一就一就** yī jiù yī jiù 无可奈何,听天由命,顺其自然：反正也没法儿了,~吧。

**一晃** yī huǎng 主观感觉时间像一闪而过似的：~三十年了,都老了。｜这孩子~长这么高了。

**一跩一跩** yī zhuǎi yī zhuǎi 走或跑不利落,身体左右摇晃：他~地走过来。

**一惊一诈** yī jīng yī zhà ①一再受到突然的惊吓,感到惊恐：别在孩子跟前放鞭炮,弄得孩子~的。②突然表现出惊恐,诈唬：你别~的,我胆小。也作"一惊一乍"。

**一五一十** yī wǔ yī shí ①以"五"为单位往下数,如一五、一十、十五、二十、二十五、……：~地算着。②形容叙述得原原本本,没有遗漏:你要~地说清楚。

**一阵两火** yī zhèn liǎng huǒ ①有的时候:这个倔老头儿,~地也挺和气。②忽冷忽热,一阵儿一阵儿的:这孩子今天怎么勤谨起来了,~的。

**一麻黑** yī mā hēi 一片漆黑:山洞里~,什么也看不见。|人生地不熟,两眼~(指没有一个认识的人和地方)。也作"一抹黑"。

**一撸到底** yī lū dào dǐ 免去一切职务:局长因涉嫌贪污,~。

**一抹到底** yī mā dào dǐ 同"一撸到底"。

**一码儿齐** yī mǎr qí 形容样式、花色等相同:给孩子们都做一样的衣裳,老远一瞧,~!

**一搭脑儿** yī dā nǎor 通通;全部:~就这么多。

**一搭两用** yī dā liǎng yòng 一样的东西当两样用:带件大衣,白天穿,晚上当被盖,~。

**一股拢总** yī gǔ lǒng zǒng 统统;全部:他把错误~都归罪在别人身上。

**一溜鞭光** yī liù biān guāng 形容一口气,行动迅速而连续:我~拜了五家年。|别只顾~地压低指标。

**一溜遭儿** yī liù zāor ①一圈儿(指附近所有的地方);一周遭:在人群中找了~,也不见他的影子。②很长时间:忙了~,什么事也没办成。

**一拉溜儿** yī lā liùr 一排;一行:这~村庄家家有余粮。|新瓦房~。|站了~。

**一冲性儿** yī chōng xìngr ①一下就冲动起来,指发怒而不能自制:他~地大喊大叫。|一听这话,他~跳起来,大发雷霆。②急躁而倔强的个性:他天生是个~的人。也作"一铳性儿",也说"一冲性子"。

**一宠性儿** yī chǒng xìngr 任性;由着自己的性子,不愿受约束:凡事要三思,只顾当时~不行。也说"一宠性子"。

**一水儿** yī shuǐr 一色;一模一样:村东头儿是~的新瓦房。

**一溜儿** yī liùr ①一排;一行:这~十间房是集体宿舍。②附近一带:反正就是那~,到底在哪儿我也说不清。③一阵:~风|他~小跑,来到村边。

**一把死拿** yī bǎ sǐ ná 比喻固守成法,不肯变通;认死理儿:这人~,说不动他。

**一定之规** yī dìng zhī guī 比喻不变的原则:你有千条妙计,他有~。

**一年半载** yī nián bàn zǎi 多则一年,少则半年:~他不会来的。|~变不了。

**一丢点儿** yī diū diǎnr 极少;极小;一丁点儿。

**一丢丢儿** yī diū diūr 极少;一星半点:酒只喝了~。也说"一丢点儿"。

**一抹儿平** yī mǎr píng 很平坦:路修得~,畅通无阻。②一样;不相上下:要按质定价,不能~。

**一勺烩** yī sháo huì 比喻不分青红皂白对一切事或一切人都作同样处理:事情要区别对待,不能~。也说"一锅烩""一锅煮"。

**一锅端** yī guō duān ①比喻全

175

部消灭或全部解决:把敌人~。|小学毕业生~地进入这所中学。②比喻毫不保留全说出来:把憋在心里的话~地说出来。

**一码儿新** yī mǎr xīn 形容都是崭新的:屋里的家具~。

**一码是一码** yī mǎ shì yī mǎ 各是各的,不能混淆,不能一概而论:谁的错儿谁负责,~。|杀人偿命,欠账还钱,~。|割韭菜、剥麻线——~。(歇后语)(参阅"码")

**一纳头** yī nà tóu ①死心塌地:在敌伪时期他~杜门谢客。②埋头;每天晚上他就~研究经济改革问题。

**一扑纳心** yī pū nà xīn 一心一意;专心:~地过日子。也作"一铺纳心",也说"一扑心"。

**一后晌** yī hòu·shang 一个晚上:干了~也没干完。|整整闹了~。

**一时半会儿** yī shí bàn huìr 指短时间:这场雨~停不了。

**一模活脱** yī mú huó tuō 形容极相似,像从一个模子脱出来;一模一样:他俩长得~。

**一阶半级** yī jié bàn jí 低微的官职:~的有什么争头儿。

**一撇子** yī piě·zi 一拳头:他搋我~。

**一背拉** yī bēi·la 平均;平扯:别看这么多钱,~就没多少了。|每天好歹~总有五六十元进项。

**一径** yī·jing ①一直;连续不断:我爸爸~是当教师的。|这水龙头~滴水。②经直;不绕道:他没和任何人打招呼,~走进屋去。

**一铺安心** yī pù ān xīn 一心一意:你们俩怎么不能~地过日子呢?

**依** yī ①同意;答应:你就~了他吧。|别不~不饶。②听从;服从:只得~着他,没办法。|别事事都~着孩子。|~你的办。

**倚老卖老** yī lǎo mài lǎo 仗着年纪大,卖弄老资格:你别~。(倚,也作"依"。但不可写作"以")

**倚酒三分醉** yī jiǔ sān fēn zuì 倚仗着喝了点酒,故意装出醉态,故意胡闹。比喻借故生事:他这是~,别理他。

**胰子** yí·zi 肥皂。胰子原来也是一种化妆用品,是用猪的胰脏制成的,现在是名同实异了:买几块~。

**疑性** yí·xing (俗读yì xìng)误会;误解;差错:没说清楚,结果~了。|他准是去你家了,你们俩闹~啦。也说"疑相"。

**宜早不宜晚** yí zǎo bù yí wǎn 应该早一点儿不应晚了:做此事~。(宜:应该;应当)

**倚疯儿撒邪** yǐ fēngr sā xié 借着某种情势,更加任性胡为,无所顾忌:他借着酒力,~,丑态百出。

**已就** yǐ jiù ①已既成事实;已经这样(多叠用):~也就~了,撒谎就得撒到底了。|这都~~了,别争啦!②一定;肯定:他~不回来了,别等啦。③已成:学业~。

**已就已就** yǐ jiù yǐ jiù 已经这样了,就这样吧:事情~了,别争啦。|~了,随它去吧。

**尾** yǐ ①特指马尾(wěi)巴上的毛:马~罗(以马尾毛为筛绢的筛子)|~巴长(即wěi巴长)。②特指蟋蟀尾

部的针状物:三~儿(雌蟋蟀)。|全须全~儿(指蟋蟀的须和尾齐全,一丝没有损伤)。③指最后的部分:车后~儿。|他走得慢,落在后~儿了。

**呓儿扒挣** yì·er bā zhēng 指人刚睡醒时迷迷糊糊、懵里懵懂的样子:孩子给吓醒了,正~的。也作"呓儿八怔""呓而八睁"。

**呓怔** yì·zheng 熟睡时乱说乱动;比喻精神不正常:撒~。|又想娶个媳妇,你~了吧?

**勩** yì 器物的棱角、锋芒等磨损:螺丝扣~了。

**异数** yì shù 异于平常的人或事物;例外的情形:现代文坛上废名算是个~。|就气候、地理特点而论,这也是个~。|这样的当家人,对工厂,是个~;对家庭,也是个负担。

**阴凉儿** yīn liángr (俗读yīn liár)阳光射不到而凉爽的地方:树底下有一块~。|找个~歇歇。

**阴凉** yīn liáng 因物体遮住阳光而凉爽:把中暑的病人赶快移到~通风的地方。|~的大厅。

**洇** yīn 液体落在纸或布上向四外散开或渗透;浸润:这种纸写钢笔字~。|用水把毛巾~湿。|白色水池也~红了。|墙让雨水~湿了。

**繎** yīn 用针线把衣、被的面儿和里子以及其中的棉絮等稀疏地缝缀在一起,使不分离滑动:棉被絮好了,只剩下再~几趟线了。(此字右偏旁未简化。有的地方说"衔")

**饮** yìn 给人、畜喝水;使滋润不干枯:~~嗓子。|~马。|~羊(使羊喝饱水以增加重量。指以欺诈手段做生意牟利)|~场(戏曲演员在台上喝水润嗓子)。

**窨井** yìn jǐng 上下水道或其他地下管线工程中,为便于检查或疏通而设置的井状构筑物。

**荫** yìn 阳光照不到,又凉又潮:这屋子太~,没法住。|地下室很~,住长了容易患关节炎。

**荫凉** yìn liáng 又凉又潮:这屋子潮气太大,~得很。

**应当责分** yīng dāng zé fèn 理应如此;本该这样:我难道是个打杂儿的,而且是~?!|这是~的,别客气。也说"应当应分"。"分"也作"份"。

**鹰鹞** yīng yào 形容人精明强干:你看,他多~。

**蝇甩儿** yíng shuǎir 本指掸尘土和驱蚊蝇的用具,柄的一端扎一束马尾:他的衣裳已经烂得不成样子,袄袖和裤腿破的就像~。

**影** yǐng ①隐;躲避:林子里~着一个人。|他~在人群里。②遮蔽;遮盖:别藏着~着的。|坐在前排的人的头~着我看不见。

**影壁** yǐng·bì (俗读作 yǐng·bei)大门内或屏门内对房屋、院落起屏蔽作用的一垛墙。也有木制的,下有底座,可移动;大门外正对着大门的壁照:一进门就看到~上贴着一个大大的"囍"字。|大厅里门前放个~吧。

**影亮儿** yǐng liàngr 遮挡住光线:你躲开点儿,别~。

**影影绰绰** yǐng yǐng chuò chuò 隐隐约约,模糊不清:~的还有点儿印象。|他的身影~地消失在夜幕中。

**应** yìng ①事情的发展或结果,

与预言、预感的相符:今天的事还真~了他的话。|不料,他的预感竟~在今天。②灵验:这药吃后真~。

**应典** yìng diǎn ①指实践自己说的话:我说的决不会变卦,一定~。②应景:我是给他们~~而已,别当真。也作"应点"

**应名儿** yìng//míngr ①挂虚名:他只是应个名儿,没干什么事。|你在这~就行。②名义上:他俩是~师徒,实际上并没有师承关系。

**应卯** yìng//mǎo 旧时官府每天卯时查点到班人员,点名时到班人应声叫应卯。现比喻到场应付一下:上班时他应个卯就走了。

**硬山搁檩** yìng shān gē lǐn 本指房屋没梁,檩条直接架在山墙上。比喻生硬,不协调:这一段独白,乍一看没什么问题,细一琢磨,就感觉有点儿~,不那么合拢啦。也说"硬山搁"。

**硬朗** yìng·lang （老人）身体健壮:老大爷身板骨挺~。

**硬扎** yìng·zha ①结实;壮实:身子挺~②强硬;坚决:要把话说得~一些。

**硬戗** yìng·qiang 坚硬有力:这个人的后台~。

**硬气** yìng·qi ①理直气壮,扬眉吐气:劳动挣的钱,再多,花着也~。|话说得不~。②刚强;有骨气:这人~得很。|咱家虽穷,但穷得~。

**硬棒** yìng·bang ①物体坚硬,结实:这家具用的木料挺~。②身体结实有力;性格倔强:老太太腿脚还挺~。|他身子骨儿很~。③措辞强硬的话:他的话说得挺~。

**拥子** yōng·zi 套包。马、驴、骡拉车或碾场时,套在牲口脖子上用的,用皮革或布制成。也说"拥脖"。

**拥趸** yōng dǔn 支持者;拥戴者:在中国他更有众多~。|他是法国队的~。|羊城男女老少都成了"中国结"的~。

**用项** yòng·xiang ①用途;用场:你买这个东西有什么~？|这些钱我都有~,别乱花。②开支的款项:这个月~大,手头儿紧。

**悠** yōu 摇荡:小猴吊在树枝上~来~去。|麦穗在微风中~着。

**悠停** yōu·ting 慢慢,有节制,不要过度:有钱,买车也得~着来。

**悠搭** yōu·da 摇晃;悠荡;摆动:两条小辫子直~。|老五没精打采地跟在大家后面,~~地走着。|他坐在大车前面,两条腿垂在车辕下,不住地~着。也作"悠打""悠跶""悠达"。

**悠着** yōu·zhe 控制、节制不使过度:~劲干,别太猛了。|钱可要~花。也说"悠停着"。

**悠着点儿** yōu·zhe diǎnr 掌握分寸、火候儿,不使过度、过分:酒可要~喝,别醉了。|~劲儿干。也说"悠着"。

**由打** yóu dǎ ①从;自从:~昨夜到现在雨一直没停。|这孩子~上幼儿园就开始练琴。|正说着,~对面跑过一个人来。②经由:游行队伍~天安门路过。

**油渍麻花** yóu zì má huā 形容衣物上沾满油垢的样子:他穿件破破烂烂~的工作服。也说"油脂模糊"("模"也俗读做 mā)。

**油汤挂水** yóu tāng guà shuǐ 形容饺子、馄饨之类煮熟后,皮儿上显着油亮,水汪汪的:一大盘~的饺子冒着热气。

**蚰蜒** yóu·yan 节肢动物,像蜈蚣而略小,黄褐色,触角和脚都很细。生活在阴湿的地方。

**有根** yǒu gēn ①根基厚实。泛指心中有底,有数儿:你这么一说,我心里~了。|不着急,他~。②有办法,有能耐:你还真有~啊。|他办事挺~的,你尽管放心好了。③有根据:~有据。|~有底。|~有苗(有根据,有线索)。④有来头,有依恃:这个人~,不可小看他。

**有过节儿** yǒu guò jiér 有仇;有矛盾;有嫌隙:他们俩~,从不过话。

**有理无情** yǒu lǐ wú qíng ①不徇情面:~先打一顿。②无缘无故;平白无故:~地白跑了一趟。|事没办成,~地倒花了500块钱。

**有来道趣儿** yǒu lái dào qùr 富有情趣、兴致,怡然自得:他说得~的。也说"有来有去儿"。

**有来带去儿** yǒu lái dài qùr (说得)有根有据:他说得~,不信行吗?

**有一搭没一搭** yǒu yì dā méi yì dā ①无话找话说:~地聊起来。②行事随便,不稳当:这人办事~的,一点不牢靠。③可有可无,无关紧要或漫不经心:这事~,办成办不成无所谓。|别~地乱说。(其中"没"也说"无")

**有红似白** yǒu hóng shì bái (似,俗读作 sì)形容脸色白里透红:她那脸蛋~的。

**有尿儿** yǒu//niàor 有本事,有能耐;有财力(其反义词"没尿儿"):~的,你出来!|他手头儿能有多大尿儿,就这么大折腾。

**有谱儿** yǒu//pǔr ①对情况有一定了解,有处理的对策、办法、把握等(其反义词"没谱儿"):心里有点儿谱了。|你~吗?②有派头、架子:这个人挺~的。

**迂磨** yū·mo (说话、动作)迟缓拖延:他以前干活儿挺麻利的,怎么会变得这样~起来了呢?|你快点吧,别在那儿迂迂磨磨的了。

**吁** yū 吆喝牲口停止前进的声音,一般声音拉长:随着"~——"的一声,马车停住了。|他~、~地把牲口呵止住。

**余富** yú·fu 剩余:一点儿~没有。

**余外** yú wài (俗读 yù wài)此外;另外:我说可以,只是~有个要求。|~再给你一点儿。也说"越外"。

**榆木疙瘩** yú mù gē·da 坚硬的榆树根,比喻思想顽固:他爷爷非常迷信,典型的~脑袋!

**熨帖** yù·tie ①舒服:他身上不~。要回家躺一会儿。②(事情)完全办妥:这事不办~,我不能走。③(用字、用词等)贴切;妥贴:他的比喻挺~的。|他表演~自如。④心里平静:这一番坦诚的谈话,说得我心里十分~。

**熨熨帖帖** yù yù tiē tiē 体贴入微:服侍得~。

**箢箕** yuān jī 用竹篾等编成的盛东西的器具。也说"箢篼(dōu)"。

**圆坟儿** yuán fénr 旧俗。在死人安葬后的第三天,去坟地培土、烧纸,祭

## 会说不会写的词语

奠。

**圆古隆** yuán·gu lōng （东西）圆而粗重的样子:这~的大木头三个人竟没搬动。

**圆古囊囊** yuán·gu nāng nāng 绵软并圆乎乎的:你棉袄、棉裤还外套一件棉大衣,穿得~的。

**月窠儿** yuè kēr 新生婴儿没有满月:孩子还在~里啦。|没出~的孩子别到院里晒太阳。也作"月壳儿"。

**晕得忽儿** yūn·de hūr ①发晕;迷迷糊糊;飘飘然:一喝酒,头就觉得~的。②形容欣喜过度,得意之极:我听您夸奖,真有点~了。也说"晕打呼儿"。

**晕斗儿** yūn dǒur 头脑发昏,不知所措:大伙捧你,可别~。

**云山雾罩** yún shān wù zhào ①形容说话漫无边际,使人困惑不解:他们几个人在~地闲聊。②形容迷糊的样子:这人~的,刚说过的事就忘了。③形容云雾弥漫:山上~的。

**云子** yún·zi 云状的图案花纹:脚上穿着双鞋帮上纳着~的黑布鞋。

**匀溜儿** yún·liur ①大小、粗细、稀稠等均匀适中:买~个的苹果|这几个字写得挺~。|盛碗~点儿稀饭。|麻绳搓得挺~。②均匀,适中:这姑娘浓眉大眼,腰身~。

**匀兑** yún·dui 匀出来;抽出一部分让给别人:给他~一间屋子。

**匀滚** yún gǔn 平均计算:这东西~着也值100元。

**匀停** yún·ting 均匀;适中:配比~。|撒得不~。

**匀称** yún·chen ①均匀:苹果长得又大又~。|挑个~个儿的西瓜。②各部分搭配的都很合适:身段壮实又~。|文章布局~。

**匀脸** yún liǎn 使脸上的脂粉均匀:画眉~。|化妆师正给她~。

# Z

**匝道** zā dào 立交桥或高架路上下两条道路相连接的、以供车进出的路段。也指立交桥、高架路跟地面道路连接的路段。也指封闭性的高速路跟临近辅路连接以供车进出的路段。

**扎筏子** zā fá·zi 作为生气的对象或泄愤的借口：你哪来的气，拿我~呀！

**咂摸** zā·mo 仔细辨别、体味（滋味、意思等）；琢磨：你~~是什么味道｜他闭上眼，~着那句话的意思。

**咂咂** zā zā ①指嘴在吸吮时发出的声音；使嘴发出响声：~有声。｜一个什么劲儿？②妇女的乳房：两个大~。

**砸** zá ①(用缝纫机)缝制：~件上衣。也作"轧"。②失败或事情办坏：考~了｜戏唱~了。③商品卖不出去：新夏的货~在手里了。④投；掷：他一气之下，把碗~了过去。｜~进监狱。

**砸兑** zá·dui 追问确实：他到底去不去，一定~准。

**砸姜磨蒜** zá jiāng mó suàn 比喻说东道西，拖延时间：你嘴里别净~的，说痛快话。｜我没耐心烦儿跟你在这儿~地费唾沫。

**砸锅** zá//guō ①比喻办事失败：事儿办~了。｜演出~了。②发怒：你这么一闹，爸爸回来非~不可。(用作释义②时也作"炸锅"。)

**杂八凑儿** zá·ba còur 东拼西凑(不伦不类的人或物拼凑在一起)，也指拼揍在一起的东西：这些盘儿、碗儿不成套，是~。也说"杂巴凑儿""杂七杂八"。

**杂拌儿** zá bànr ①掺杂在一起的各种干果、果脯等：买两斤~。②比喻杂凑而成的事物：~糖。｜这个集子是个大~，诗、散文、杂文都有。

**杂八地** zá·ba dì ①三教九流聚会、江湖艺人聚集的地方：解放前天津南市、北京天桥都是~。②借指横行杂八地的恶霸、流氓、混混儿。也作"杂霸地"。

**杂和面儿** zá·huo miànr 掺少量豆类磨成的玉米面。也作"杂合面儿"。

**杂耍儿** zá shuǎr 杂技；有时也

181

## 会说不会写的词语

兼指曲艺：看~|演~。

**栽** zāi ①头朝下跌倒：~跟头|一头~到地上。|~倒(摔倒)|不小心,他从上面~了下来。②比喻失败或出丑：这事我可~了。|这回他可~大了。

**栽子** zāi zi 供移植的幼苗：桃~|花~|柳~。

**栽了** zāi le 比喻失败或出丑：这事我可~。

**栽面儿** zāi miànr 丢脸；失去面子：你干这活儿也不怕~。|~的事不干。也作"摘面儿"。

**儎** zài ①运输工具所装的东西：空~儿|过~|卸~儿。②一只船装运的货物叫一儎。③比喻负担：你这不是给我加~儿吗？|给你配两个助手,让你卸点儿~儿。

**再** zài 在清水里漂洗（衣服等）：肥皂打得太多了,得多~两遍。

**再分** zài·fen 只要；但分：~有一些办法,也决不向人开口。也说"再凡"。

**在早** zài zǎo 早先；从前：~他俩上中学时,就很要好。

**簪子** zān·zi（俗读 zàn·zi）绾住发髻的条状物。用金属、骨头、玉石、塑料等制成：她头上别着一个金~。

**攒** zǎn 积聚；储蓄：~钱买房|~粪|这点钱我先给你~着。

**趱趱** zǎn zǎn 趔趄：他一下车,便来了个~。

**錾子** zàn·zi 凿石头或金属的小凿子：钢~。

**赞儿** zànr 牢骚话；怨言：~哄哄(怪话连篇)

**瀽** zàn 溅：~了我一身泥。

**糟** zāo ①朽烂；腐朽：立柱根部~了。|铁皮~了。②浪费；损坏：这点钱不够他~的。|这点东西他非~完为止。③事情办坏；情况很坏：不要把事情办~了。|情况~透了。

**糟欠** zāo qiàn 因手欠、嘴欠而讨人厌(参阅"欠"③④)：这孩子净~。

**糟改** zāo gǎi 讽刺挖苦；戏弄、取笑：你呀！专会背地里~人。|你这不是~我吗?

**糟糕** zāo gāo 指情况、事情坏得很：~！忘带准考证了。|把事情办~了。

**糟践** zāo·jian（俗读 zāo·jin）①糟蹋,浪费或损坏：别~粮食。②侮辱；损害人格、名誉；蹂躏：说话可不要随便~人！|你这不是成心~他吗？也说"作践"。

**糟心** zāo xīn 因情况坏或遇到不如意的事而心烦、焦躁、恼火：在这节骨眼儿上车坏了,真~。也作"遭心"。

**糟蹋** zāo·ta ①损害、损坏；浪费：不要~粮食。|大风~了不少果子。|你这一剪子把这块布料儿~了。②蹂躏；特指奸污：大姑娘让他给~了。也作"糟踏""糟塌"。

**遭** zāo 量词。①周围；绕一周：用绳子缠上两~。|围着操场跑了三~。②用于行为、动作,相当于"回""次"：这还是头一~。|一~生,两~熟。

**遭瘟** zāo//wēn ①遭受瘟疫。②使人受祸害(多用于咒骂)：这个~的天气,立秋后还这么热！

**遭业** zāo yè 受罪：他在"文革"中可没少~。

**凿死卯子** záo sǐ mǎo·zi 过于较真儿,不变通,钻牛角尖儿;认准一个理儿:你别~,太认真了。

**凿真儿** záo//zhēnr 过火地抠事或话的来龙去脉:这事儿别太~了。|这话你凿什么真儿啊。

**噪儿巴喝** zàor bā hē 哇啦哇啦乱嚷:人们摸透他的脾气,也爱逗他,越逗,他越~的,整天不住嘴。

**造孽** zào//niè 做坏事:让他~吧,早晚得进去(指坐牢)。|这是谁造得孽?

**造模** zào·mo 做不合情理的事或说不合情理的话;造谣,说瞎话:别听他瞎~。|编笆~。也作"造魔"。

**造派** zào·pai 夸大或捏造别人的缺点过失:他总在背后~人。

**奘** zàng 说话粗鲁,态度生硬:这人说话特~。

**贼** zēi ("贼"的变调)暗中观察,注意:他的老毛病又犯了,不信你~他。|你~着吧,他那坏毛病总犯。

**贼** zéi ①很;十分,表示程度高:累个~死。|这天~冷。|他眼~尖。②机灵;敏锐:他真~。③暗中跟踪,盯梢:让人家~上了。

**贼眉鼠眼** zéi méi shǔ yǎn 形容鬼鬼祟祟、邪恶不正的样子:他们俩~的,小心点儿!

**贼眉溜眼** zéi méi liū yǎn 形容十分狡猾的神态:看他那~的样儿。

**贼着** zéi·zhe (俗读 zēi·zhe) ①监视着;盯着:我老~他,看他到底要干什么。②估计;想着:我~他会来。

**怎价** zěn·jia 怎样,如何:这让我~说呢?|别总提他是~说的。

**缯绷** zēng·beng 形容皮、布或纸,经过抻扯,绷得极平:鼓皮~~的。也作"赠崩"。

**缯** zèng 捆;扎;绑:竹竿儿裂了,用铁丝把它~起来。|麻袋口用绳子~住。

**甑儿糕** zèngr gāo 用米面加果料、糖蒸的一种小吃。旧时有挑挑儿或推车下街现蒸现卖的,所用的木制碗状的蒸具称为"甑儿",上下可翻转使用,放在蒸气嘴上蒸:~、芸豆卷、小窝窝头都是北京风味小吃。|~的徒弟——一屉顶一屉。(歇后语。比喻一辈接续一辈。)也叫"熟里糕"。

**锃光瓦亮** zèng guāng wǎ liàng (瓦,俗读 wà)形容反光发亮、耀眼通明:铜火锅擦得~。(参阅"瓦")

**锃亮** zèng liàng (器物表面)光亮耀眼:皮鞋擦得~。

**喳** zhā 旧时仆役对主人的应诺声。

**扎猛子** zhā//měng·zi 游泳时头朝下钻到水里:这里水浅,千万别~。|扑通一声,他跳进河里,扎了一个猛子到对岸才露头儿。

**扎咕** zhā·gu ①治疗:前些日子他闹眼病,医生给~好了。②对付;惩治:怎么~他。|~牲口。

**扎眼** zhā yǎn (俗读 zhà yǎo) ①刺眼:这灯怪~的。②过于惹人注目,使人感觉不顺眼(含贬义):她穿的太~了。|这个词儿太~,删掉。

**扎裹** zhā·guo (俗读 zhā·gu) 打扮:这孩子让他妈妈~得多漂亮。也说"扎括"。

**扎窝** zhā wō ①飞鸟归巢:老

鹰~。②比喻躲在家里,不思有所作为:看他那~样儿。｜男子汉别总~。

**揸** zhā 张开(手):~开五指。

**咋呼** zhā·hu （俗读 zhǎ·hu）①吆喝;虚张声势:咱们不怕敌人瞎~。②张扬;吹嘘:光~不行,得拿出真本事来。③威吓:~他一顿才老实。④高声叫嚷:他~的最凶。也作"咋唬"。

**咋咋呼呼** zhā zhā hū hū （咋俗读 zhǎ）大声嚷嚷,显示自己了不起的样子:不要~的,要不声不响地去做。也作"咋咋唬唬",也说"喳喳哄哄"。

**诈诈唬唬** zhà zhà hū hū 用大话假话蒙哄吓唬别人:你别~的,我不怕你!

**咋啦** zhā·la ①说话声音大,又说得多:大清早他就~起来了。也作"咋喇"。②(zhǎ la)怎么啦:~,这么不高兴?

**譇媢** zhā·le （媢[lù]变读。）嗓音尖细刺耳:~着哭起来。

**扎挣** zhá zhēng 勉强支撑;坚忍:他在病床上~着身子起来。也作"揸挣"。

**眨摩** zhá·mo 眨着眼睛不断地打量:这小子不正经,总~人家大姑娘。｜不认识啦,上下~吗?

**眨目眼** zhá·mu yǎn 眨眼:这孩子爱~,习惯了可不好。

**炸牙** zhá yá 冰冷的水刺痛牙:水太凉,喝着~。

**拃** zhǎ ①张开大拇指和中指(或小指)来量长度:用手~了~桌面。②量词,表示张开大拇指和中指(或小指)两端间的距离:这块布三~宽。

**砟子** zhǎ·zi 小的石块、煤块等:炉灰~。

**乍猛的** zhà měng de 突然;猛然:他~问我,倒想不起来了。也作"扎猛的"。

**扎煞** zhà·sha （"扎"的变调）①(手、树枝等)张开;散开:他~着手不知干什么好。｜树枝子~着｜皮帽子的帽儿向两边~着。②(毛发)竖立:一听闹鬼,头发都~起来了。③婴儿刚会行走的样子,往往要张开手臂:孩子刚会~。也作"挓挲"。

**奓毛儿** zhà//máor 发脾气;发怒:万一这家伙奓了毛,跟我拼命,那就麻烦了。也作"炸毛儿"。

**奓** zhà 张开:这衣服下摆太~了。

**奓刺儿** zhà//cìr 调皮捣蛋,挑拨是非;寻衅闹事:对歪风邪气敢管,看谁还敢~!｜你们不要生气,她奓不了刺儿!也作"乍刺儿""炸刺儿"。

**奓着胆子** zhà zhe dǎn·zi 勉强壮着胆子,鼓起勇气:他~登上了险峰。也作"乍着胆子"。

**跨** zhà （"跨"的变读）刚会走的婴儿摇晃着试走:小宝贝儿在地上~~。也作"踤"(zhǎ)。

**栅栏门** zhà·lan mén （俗读 zhǎ·la mén)用木、竹或铁条做成的类似篱笆而较坚固的门:检票口的~关上了。

**诈** zhà ①欺骗:我怀疑这里有~。②用语言或手段骗人,诱使对方透露真情:你别~我,我什么也不会说的。③假装;作假:~死｜~哭

**诈眼** zhà yǎn 假装看错:他这是~装聋。

**诈尸** zhà//shī ①迷信的人指停放的尸体忽然起来。②指突然叫嚷或做出像发狂似的动作(骂人的话):你疯啦,诈什么尸啊!|大清早她就站在门口~。

**诈唬** zhà·hu 蒙哄欺骗吓唬:别人一~,他全秃噜了。|别怕,他是在~你。

**诈湖** zhà hú 打麻将假冒或错认已达到规定要求取得成功:这一局他~啦。也作"诈和(hú)"。

**诈哄** zhà·hong 哄骗:你~谁?我全知道。|我不是~你,是实心实意的。

**炸呼** zhà·hu 乱喊叫;吆喝:瞎~|他爱~。

**炸窝** zhà//wō ①鸟或蜂群受惊扰从巢里向四处乱飞。②同"炸营"。

**炸营** zhà//yíng 人群受惊乱成一团或四处逃散:这下子全村都炸了营啦,乱成一锅粥了。也说"炸窝"。

**炸眼** zhà yǎn 马、驴等牲畜突然见到生人或其他不熟悉的东西而惊恐、嘶鸣或狂奔:毛驴~直刨地。

**炸子儿** zhà zǐr 一种枪弹。弹头射入人体后爆炸:这小子太可恶了,该让他吃个~。|现在枪毙人不用~了。

**炸垅** zhà lǒng 谷物幼苗破土而出:麦子刚~。

**炸锅** zhà//guō ①比喻情绪激动或大发脾气:有一句话不对他心思就~。②比喻众人突然发生吵闹:一听说公司要破产,工人们便~了。|七嘴八舌,教室里炸开了锅。

**痄腮** zhà·sai (俗读 zhà·sa)流行性腮腺炎的通称:这孩子长~了,腮帮子都肿了。

**侧棱** zhāi·leng 向一边倾斜:大伙儿都~耳朵听他说话。|~着身子躺在床上。也作"侧楞""仄楞"。

**侧歪** zhāi·wai ①向一边倾斜;站立不稳,扭腰侧身:帽子~在一边儿。|打得他一~。|车在山坡上~着开。|船体~40度。②侧身卧:一进门他就~在床上了。也作"仄歪"。

**侧不棱** zhāi·bu lēng 身体摇晃,歪斜,脚步不稳,快要摔倒的样子:他被车一挂,来了个~。|一个~,咕咚一声,他倒在地上。也作"侧不楞"。

**择不开** zhái bù kāi ①分解不开:线乱成一团,怎么也~了。②摆脱不开,抽不出身:一点儿工夫也~。

**择席** zhái xí 在某个地方睡惯了,换个地方就睡不安稳。也说"择床"。

**择菜** zhái//cài 剔除蔬菜中不宜吃的部分、留下可吃的部分:今天你来~。|择韭菜。

**窄憋** zhǎi·bie ①狭窄;窄小:这房子虽挤满了人,也不显得~。②(心胸)不舒畅:这两天心里怪~的。③(生活)不宽裕:这几年生活好多了,不像以前那么~了。

**窄巴** zhǎi·ba ①狭小:房子太~。|屋里东西太多,显得挺~。②拮据;不宽裕:日子过得挺~。|手头有点儿~。

**镏儿** zhǎir ①(器物、衣物、水果等)残缺破损的痕迹:苹果一点~都没有。|碗上有个小~。②指毛病、缺陷:他出身有点~。|一点儿~都没有的人,没有!

**拃** zhǎi 在衣服上缝上附加

185

物:~纽扣|~上一条花边儿。

**沾** zhān ①因接触而被东西附着上:伤口不要~水。|衣服上~了许多土。②稍微碰上或挨上:脚不~地|~边儿(比喻挨近;略有涉及或接近事实)。③接触;染上:烟酒不~|这事~上就脱不了身。④行;好;可以:不~(不行,不成)。

**沾包儿** zhān//bāor 受牵连;受连累:免得~。|你这样干,全组人都得跟着~。|我可不沾你的包儿。

**沾手** zhān shǒu ①用手接触:雪花~就融化了。|太烫,不敢~。②比喻参与、介入某事,插手:这活儿一~就甩不掉。|这件事你千万别~。|这事他一~准坏事。(与"粘手"不同)

**沾补** zhān·bu 凭借别人或某种事物而得到(好处):这点钱我不能一个人独吞了,伙计们都得~点儿。

**沾亲带故** zhān qīn//dài gù 多少有点儿亲戚故友的关系:说来说去我们还~哩。|我和他既不沾亲也不带故。又作"沾亲带友"。

**斩获** zhǎn huò 原指在战争中斩杀与俘获,现比喻在体育比赛中获得奖章、奖牌或较好的名次、进球得分等:中国选手将力争在男子三米板项目上有所~。|中国运动健儿在奥运会上~多枚金牌。

**崭** zhǎn ①优异;好:衣料真~。|味道特~。②(程度副词)特别;很:~齐|~新|~亮。

**崭劲** zhǎn jìn 努力;使劲:从今以后~干吧。|~忍着疼。

**崭晴** zhǎn qíng 非常晴朗:~天。

**展样** zhǎn·yang ①豁达;不拘束:这姑娘又~,又稳重。②美观不俗气:屋里摆设挺~。

**搌布** zhǎn·bu 擦器皿桌椅等用的布;抹(mā)布:用~擦桌子。

**䀹眼** zhǎn yǎn 转眼;眨眼,形容极短的时间:一~工夫,大雪已覆盖了大地。也作"展眼"。

**黵** zhǎn 弄脏;沾污:黑布襟(jīn)~|墨水把白纸~了。|~卷。

**蘸火** zhàn huǒ 把金属工件加热到一定温度,然后浸入冷却剂(油、水等)急速冷却,以增加硬度。即淬火的通称。

**绽线** zhàn xiàn (缝线的开口处)开线:口袋边儿有地方~了。

**占手** zhàn//shǒu 两手正忙着干活或拿着东西,腾不出手来:你没看见我正占着手啦,怎么帮你?

**张道** zhāng·dao ①举动浮躁:这个人太~,一点儿准谱儿都没有。②包揽过问,好张罗闲事:什么事他都~,也不嫌麻烦。

**张心** zhāng xīn 劳神;操心:现在你是大学生了,不要再叫家长~了。

**张精** zhāng·jing 逞强,逞能:这人太~。|别~,悠着劲儿干。

**张理** zhāng·li 理睬:你怎么不~人呢?

**张巴** zhāng·ba 大惊小怪:这事何必~?

**张罗** zhāng·luo ①招揽;召集:这生意你多~点儿。|这个会你~~。②筹划,安排,料理:这事由你来~。|~弄点水喝。|他为儿子~着成亲。③物色,寻找:这么大了,也该~一个媳妇了。

**招** zhāo ①传染(俗读 zháo)：这病~人，要注意点儿。｜肝炎病毒携带者只要转氨酶不高，不~人。②引来：~蚊子｜~人喜欢｜~万人恨。③用言语或行动触动或挑逗对方：这阵子他脾气特大，可别~他。｜我没~人惹人，怎么对我都有意见。

**招谁惹谁** zhāo shuí rě shuí 招惹、触犯什么人（多用于问句或反问句）：我~了，大家为啥对我不满？｜他并没有~呀！怎么都不愿理他？

**着** zhāo ①放；搁进去：向锅里~点儿盐。②装；安放：这么多人一屋子~不下。③用于应答，表示同意：~，就这么办。④下棋时下一子儿或走一步叫一着：这~棋走得好。｜下棋别瞎支~儿。

**着** zháo ①感受；受到：~风就感冒。｜~凉。②燃烧，也指灯发光：炉子~得很旺。｜路灯~了。｜这东西点火就~。③入睡：一上床就~了。④接触，挨上：脚别~地。｜上不~天，下不~地。｜~雨就发霉。

**着三不着两** zháo sān bù zháo liǎng 形容人说话、办事考虑不周，说话没准儿，轻重失宜：这人没个准主意，~的。

**着落** zháo luò ①指可以依靠的地方或有指望的来源：教育经费如今还没有~。②下落：遗失的东西有了~了。③事情落实在某个人身上；责成某人负责办事：这件事就~在你身上。

**着忙** zháo//máng 着急；着慌：不~，慢慢来。｜你着什么忙啊。

**着紧** zháo jǐn ①赶紧：吃了饭还~去开会呢。②要紧：不~的事。③关系紧密：他们两家很~。

**着劲** zháo jìn 使劲：你~拉他一把。｜干活别不~。

**着魔** zháo//mó 比喻迷恋某种事物到了几乎失去理智的地步：对物理这门课他有浓厚兴趣，甚至有点儿~。｜玩电子游戏，他简直是着了魔似的。

**着面儿** zháo miànr 见面儿；照面儿；露面儿：打个~就走。｜他已经好几天没~了。

**着迷** zháo mí 对人或事物产生难以舍弃的爱好：下象棋他可~啦。｜忒~了。

**着边儿** zháo//biānr 沾边儿：别尽说些不~的话。｜这想法根本不~。｜这话还着点儿边儿。

**着实** zháo·shi ①（言语、动作）分量重；力量大：被~打了一顿。｜~骂了他一顿。②实在；确实；的确：心里高兴了一阵子。｜~大吃一惊。③老实：~说吧。④认真：这病得~养几个月。

**找补** zhǎo·bu （俗读 zháo·bu）①把不足的补上：话没说完，还得~几句。｜不饱再~点儿。②戏言追究罪责、过错：事都过去了，怎么还得~上不成？

**找头** zhǎo·tou 买卖时找还的零头儿尾数：钱正好，没~。

**找不顺序** zhǎo bú shùn xù 找别扭，找麻烦，惹娄子：好好的日子可别~。｜大过年的，咱可别~。

**找不着北** zhǎo bù zháo běi 讥讽高兴过度，得意忘形，忘乎所以，以至晕头转向：这孩子一表扬他就~了。｜看他玩得一时~啦。｜美得他快~啦。也说"找不到北"。

**找不自在** zhǎo bú zì·zai 自寻烦恼；自讨没趣：咱可别~，有话好好说。

**找齐** zhǎo qí ①使整齐：篱笆编好了，顶上还没~。②补上：今天先发这些，剩下的明天~。

**找俏** zhǎo qiào 寻找不应得的利益：你别在我这~。

**找辙** zhǎo//zhé 找借口，寻找敷衍、对付的主意或办法：我实在坐不住了，赶紧~告辞回家。|找饭辙(找吃饭的门路)。

**找岔儿** zhǎo//chár ①故意寻找差错；吹毛求疵：你别没事儿净找什么岔儿。②寻找借口；寻衅：你这不~打架吗？|~报复。也作"找碴儿"，也说"找岔子"。

**照** zhào 介词。①朝；向：~直走|~屁股上打。②按；依：~这样干一会儿就完。|~你的身材做就行。③比：~往常好。

**照实** zhào shí 根据实际情况：~说吧。|你~告诉我。

**照说** zhào shuō 按说：~你也应该去。

**照量** zhào·liang ①较量；比试：你这么个小个子，还想跟我~。②试试；尝试：我来~~|不能太性急，要~着来。

**照直** zhào zhí (说话)直截了当：有话就~说，不要吞吞吐吐的。

**照呼** zhào·hu 照顾：都上班去，谁~孩子？（与"照护"不同）

**笊篱** zhào·li 用金属丝、竹篾或柳条等制成的能漏水的用具，有长柄，用来捞东西：用~把面条捞到盆里。|拿~捞鱼。|~打水一场空。|皮~——滴水不漏。(比喻好处独占，不留给别人)也说"爪篱"。

**蜇** zhē 蜜蜂、蝎等有毒腺的虫子用毒刺刺入人畜的皮肤：让蜜蜂~了一下。|被蝎子~手了。

**蜇** zhē ①同"蜇"。②某些物质刺激皮肤或黏膜、使感觉不适或微疼：洗头时当心洗发液~眼睛。|切洋葱~眼。|这种药水擦在伤口上~得慌。

**着呢** zhe·ne 用在形容词或容词性的词语后面，表示强调某种性质或状态，略有夸张意味：他俩好~。|这路难走~。|这人厉害~。|饭还热~。

**折** zhē ①翻转：~跟头|~饼儿(身体躺着翻来覆去)。②倒过来倒过去，倒(俗读 zhé)：他把饭给~了|水太热，用两个碗一~一~就凉了。

**折腾** zhē·teng ①翻过来倒过去；凑合着睡一会儿，别来回~了。②反复做某事或某种动作：他把收音机拆了又装，装了又拆，~了几十回了。③折磨，使痛苦：慢性病~人。|这活儿可把我~苦了。④挥霍；胡乱花钱：这些钱都叫他~光了。

**折个儿** zhē//gèr (身体、物体)翻转过来：他在床上翻来覆去地~，好久才睡着。|你在床上折什么个儿啊？也说"折过儿"

**折饼儿** zhē bǐngr 辗转反侧；整个大翻身：晚上躺在床上~，睡不着。也说"翻饼儿"。

**折箩** zhē luó 指酒席吃过后倒在一起的剩菜。

**折证** zhé·zheng 辩论；争辩：

你如果有理,就跟他~~去。

**箦** zhé 一种粗竹席。

**辙** zhé ①办法;主意:想~|没~|找~(找借口;找门路)。②常情;常规:爸爸老了,说话不合~了。③戏曲、歌词等所押的韵:合~|十三~。④规定的行车方向:上下~|饯~。⑤一定的秩序:这些日子,生活又有~了。

**褶儿** zhěr (衣服、布匹、纸张上)经折叠而留下的痕迹:裤子上有一道~。

**褶子** zhě·zi ①褶:用熨斗把~烙平。②脸上的皱纹:她是老了,满脸都是~。③(衣服上)经折叠而形成的纹:裙子上的~。④失败:这件事儿~了。

**者烈** zhě·lie ①不讲情理:这个人太~了。②故意挑刺,不配合:我找他办事,他总是~。③这也不是、那也不是,故意为难人:这孩子真~,怎么也哄不好。("者烈"原为元朝时天津一地方官人名,此人信佛,一次到娘娘宫烧香,看到一个个打扮得十分漂亮的妇女也来拜佛。他觉得太不成体统,呵斥一顿,把人都吓跑了,从此,这里的人员稀少了。他一看又急了,让手下人通知各家妇女每人每月必须来烧香两次,搽粉戴花也可以……此人不通情理,发号施令,一会儿这样,一会儿那样,朝令夕改。后来人们以其名作为形容上述①②③行为或其人的代名词。)

**嗻** zhè 旧时仆役对主人或宾客的应诺声。

**仄歪** zè·wai (俗读 zhāi·wai) ①倾斜摇晃:他~两步又站住了。②倾斜不稳的样子:身子~了一下。

**这会子** zhè huì·zi (会,俗读 huǐ)现在、目前:~他倒不说话了。|那会子不知害臊,~怎么又害臊了。

**这不结啦** zhè bù jié la 承接对方的话,表示确认某些内容。用于句首:~,你说的确实在理。|~,哭也没用吧。"结"也作"截"。

**这么着** zhè·me zháo 这样;这么办(指方式、动作或情况):大家都研究过了,就~吧。|那东西就~归他所有了。|总~可不行。

**这溜儿** zhè liùr 这一带地方;这块儿:咱们~要安装煤气管道了。|我嗓子~总疼。

**这式儿** zhè shìr (俗读 zhèi shìr)这个样子:几天没见怎么~啦。

**针脚儿** zhēn jiǎor ①缝纫时前后两针之间的距离:他做的布鞋,底厚,帮宽,~密。②缝制衣物时留下的针线的痕迹:不露~。也说"针码儿"。

**针头线脑儿** zhēn tóu xiàn nǎor ①指针线活:大闺女在家得学点~。②比喻细微的事物:这些~的别太在意了。③缝纫用的针线等物:买个~的。

**真个** zhēn gè 的确;实在:这地方~变了。|我~不信。|我~太累了。

**真格的** zhēn gé de ①实在的:说~的,他是个大好人。|~,你去不去?|别装了,说点儿~的。②真正的:奖罚要动~了。

**真章儿** zhēn zhāngr 真实的行动;切实有效的办法;主见:你这回要不拿出点儿~来,他们不会答应的。|嘴上说得天花乱坠,一叫~就瘪了。|就这样吧!何必这么没有~,看看下一步棋再说吧。

**真得** zhēn děi ①确实要,表

**会说不会写的词语**

示事实上或情理上需要;应该;必须:~好好谢谢您。|再不走,~迟到了。|~重新调整一下心态。|~和大家商量商量。②真舒服:坐在这个沙发上~。(注意,与"真的""真地"意思不一样。请参阅"得"词条)

**斟** zhēn 往杯或碗等容器内倒水等:~水|~饮料|~酒|他为客人~茶递烟。|水~一~凉得快。

**镇** zhèn ①用重物压在上面;向下加重量:那字条在佛前~着呢。|~尺。②压制,抑止,压服:他一句话就把大家~住了。③阴沉着脸,表情严肃:他故意~着脸。④将食物等置于冰上或下、冷水中使变凉:冰~汽水|把西瓜~一~。

**镇唬** zhèn·hu 吓唬:他想杀鸡给猴看,~~这家伙。

**震了** zhèn·le 出类拔萃,令人震惊,使人折服:他这手绝活儿,简直~。

**纼子** zhèn·zi 拴、牵牲口的绳子。

**阵子** zhèn·zi 一段时间:他病得可有~了。|他有~没来了。|那~我们经常走动。

**挣为** zhēng·wei(俗读 zhèng·wei)①挣扎;勉强支撑:他~着坐起来。②苦熬;苦奔:这家又不是我一个人的,净让我一个人~。也说"挣歪""挣崴"。

**整治** zhěng zhì 搞;做;进行某项工作:赶快~点儿饭吧。|~庄稼。

**整天价** zhěng tiān·jia 成天:孩子~在外面玩儿。|他~东跑西颠的。也说"整天介""整天际"。

**挣** zhèng ①用力使自己摆脱

束缚:把捆绑的绳子~开了。②竭力支撑:强~着精神。③撑开;胀:你~着口袋,我把它倒进去。|脸~得通红。④努力获取:~下一份家业。|钱是我~的。

**铮** zhèng (器物表面)光亮耀眼:玻璃擦得~亮。

**正二八摆** zhèng·er bā bǎi 正正经经,郑重其事:我这可是~的受训。也说"正经八百""正经八本"。

**正儿八经** zhèng·er bā jīng ①正经的;严肃而认真的:一脸~的神气|他~地向她宣传计划生育的好处。②正式的,合乎标准的;真正的,确实的:这可是~的原装货。|你这是~地错怪了他。也作"正儿巴经"。

**正章儿** zhèng zhāngr ①正题:说了半天还没说到~。②正经事儿:帮他想想办法儿才是~。

**正格的** zhèng gé de ①真实的:这是~的优质产品。②正经的:谈点儿~,别总开玩笑。|跟人家大闺女别尽没~。

**正庄** zhèng zhuāng 合乎一定标准的;真正的:~货|咱自小就是~的庄稼汉。

**怔神儿** zhèng shénr 发呆;发愣:大家一~,牲口就跑远了。也说"愣神儿"。

**支棱** zhī·leng 竖立;翘起:~耳朵听着,是不是有动静。|~着小辫儿。也作"支楞"。

**支棱八叉** zhī·leng bā chā 枝杈、毛发等杂乱地伸张着的样子;形容不整齐:他摘掉帽子,那头发~的,硬梆梆地竖着。也作"支棱巴杈""支愣巴杈"也说"支楞八翅"。

**支招儿** zhī zhāor 给下棋的人出主意,泛指从旁给人出主意:你在那儿别瞎~!|本刊这个栏目如何办,敬请读者~。用于下棋,也作"支着儿"。

**支嘴儿** zhī//zuǐr 插嘴;从旁给人出主意:别瞎~|不用你干,支个嘴儿就行。

**知疼着热** zhī téng zháo rè 对人关心爱护。多用于夫妇之间:妻子对我~的。

**知根知底** zhī gēn zhī dǐ 了解底细、内情:找他介绍对象没错儿,他双方都~。

**直杵** zhí chǔ ①直来直去:有话就~,别绕脖子。②呆呆地站立着:你在那儿~着干吗?

**直眉瞪眼** zhí méi dèng yǎn ①气恼、焦躁的神色:你别~的,怎么样?②发呆的样子:怎么~地愣着。也说"直眉楞眼"。

**直不笼统** zhí bù lǒng·tong 不转弯抹角;径直:他说出话来~。|往前走。也说"直咕笼统""直不隆统"。

**直直溜溜** zhí zhí liú liú 不曲不弯、笔直的样子:这条大道修得~的。|~的木杆。

**值过儿** zhí·guor ①值得;上算:多花点钱也~。|这事干得不~。②指平稳无差错的结果:这件事办得总算落了个~。

**值当** zhí//dàng 值得;犯得上;合算:为这点儿事生这么大气,~的吗?|能赚多少钱,~下这么大本儿?|别哭了,值不当的。(与"只当"不同)

**值重** zhí zhòng 有价值;重要:人不能把金钱看得那么~。

**指不定** zhǐ·bu dìng 没有准儿;说不定:你别等了,他~来不来呢。

**指拨** zhǐ·bo ①指点;点拨:我工作上没经验,您多~吧。②发令调度:除非周队长来,你甭想~我。

**指盖儿** zhǐ gàir 指甲:剪~。也叫"指甲盖儿"。

**指指戳戳** zhǐ zhǐ chuō chuō 背地里议论:做事正大光明,别让人家~的。

**指山说磨** zhǐ shān shuō mò 比喻表面上说这个,实际上说那个:他这是~。

**只管** zhǐ guǎn ①尽管:有意见~提。|有何招数~使出来。②只顾;一味;一直:~说他的事,别的不闻不问。|他~坐在那儿哭。

**只当** zhǐ·dang 只算是:别生气了,这话~我没说还不行吗?

**置** zhì 购买;备办:~房子地。|家里~一些家具。|这房子咱~不起。

**志** zhì 称轻重、量长短:用秤~~。|拿尺~一下多长。

**炙炉儿** zhì lúr (俗读zhī lúr)一种厨具。用陶土和砂混合烧制而成,圆瓶盖状,直径一尺左右,上面稍稍凸起略成球面形,其上有均匀分布很多小孔,扣在煤球炉子上,用以烙饼或烤烙其他面食:用~烙馅饼。也作"支炉儿"。

**滞碾** zhì·nian 拖沓;不爽利:这一件事~半年也不办。也作"滞粘"。

**至不及** zhì bú jí (至,俗读zhǐ)表示从最少或最低限度说,犹如"最不行":他们当中有的会三四种外语,~的也会说一种外语。|我会教书,~还可

以去做宣传工作。|~我还当我的县长。|~也得(děi)说他几句。也作"至不济"。

**至于** zhì·yu ①达到(某种程度);导致(某种结果)。多用于否定式:你说的那么严重,我看不~吧?|疼,确实疼,不~忍受不住吧。|平时多做点儿,何~今天忙到这种地步?|早一点治,何~病成这个样子? ②介词。引出另一话题,表示另提一事:他们每年都有几项重大的技术革新,~零星的小改革,那就更多了。|他几天不上班了,他是否要辞职,说不好。③与"吗"组成疑问句,表示怀疑达到了某种程度或导致某种结果,有不值得的意味:~吗?生这么大气。|~吗,哭起来没完。(不要写作"致于")

**治气** zhì//qì 怄气;跟别人生气:算了,别跟他~了。|你治什么气啊。也作"制气""致气""置气"。

**中规中矩** zhōng guī zhōng jǔ 比喻一个人的言行都很合乎社会规则,合乎社会习惯:他一直~地干工作。

**中着不着** zhōng zháo bù zháo 该管该说的不管不说,不该管的说的却很认真,并没完没了:他这个人~。

**中不溜儿** zhōng·bu liūr 中等的;中间的:他的学习成绩在班里属于~。|走在~的是我。

**周正** zhōu·zheng 端正;匀称:她长得虽不算漂亮,但很~。|字写得很~。

**周吴郑王** zhōu wú zhèng wáng ①原为《百家姓》的第一句,"赵钱孙李、周吴郑王"。借指百姓家:深入千家万户,~。②旧时儿童读《三字经》《百家姓》时都是一本正经地念,所以形容一本正经的样子:他干什么事儿总是那么~的。|别给我来~的。

**㧅** zhōu ①从一侧或一端托起沉重的物体或往上掀:把箱子~起来。|把桌子~翻了。②拉:~我一把。③向嘴里倾倒酒等:把这杯酒~了。|~两口老白干。④掏;翻;揭:万一他把老底儿一~,就全完了。

**㧅桌** zhōu zhuō 因争吵发怒、醉后胡为等将摆着饭菜的餐桌掀翻。

**䂳** zhōu 唤鸡的声音。

**轴实** zhóu·shi (身体)结实;健壮:这孩子长得多~。

**怞** zhóu (怞的变调儿)固执;执拗:~脾气。|你看,他那一劲儿又上来了。也作"轴"(轴蛋——固执不知变通的人)。

**怞** zhòu ①(关节)不灵活:腿有点~巴。②皮肤发紧的难受感觉:浑身~得慌。

**皱憋** zhòu·bie 地方窄小使人感到憋闷:这小旮旯儿多~啊。

**皱巴儿** zhòu bār 不舒服;不舒适:今天早上起来身子就有些~。

**皱皱巴巴** zhòu zhòu bā bā 形容皱纹多,不舒展:他满脸褶子,~的像个小老头儿。|穿件~的上衣。也说"皱巴巴""绉巴巴"。

**荮** zhòu 量词。用草绳绑扎的碗、碟等,一捆叫一荮。

**甃** zhòu ①井壁。②用砖石垒砌:~井。|~猪圈。

**猪㞎** zhū xiè 猪粪。

**猪尿泡** zhū suī·pao 猪的膀胱。质韧,可装物:用一张~把坛子口紧紧扎上。也说"猪尿脬"。

**竹爿** zhú pán 劈成片条的竹子:用~打孩子手心。

**逐个儿** zhú gèr 一个一个地:别着急,~来。

**主户儿** zhǔ hùr 顾客:做买卖要拉~。｜新老~,一视同仁。｜找个~卖了算啦。

**拄** zhǔ 用手握棍棒等,使其一端顶着地面以支撑身体:~着拐棍儿走路。

**疰夏** zhù xià ①中医指夏季长期发热的病,患者多为小儿,多由排汗机能发生障碍引起。②苦夏。指人体承受不了夏天的酷热,出现食欲不振,身体消瘦等症状。

**住溜儿** zhù liùr 水流停止:水龙头坏了,一天没~。｜一夜大雨没~。

**住声儿** zhù∥shēngr 停止说话或哭泣:嘴里不~地念叨。｜~!别哭了。｜听他住了声儿我才过去。

**抓挠** zhuā·nao ①打架;撕打:他俩~起来了。②赶着做;紧张地操持办理:公事私事一大堆,真够你~的呀。③比喻可用的东西或可凭借依靠的人:村里有个负责人,咱也有个~。④比喻对付事情的办法:把这类题的解题规律教给学生,让他们有个~。⑤捞钱;挣钱:为大家多~几个钱,还有错吗?⑥期盼;焦急:心里一个劲儿地~。⑦比喻可用的东西:说相声里总拿把扇子,要不总觉得手里没个~。⑧着落:心里这会儿才算有~了。

**抓挠儿** zhuā∥náor 婴儿手指一伸一屈地玩:这个宝宝会~了。｜来,给妈妈抓个挠儿。

**抓周** zhuā zhōu 旧俗,婴儿周岁时,父母摆上各种物品任其抓取,用来试探婴儿将来的志向、爱好等。也说"试周""试儿""拿周"。

**抓哏** zhuā gén 戏曲中的丑角儿或相声、评书等曲艺演员在表演时,即景生情地临时编出台词来逗观众发笑。

**抓总儿** zhuā zǒngr 负责全面工作;全面掌握:大家分头干,由您来~。

**抓阄儿** zhuā jiūr 每个人从事先做好记号的纸卷中抓取一个,以决定谁该得什么或做什么:只有一张票,这么多人该给谁,只好~吧。

**抓子儿** zhuā zǐr (俗读 chuā zǐr)儿童游戏之一。将几个果核、石子或装有沙子等的小布袋,放在一平面上,用手将其一上抛,再快速抓取其他的,同时去接抛出的那个。往复进行,一般是女孩儿玩。(也说"欻子儿"。参阅"欻子儿")

**髽髽** zhuā zhuā 梳在头顶两旁或脑后的发髻:后脑勺儿绾了个~。

**抓髽** zhuā·jiu 梳在头顶两旁的盘成各种形状的头发:~夫妻(结发夫妻)｜她头上扎了两个小~,挺好看的。也说"抓髻""髽髽"。

**拽** zhuāi ①(用力)扔;抛;丢下:把皮球~得老远。｜他出差了,那一摊子工作~给我了。②胳膊有毛病,活动不灵便:~胳膊儿。

**拽咧子** zhuāi liē·zi 用冷言冷语从旁说些不满的话:小李爱发牢骚,稍不顺心,就~。｜你别冲我~。

**转** zhuǎi 故意拿腔作势,卖弄

## 会说不会写的词语

文采;说话、写文章故意滥用文言字眼儿,以显示有学问:~文|他总爱之乎者也地~两下子。|瞎~|臭~。也作"踤"。

**跩** zhuǎi ①身体肥胖不灵活,走路摇晃;扭摆着走:像鸭子一~一~地走着。②故意做作,自以为是(含贬义):一脸~样儿。|他得了第一就~成那样。③特立独行,不乏洒脱(含褒义):他~起来还真有点儿风度。

**跩落跩落** zhuǎi·la zhuǎi·la 步履蹒跚的样子:腆个大肚子~走过来了。

**拽** zhuài 拖;拉:要不是他生拉硬~,我才不去呢。|~我一把。

**砖墁地** zhuān màn dì 地面用砖铺满:方~。

**转弯抹角儿** zhuǎn wān mò jiǎor ①沿着弯弯曲曲的路走:汽车~开进村子。②形容路弯弯曲曲:这条路~的,可难走了。③比喻说话、做事不直截了当:有什么意见就痛快说,别~的。

**转腰子** zhuàn//yāo·zi ①形容心里着急时来回走动的样子:急得他直~。②兜圈子:他转了半天的腰子,原来是在打我的主意。③磨蹭;闲逛:叫他干活,他就给你~。

**转磨磨儿** zhuàn mò mòr 着急时想不出办法直转圈子:见娘这样,大哥急得里出外进地~。也说"转磨"。

**转轴儿** zhuàn zhóur ①变卦:说好了的你怎么又~了呢?②见风转舵;善用心机:他脑瓜~快。

**转筋** zhuàn jīn 痉挛:腿肚子~了。|脚脖子总~。

**转悠** zhuàn·you ①转动:眼珠子乱~什么?②漫步;闲逛:你在外边瞎~什么?

**装裹** zhuāng·guo ①给死人穿衣服:都~好了,您瞧瞧。②死人入殓时穿的衣服:人不行了,准备~吧。

**装傻充愣** zhuāng shǎ chōng lèng ①成心装作愚昧无知,装作不知道:你别一到关键的时候就~,一问三不知。②假装若无其事,无动于衷:看他那~劲儿,净装蒜。

**奘** zhuǎng 粗大;健壮:大殿里的柱子特~。|小伙子长得身高腰~。

**壮疙瘩** zhuàng gē·da 痤疮,又名青春豆儿:他长了一脸~。

**撞大运** zhuàng dà yùn 碰运气:买彩票,~呗。|写一篇稿寄给报社~,竟刊登了。

**撞客儿** zhuàng·ker ①碰到鬼邪,旧时迷信认为是生病之因。②中邪,癔病之一:这人~了。|她见神见鬼地闹~。

**撞席** zhuàng xí 未受邀请而赴宴:今天有~的别让他进来。

**撞衫** zhuàng shān 衣服款式与别人相同或相似:他穿衣服喜欢独树一帜,不愿与别人~。

**醉咕隆咚** zuì·gu lōng dōng 形容人喝醉了酒的样子。也说"醉魔咕咚"。

**坠根儿** zhuì·genr 小男孩后脑勺留着一小撮头发。

**缒** zhuì 用绳子拴住人或东西从上往下送:从阳台上把篮子~下来。

**缒腿** zhuì//tuǐ 比喻牵制;拖累:妈哪都想去,就怕孩子缒住腿。也作"坠腿"。

**拙嘴笨腮** zhuō zuǐ bèn sāi 笨嘴笨舌：这个人～。

**准稿子** zhǔn gǎo·zi 准儿：从他嘴里说出来的话没个～。

**准保** zhǔn bǎo 保证：～让你去！｜这样干～体面。

**镯** zhuō （用镐）刨地或刨茬儿：～玉米｜～高粱。

**捉摸** zhuó·mo 揣测；预料：这个事儿我～不透。｜他这个人太怪，做事让人难以～。｜我～他会不会不来吧？

**茁实** zhuó·shi （俗读zhuò·shi）健壮；结实：他身子骨挺～。｜机器安装～了。

**浞** zhuó 淋；使湿：一淌雨，桌子上的书全～湿了。

**擢** zhuó 拔取；抽出，揪，抓：用手使劲往外～。｜这瓶塞～劲儿还挺大。｜～下一绺头发。也作"揪"(zuó)。

**擢断** zhuó duàn 揪断，拔断，抽断：他把线～了。

**嗞** zī 水喷射或遇热急剧汽化时的声音：高压锅～～响。｜淬火时发出～～声。｜水龙头～～喷水。

**嗞啦** zī·la ①象声词。鱼放在热油锅里，～～直响。②形容刺耳的声音：二胡他不会拉，～～太难听了。

**嗞溜** zī·liu 象声词。形容人或小动物叫声或快速行动发出的声音：老鼠见人～一下跑了。｜他～一下跑进了屋。

**跐溜** zī·liu 形容动作很快，很矫捷：小狗～地跑了。｜他～地爬起来。

**吱** zī ①老鼠等小动物的叫声：老鼠～～叫。②发出声音：他一声也不～。

**吱声** zī shēng 作声；说话：挺安静的，谁也别～。｜叫你你怎么不～。

**髭髭** zī zī 形容头发蓬松、竖起的样子：头发～着。｜脑后～着一绺头发。

**孜然** zī rán （俗读zǐ rán）维吾尔语音译。一年生或二年生草本植物，原产中亚地区，其种子有特殊香味，黄绿色，磨成粉后可用来做烧烤羊肉等的调料：烤羊肉串儿多放点～。

**滋歪** zī·wai （俗读zī·wai）①因疼痛或过累而叫唤：他疼得直～｜累得他～～的。②别扭；不顺当；急躁不耐烦的样子：你怎么总是滋滋歪歪的？③挣扎；乱动：不许～｜瞎～也跑不了。④不服气：有什么～的？也作"滋为""恣崴"。

**滋** zī ①喷射；冒：水龙头往外～水｜电线接头儿～火儿。②长出：老槐树～出新权。

**滋润** zī rùn ①舒适；舒服：听他这么一说，我心里挺～｜日子过得挺～。②干湿适度，转义摄取水分：吃完面，要了壶茶，慢慢～着。③皮肤不干燥、无皱褶、有光泽：他康复得不错，面部多～啊。

**滋嘴儿** zī zuǐr ①花苞开放：花都～了。②鞋帮和鞋底缝(粘)合处绽开：看，鞋后跟～了。

**龇牙咧嘴** zī yá liě zuǐ （俗读cī yá liě zuǐ）①形容凶狠的样子：看他那～的样儿，多吓人！②形容疼痛难忍的样子：疼得他直～。(过去有将其中的"龇"写作"呲"。"呲"读zī时已确定为"龇"的异体字。非规范字。)

## 会说不会写的词语

**髭毛儿** zī máor ①耍态度；寻衅闹事：奸商、恶霸再也不敢~了。｜在您面前他能~吗？②毛发直竖张散。形容发怒；发脾气：一听这话他立刻~了。也作"齜毛儿""滋毛儿"。

**子母扣儿** zǐ·mu kòur （俗读 zǐ·ma kòur）一种纽扣，一凸一凹两个合成一对，一般用金属制成：儿童服装最好钉~。｜~松了，摁不上了。也说"摁扣儿"。

**字儿谜儿** zìr mèir 学问，道理；所以然：他也说不出个~来。｜这里的~他全明白。

**字纸** zì zhǐ 有字的废纸：~篓儿｜满地都是~。

**字纸篓儿** zì zhǐ lǒur 用荆条、竹条、铁丝、铁丝等编成，或用塑料做成的小篓，上口比底稍大，用以盛遗弃的废纸等。也说"字纸篮"。

**自顾自** zì gù zì 只顾自己，不管他人：他~地干。｜别尽~地吃。

**渍** zì （物体上）积存着脏东西（油、泥等）：车轴都~死了。｜茶壶里~上一层茶锈。｜衣服领口都~上了，很难洗。

**恣** zì ①舒服；自在：大家这么忙，他倒~得很。②高兴；得意：他一听这事~极了。

**踪** zōng ①苍蝇紧追着飞落、爬咬：这瓜让苍蝇~了，别吃了。②紧跟不舍，纠缠不已：他整天被一群狐朋狗友~着。

**走迹** zǒu·ji ①本指木器因年久失修榫儿松动而变形：大衣柜~了。②泛指改变了原样儿（指变得不如原样好看）；走形儿：这姑娘长大了倒长~了。

③戏曲功夫没练到家：他的戏功越练越~。④比喻把人品看低了：你把人看~了吧？

**走脑子** zǒu nǎo·zi ①思虑；挂牵：大家都为他~。｜孩子在外地上学，父母要~。②动脑筋；用心思：干这工作不容易，得总~。｜我说了好几遍了，他跟本没~。

**走色** zǒu shǎi 退色：这衣服穿两年了，一点儿没~。

**走心** zǒu xīn 放在心上；往心里注意：这事太让我~了。｜你是说了，但我没太~。

**揍** zòu ①打（人）：~他一顿｜挨~。②器物打破了；事情败坏：不小心把瓶给~了。③生养；极难听的骂人话，意为被骂者不是人生养的，是畜牲：他不是人~的｜你是什么~的？我问问你！

**奏形** zòu·xing 骂人话，指斥被骂对象的长相、神态以及人品，类似"逊德性"：瞧你那~！｜也不看看他那~，还跟我比。

**足实** zú·shi ①钱财多，富足：兜里挺~。｜收入够~的。②精神或物质方面的欲望、享受得到满足：这样，他才感到~了。

**足兴** zú·xing 满足需要：他连吃了十个大包子还不~。

**钻挤** zuān·ji ①善于巴结有权势的人以谋求私利：这个人挺~的。②善于把握和利用机会：小伙子能干又~。也作"钻计"。

**纂** zuǎn ①妇女梳在头后边的发髻：梳个~。②咒骂：~他｜我挨了一顿~。③编造；捏造：别没事儿尽~别人坏话。

**赚** zuàn ①诓骗:~人│凭你那点儿本事还想~我!②愚弄:你这不是明明~人吗!

**攥** zuàn 紧握:~拳│手里~着一大把钱不撒手。

**纵纵** zòng zòng 有很多皱纹:衣服弄得这么~。

**嘴岔** zuǐ chà 嘴角;泛指嘴:这个人大鼻子大~。也说"嘴岔子"。

**嘴碴子** zuǐ chá·zi 口齿;口才(就能说会道而言):这闺女的~够厉害的。也作"嘴茬子"。

**嘴把式** zuǐ bǎ·shi 戏指非常能说、却一点儿不干或根本不会干的人:他是个~。

**嘴欠** zuǐ//qiàn 同欠④

**嘴损** zuǐ//sǔn 说话尖酸刻薄:这个人嘴够损的。

**嘴抢地** zuǐ qiǎng dì 戏指人向下跌倒,脸朝向地面,就像嘴啃地一样:他摔了个~。也说"嘴啃泥"。

**嘴碎** zuǐ suì 好(hào)说,好叨唠、数落:老太太~。│别嫌我~,勤说着点儿对你有好处。

**撙** zǔn 俭省;节省:钱要~着花。

**嘬** zuō 吮吸:~奶│~柿子│~手指头。

**嘬瘪子** zuō biě·zi 比喻受窘,为难;遇到挫折、碰壁:他的外语水平并不高明,看个书报的,连蒙带猜地还能对付,一动笔,那算~了。也作"作瘪子"。

**嘬牙花子** zuō yá huā·zi 形容束手无策、惋惜、着急、为难的样子:他

不知如何是好,直~。

**作** zuō 从事某种动作或进行某种活动不管不顾,自找不幸:你就~吧,早晚得挨一顿揍。│看他近来没有好~,准出事儿。│落到这个下场都是他自己横~的。也作"嘬"。

**作妖** zuō//yāo 闹事;也指玩闹:球迷在看台上作开妖了│大人不在家,几个孩子在屋里~。

**作害** zuō·hai 糟害;糟蹋:要管着咱家的猪、狗、鸡、鸭,不要~人家的庄稼。

**作死** zuō sǐ 自寻死路;找死(多用于形容不知轻重,不顾危险):你这不是~吗?│爬这么高,~啊!

**作弄** zuō·nong ①耍弄;戏弄:别~老实人。②摆弄;摆布:你~了半天也没修好。│把孩子~糊涂了。(与"捉弄"不同)

**作料儿** zuò·liaor(俗读 zuó·liao)烹调时用来增加滋味的油、盐、酱油、醋和葱、蒜、生姜、花椒、大料等。也作"佐料儿"

**捽** zuó 揪;抓:~着绳子往上爬│一把~住了小偷的衣领│把扣子一把~下来。

**琢磨** zuó·mo ①反复思考;考虑:这个问题你再~~。│他这句话让我~很久才~过味儿来。②算计:别没事净~人玩儿。│合着你是成心~我!

**笮桥** zuó qiáo 用竹索(用竹篾拧成的绳索)编造的吊桥。

**左不过** zuǒ bú guò ①反正:是一死,不如和敌人拼了。②只不过:不用上药,~是蹭破点儿皮。

**左性子** zuǒ xìng·zi (性情)执

拗：你可别闹~，细细地想想再说。

**左扖子** zuǒ kuǎi·zi 左撇子。

**凿定** zuò dìng 一定；肯定：我明天~要回去，不能再拖了。

**坐** zuò ①置放。一般指把壶、锅等放在炉火上；转指烧煮：~点儿开水沏茶。｜炉子上正~着一锅饭。｜火正旺，快把锅~上。②削损；扣除：从这月工资中~了30元｜不好好干，我~你的工钱。｜~扣。③形成(疾病)：关节疼是月子里贪凉~的病。｜长期住在这荫凉的地下室容易~寒腿病。④建筑物由于基础不稳固而下沉：这房子向下~了半尺。⑤瓜果等植物结出果实：梨树~果了。⑥分娩：快~了吧？预产期到了。｜~月子。

**坐蜡** zuò là 陷入为难境地；作难：那事做不得，你走了让我~。

**坐病** zuò//bìng 形成、落(lào)成疾病：月子里调理不好会~的。｜坐下了寒腿病。

**坐劲** zuò jìn 支持；撑腰：有领导~，怕什么？｜你不给我~，我就不敢说了。

**坐娘家** zuò niáng jiā 指已出嫁的女儿回娘家小住：小两口儿一吵架，她就~。

**作古正经** zuò gǔ zhèng jīng 形容很规矩；很庄重；一本正经：他板着脸，~地说。｜他~地一笔一画写了起来。

**作孽** zuò niè ①干坏事；制造灾难：这样对待老人真是~啊。也说"造孽"。②可怜：老太太真~。③遭罪受苦：你这不是~吗？

**作脸** zuò liǎn 争光；争气：这孩子真给家大人~。

**作劲** zuò jìn ①用力；使劲：看他挺~，其实没真用力。②全力支持，鼎力相助：我找的这个人，给咱挺~的。

**作兴** zuò·xing ①情理上许可(多用于否定)：开口骂人，不~！②可能；也许：看这天气，~要下雨。③流行；盛行：现在拜年不~磕头了。

**作揖** zuò//yī (俗读zuō//yī) 旧时一种表示敬意的礼节，举双手至胸，抱拳高拱，上身略前倾，以示敬礼：打躬｜给老人家作个揖。

**作针挽线** zuò zhēn wǎn xiàn 做针线活儿：她妈妈给人家~，洗洗涮涮。

**做掉** zuò diào ①干掉：~他几个，我们蛮有把握。②人工流产：把肚里孩子~吧。

**做个闷儿** zuò·ge mēnr 大人哄逗婴儿时的一种简单动作，即用手或布捂着自己或孩子的脸然后突然放开，同时嘴里发出长音"哞儿——"，也作"做个哞儿"。也说"藏闷儿""藏哞儿"。